Yvette Pierpaoli

EINE FRAU FÜR TAUSEND KINDER

Mein abenteuerliches Leben

Aus dem Französischen
von Elke vom Scheidt

WILHELM HEYNE VERLAG
MÜNCHEN

HEYNE SACHBUCH
Nr. 19/2045

Für Olivier und Manou
und all meine Liebe für Francesco Mamanimalka

Ich danke allen, deren Weg den meinen gekreuzt hat und die meine
Freunde geworden sind; denen, die an *TOMORROW* geglaubt
und daran mitgewirkt haben, und schließlich allen Unbekannten,
die mir auf der Straße zugelächelt haben.

Titel der französischen Originalausgabe:
FEMME AUX MILLES ENFANTS
Erschienen 1992 bei Robert Laffont, Paris

Ungekürzte Taschenbuchausgabe
im Wilhelm Heyne Verlag GmbH & Co. KG, München
Copyright © by Yvette Pierpaoli
Copyright © der deutschen Ausgabe 1993
by Scherz Verlag, Bern, München, Wien
Printed in Germany 1995
Umschlaggestaltung: Atelier Adolf Bachmann, Reischach
Druck und Verarbeitung: Ebner Ulm

ISBN 3-453-08152-8

Inhaltsverzeichnis

Vorwort

Auf den Hochebenen der bolivianischen Anden, in dem Land, wo die Menschen auf der Flöte spielen, um die Götter zu erheitern, habe ich ein Haus gekauft, eine Zuflucht für die Kinder der Straße. Es ist groß und freundlich mit seinen an die Decke gemalten bunten Engeln. Die Kinder haben es «Qharuru» getauft, was in der Aymara-Sprache «morgen» heißt.

Rund um dieses Zentrum sind fünfzehn Erwachsene tätig, doch am wichtigsten ist sicherlich die Köchin, Doña Rita, eine alte, zahnlose Indiofrau, die aus Kokablättern «die Zukunft liest». Doña Rita hat vorhergesagt, die Kinder würden ihre Seele wiederfinden, wenn sie Pachamama, die Göttin der Erde, und Tata, den Gott der Stürme besänftigten; sie grollten und verlangten Opfergaben. Und die Kleinen sind beeindruckt und rufen im Chor: «Eine Challa, Señora, wir brauchen eine Challa.» Die Challa ist ein magisches Ritual, eine Zeremonie, die jeder Indio der Kordilleren beim Kauf eines Hauses für unerläßlich hält. Eine Weigerung hätte sie verletzt. Ich habe also meine Einwilligung gegeben, und inzwischen haben die Geister wieder Frieden gefunden: heute abend im Dunkel der Mitternacht wird ein großer Warawani-Magier eine Challa darbringen.

Doch während die Götter, in ihrem üblichen Egoismus versunken, zur Feier des Ereignisses tanzen, bleiben uns, den armen Sterblichen, die materiellen Sorgen. Der Magier fordert von uns nicht weniger als zwei Lamas, zwölf Flaschen Bier, drei Flaschen Rum und eine Menge anderer Dinge, was den ganzen Tag über zu lebhaften Diskussionen führt.

«Lamas?» empört sich Kate, die für unser Budget zuständig ist. «Kommt nicht in Frage. Ich dulde in diesem Haus keine Tieropfer, und schon gar nicht von Lamas.»

«Aber Kate, wenn der Magier Blut braucht...»

«Soll er sehen, wie er zurechtkommt, das ist nicht unser Problem. Tomatensauce, Ketchup, was weiß ich... er kann benutzen, was immer er will, aber kein frisches Blut. Ach, übrigens, Doña Rita, wer wird das Bier und den Rum trinken?»

«Die Geister, Señora.»

Kate, die gewöhnlich so sanft ist, wird zum zweiten Mal böse: «Die Geister sind nichts als Trunkenbolde. Man sollte ihnen Brennspiritus kaufen statt Rum, das ist billiger, und sie werden nur das Feuer sehen.» Grollend vertieft sie sich wieder in unser Ausgabenbuch und fragt sich, wie ein Spender reagieren würde, etwa die EG, wenn er in unserer Buchhaltung eine Rubrik mit der Überschrift «Alkoholische Getränke für Geister» entdeckte. Wir einigen uns schließlich auf Brennspiritus, aber aus Respekt vor der Tradition schicke ich Doña Rita aus, um die Lamas zu kaufen.

Mitternacht. Die Stunde des Aufbruchs hat geschlagen. Kate weigert sich, mich zu begleiten. «Lamas in Todesqualen... vielen Dank, das ist nichts für mich!» Auch ich würde mich gern drücken, aber wie? Zum Glück erklärt sich in letzter Minute ein junger Belgier, der auf der Durchreise ist, Jean-François, bereit, mich zu begleiten. Als wir das Haus Qharuru ganz oben in der Gasse Inca Maya erreichen, sind der Nachtwächter und etwa zwanzig Kinder schon da und stoßen einen tiefen Seufzer aus, als sie uns kommen sehen.

Der Innenhof ist leer.

«Wo sind die Lamas?»

«Im ersten Stock», flüstert ein kleiner Junge.

Im Eßzimmer im ersten Stock macht sich der Magier zu schaffen, die untere Gesichtshälfte hinter einem großen Tuch verborgen. Er ist umgeben von zwei Indiofrauen in blauen, bauschigen Röcken und Melonenhüten, unterstützt von Doña Rita, die ganz in Schwarz gekleidet ist. Kerzenlicht, vermischt mit dem Schweißgeruch der Alten, Erinnerung an schwarze Messen, eine eigenartige Atmosphäre. In der Mitte des Raumes steht ein großer Tisch, und darauf... Himmel, da sind sie: zwei getrocknete Lamaföten. Rundherum, auf vier Platten, sind bunte Kordeln, Blumen und getrocknete Blätter, Nüsse, Bonbons und Wachsfigürchen verteilt. «Wir haben vier Opfergaben», sagt die Stimme hinter dem Tuch hervor, «eine für das Glück der Kinder im Haus, eine zweite für Ihre Reisen und zwei für die

Spender: damit sie bei guter Gesundheit bleiben und Sie weiterhin finanzieren.»

Die Kinder drängen sich bei der Eingangstür aneinander und betrachten mit ängstlichen Augen die Szene. Jean-François und ich treten ein, und im selben Augenblick entdecken wir etwas Beängstigendes: Das Tuch des Magiers ist verrutscht und enthüllt einen Mund voller Blut. Instinktiv rücke ich näher an meinen Gefährten heran.

«Hast du das gesehen?»

«Ja.»

«Und was meinst du ...?»

«Ich glaube, er kaut Lamaherzen», murmelt Jean-François.

Die Zeremonie beginnt damit, daß wir in den Patio hinuntergehen. Doña Rita geht voraus, eine Opfergabe auf jedem Arm. Dahinter kommen die Helferinnen, die feierlich ihre Gaben tragen, dann der Magier und schließlich wir mit den Kindern. Die Frauen entzünden in der Mitte des Patios einen großen Holzstoß, dem wir uns nähern, um uns zu wärmen, doch der Magier weist uns zurück. Enttäuscht ziehen sich die Kinder ihre Wollmützen über die Ohren, und ich schlage meinen Mantelkragen hoch. Wir knien in einiger Entfernung auf den kalten Fliesen nieder. Der große Meister geht ans Werk: großartige Gesten, mysteriöse Zaubersprüche; die beiden Helferinnen verfolgen mit ernster Miene jede seiner Bewegungen. Nachdem seine Gebete beendet sind, stellt er eine Platte nach der anderen über die Feuerstelle. Dann nimmt er seinen Dialog mit den Göttern wieder auf, während er zusieht, wie die schönen Opfergaben in Rauch aufgehen. Das Bier gießt er auf den Boden, wo es versickert, gierig aufgesogen von den Mündern der Gottheiten. Uns Menschen gibt der Zeremonienmeister je ein Glas Alkohol, angeblich Rum; wir müssen auf die Gesundheit von Santa Lucia und der Jungfrau von Copacabana trinken, ehe wir laut einen Wunsch aussprechen dürfen.

«Möge Señora Yvette mich noch lange lieben», sagt ein kleiner Junge, während ich versehentlich den Inhalt meines Glases verschütte.

Das Feuer ist erloschen, und Wind ist aufgekommen. Etwas abseits stecken der alte Mann und die Frauen in den blauen Röcken die Köpfe zusammen und sprechen ganz leise miteinander. Plötzlich richten sie sich auf, werden lebhaft und verkünden uns fröhlich und aufgeregt die gute Neuigkeit: «Die Vorzeichen haben gesprochen: Qharuru wird ein Erfolg sein.» Die Kinder schreien vor Freude, springen hoch und klatschen, andere schniefen, und im allgemeinen Freudentaumel kommt der Magier zu mir, um mir die Hand zu schütteln.

«Meinen Glückwunsch», sagt er fröhlich, «ich bin sehr zufrieden.» Dann wischt er sich das Blut ab, das noch immer aus seinem Mund läuft, und murmelt verlegen: «Entschuldigen Sie. Es tut mir furchtbar leid, aber ich komme gerade vom Zahnarzt; er hat mir drei Zähne gezogen.»

Die anderen sind schon lange fort, doch wir, Jean-François und ich, sind noch immer da und können uns kaum halten vor Lachen. Wir lachen noch draußen auf der Straße, wo ich den Wagen geparkt habe, als eine kleine, auf dem Gehsteig kauernde Gestalt unsere Aufmerksamkeit erregt. Sixto? Was macht er da so spät und ganz allein? Ich trete näher, aber er bleibt still und mit gesenktem Kopf sitzen. Nie habe ich dieses Kind lächeln sehen. Ich spreche sanft mit ihm, streichle ihm übers Haar; da sagt eine dünne Stimme ganz leise:

«Mein Bruder hat die Tür zugemacht. Ich sitze auf der Straße.»

Ich lade ihn ein, mit uns zu kommen, und wir fahren ab, ein kleines, unglückliches Gesicht zwischen uns. Am Steuer des Jeeps denke ich, wie unvorsichtig es wäre, ihn in der Zuflucht unterzubringen, die nur tagsüber geöffnet ist; schon morgen würden Tausende von Kindern herbeiströmen und behaupten, sie seien verstoßen oder Waisen. Kein Wunder bei diesem Elend; es gibt unzählige Kinder, die ihre Familien verlassen würden, um ein Heim zu haben... und noch zahlreicher sind die Eltern, die entzückt wären, ihrer Verantwortung zu entfliehen... nein, nicht in die Zuflucht. Man schafft zu viele Waisen, wenn man Waisenhäuser eröffnet.

Die gewundene Straße steigt stetig an; tagsüber duftet sie nach Eukalyptus, doch nachts stinkt sie nach Armut. Sie führt zu einem riesigen Plateau aus Schmutz und Ziegelsteinen auf mehr als 4000 Metern Höhe, El Alto, die «Stadt der Zukunft», eine Art riesiger Slum, wo eine halbe Million Menschen leben; zu ihnen gehört auch Stephan, ein junger Idealist aus der Schweiz, der sich mit zehn Kindern eine Art Haus teilt. Er hat Mühe, sie zu ernähren; seine letzten Ersparnisse sind dabei draufgegangen und auch das Geld, das seine Eltern ihm geschickt haben.

Es ist fast zwei Uhr früh, als wir ankommen, doch in seinem

Zimmer ist noch Licht. Wir steigen auf die Mauer und werfen einen Blick durch sein Fenster in eine karge, spärlich möblierte Zelle. Eine Nachtmütze auf dem Kopf, in zahlreiche Decken gehüllt, sitzt Stephan in seinem Bett und schreibt. «Wie der Pfarrer von Ars», murmelt Jean-François.

Ich klopfe an das Fenster und lache, als er zusammenfährt. Ich rufe:

«Mach schnell auf; ich habe eine gute Nachricht.»

Kaum hat er die Tür geöffnet, drücke ich ihm Sixto in die Arme und füge hinzu:

«Eine sehr gute Nachricht, Stephan; jetzt hast du elf Kinder.»

Als wir ihn verlassen, stelle ich innerlich eine Liste der Dinge auf, die ich ihm schicken will: Decken, Pullover, Medikamente, Geld... Morgen... Ich werde meinen Sohn schicken.

Nach Hause zurückgekehrt, kann ich nicht einschlafen, weil mich die Erinnerung an Sixto nicht losläßt. Seine Mutter ist tot, sein Vater hat ihn verlassen. Es ist nicht das erstemal, daß er auf der Straße stand; mehrmals schon habe ich seinen rohen Bruder in ihrer Hütte in Alto zur Rede gestellt, versucht, ihn zur Vernunft zu bringen, doch er blieb auf seiner verfaulten Strohmatte liegen und sagte nur immer wieder, Sixto sei schon neun Jahre alt, und es sei höchste Zeit, daß er sich allein durchschlage. Außer Sixto gibt es noch Raoul, Jesús, Francisco... jeden Tag ein anderes Drama, ein neues Kind, das auf die Straße gesetzt wird. Manchmal hätte ich Lust, ihr Schicksal aufzuzeichnen, jedes Wort mit Dolchen und Messern zu versehen und sie zu drängen, sich aufzulehnen; manchmal bin ich aber auch so entmutigt, daß ich am liebsten alles aufgeben würde.

Wenn ich allzu deprimiert bin, schließe ich die Augen und sehe wieder das verlassene kleine Mädchen vor mir, das ich vor einem halben Jahrhundert war. All den bolivianischen Kindern ähnlich, durch dieselbe Kette mit ihnen verbunden. Wenn ich da herausgekommen bin, warum dann nicht auch diese Kinder? Ich wünsche mir so sehr, ihnen mein Vertrauen zum Leben mitzuteilen.

Komm, weine nicht mehr, Sixto. Komm. Zum Trost werde ich dir eine Geschichte erzählen, eine wahre Geschichte, ja? Meine. Hör zu: «Als ich klein war, war ich unglücklich, weil meine Eltern mich nicht liebhatten, während ich...» Was denn, du schläfst? Schon? Ich habe doch gerade erst angefangen...

Der arme Kleine. Er erlebt die traurigen Geschichten, er braucht sie sich nicht anzuhören. Ich hätte einen anderen Anfang finden sollen, mehr wie ein Märchen. Ich hätte sagen können: «Kind, ich habe zu viele Abenteuergeschichten gelesen und mir gewünscht, durch die Welt zu vagabundieren und unter freiem Himmel zu schlafen. Ich habe meine Seele von den tausend Formen meiner Träume modellieren lassen, und ich habe den Himmel, unter dem ich gern geboren wäre, in tausend bunten Farben angemalt. Ich habe meine Träume mit jedem Atemzug genährt, und ich bin mit ihnen verschmolzen, um sie zur Blüte zu bringen; dann habe ich gewartet. Eines Tages sind sie in gestrecktem Galopp losgestürmt, und ich habe gemerkt, daß ich aufbrach, aber nicht allein: Don Quichotte war an meiner Seite. Er hat gelächelt.»

Ich habe alle Länder gesehen, die ich kennenlernen wollte, die Morgen- und die Abenddämmerungen. Ich habe draußen geschlafen, gekämpft, geliebt, ohne einen Ruhetag, ohne Atempause, ohne zurückzuschauen. Da du schläfst, Sixto, werde ich die Zügel anziehen, meinen Lauf verlangsamen, anhalten. Ich bin fünfzig Jahre alt, es ist höchste Zeit. Doch wie bin ich dazu gekommen, euer Elend zu teilen, Kinder? Wohin treibt mich mein Schicksal? Ich habe den Faden verloren. Wo habe ich ihn losgelassen? In den Strudeln meiner Jugend, in den Leiden der afrikanischen Dürre, in den Kriegen Asiens?

Habe ich ihn jemals wirklich in der Hand gehalten?

Zurückblicken, mich an meine Vergangenheit erinnern, das wird nicht lange dauern. Gib mir die Zeit, eine Pause zu machen, Sixto. Danach, das verspreche ich dir, werden wir von dir reden; und wenn du aufgewacht bist, kannst du mich begleiten. Komm, gib mir deine Hand. Siehst du den Weg da unten? Das ist der Weg meiner Kindheit.

ERSTER TEIL

Die Pest

Eine einsame Kindheit

Seit dem Morgen hat es auf Nancy geschneit, und die Stadt, hinter Erdwällen verschanzt, scheint sich zu verstecken, um ihrem Schicksal zu entgehen. Wir wohnen in der Rue de la Foucotte 42 in einem schmalen, einstöckigen Haus. Heute ist ein Fluch über das Haus gefallen, der nach Schwefel riecht. Drei Soldaten, Deutsche. Sie sind hereingekommen und haben sich eingerichtet.

Bei Einbruch der Nacht, nachdem er sorgfältig die Verdunkelung zugezogen und das Nachtlicht angezündet hat, versammelt mein Vater uns um den Küchentisch und verkündet uns mit leiser Stimme die schreckliche Nachricht: «Kinder... wir werden sterben... die Deutschen werden das Haus sprengen, und wir... und das wird das Ende sein.» Weinend fordert er uns auf, unser Gebet zu sprechen; meine vier Brüder und Schwestern brechen in Tränen aus. Meine Mutter holt hastig ihr Familienstammbuch und drückt es an sich, damit es ihr niemand wegnehmen kann, nicht einmal im Tod. Mein Vater sagt, wir sollten keine Angst haben, «ich bin ja da».

Was mich betrifft, so nehme ich die Nachricht mit ungeheurer Erleichterung auf. Meine Lehrerin hatte verlangt, ich solle ihr am nächsten Morgen eine makellose Zeichnung aushändigen, eine Zeichnung, die ich unmöglich anfertigen konnte; ich hatte keine Buntstifte und niemanden, den ich darum hätte bitten können. Schon dreimal hatte die Lehrerin die Zeichnung verlangt, und heute morgen hatte sie mich auf den Schulhof gezerrt und mir Gesicht und Hals mit Schnee abgerieben, um mein Gedächtnis «aufzufrischen». Kein Ausweg. Unser bevorstehender Tod würde mich retten.

Daß ich im Morgengrauen höchst lebendig aufwache, schockiert mich. Teufel, was machen sie denn, diese Deutschen? Leise gehe ich auf die Suche nach ihnen und finde sie alle drei im Waschhaus, wo sie sich mit nacktem Oberkörper an einem großen Zuber waschen. Ich lege einen Finger an die Lippen, um ihnen zu zeigen, daß ich auf ihrer Seite bin, und frage sie, ob sie das Haus denn nun sprengen werden oder nicht. Der Größte lacht laut auf und schickt mich wieder zu Bett. «Keine Angst, Kleine», sagt er auf französisch, «dir wird nichts passieren.»

Nichts, wirklich nichts? Also werde ich mich der Schule und der Lehrerin stellen müssen? Schrecklich. Jesus, Maria und Joseph, wenn ihr mich vor Schulbeginn sterben laßt, verspreche ich, zweihundert Vaterunser und tausend Ave-Maria zu beten!

Sie haben mich nicht ganz erhört, aber sie müssen ein gutes Wort für mich eingelegt haben; die Lehrerin hat nichts mehr verlangt. Trotzdem, die Schule ist eine Galeere. Ich bin fünf Jahre alt und verabscheue sie; außerdem ist sie Zeitverschwendung, denn ihre Bücher kenne ich auswendig. Viel lieber bleibe ich bei meiner kleinen Ziege, führe sie auf die Weide auf dem Hügel von Haut-du-Lièvre oder drücke mich an sie, um mich zu wärmen. Bei mir zu Hause ist es dunkel und kalt. Meine Brüder und Schwestern sind zu groß, um mit mir zu spielen.

Ein Mädchen aus meiner Klasse, Lucette Chapelle, hat einen Pelzmantel und Handschuhe. Ihre Mutter kommt sie jeden Tag um vier Uhr abholen, sogar bei Regen, und umarmt sie. Meine Eltern würden mich auch umarmen, wenn sie Zeit hätten.

Die Geschichte meiner Eltern ähnelt einem schlechten Roman, in dem die Figuren in schwarzem, ausweglosem Elend stecken. Mama war eine Waise; ihre Mutter ließ sich vor ihren Augen von einem Zug überfahren, aber wie es scheint, war das noch gar nichts. Es war die öffentliche Fürsorge, die für ihr Unglück sorgte. Seit dem Alter von sechs Jahren wurde sie auf Bauernhöfen «untergebracht». Da hat sie zu schwere Eimer getragen, bei den Ratten geschlafen, Hunger, Angst und Kälte gekannt, aber niemals Liebe. Niemals. Sie hat so viel gelitten, sagte mein Onkel einmal, daß man bei ihr mit allem rechnen, ihr aber auch im voraus alles verzeihen muß.

Mein Vater hieß Hettore, meine Mutter Jeanne. Sie trafen sich wie im Märchen an einem Brunnen, wo sie Wasser schöpfte. Sie war gerade erst in die Pubertät gekommen, er noch keine fünfzehn Jahre alt. Auch er hatte zu wenig Zärtlichkeit bekommen. Sanfte Blicke, erste Liebe, schüchterne Rendezvous. Doch wohin sie auch gingen, Hettores Mutter folgte ihnen, mit einem Besen bewaffnet, und überschüttete sie mit Beleidigungen. «Sie ist zu böse, gehen wir fort. Gehen wir weit, weit fort von ihr, fort von der Sozialhilfe in eine andere Gegend. Uns beiden wird es gutgehen, du wirst sehen, wir werden leben wie die Könige. Mach dir nichts draus: Deine rissigen Hände werden wir eincremen, deine Haare wachsen lassen. Und später könnten wir einen kleinen Bauernhof haben... mit Telefon und modernem Komfort... Sag, würde es dir gefallen, Chefin zu sein? Aber was sehe ich da, du lachst... das ist wirklich das erstemal.»

Auf den Ruinen ihrer Kindheit haben sie versucht, sich ein Leben aufzubauen, aber sie waren zu jung oder schon zu alt oder zu schwach; zwei schwache Kinder, eine Brücke zwischen ihnen beiden, zwei vereinte Pechvögel. Sofort bekamen sie ein Kind. Kein Geld, kein Haus, nichts zu essen, enorme Verantwortung. Ein Alptraum. Die Liebe? Davongeflogen.

Sie haben sich nicht davon erholt. Meine Mutter, außer in seltenen Fällen, sprach nicht mehr. Mein Vater war deshalb der ganzen Welt böse. Um das Unglück vollzumachen, haben sie nicht aufgehört, Kinder in die Welt zu setzen. Vor mir zwei Töchter und zwei Söhne. Lauter lebende Unglückswürmer, wie sie, wie ich, ihr fünfter Betriebsunfall. Ich konnte nichts dafür. Inmitten ihres Elends habe ich versucht aufzuwachsen.

Der Krieg geht seinem Ende zu, schade; die Bombardierungen gefallen mir gut, es sind die einzigen Augenblicke, in denen man sich um mich kümmert. Im allgemeinen Durcheinander, wenn wir in den Bunker laufen, nimmt meine Mutter mich auf den Arm, und ich mache mich leicht, damit sie mich länger hält. In der übrigen Zeit existiere ich nicht.

Ewige Klagen einer undankbaren Halbwüchsigen. In der übrigen Zeit hatten alle zweifellos zu viele Sorgen, um an mich zu denken; das Leben in Nancy während des Krieges muß scheußlich gewesen sein. Warum habe ich die guten Erinnerungen vergessen? Ich kann suchen, soviel ich will, ich finde nur schlechte: meine Mutter traurig, mein Vater nur zu oft unzufrieden; an manchen Abenden kam er schwankend und mit roten Augen nach Hause, und er sah uns der Reihe nach an, um festzustellen, mit wem er zuerst Streit suchen sollte. Meine Mutter war dann nervös und wich seinem Blick aus. Ich, verschreckt wie eine Maus, drückte mich in den kleinen Zwischenraum zwischen Herd und Spülbecken und entkam ihm. Aber noch lange, lange nach dem Ende dieser Szenen zitterte ich.

Manchmal verschwand er, ins Gefängnis, wie man sich zu Hause hinter vorgehaltener Hand zuflüsterte. Um uns zu ernähren, hatte er den Deutschen Mehl gestohlen. Eine heroische Tat. Also liebte er uns? Doch warum dann niemals ein zärtliches Wort, eine liebevolle Geste? Ich dürstete nach Liebkosungen und Küssen, aber er zeigte seine Gefühle nicht; was meine Mutter anging, so durchschritt sie unser Leben starr und ohne jemals zu lächeln, eingeschlossen in eine Welt, zu der uns der Zugang verboten war.

Lag es daran, daß sie mich schon vor meiner Geburt ablehnte, oder daran, daß sie unglücklich war? Ich war jedenfalls unfähig, mich mitzuteilen, und unglaublich aggressiv. Ich wollte sie genausosehr lieben, wie ich sie zurückstieß. In Etangs, einer Ferienkolonie, in die man meine Schwestern und mich geschickt hatte, als ich acht Jahre alt war, habe ich wochenlang geweint, wenn ich an sie dachte. Als sie kam, um uns abzuholen, schön mit ihrem großen Bänderhut, habe ich sie zuerst für einen Engel gehalten. Doch als sie sich näherte, wurde ich wieder gehässig und benahm mich gewalttätig. Ich erinnere mich, meine ältere Schwester mit einer Schere angegriffen zu haben; blutend wurde sie ins Krankenhaus gebracht. Daher stammt mein Spitzname «die Pest». Man sagte auch, ich sei «furchterregend häßlich», was zweifellos stimmte bei all der Wut, die sich in mir aufgestaut hatte. Das ist die zweifelhafte Wirkung von Spitznamen. Um der Pest zu ähneln, wurde ich immer bösartiger.

Ich muß neun oder zehn gewesen sein, als ich in mein Tagebuch schrieb: «Ich hasse alle Mädchen meiner Klasse und am meisten die, die nett zu mir sind. Als ob ich nicht wüßte, daß sie das mit Absicht machen. Ich bin sicher, daß Jocelyne mich bloß eingeladen hat, um mich eifersüchtig zu machen. Ich war ganz krank, als ich ihre Mutter sah, gut angezogen, die in diesem großen, hellen Zimmer Klavier spielte. Ich habe gewartet, bis sie weg war, um alle ihre Puppen kaputtzumachen. Ihre Mutter hat gesagt, ich wäre eine Pest, eine Giftkröte; alle in Nancy sagen das. Sie sind selbst schuld, sie bräuchten mich nur in Ruhe zu lassen. Jocelyne hatte mindestens zwölf Puppen. Ich habe das ganze Jahr über den Weihnachtsmann um eine gebeten, und was hat er mir gebracht? Eine verfaulte Kartoffel in einem hübschen Päckchen. Zur selben Zeit habe ich erfahren, daß es ihn nicht gibt; warum, warum haben sie mir das nur gesagt?»

Um diese Zeit hatten meine Eltern, wie ich später erfuhr, mit entsetzlichen finanziellen Sorgen zu kämpfen. Man hatte meinem Vater den Lastwagen gestohlen, mit dem er Transporte durchführte, seine einzige Einkommensquelle. Eines Abends weinte er deswegen, und ich, das kleine Ungeheuer, sagte mir, endlich würde er vom Himmel bestraft. Keine Arbeit, kein Geld, Krieg und fünf hungrige Kinder – wie mußte er leiden! Ich frage mich, wie er sich durchschlug, welche Tricks er sich einfallen ließ, aber ich kann mich nicht erinnern, jemals gehungert zu haben, und meine Brüder und Schwestern auch nicht. Meine Mutter nahm unseretwegen Entbehrungen auf sich; weil sie nichts aß, war sie ganz mager und oft am Ende ihrer Kräfte.

Nach dem Krieg ziehen wir von Nancy fort nach Scy-Chazelles, einem Dorf in der Nähe von Metz, wo mehrere italienische Einwanderer wie wir leben; man nennt uns «die Makkaronis». Das neue Haus ist riesig, umgeben von einem Garten, durch den ein Bach fließt; dahinter fallen Getreidefelder sanft zur Mosel hin ab. Mein Vater ist der beste Mechaniker des Dorfes, er wird wegen seiner Arbeit geschätzt und von seinen Freunden respektiert; sie finden ihn lustig und nett. Ich frage mich, warum er dieses Gesicht zu Hause nicht zeigt. Alles, was nichts mit Mechanik zu tun hat, scheint ihn gleichgültig zu lassen. Tag und Nacht redet er von Nockenwellen, Kolben, Vergasern. Meine Mutter hat seit der Geburt meiner beiden kleinen Brüder viel zu tun. Sie ist noch immer in ihrem Schweigen eingeschlossen, aber manchmal lächelt sie, wenn mein Vater seinen Lohn bekommen hat und einen Schinken mit nach Hause bringt oder uns alle in seinen Lastwagen packt, um ans Meer zu fahren.

Ja, als kleines Mädchen fühlte ich mich nicht wohl in meiner Haut, und die Jahre der Pubertät verstärkten mein Unbehagen noch. Meine Mutter ließ mich, als sie erfuhr, daß ich meine Periode bekommen hatte, schwören, zu niemandem über diese beschämende Sache zu reden, die nur den Frauen passierte. Bald danach hat sie meinen

Lehrer aufgesucht, um mich von der Schule zu nehmen, aber es gelang ihm, sie davon abzubringen. Zum Glück, denn nachdem ich entdeckt hatte, daß die drei Bücher des Kindergartens nicht die einzigen auf der Welt waren, hätte ich mein Leben mit Lesen und Studieren zubringen können.

Die Zeit verging, und ich hatte noch immer keine Freunde, war überzeugt, die anderen verabscheuten mich zu sehr, als daß sie es gewagt hätten, sich mir zu nähern. Ich war ein wildes Kind und verbrachte mein Leben damit, mir andere Leben auszudenken. Ich hatte so viele Träume, daß ich schließlich einen Traum fand, an dem ich festhielt. Alles begann ... Nun, Monsieur Martin, erinnern Sie sich? Alles begann Ihretwegen. Sie haben eine Landkarte an der Wand aufgehängt, auf der man Vertiefungen und Erhöhungen und blaue Ozeane sah. Ohne auf Sie zu warten, bin ich abgereist; gemächlich badete ich meine Füße im Toten Meer, als ich merkte, daß Sie uns in viel weitere Ferne geführt hatten. Sie hatten die Türkei, Indien und Pakistan überflogen und kamen am Ende der Karte in einem hinreißenden Land an, wo man Französisch sprach: Indochina. Vage hörte ich, wie Sie die Kolonien erwähnten, wobei von drei Ländern die Rede war: hier Laos, dort Vietnam, und «heute, Kinder, werden wir das Königreich Kambodscha durchnehmen».

Brennende Sonne, bleierne Sonne, Glutofen ... glücklich schmelze ich in der Hitze.

Als ich bei meinen Eltern lebte, wurde mir niemals warm; ganze Nächte lang fror ich. Die Kälte war in mir. All das ist vergessen; staunend gehe ich durch ein Traumland. Ich habe den königlichen Hofstaat auf dem Rücken von Elefanten vorbeiziehen sehen. Die Würdenträger, weiß gekleidet, trugen Strohhüte, die von Diamanten funkelten. Über dem König flog ein Papagei, der eine Blüte der Arekapalme im Schnabel trug.

Ich habe den Tonlé Sap mit goldenen Lotosblüten und die Tempel von Angkor gesehen. Ihren Krug auf der Schulter, läuft eine Frau leichtfüßig am Mekong entlang; ich begleite sie. Sie erzählt mir von den geheimnisvollen Wesen, halb Menschen, halb Götter, die über den Tropenwald herrschen und die Kambodschaner beschützen. Die Menschen hier sind heiter.

Das Leben mit ihnen hat mich sehr verändert; alles, was ich sehe, höre und erlebe, verblüfft mich. Jahre sind vergangen ... ich frage mich, ob man sich zu Hause noch an mich erinnert. Morgen werde ich meinen Eltern schreiben.

Nein, ich werde nicht schreiben; sie werden mich in zehn Minuten sehen, die Schulstunde ist zu Ende. Ich habe das Gefühl, als würde mein Kopf platzen. Wenn Ihre Unterrichtsstunden die Phantasie all Ihrer Schüler so beflügelt hätten, Monsieur Martin, dann hätte Kambodscha eine Invasion aus der Lorraine erlebt.

Von diesem Tag an steht mein Entschluß fest: Allen widrigen Winden und Fluten zum Trotz werde ich abreisen. Ich werde Frankreich und seinen niedrigen Himmel verlassen und in Kambodscha leben. Bleib bei mir, mein Traum. Das Leben wird uns beuteln und zu trennen versuchen; verlaß mich nicht. Wenn du bei mir bleibst, werden wir nie wieder Angst haben und nie mehr frieren.

Mein Traum hat mir Flügel verliehen und mir geholfen, die traurigen Momente zu ertragen, die dunklen Tage und sogar den schwarzen Tag meiner Erstkommunion; und dennoch... Man hatte mich lächerlich herausgeputzt, und ich mußte mit einer Kerze in der Hand durch die Dorfstraßen defilieren. Alle Mädchen ringsum waren makellos, mit prächtigen Kleidern und geachteten Familien. Sie gingen mit erhobenen Köpfen, die Gesichter vor Gnade strahlend. Ich ging mit gesenktem Kopf, schämte mich meines geflickten Schleiers, meiner durchlöcherten Handschuhe und meiner altmodischen Schuhe.

«Sollen wir sie fotografieren?» hatte meine Schwester vor der Prozession vorgeschlagen. Die Antwort meiner Mutter: «Das lohnt sich nicht, sie ist zu häßlich. Auf dem Foto würde sie nicht gut herauskommen.»

Um dieses schöne kirchliche Fest zu feiern, gab es zu Hause eine besondere Mahlzeit, einen einfachen Wein, und alle redeten. Ich, die Häßliche, die auf dem Foto nicht gut herauskommen würde, schwieg. Was hätte ich sagen sollen? Bei uns las und reiste niemand, schätzte niemand Musik oder das Kino; die Gespräche drehten sich ausschließlich um materielle Notwendigkeiten und die Mutter der Künste, die Mechanik. Ich wünschte alles zum Teufel. Kolben, Ventile, platinierte Schrauben, ich hasse euch. Plaudereien über die Spaghetti, die Tomatensauce und die Ravioli, ich verachte euch, und euch auch, Vater, Mutter, Brüder und Schwestern, euch und jedes Wort, das ihr aussprecht. Keiner von euch redet jemals von Liebe.

Soviel Haß in meinem Herzen.

Wenn ich heute das kleine Mädchen vor mir hätte, das ich einst war, würde ich ihm raten, als erste damit anzufangen, von Liebe zu reden. Es würde mir antworten, daß es ihm unmöglich sei bei dem Bild, das man von ihm habe, einer Pest, einer Giftkröte.

Ich würde ihm sagen, daß man sich nur zu oft verirrt; um eine Situation zu ändern, genügt es, den ersten Schritt zu tun.

Es hätte nicht auf mich gehört und wäre mit sechzehn das geworden, was es war: unverstanden, labil. Ein Pickel auf der Nase verdirbt den ganzen Tag. Eine Mystikerin, die nach Tugend dürstet, sich nackt in der Kälte peitscht; die alles verläßt, um ins Kloster einzutreten, nur um zwei Tage später über die Mauer zu klettern und zu ihren Eltern zurückzukehren. Die unerbittlich urteilt und verdammt; die vor Angst fast umkommt; die unfähig ist, die Einsamkeit zu ertragen, aber jede Gesellschaft zurückweist. Die ihre Eltern kritisiert, ohne den Mut zu haben, sie zu verlassen. Kurz, ein junges Mädchen voller Widersprüche, das abrupt seine Studien aufgibt, um nicht noch einmal hören zu müssen, daß man es zu Hause als «nutzlosen Esser» bezeichnet.

Wäre ich weniger traumatisiert gewesen, hätte ich mit meinen Eltern sprechen können; sie hätten mich sicher meine Studien fortsetzen lassen. Doch mit meinem Herzen voller Wut habe ich nichts gesagt und bin losgegangen, um mir eine Stelle zu suchen, schon im vorhinein überzeugt, daß man mich nicht nehmen würde.

Jugend

Wir sind fünfzehn, die sich an diesem Tag bei der Union des Castors de Lorraine vorstellen. Neben den anderen jungen Mädchen, elegant und hübsch geschminkt, sehe ich aus wie eine Bäuerin, aber ich versuche, mich im Verlauf des Vorstellungsgesprächs in ein besseres Licht zu setzen. Mein Vater? Internationaler Geschäftsmann, kaufmännischer Direktor. Meine Mutter, Monsieur? Oh, sie arbeitet nicht, sie ist eine Aristokratin. Ich? Nein, ich habe keine Erfahrung, nein, ich bin nicht begabt, nein, ich glaube nicht, daß ich den Anforderungen genüge, aber ja, den Test werde ich gerne machen.

Mein zukünftiger Arbeitgeber, Monsieur Lascombe, der stark stotterte, war zum Glück ebenso schüchtern wie ich. Zu meiner großen Überraschung st... stellte er mich ein.

Ich wurde eine musterhafte Angestellte, gehorsam und pünktlich, aber freudlos, und ich hätte so weitermachen können, wenn nicht plötzlich eine Vision meinen Blick auf die Zukunft verwandelt hätte. Zum erstenmal vernahm ich innerlich deutlich den Ruf der Freiheit.

Ich sah eine Frau undefinierbaren Alters, matt und grau, die Union des Castors de Lorraine betreten. Sie ging mit geschlossenen Augen wie eine Schlafwandlerin. Die Glocke tat den ersten von acht Schlägen. Ohne zu bemerken, daß ihr Schreibtisch ein Gefängnis war, verlor sie sich in der Monotonie lächerlicher Gesten: eine Akte öffnen, ein Papier ablegen, seufzend das Rechteck des Himmels im Fenster betrachten und dann an die Schreibmaschine zurückkehren, ohne etwas zu denken.

Indem sie die Augen schloß, um die Wirklichkeit zu ignorieren, hatte sie den einfachen Weg gewählt; kein Risiko, keine Mühe, nicht einmal die, sich die Freiheit vorzustellen. Das traurige Leben einer lebenden Toten; und diese Frau war ich, zumindest eine Facette von dem, was ich werden könnte, wenn ich die Dinge laufen ließ, ohne zu reagieren.

Was für ein Schock. Dann überwältigte mich die Einsicht, daß niemand mich dazu zwang. Es gab keine sechs Männer mit Maschinengewehren, die mich zwangen, hierherzukommen. Mein Leben hing von mir ab. Ich konnte es morgen ändern, es einrichten, wie es mir gefiel, handeln, statt zu erdulden. Zuerst versuchte ich, diese Stimme zu ersticken. Sie erschien mir zu verlockend, gefährlich wie eine Droge. Doch sie war beharrlich, und als mir endlich bewußt wurde, daß sie die Wahrheit sagte, daß ich die Wahl und die Macht hatte, selbst zu entscheiden, überkam mich eine köstliche Trunkenheit.

Von diesem Augenblick an sah ich die Menschen um mich herum mit anderen Augen. Wenn jemand sich beklagte, in Metz sei es zu kalt, sagte ich, er habe die Wahl, es gebe im Süden warme Gegenden, wenn er wolle, könne er fortgehen. Nach und nach erkannte ich, wie falsch es ist, unser Unglück anderen in die Schuhe zu schieben. Wir sind weitgehend selbst für unser Schicksal verantwortlich.

Ich war sechzehn Jahre alt, und vor mir stand die Freiheit und erwartete mich mit offenen Armen. Ich hätte mich gern hineingestürzt, aber alle möglichen Ängste hielten mich noch zurück.

Ich dachte an all meine Wünsche und spürte dabei das Gewicht meiner Einsamkeit so stark, daß all mein Sehnen plötzlich in eine Richtung strebte: einen Freund zu haben. Und er kam, noch am gleichen Tag. Er arbeitete in einem Büro nebenan, und ich war ihm oft begegnet, ohne jemals zu bemerken, daß seine Grimassen mich zum Lächeln bringen sollten. In der Minute, in der ich das begriff, begann er für mich zu existieren, als sei mein Wunsch, einen Freund zu haben, der Funke gewesen, der ihn zum Leben erweckt hatte.

Claude. Er ist außerordentlich liebenswürdig, und unter seinen Fingern wird der unbedeutendste Gegenstand zu etwas Himmlischem. Er besitzt nicht nur einen 2CV, achtzehn Katzen und eine rothaarige Geliebte, mit der er zusammenlebt, ohne sie zu heiraten, was für mich der Gipfel der Exzentrizität ist, dieser Teufel von einem Mann hat auch einen Weg gefunden, rund um die Welt Freunde zu gewinnen, ohne sich von der Stelle zu bewegen: Er ist Amateurfunker. Begeistert entwickle ich eine leidenschaftliche Freundschaft zu ihm, seiner Familie, seinen Katzen, seinem Dorf, und ich sage mir andauernd: «Ich habe einen Freund.» Ich sage das mit dem gleichen

Enthusiasmus, mit dem ich heute sagen würde: «Ich habe den Hunger von der Oberfläche der Erde verbannt.»

Teils, um ihm zu gefallen, teils aus schierer Bewunderung übernehme ich pauschal all seine Leidenschaften. Er verabscheut Jäger – sie sind meine verschworenen Feinde. Er ist Vegetarier – ich streiche das Fleisch von meinem Speisezettel. Ich lasse mir sogar die Haare rot färben, um so modern auszusehen wie seine Verlobte.

Er führt mich in die klassische Musik und in die Dichtung ein und bringt mir auf seine Art Geographie bei. Seine Auffassung von der Welt ist nicht an Rasse, Farbe oder Politik gebunden, sondern an die Qualität der Amateurfunker, mit denen er Kontakt aufnimmt. Auch da möchte ich es ihm gleichtun; gierig verschlinge ich Bücher über Elektrizität, fange an, Prinzipien, Ladungen, Morsealphabet und Code Q zu lernen, lege eine Prüfung ab und bin eines Tages die Anfängerin, die auf den neuen Namen F2YP antwortet. Mit Hilfe von gekauften, gestohlenen und gefundenen Teilen baut Claude mir einen schönen Sender und Empfänger von 20 Watt. Ich installiere meine Antenne, einen langen Draht, der anmutig an den Johannisbeersträuchern hängt, und vom anderen Ende der Erde kommen Stimmen zu mir, entstehen Kontakte, wachsen Freundschaften. Das verändert die ganze Welt. Sie ist nicht mehr diese anonyme Fläche, aufgeteilt in fünf Kontinente, die sie in meiner Phantasie war. Litauen ist die Kälte, die nachts in das Zimmer von UP2KCB dringt, der Kongo die fröhliche Umgebung von 6W8CS, der, glaube ich, ein Bambusrohr als Mikrophon benutzt und, nackt unter seiner Kokospalme liegend, ruft: «Also, ich empfange Sie fast zu gut: 5 von 5.» Die Wüste ist die trockene Kehle eines französischen Soldaten, der in der Sahara stationiert ist, und Chile der Schmerz eines Vaters, der soeben seinen Sohn verloren hat.

Mein Sender ist der Mittelpunkt meines Lebens. An meine Frequenz geklammert wie ein Matrose an sein Segel, kämpfe ich gegen die Interferenzen und verbringe dabei schlaflose Nächte, als hänge von einem einfachen Funkkontakt mein ganzes Leben ab. Ich bin einer der ersten weiblichen Amateurfunker Frankreichs, und mein Erfolg auf den Wellen ist unvergleichlich; er trägt dazu bei, daß ich etwas von meiner Schüchternheit verliere. Auch meine neuen Freundschaftsgefühle stärken mich, und so überschreite ich tapferer und fast sicheren Schrittes die Schwelle zu meinem siebzehnten Lebensjahr.

Wir schreiben das Jahr 1955, es ist Mai, und ich habe Lust, zu lieben und geliebt zu werden, etwas Neues zu erleben. Alle meine Sinne sind erwacht, und... was ist das für ein unbekanntes Leiden, das meinen Körper erzittern läßt? Ich war reif für meine erste Romanze. Ein Märchenprinz kam vorbei, schmachtete nach mir... Ach, die Sache nahm einen üblen Verlauf.

Neulich sah ich mich im Traum an Straßenkinder Schlüssel von verschiedenen Formen und Größen verteilen, um das Herz der Erwachsenen aufzuschließen. Ich fürchte, mein eigenes Herz war noch zugesperrt. Claude und die Amateurfunker hatten mir die Freundschaft gezeigt, aber von Dingen der Liebe wußte ich nichts. Ich wollte gefallen, hielt das aber für unmöglich, denn wer würde schon eine Pest lieben? Ich war bereit, mich an jedem zu rächen, der so tat, als interessiere er sich für mich. Mein Verehrer mußte den Preis dafür bezahlen.

Es ist acht Uhr, ich stehe am Rand der Route Nationale vor unserem Haus, und mein Herz pocht: ein Mann ist am Steuer seines Lastwagens vorbeigefahren. Nicht irgendein Mann: ein prachtvoller Adonis mit einem roten Schal um den Hals, der im Wind des Autofensters flattert. Ich kenne ihn nicht und werde ihn zweifellos nie wiedersehen, aber meine Gedanken kommen nicht mehr von ihm los. Er führt mich durch den Park seines Schlosses, wir hören zusammen Klaviermusik, er legt seine Hand auf meine Schultern, nein, sein Schenkel berührt meinen, und mein Knie ist in seiner Hand, nein, seine Hand... mein Gott, ich sollte auf der Stelle beichten gehen.

Mit oder ohne ihn, ich will mein Leben ändern, besser, voller leben. Zuerst will ich diesem Schicksal entgehen, dessen Vision mich verfolgt: eine andere Stelle finden, eine anständige Arbeit, die mich befreien wird. Naiv, wie ich bin, wende ich mich an die Verwaltung. Die Direktion des Service des Mines sucht eine Angestellte, man nimmt mich. Als ich an diesem Abend nach Hause komme, spreize ich mich wie ein Pfau. Ich, Yvette Pierpaoli, angeblich dumm, häßlich und böse, bin Angestellte der Regierung. Von unserem Ministerium hängen das reibungslose Funktionieren der Bergwerke, die Arbeitsbedingungen der Bergleute, ihre Gesundheit, ihre Sicherheit ab. Meine Aufgabe wird riesig sein, aber so will ich es haben. Man soll mir eine Sache geben, der ich mein Leben widmen kann.

Wäre nicht dieser rote Schal gewesen, der mich pausenlos verfolgte, so wäre ich glücklich wie noch nie gewesen. Meine Stimme im Äther muß das in dieser Nacht verraten haben, denn lauter 88 – Liebe, Küsse, Zärtlichkeit im Code der Funker – strömten in meine Mansarde, ein Mann aus Marseille sagte mir ein Gedicht auf, und ein Soldat lud mich nach Casablanca ein.

Nachdem ich täglich an der gleichen Stelle auf dem Gehsteig stehe und die verwirrte Miene einer zufälligen Passantin zur Schau stelle, um seinen Blick zu erhaschen, nimmt er mich schließlich wahr. Am nächsten Tag sieht er mich an, und dann jeden Tag, und jetzt dreht er den Kopf nach mir und verlangsamt die Fahrt. Er wird immer anziehender. In meinen Träumen sehe ich mich als seine Frau, wir haben drei Kinder; manchmal gehen wir nachts am Strand spazieren, und ich lege mich neben ihn; er beugt sich über mich, zieht mich langsam aus... oder er schenkt mir Blumen, sagt mir Gedichte auf.

Das Büro ist fünf Kilometer von unserem Haus entfernt. Ich lege den Weg auf dem Fahrrad im Nu zurück, trunken von der Geschwindigkeit. Eines Abends fahre ich später als gewöhnlich nach Hause und glaube, vor Freude zu sterben. Ein Berliet-Lastwagen hat mich überholt, sein Lastwagen. Die Auspuffgase rochen nach Freiheit, und sein schöner roter Schal, der wie ein Banner im Fenster flatterte, schien mir zuzurufen, ihm zu folgen. Von diesem Tag an begegnet er mir morgens und abends, und er weiß das zu schätzen, was ich an seinen kleinen Kopfbewegungen und seinem Lächeln erkenne, auf das ich als anständiges Mädchen natürlich nicht reagiere.

Von meinem Liebeswahn verwandelt, werde ich im Büro kühner und schenke meiner Kollegin Monique das Lächeln, das ich dem schönen Unbekannten nicht zu schenken wage; sie ist empfänglich dafür. Bisher saßen wir uns den ganzen Tag gegenüber und sahen uns an, ohne zu sprechen. Noch immer schweigend, bringe ich ihr eines Tages eine Tafel Schokolade mit, und am folgenden Tag legt sie ein Buch auf meinen Schreibtisch. Dreimal lächeln wir uns an diesem Tag verlegen zu.

Schon ist Herbst; die Nächte sind länger. Jeden Abend stehe ich steif und linkisch auf dem Gehsteig und sehe verliebt den Mann vorbeifahren, der all meine Gedanken beschäftigt. Eines Abends verlangsamt er stärker als gewöhnlich, ich höre die Bremsen quietschen, und völlig außer mir sehe ich, wie der Lastwagen anhält. Eine Tür schlägt zu, ein Mann kommt auf mich zu. In diesem Augenblick wußte ich, daß ich enttäuscht war. Er hätte niemals anhalten dürfen, dann hätte ich ihn mein ganzes Leben lang geliebt. Auf den ersten Blick und trotz meiner Erregung habe ich seinen kleinen Wuchs, seine niedrige Stirn und irgend etwas bemerkt, das mir mißfiel. Aber die Würfel waren gefallen. Sollte ich fliehen, um der Wirklichkeit auszuweichen? Er kommt näher, stellt sich vor: André. Ich, heuchlerisch: Ich bin Yvette, haben wir uns nicht schon einmal gesehen? Er ist Italiener wie mein Vater, zufrieden mit seinem Beruf, wohnt bei seiner Mutter, ist Fußballfan und fragt, ob man sich nicht wiedersehen könne.

Von da an hält er jeden Abend, und mein Wunsch, eine Romanze zu erleben, siegt über mein Gefühl für ihn. Nach und nach wird er zärtlicher, seine Augen feuriger; ehe er abfährt, hält er meine Hand fest, und wir sehen uns lange, fasziniert und atemlos an.

Auch beim Service des Mines entwickelt sich die Situation. Nach monatelangem Warten bricht das Schweigen zwischen Monique und mir, und aus unser beider Schüchternheit wächst eine schöne Freundschaft. Es ist eine wahre Wollust, endlich jemandem zuhören, meine Seelenzustände und Fluchtpläne mitteilen zu können. Sie lebt bei ihren Eltern und hat nicht viel Freiheit, und auch sie träumt von Abenteuern. Tagelang beugen wir uns über Reiseführer und Enzyklopädien, sind an einem Tag in Nepal, an einem anderen in Tibet oder Siam. Abends haben wir Mühe, uns mit den Gehsteigen Lothringens zu begnügen. Zum Glück erwartet mich in Scy-Chazelles das Reich der Liebe. Wenn meine Eltern davon erführen... ich wage nicht daran zu denken. Es wäre klüger, meinen Liebsten anderswo zu treffen als vor dem Haus, aber ich habe nicht den Mut dazu.

Es kam, wie es kommen mußte. Ein rutschiger, feuchter Korridor; das Blut pocht in meinen Schläfen, ich kann kaum noch gehen. Plötzlich läßt eine bevorstehende Gefahr mich die Augen öffnen, ich verlasse den Traum und finde mich an ihn gepreßt, seine Zunge spielt in meinem Mund, und ich habe den schrecklichen Gedanken, daß man uns über die Küsse belogen hat. Ich werde weder den Romanen noch den Liedern mehr glauben. Er küßt mich unter der Laterne, im vollen Licht, und plötzlich, oh, mein Gott! Mein Vater. Er stand hinter dem Fenster und hat uns gesehen. Ich habe den Eindruck, Skorpione zu schlucken. Er wird mich töten; ich sollte besser fliehen, aber wohin?

Drei Tage sind vergangen. Ich lebe in Todesangst. Wenn er mich wenigstens geschlagen, beschimpft, eine Hure genannt hätte ... aber er hat mich ganz normal empfangen, als wäre nichts passiert, und ich bin auf die schlimmsten Strafen gefaßt. Was wird mit mir passieren? Ich habe wahrhaftig Angst.

Am sechsten Abend läßt die Spannung nach. Wir sind alle in der Küche, bereit, zu Tisch zu gehen. Es ist komisch, wie die Familie seit der Hochzeit meiner beiden älteren Geschwister zusammengerückt scheint. Wir sind nur noch sieben. Einmal sind alle guter Laune, und ich habe Lust, die Augen zu schließen, diesen vermeintlichen Frieden zu genießen, festzuhalten – da läutet es an der Eingangstür. Alle fahren zusammen, es hat geläutet, das ist erstaunlich, uns kommt nie jemand besuchen. Mein Vater geht, um zu öffnen, und als er wiederkommt, folgt ihm ... aber nein, ich habe Visionen, ich muß mich irren ... ist das André? Ich muß träumen. André hier, bei uns? Unmöglich. Er wirft mir einen etwas verlegenen Blick zu, lacht mit meinem Vater, begrüßt freundlich meine Mutter und ... setzt sich mit uns zum Abendessen. Ich bin vollkommen verblüfft ... das kann nicht wahr sein. Was macht er hier?

Schwindelgefühle. Ich halte mich am Tisch fest, um nicht umzufallen, und höre zu, was mein Vater sagt. Er erzählt, wie er uns unter der Laterne gesehen, die Nummer des Lastwagens notiert, sich an den Besitzer gewandt und so André gefunden hat. Rührend, mein Vater, rückblickend betrachtet; doch mit meinen siebzehn Jahren fand ich ihn unmöglich. Er hat André gefragt, wie er die Sache zu «reparieren» gedenke, und sie haben sie unter sich geregelt. Ich sehe die beiden förmlich vor mir, wie sie in dem kleinen Café an der Ecke diskutierten, einer Bar voller heißblütiger Italiener, die an nichts anderes als an Mädchen denken, aber verrückt werden, wenn man ihre Töchter anrührt. Und wo bleibe ich bei all dem, schreie ich innerlich, wo bleibe ich? Wut und Ohnmacht erfassen mich. Ich zähle nicht. Ohne zu zögern oder mich zu fragen, haben sie beschlossen, daß ich André heiraten werde.

Mit einem schlichten Blick habe ich ihn in dieser Nacht getötet. Er gehört jetzt zur Familie; man sieht sich jeden Abend. Er nennt meinen Vater Papa und meine Mutter Mama, und ich habe fast resigniert. Ich werde ihn heiraten. Von Zeit zu Zeit hätte ich Lust, zu ... aber wie soll man sich der Familie und der ganzen Gesellschaft widersetzen? Schließlich habe ich ihn geküßt ... nein, die Würfel sind gefallen. Und außerdem hängt er an mir. Er ist ein netter Junge, obwohl . . . nein, nichts. Er ist ernsthaft, er trinkt nicht, hat eine gute Stelle . . . und außerdem ist er ruhig, er wird ein guter Vater und ein guter Ehemann sein. Habe ich von Flucht geträumt? Pech gehabt. Mein Kambodscha, das wird er sein. Vor gar nicht langer Zeit umgaben ihn meine Augen mit einem unendlichen Zauber. Heute finde ich seinen Mund weichlich und sein Gebaren unterwürfig. Er ist nicht interessant. Nun denn, er wird mein Mann sein. Trotzdem . . . Kipling? Interessiert ihn nicht. Rimbaud? Kennt er nicht. Lesen? Wozu ist das gut?

Das Kino ist zu teuer, im Theater versteht man nichts. In die Ferne reisen? Aber wozu?

Und er, der Dummkopf, wozu ist er gut? Jeden Abend mit meinem Vater seinen kleinen Roten zu trinken, bis er ihm ähnlich ist, mich ansieht, als sei ich sein Besitz, und es wagt – so eine Unverschämtheit –, den Strom abzustellen, wenn ich nach dem Essen verschwinde, um mich an meinen Sender zu setzen. Es gibt Dinge, die man nicht verzeiht.

Eines Abends habe ich ihm gesagt, daß ich mit ihm Schluß mache. Er tat das mit einer Geste ab – alles ist mit deinem Vater arrangiert. Und er fuhr fort, sich als meinen Verlobten zu betrachten, zu glauben, man könne einen Entschluß nicht ändern. Ich wußte nicht mehr, was ich tun sollte, also habe ich ihn mit aller Kraft geschlagen. Dann versuchte er, mich zu erpressen. Er würde sich umbringen, wenn ich ihn verließe. Ich hatte Lust, ihn wegen seiner Schwäche und Feigheit zu treten, und von diesem Augenblick an war für mich die Beziehung beendet.

Ich bin also wieder frei, welche Freude! Im Büro hören Monique und ich nicht mehr auf zu lachen. Zum Spaß fahre ich auf Rollschuhen durch die Korridore, was unseren Bürochef aufschreien läßt, aber ich nehme es ihm nicht übel. Heimlich habe ich auch auf dem Dach des Service des Mines einen kleinen Sender installiert, der wunderbar funktioniert, und verbringe dort oben meine schönsten Stunden. Wenn zufällig der Ingenieur kommt, von dem ich abhängig bin, sagt Monique mir Bescheid, und ich gehe wieder nach unten.

Leider regten amtliche Stellen sich über diesen heimlichen Sender auf und vermuteten Gott weiß was. Ich mußte ihn vom Dach entfernen. Schade, wirklich schade. Ich konnte damit Neuseeland und Australien empfangen.

Das Leben bekommt einen ganz besonderen Wohlgeschmack: Spaziergänge in den Wäldern, immer mehr Freunde im Äther, das Glück, meine Bücher und meine kambodschanischen Träume wiederzufinden ... Aber André ist immer noch da. Eines Abends zerreißen Hilfeschreie die Stille. Das ist er. Er versucht, sich in dem Bach hinter dem Haus zu ertränken. Was für ein Einfall, der Bach ist so flach, daß kaum seine Füße darin verschwinden. Aber er hat die Frechheit, laut zu schreien: «Hilfe, ich ertrinke!» Binnen kurzem ist das ganze Dorf da; auch wir, gezwungenermaßen, denn es ist unser Garten. Es folgt eine lächerliche Szene. André im Bach schreit: «Hilfe!» – «Ich will sterben!» – «Rettet mich!» Als man ihn herausziehen will, wehrt er sich wie wahnsinnig. Er schlägt derartig um sich, daß schließlich ein Bauer einen Kartoffelsack holt, ihm überstülpt und mit einer Kordel zubindet. Nun schäme ich mich wirklich, aber gleichzeitig verursacht es mir Übelkeit, daß jemand sich so würdelos benehmen kann.

Als André aus dem Sack stieg, trat er auch aus meinem Leben. Er ging mit gesenktem Kopf davon, ohne etwas zu sagen. Wir haben ihn nie wiedergesehen.

Wenn es ein Gericht gäbe, das über seelische Schmerzen urteilt, wäre ich zweifellos schuldig gesprochen worden. Damals hinderte mein inneres Elend mich an jeglichem Mitgefühl. Meine Eltern hatten recht, mir Vorwürfe zu machen, aber das war nicht das richtige Mittel, um mich zu heilen.

Auf der Straße

Ich habe nichts und niemanden mehr. Claude und Monique? Ich schäme mich zu sehr. Ich kann mir kaum vorstellen, daß ich mich am Heiligabend vor ihren Weihnachtsbaum stelle und beiläufig sage: «Ach, wißt ihr übrigens, daß mein Vater mich heute beinahe erwürgt hätte? Wegen nichts, einer Bagatelle, er war wütend. Seine Hände um meinen Hals drückten zu, drückten zu, ich bekam keine Luft mehr, und da... Ich schwöre es, mein Fuß hat ganz von allein zugetreten, sonst hätte ich es niemals gewagt. Aber er hat das nicht ertragen. Er hat mich – er hat mich hinausgeworfen. Ja, ich stehe auf der Straße, am 24. Dezember. Dumm, nicht? An einem Abend, an dem alle glücklich sein sollten.»

Nachdem ich das Haus verlassen hatte, bin ich lange gelaufen und habe dann die Richtung zum Bahnhof von Metz eingeschlagen. Er würde wenigstens geheizt sein; ich würde dort schlafen. Ich muß ihn kurz vor Mitternacht erreicht haben. Aber welches Bild bot der Bahnhof! Ein Rendezvous vor dem Tor der Hölle; man hätte meinen können, alle Clochards und Vagabunden seien aus ihren Löchern gekrochen, um die Nacht zu erobern. Sofort umringten sie mich, die Hand am Hosenschlitz: «Willst du mit mir schlafen?» Entsetzt ergriff ich die Flucht. Um diese Zeit sind die Blicke der Männer Vergewaltigungen.

Meine Füße sind eisig, es ist schon zwei Uhr. Ich muß laufen, so tun, als hätte ich ein Ziel. Wenn ich noch ein paar Francs hätte, würde ich in ein Café gehen. Das Thermometer muß weit unter Null gefallen sein, ich hätte mich warm anziehen sollen. Wenn ich wenigstens ein bißchen Geld hätte... aber da, zusammengeknüllt in einer Tasche, eine Überraschung: ein Geldschein. Ich hatte ihn vollkommen vergessen. Welche Freude, mein Gott, ich habe Geld bei mir. Alle Bars sind geschlossen, aber das macht nichts. Sobald sie öffnen, werde ich da sein. Ich werde meinen Geldschein auf die Theke werfen, als hätte ich eine Menge davon, und ich werde einen Kaffee und zwei Croissants bestellen. «Aber den Kaffee sehr heiß, bitte.» In der Ecke wird ein Ofen stehen, und ich werde mich gleich daneben setzen und in kleinen Schlucken meinen Kaffee trinken: danach erst die Croissants. Am Morgen werden die Kreaturen der Nacht verschwunden sein; ich werde mich wohl fühlen. Das Geld – welche Macht.

Es ist drei oder vier Uhr früh, und ich laufe noch immer, aber die Straßen haben sich beruhigt. Meine Glieder sind eisig, meine Zähne klappern, meine Augen vergießen Tränen, aber im Kopf habe ich eine riesige Tasse heißen Kaffee und zwei Croissants.

Plötzlich steht eine Frau vor mir in einem Sommerkleid und Sandaletten. Sie friert noch mehr als ich. Sie ist nicht sehr alt, weder Vagabundin noch Geschöpf der Nacht, sondern sieht aus wie eine arme, anständige Person, der etwas Schreckliches zugestoßen sein muß. Ein Kinderblick, ein Stechpalmenzweig in der Hand. Ich bleibe wie angewurzelt stehen und schaue sie an; auch sie hält inne. Um uns herum hört plötzlich alles auf zu existieren, und in dieser unwirklichen Nacht gibt es nur noch sie und mich: stumme Verzweiflung, zwei Frauen, zwei Unbekannte. Jede erkennt sich in der anderen wieder. Ich möchte sie gleichzeitig anflehen, mir zu helfen, und sie beschützen, ich möchte . . . aber es ist zu kalt. Mindestens zehn Grad unter Null.

Wegen ihres leichten Kleides und ihrer nackten Füße in den Sandaletten, wegen ihrer treuherzigen Augen und ihrer weiblichen Sanftheit biete ich ihr instinktiv meine fünfhundert Francs an; sie hält mir gleichzeitig ihren Stechpalmenzweig hin, vielleicht ihren einzigen Besitz. Unsere Blicke treffen sich, dann steckt sie das Geld in die Tasche, murmelt «Gott schütze dich» und verschwindet in der Dunkelheit.

Ich bleibe allein und wie versteinert zurück. Habe ich sie geträumt? Wer kann sie sein? Vielleicht ein Engel, vielleicht die Mutter des Mitgefühls, die einmal jährlich zur Erde niedersteigt . . . seltsame Erscheinung einer Weihnachtsnacht. Noch seltsamer ist, was in mir vorgeht: *Ich friere nicht mehr.* Das ist kein Produkt meiner Phantasie, sondern eher eine Art Wunder. Meine Füße, meine Nase, meine Hände . . . unglaublich. Ich fühle mich wohl, mir ist sogar warm. Ich bin verblüfft, habe soeben einen inneren Reichtum entdeckt. Ich habe begriffen: Alles ist möglich, alles kann noch einmal von vorn beginnen.

Wie lange ich noch so herumlaufe, staunend über diese Wärme, weiß ich nicht mehr. Es muß sieben Uhr sein. Ich habe das Gefühl, ich könne die ganze Welt lieben. Ich werde zu meinen Eltern zurückkehren. Eine Stunde Fußmarsch. Wenn ich ankomme, werden sie schon wach sein. Ich werde ihnen sagen, daß ich mich geändert habe. Ich werde sie bitten . . .

Scy-Chazelles. Ich bin gut vorangekommen. Es ist acht Uhr. Die letzten Schritte lege ich laufend zurück. Sicher werden sie froh sein, mich wiederzusehen. Ich läute an der Haustür, einmal, zweimal, dreimal . . . nichts. Die Garagentür ist zu, seltsam, normalerweise ist sie immer offen. Macht nichts, ich werde durch das Fenster im ersten Stock steigen. Ich klettere hoch, stoße dagegen – o nein! Das darf nicht wahr sein. Die Elenden haben sich innen verbarrikadiert, damit ich nicht hineinkann. Ich habe einen bitteren Geschmack im Mund, bin entsetzlich enttäuscht. Ich gehe wieder, entferne mich zehn Schritte. Dann, rasend vor Wut, drehe ich mich und schreie in ihre Richtung: «Scheiße, hört ihr mich? Ich hasse euch!»

Ich habe auf dem Absatz kehrtgemacht. Oh, wie ich euch hasse. Die Tränen haben keine Zeit zu fließen, sondern gefrieren sofort. Ich werde den ganzen Tag gehen. Noch nie in meinem Leben habe ich so gefroren.

Ich bin zum Bahnhof zurückgekehrt und habe mich hingehockt, meinen Stechpalmenzweig in der Hand, er ist mein Talisman. Die folgende Nacht ist aus meinem Gedächtnis verschwunden, und das ist besser so. Ich muß gelaufen sein, ängstlich und verfroren, und ich muß Magenkrämpfe gehabt haben. Ich erinnere mich nur, einen Haufen Pläne gemacht und mir vorgestellt zu haben, Monsieur Leduc, mein Chef, würde mich adoptieren. Eines Abends hatte ich seine Frau kennengelernt, eine elegante Dame in einem schönen, parfümierten Pelzmantel. Sie hatte mich freundlich angelächelt, und ich hatte wochenlang daran gedacht. Eine ganz andere Welt als meine. Sie mußten ein sauberes und aufgeräumtes Haus haben, Musikinstrumente und gute Sachen zu essen. Ich würde für sie kochen, Geschirr waschen, Haushalt und Garten versorgen; von meinem Lohn würde ich ihnen Geschenke kaufen. Sie würden mit mir zufrieden sein. Was für ein Wahnsinn, sich so etwas vorzustellen. Für Leduc existierte ich nicht; er läutete, wenn er mich brauchte, und unsere Gespräche beschränkten sich auf: «Guten Tag, Mademoiselle, setzen Sie sich. Haben Sie alles?» Dann diktierte er seine Briefe.

Seit ich auf der Straße lebte, hörte ich nicht mehr auf zu phantasieren, und als die Feiertage vorbei waren ... ich werde mit ihm sprechen. Er diktiert Phrasen über Sicherheit, ich stenographiere mit. Er zitiert Daten und Gesetze. Zweimal wird er leicht ungeduldig. «Sie sind zerstreut.» Da nehme ich all meinen Mut zusammen und erzähle ihm von meinem Unglück. Er sieht betreten aus ... Dumm. Was habe ich mir vorgestellt? Er steckt die Hand in die Tasche und fragt, ob ich Geld brauche. Bitter, die Enttäuschung. Diesmal bin ich wirklich eine Waise.

Kurz darauf habe ich Metz verlassen, in Richtung Paris – Aufbruch ins Leben. Ich bin ein Kind der Straße geworden, verloren. Mein Gehalt war schnell verbraucht in einem Hotel in der Rue de la Lune, wo mich der Autofahrer absetzte, der mich als Anhalterin mitgenommen hatte. Es war eine Hurenstraße, und das Hotel war auch nicht besser, aber ich habe das natürlich nicht gesehen. Ach, ich war naiv, so naiv, daß ich es heute kaum glauben kann.

Hugo, Sixto, Francisco, was ihr durchgemacht habt, habe ich auch durchgemacht. Einsamkeit, Verzweiflung, Lebensüberdruß, Hunger, Bettelei, kleine Diebereien, Auflehnung gegen Gott. Ich habe keine Arbeit gefunden; ohne Wintermantel, mit meinem zerknitterten Kleid und der Miene eines geprügelten Hundes war das wohl auch nicht möglich. Sobald ich mich vorstellte, war die Stelle vergeben. Man nahm sich nicht einmal die Mühe, mich zu befragen. Wenn ich mich zufällig in einem Schaufenster oder einem Spiegel sah, zuckte ich zusammen. Ich erkannte mich nicht mehr. Und ich roch schlecht. Ich wagte nicht, mich an den Brunnen auszuziehen, um mich zu waschen.

Die Leute laufen, immer eilig. Sie wissen, wo sie hingehen, die Taschen an sich gepreßt, als enthielten sie ihr Glück. Sie haben solche Angst, es würde ihnen davonfliegen, daß sie es nicht einmal wagen, einem verlorenen Mädchen zuzulächeln. Lieber Gott, siehst Du denn nicht, daß ich da bin? Auch ich existiere. Du kannst mich doch da nicht lassen ... Madame, Monsieur, einen Augenblick ... helfen Sie mir. Niemand hört mich ... Wenn ich wenigstens den Mut hätte, sie anzusprechen ... aber meine Stimme dient nur noch zum Weinen.

Eine Bande von Sizilianern las mich auf, drei sympathische Brüder, die sich im Marais-Viertel herumtrieben. Sie hatten zehn Jugendliche in ihren Diensten, elf mit mir. Wir verkauften auf den Gehsteigen Seife, «handgemacht von Blinden», «zum Wohl von noch unglücklicheren Blinden», und diese Blinden existierten natürlich nur in der Phantasie unserer drei Mafiosi. Sie hatten uns auf verschiedene Straßen verteilt und uns ein Alarmsystem beigebracht. Beim zweiten Kuckucksruf hatten wir noch zwei Minuten, um unsere Auslagen zusammenzuraffen und zu verschwinden. Die Polizei war im Anmarsch. Wie sind wir gelaufen! Schnell wie der Blitz machte ich mich davon, so aufgeregt, daß es mich heute noch beinahe erschauern läßt.

Viele Risiken für einen miserablen Lohn. Trotzdem mochte ich sie gern, unsere Sizilianer, die immer lachten und sich amüsierten. Sie waren die einzigen Erwachsenen, die uns verstanden, mit uns sprachen, uns akzeptierten. Außerdem beschützten sie uns, zumindest sagten sie das. Meine Verkäuferkollegen waren kleine Gauner, die nur Mädchen und Drogen im Kopf hatten. Ich war Mitglied der Bande, ohne wirklich integriert zu sein.

Wenn ich zurückdenke, habe ich Glück gehabt, nicht in ernstere Sachen hineingeschlittert zu sein. Ich frage mich, wie weit ich gegangen wäre. Weit, fürchte ich, wenn ich an meine Schwäche und Schüchternheit denke.

Mein erster Freund in Paris war ein Straßenkind, ein kleiner Schuhputzer von fünfzehn Jahren mit struppigem Haar. Eines Tages, als ich in einer kleinen Straße geschlafen hatte, sah ich ihn zu meiner Überraschung beim Aufwachen zu meinen Füßen knien. Er lächelte mich an, als kennten wir uns seit Ewigkeiten. Dann nahm er aus seiner Kiste eine Tüte und öffnete sie. Ein Hörnchen befand sich darin. Zuerst wollte ich es nicht glauben, weil ich schon zu oft Halluzinationen gehabt hatte. Das Hörnchen aber war echt, köstlich echt, und mit schöner Natürlichkeit teilte er es mit mir.

Auf der Straße, bei den Ärmsten, habe ich Großzügigkeit gelernt.

Wir sahen uns wieder. Gern hätte ich ihn beschützt, ich war die

Ältere, aber es lief genau umgekehrt. Er war durchtriebener als ich, konnte schneller laufen und hatte mehr Phantasie. Wir taten uns zusammen, um zu stehlen, vor allem Brot und Milch, die im Morgengrauen vor die Haustüren geliefert wurden. Manchmal, wenn unser Kindergewissen uns zu schaffen machte, schoben wir kleine Zettel mit Entschuldigungen unter den Türen durch. Es war herrlich, ihn zu haben. Da, wo ich Seife verkaufte, ließ auch er sich nieder, putzte Schuhe, und lachend begleitete er mich auf meinen Fluchten. Er kannte alle Hinterhöfe, Korridore und versteckten Winkel, und in seiner Gesellschaft wurde die Flucht zum Spiel. Ich hatte fast keine Angst mehr.

Eines Tages wird die Polizei auf die Sizilianer aufmerksam und läßt sie nicht mehr in Ruhe, so daß sie sich neu organisieren müssen. Ich werde angewiesen, in der Rue du Roi-de-Sicile Klinken zu putzen. Eine dramatische Erfahrung. Welche Überraschungen hinter den Türen! Arme, Alte, Kranke, Menschen, die ganz allein sind. Das Elend geht mir nah, und ich verspreche Hilfe. Von diesem Tag an stehlen wir mehr, mein Freund und ich; wir wissen, daß es riskant ist, aber der kleine Alte aus dem sechsten Stock, der Kranke aus dem vierten und die Dame aus dem Erdgeschoß, deren Mann sie verlassen hat, haben nichts mehr zu essen, und wir sind für sie verantwortlich. Fortan habe ich den Eindruck, ständig von allen Bäckern, Konditoren und Polizisten von Paris beobachtet zu werden, aber ich fühle mich immer besser.

Naiv war ich, so naiv, wie man nur sein kann. Eines Tages sehe ich einen Mann in den Dreißigern vorbeikommen, elegant, freundlich und wohlerzogen, der mich respektvoll grüßt und mir Geld gibt. Ein Wunder: endlich jemand, der anständig ist. Er kommt jeden Tag wieder vorbei, gut gekleidet, höflich und außerdem noch großzügig. Wenn er fort ist, stopfen mein Freund und ich uns mit Gebäck oder Schokolade voll und lachen uns halbtot.

Der raffinierte Mann heißt Mario. Verfluchter Mario. Eines Abends lädt er mich in ein Restaurant ein: Steak, Erbsen, Salat, Mousse au Chocolat, ich werde das Menü nie vergessen. Zwischen Salat und Erbsen erfährt er alles über mich. Nach dem Kaffee schlägt er mir vor, mit zu ihm zu gehen, und ich Dummkopf stimme zu. Ich hielt ihn für selbstlos. Als er sich auszog, begriff ich meinen Irrtum und wollte fliehen. Das war das Letzte, woran ich gedacht hätte, mein Gott, welcher Wahnsinn. Nein, bitte, Monsieur, nein, nein, nein, lassen Sie mich! Zu spät. Er stürzte sich auf mich. Weinend preßte ich die Schenkel zusammen und biß mir auf die Lippen, ich habe ... aber was soll's, es ist Vergangenheit.

Nachdem ich mit ihm «geschlafen» hatte, glaubte ich, ihm gehorchen zu müssen. Ich verlor meinen Schuhputzerfreund aus den Augen, denn ich mußte in einem Hotel wohnen, einem kleinen möblierten Zimmer ohne Fenster, wo Mario mich manchmal besuchte.

Hier in Uzès, wo ich schreibe, fällt es mir schwer, mich mit dieser jungen Frau zu identifizieren. Sie ist zu weit weg, man könnte meinen, sie und ich seien nie dieselbe Person gewesen. Und außerdem bin ich ihm böse. Ich werfe ihm den Ekel vor, den sie vor sich selbst hatte und der sie veranlaßte, immer tiefer zu fallen, um sich zu bestrafen. Ich werfe ihm ihre panische Angst vor Mario vor, ihre Unterwerfung unter seine Gesetze und die intensive Freude, die ihr voller Magen ihr verschaffte. Um welchen Preis?

Sie hätte fliehen müssen, den Mut haben, von vorn zu beginnen. Sie erkannte nicht, daß man sie zu zähmen versuchte, um sie besser ausbeuten zu können. Mario hatte eine Stellung für sie gefunden, als Büglerin in einer Absteige. Ihren Lohn nahm er ihr ab, und sie, feige, sagte sich: Es geht mir gut, ich habe die Wärme meines Bügeleisens und nachts ein Bett und Essen auf meinem Teller; mehr werde ich nie haben. Sie hatte kein Vertrauen mehr zu sich selbst und auch zu niemandem sonst. Ihre Welt war zusammengebrochen.

Schlimmer noch: Als sie eines Morgens erwachte, hatte sie den Grund erreicht, den tiefsten Boden des Ekels. Sie hatte den Drang, zu erbrechen, und begriff entsetzt, daß sie schwanger war. Und am gleichen Tag entdeckte sie, daß Mario Zuhälter war. Er versuchte, sie zu prostituieren. Sie flehte ihn an, sie zu verschonen, nein, nein, Mario, lieber sterbe ich. Er schlug sie, beschimpfte sie. Dreimal versuchte sie zu fliehen. Er fing sie wieder ein, und wenn er es nicht tat, taten es seine Leute. Sie waren überall. Und in ihr, von Tag zu Tag wachsend, das Böse, das Ungeheuer, das sie vor Scham ohnmächtig werden ließ, das Schlimmste, was passieren konnte, mehr, als sie zu ertragen vermochte. Sie stand im Schmutz bis zu den Augen. Sie sah nichts mehr.

An dem Tag, an dem sie zu sterben beschließt, fühlt sie sich besser. Sie fühlt sich wohl, zum erstenmal seit langem. Sie wird sich in die

Seine stürzen. Keine Angst mehr, kein Leid mehr. Sie hat alles losgelassen. Sie schwebt zwischen Himmel und Erde, hat einen Punkt jenseits von Freude und Leid erreicht, an dem nichts mehr wichtig ist. Da gelingt es ihr zu entkommen.

Dieses Mädchen, das am Rande des Todes entlanggeht, bin ich. Seit meiner Ankunft in Paris sind weniger als drei Monate vergangen, eine Ewigkeit. Ich hätte mich nicht prostituieren können, und überall, wohin ich gegangen wäre, hätten sie mich wieder eingefangen. Schlimmer noch, dieses Ding in meinen Eingeweiden – was hätte ich zur Welt gebracht?

Sterben ist der einzige Ausweg. Der Grund der Seine wird ähnlich sein wie im Sommer das Moos im Wald, frisch und weich; es wird gut sein, dort zu ruhen. Nur noch zehn Minuten, dann habe ich das Ufer erreicht. Frieden, endlich, ganz nahe.

Aber die Wege des Schicksals sind unergründlich. Es war mir nicht bestimmt, mit achtzehn Jahren zu ertrinken.

Den Mann, der mich rettete, habe ich lange für eine Vision gehalten, bis zu dem Tag zwanzig Jahre später, als mir dasselbe passierte wie ihm. Ich ging in Orange an einer Frau vorbei und las in ihrem Blick den Tod. Ich habe sie angesprochen und eingeladen, mich in Thailand zu besuchen, wo ich wohnte. Sie ist gekommen, und es stimmte. In dem Augenblick, in dem ich ihr begegnete, beabsichtigte sie, Selbstmord zu begehen.

Er, der Libanese, traf mich, als ich mich dem Quai näherte. In dem schlafwandlerischen Zustand, in dem ich mich befand, hat seine Stimme mich beeindruckt. Jedes seiner Worte hallte wider wie die Orgel in einer Kirche, und ich fühlte, wie ich ganz klein wurde. Er hat mir befohlen, auf mein Vorhaben zu verzichten, und versprochen, in drei Tagen würde mein Leben sich verändert haben. Seither glaube ich nicht mehr an Zufälle.

Ein paar Minuten später gehe ich in die entgegengesetzte Richtung, geblendet. Der Himmel ist strahlendblau. Seit ich in meinen Kummer versunken lebte, hatte ich vergessen, daß er existiert. Und dann kommt von sehr weit her ein Gefühl, das ich auch vergessen hatte: Hoffnung. Und wenn es stimmte? Wenn Kambodscha doch noch möglich wäre?

Der Libanese hatte mich exorziert. Das verlorene Kind vom Vorabend starb, und an seine Stelle trat, genährt von einem Hoffnungsfunken, eine andere junge Frau.

Von da an erkenne ich mich wieder.

Ich war überzeugt, niemand auf der Welt habe so gelitten wie ich. Meine Verletzungen waren so schmerzhaft, daß im Vergleich dazu alles, was mir in Zukunft zustoßen würde, harmlos wäre; niemand würde mehr die Macht haben, mir weh zu tun, davon war ich überzeugt. Nachdem ich entdeckt hatte, wie privilegiert ich dadurch war, fing ich an, mich für andere zu interessieren. Ich sah, wie sie sich über Nichtigkeiten aufregten, über müßige Dinge weinten, sich wegen Kleinigkeiten beschwerten. Ich, Gott sei Dank, ich war dagegen gefeit, aber sie, die Unglücklichen, wie verwundbar waren sie! Ihr Leid erzeugte in mir einen besonderen Widerhall, meine neue Kraft trieb mich, ihnen zu Hilfe zu kommen, sie zu beschützen.

Von da an schob ich meine persönlichen Probleme und Schwierigkeiten von mir, verbot mir, daran zu denken, davon zu sprechen oder ihnen irgendein Interesse beizumessen, und spaltete so für Jahre einen ganzen Teil meiner selbst ab.

ZWEITER TEIL

Mademoiselle Yvette

Auf den Wegen Asiens

Im Morgengrauen meiner zweiten Existenz war ich erfüllt vom Glauben – an das Leben, die Menschen, an Glück und an Chancen, vor allem aber vom Glauben an das Mögliche, vom Glauben an Gott und an mich selbst.

Monsieur Libanese, Sie hatten tausendmal recht! Drei Tage sind vergangen, und mein Leben hat sich vollständig verändert.

Ich wohne im dritten Stock eines bürgerlichen Hauses im Viertel Saint-Germain. Was mir in meinem Zimmer am besten gefällt, sind das Klavier, obwohl ich nicht darauf spiele, und die Bibliothek. Sie umfaßt Werke von griechischen Philosophen, französische und englische Klassiker und die Bücher von Sartre und de Beauvoir. Fernande, die Köchin, hat gerade an die Tür geklopft, sicher, um mir einen Tee anzubieten. Oder es ist Marie, das Dienstmädchen? Sie flüchtet sich gern zu mir, um zu schwatzen. Heute abend bekommen wir Besuch von einem Mitglied der Académie Française, morgen von einem Schriftsteller. Es sind Freunde von Theo, dem griechischen Arzt, bei dem ich wohne.

Wenn der «neureiche» Ton, dessen ich mich damals bediente, mich heute zum Lächeln bringt, so kann ich doch eine gewisse Sympathie für die, die diese Sprache benutzte, nicht verhehlen. Der Reichtum, der sie umgab, tröstete sie. Sie hatte es so nötig, sich wichtig zu fühlen.

Lieber Monsieur Libanese, wie sollte ich Sie nicht für einen Zauberer halten nach allem, was mir zustieß?

Montag werde ich meine neue Stellung antreten als Sekretärin des Advokaten Lévy, eines weiteren Freundes von Theo. Und ich fühle mich leicht, so leicht, seitdem man es hat verschwinden lassen. Das ist nicht unmoralisch, hat Theo versichert, vielleicht ein bißchen illegal, aber nicht unmoralisch: ein Baby bekommt erst eine Seele, wenn der Embryo drei Monate alt ist, nicht früher; ich war noch innerhalb dieser Frist.

Ich habe später oft darüber nachgedacht und begriffen, daß das Gute und das Böse Gewissensfragen sind. Theo hätte mich überreden können, das Baby zu behalten, ich hätte es getan, beruhigt durch die Wohnung, die er mir bot, und meine Stelle bei Lévy.

War diese Theorie über den Embryo und die Seele eine Erfindung von Theo, um mich zu trösten, oder glaubte er wirklich daran? Später hätte ich ihn gern danach gefragt, aber da war er bereits aus meinem Leben verschwunden. Ich habe sechs Jahre bei ihm verbracht, in diesem für mich als Schlafzimmer eingerichteten Boudoir, das er mir für einen Spottpreis vermietete. Guter Theo, ich sehe noch seine Betroffenheit bei unserer ersten Begegnung. Ich war gekommen, um ihn zu fragen, ob die Kinder vergewaltigter Mütter mißgebildet zur Welt kommen. Er war um die sechzig, respektabel und beleibt, und er brachte mich zum Reden und hörte aufmerksam zu. Dann fragte er: «Wenn ich Ihnen vorschlagen würde, hier zu wohnen, könnten Sie das bezahlen?» Sofort stimmte ich zu: nicht in Geld, aber in Form von Spaghetti. Zwanzig Jahre lang würde ich ihm jeden Abend Spaghetti Bolognese kochen. Er lächelte und akzeptierte. Dann wollte er wissen, wer mich zu ihm geschickt habe. Zum zweiten Mal erzählte ich.

Auf den Quais hat der Libanese mich gerade verlassen, und ich schaue zum Himmel, geblendet. Das Wetter ist göttlich, Paris hat ein menschliches Gesicht, und ich komme von weit her. Ich gehe weiter, als seien dies meine ersten Schritte, ein wenig zögernd, weil ich nicht weiß, wo ich hingehen soll. Ich komme an der medizinischen Fakultät vorbei, wo sich Studentengruppen drängen, und habe den Einfall, mit einem schwarzen Studenten über meine Schwangerschaft zu reden, ihn um Rat zu bitten. Warum einen Schwarzen? Zu den Weißen habe ich kein Vertrauen mehr. Zuerst wollte der Student mich ignorieren. Ich kenne Sie nicht, Mademoiselle. Aber ich habe ihn geschüttelt: «Nicht Mademoiselle, deine Schwester; was würdest du tun, wenn ich deine Schwester wäre?» Schockiert nahm er mich daraufhin beiseite und schrieb auf einen Zettel: *Dr. Theophilides, Gynäkologe, Rue de Rennes 56*. Er hielt mir den Zettel hin und sagte: «Gehen Sie zu Theo, das ist ein guter Mann. Er wird Ihnen helfen.»

Theo führte ein geglücktes Leben. Ein Kreis ausgewählter Freunde, Patienten. Die Liebe einer hübschen Medizinstudentin erhellte seine alten Tage, und er besaß die Mittel, seine Phantasien auszuleben, zahlreiche Phantasien, da er originell war. Sein geheimes Leben verbarg er in Griechenland, wohin er gelegentlich verschwand, oder in Deauville, wo ihm in einem Palasthotel immer ein Zimmer zur Verfügung stand. In der übrigen Zeit lebte er wie eine Art kapriziöser Monarch. An manchen Tagen ergriff ihn Weltschmerz, wenn er stundenlang auf seinem Bett gelegen und Wagner gehört oder ganz allein eine Flasche Ouzo ausgetrunken hatte. Dann ging er mit düsterer Miene aus und kam mit einer Horde von Prostituierten und Clochards zurück, denen er große Reden hielt, während er sie mit Champagner und Gänseleber bewirtete.

Sein Freund Lévy, der Anwalt, stellte mich ein. Ich war eine gute Sekretärin, er hatte eine glückliche Wahl getroffen. Ich allerdings nicht. Er war knauserig und gerissener als die Sizilianer. Fröhlich beutete er sein Personal und seine Mandanten aus, die einen im Namen der Moral, die anderen im Namen des Gesetzes, und hielt sich für einen anständigen Mann.

Wo habe ich nur den Mut hergenommen, zu ihm zu gehen und ihm ins Gesicht zu sagen, was ich dachte, einen Aufstand des Personals anzuzetteln und alle zur Kündigung zu drängen? Heute weiß ich es: Es war eine Reaktion auf mein früheres Leben, die Lebensnotwendigkeit, die Nabelschnur zur Autorität zu durchtrennen. Autorität, groß oder klein geschrieben, Gendarmenmütze, die Stimme meines Vaters, Marios Gesicht – Autorität konnte ich nicht mehr ertragen. Sie juckte mich auf der Haut wie Windpocken. Völlige, totale, bedingungslose Ablehnung. Ich wollte nichts mehr davon hören, weder von ihr noch von den Ängsten, die mit ihr verbunden waren. Ich habe einen Kreuzzug gegen meine Ängste unternommen, nur mit meiner Ahnungslosigkeit und meinem Siegeswillen bewaffnet. Ich habe meinen Mut geduldig in kleinen Portionen erworben und jedesmal den Preis dafür bezahlt. Ich machte das Verb WAGEN zu meinem Lieblingswort. Eines Tages habe ich gewagt, mich zu äußern, ein andermal habe ich gewagt zu handeln, und nach und nach bin ich ich selbst geworden. Jedesmal kostete mich das meine Stelle, aber niemals Theos Freundschaft. Er verstand mich.

Ich mißtraute allen Weißen; ich ging nicht das Risiko ein, mich mit Franzosen anzufreunden. Jahrelang genügten mir die Freuden, mich satt zu essen, ein geheiztes Zimmer, Bücher und ein Bad zu haben. Ansonsten ging es mir gut. Ich lief durch die Straßen von Paris, und jeden Tag entzückte mich die Entdeckung neuer Stadtviertel. Ich wurde niemals müde, an die gleichen Orte zurückzukehren: Place Fürstenberg im Kielwasser von Delacroix, die Kirche Saint-Eustache, wo später meine Tochter getauft wurde, die Montagne Sainte-Geneviève und all die kleinen Sträßchen rings um die Place Saint-Michel. Monique besuchte mich manchmal, und ich war stolz, ihr diese Straßen vorzuführen, die zu uns sprachen. Ich mied die Place des Vosges, meinen Lieblingsplatz, oder vielmehr Mario und die Sizilianer. Sie hätten dort sein können, und ich hatte nicht den Mut, sie wiederzusehen – weder sie noch den Jungen, der mein Freund war und dessen Namen ich vergessen habe. Eine neue Seite aufschlagen ist die Vorbedingung des Fortschreitens.

Wie eine Genesende nach langer Krankheit ließ ich meine Kräfte allmählich wiederkehren. Die Welt erschien mir neu. Es gelang mir sogar, mein früheres Leid mit Milde, fast mit Dankbarkeit zu betrachten. Es hatte bewirkt, daß aus der «Pest» eine junge Dame wurde, und der jungen Dame von zwanzig Jahren ging es gut; sie marschierte geradewegs in die Richtung ihrer Träume.

Erste Etappe auf dem Weg nach Asien: die Asiaten. Wo waren sie zu finden? In den chinesischen Restaurants. Ganz in meiner Nähe gab es eines, das Canton. Eines Abends betrete ich es so respektvoll wie einen geweihten Tempel. Ein Asiate kommt auf mich zu, etwa dreißig Jahre alt, mit undurchschaubarem Gesicht. Er könnte Kambodschaner, Koreaner, Japaner sein, wie unterscheidet man das? Seine Nationalität spielt keine Rolle, für mich ist er Sankt Petrus. Er kann mir das Tor zum Paradies Asiens öffnen oder mich auf die Erde zurückwerfen. Ich müßte mit ihm reden, ihm sagen, daß ich eines Tages nach... aber er weist mir einen Tisch an und reicht mir die Speisekarte. Gerichte, die mich zum Träumen bringen. Langustinen im Teigmantel, süßsaure Sauce, junge Bambussprossen, schwarze Pilze...

Rotgoldenes Dekor, sibyllinische Musik, Beaujolais Village. So, der letzte Gast ist gegangen, ich habe noch nie in meinem Leben so viel gegessen. Habe ich wirklich all diese Gerichte bestellt? Wenn es auf diesem Zettel steht... ach so, das ist die Rechnung. Zu viele Gefühle, zu viel Freude, zu viel Beaujolais Village und nicht genug

Geld, um zu bezahlen. Der amüsierte Sankt Petrus bricht in Lachen aus. Güte in seinem Blick. In meinem abgehobenen Zustand bin ich nicht sicher, ob ich richtig verstanden habe. Gratis, Gast des Hauses; auch morgen, wenn ich will. Jeannine, seine französische Ehefrau, wird da sein. Sie wird sich freuen, meine Bekanntschaft zu machen. Die Augen der Kellner, vorher gleichgültig, sind jetzt voller Freundlichkeit. Verkehrte Welt. Wenn ich mich in einem französischen Restaurant vollgestopft hätte, ohne bezahlen zu können, hätte man mich hinausgeworfen.

Sankt Petrus heißt Michel, sein vietnamesischer Name ist Lai. Während ich diese Zeilen schreibe, leitet er noch immer das Canton, unterstützt von Bou, Viet, Hong, Tai, Mou, Bao, Thi, Truong und den anderen, der ganzen Schar seiner Neffen, Cousins, Freunde und Nachbarn, für die er sorgte und die mittlerweile Großväter sind. Sie waren meine erste Familie.

Oft ließ ich mein Zimmer im Stich und schlief bei Lai und Jeannine, wenn wir alle zusammen die Nacht durch geredet, gefeiert oder in den Hinterzimmern der vietnamesischen Restaurants des Viertels Entensuppe gekostet hatten. Wie die übrige Familie leistete auch ich meinen Beitrag zum Restaurant. Dem Koch helfen, bedienen, die Kasse führen – das alles machte mir große Freude. Sobald meine Büroarbeit beendet war, stürzte ich ins Canton, aß im Familienkreis und half dann je nach Bedarf überall mit. Um Mitternacht kamen die übrigen vietnamesischen Freunde zu uns, und wir gingen zusammen aus. Sie waren meine Brüder, ich war ihr Maskottchen.

Ihre Herzen sind da unten in der Heimat geblieben, mit Erinnerungen an Reisfelder, an Stürme und Regenzeiten, durch die Entfernung vergoldete Reminiszenzen. Froschjagd in den Sümpfen, Büffelkröten im Mondschein, Zauberinnen und Drachen; sie sprechen von ihrer Mutter, dem hundertjährigen Onkel, der Hütte des Großvaters, dem Tod des älteren Bruders, noch nicht lange her, letzten Sommer.

Ich hätte ihnen endlos zuhören können. Inzwischen sparte ich, genauer, ich versuchte zu sparen für einen einfachen Flugschein Paris – Phnom Penh. Mehrmals wäre es mir fast gelungen, aber jedesmal kreuzte jemand meinen Weg, ein armer Mann, der aus dem Gefängnis kam, eine bedürftige ledige Mutter oder eine ausgehungerte alte Frau. Es ist dumm, aber in solchen Fällen gebe ich alles, was ich habe.

Wenn ich so lange gezögert habe, Kambodschaner kennenzulernen, so deshalb, weil ich meinen vietnamesischen Freunden keinen Kummer bereiten wollte. Welcher Haß zwichen diesen beiden benachbarten Ländern, geschürt durch unterschiedliche Rasse und Religion und durch hundertjährige Kriege! Es scheint, als seien die Kambodschaner Wilde, die verfaulten Fisch und die Leber ihrer Feinde essen, grobe, nichtsnutzige Leute. Nach Kambodscha gehen? Wahnsinn. Lieber sollte ich mich unter die Zulus, die Mau-Mau, die Gauner Afrikas mischen.

In den asiatischen Kreisen, in denen wir verkehrten, konnte ich Ausschau halten, soviel ich wollte. Man traf Laoten, Koreaner, Filipinos. Niemals Kambodschaner. Ein geheimnisvolles, unzugängliches Volk. Ich würde Tausende von Kilometern zurücklegen müssen, um Kambodschaner zu finden. Ich irrte mich. Nicht weit vom Canton, mitten im Pariser Dschungel, lebte zurückgezogen ein echter Esser von verfaultem Fisch. Jean Wouschil kannte ihn.

Wouschil gehörte zu einer Gruppe ausländischer Freunde, Chinesen und ein paar sorgfältig ausgewählte Franzosen, Künstler oder Hippies. Er war eine zeitlose Persönlichkeit, ein ungewöhnlicher Mann, elegant, ein Spieler, der wunderbar reden konnte, große Klasse und viel Sanftmut besaß; ein Geschäftsmann des Imaginären.

Kaum keimte eine Idee in seinem Hirn, wunderlich, verrückt, illusorisch, beeilte er sich, den Reichtum zu verschwenden, den sie ihm eines Tages einbringen sollte. Da er Glück hatte, verwirklichte sich einer von hundert Plänen; dann wurde gefeiert. Wir würden alle Millionäre werden. Er hatte genug verdient, um seine Schulden zu bezahlen und von neuem zu feiern. Mit kaum hörbarer, bescheidener Stimme hatte er gestern um etwas zu essen gebeten; am nächsten Tag lud er als Grandseigneur fünfundzwanzig Personen ins beste Restaurant ein, machte jedem üppige Geschenke und kaufte sich die Antiquität oder den Kunstgegenstand, von dem er immer geträumt hatte. Zwei Wochen später würde er ihn zweifellos bei einer zufälligen Begegnung irgend jemandem schenken. Er konnte nichts dagegen tun, Geld und Gegenstände zerrannen ihm in den Händen. Bald, wenn er wieder mittellos war, erschien er unter den Stammgästen des Canton, lächelnd und von neuem wunderbare Pläne schmiedend, denen ich mich natürlich anschloß. Die Begriffe reich oder arm galten für ihn nicht. Er war beides gleichzeitig, bescheiden und großartig, und er war immer großzügig.

Er lebte mit seiner Frau und seinen beiden Kindern in einem Sozialhaus in der Vorstadt mit Graffiti und schmutzigen Mauern, aber er besaß in Fontainebleau eine hochelegante Jagdhütte, in der sich die feine Pariser Gesellschaft traf. Dort empfing er auch seine chinesischen Bekannten, hohe Persönlichkeiten, die ihn auf die zahllosen Projekte brachten, von denen sein zukünftiger Reichtum abhing. Eines Abends lud er mich dazu ein.

Jagdtrophäen, Pantherfelle und Holzfeuer. Herbstnacht, frischer Erdgeruch, Gitarrenakkorde, Vorstellungen: Madame la Comtesse de Brescvil. Prinz Volanski, Monsieur Dumesnil d'Argenteuil, Comte de la Varanguière ... die Namen sind erfunden, die richtigen habe ich vergessen, aber die Liste geht weiter. Prinz von ... Baron de la ..., Monsieur de ..., Professor Phuon Monich aus Kambodscha. Champagner in Strömen. Niemand hätte mich stärker beeindrucken können. Vor mir steht: ein echter Kambodschaner.

Die Gespräche plätschern dahin, es scheint ein munterer Abend zu sein. Ich höre nichts. Ein Kambodschaner ... Er spricht, über seinen Beruf. Er ist Arzt. Ich bin schon zu weit fort, ich höre nichts mehr. Die Schreie der großen Affen im Wald zerreißen meine Ohren, meine Beine sind zerkratzt. Zu viele Dornen, zu viele Mücken, Leoparden, Tiger und so dicke Pythonschlangen ... Die Aufständischen, die Roten ... nicht ernst zu nehmen. Darmkrebs. Am Bett des Kranken Ehefrau, Kinder, Neffen, Cousins; kein einziges Medikament. Sie kampieren im Krankenhaus in der Nähe des Großvaters, des Großvaters, der sterben wird, und sprechen von ihren Plänen, von den nächsten Ernten.

Ich muß länger als vorgesehen an seiner Seite geblieben sein. Armer alter Kambodschaner, ich war die einzige, die ihn tröstete, die anderen sagten: «Du wirst sterben, wir werden ein Fest feiern.» Lange bin ich geblieben, um seine Hand zu halten. Ich habe mich zu lange aufgehalten. Bei meiner Rückkehr war die Unterhaltung ins Stocken geraten, die Hälfte der Gäste schon gegangen.

«Bitte, Dr. Monich, könnten Sie mich nach Hause begleiten?»

Er hat mich fast ein Jahr lang begleitet. Ich bin ihm begeistert und ohne nachzudenken gefolgt. Auf seinen Fersen bin ich in eine ungezähmte, unzugängliche Welt eingedrungen. Männer in seidenen Sarongs, Menschen, die Reis mit den Fingern essen. Einsame Geschöpfe, die versuchen, sich der Aggressivität des französischen Milieus anzupassen. Kambodschanischer Pavillon in der Cité Universitaire.

Ein anderes Asien. Es hat nichts mehr zu tun mit den schlauen Vietnamesen, deren Geschäfte ganze Stadtviertel erobert haben. Sie sind aus Hanoi oder Saigon gekommen, getrieben vom Krieg, um hier Wurzeln zu schlagen. Die Generationen, die sie zeugen, werden hellere Haut haben und französisch denken.

Die Kambodschaner sind anders.

Wenn Chinesen und Vietnamesen schreien, schweigt der Kambodschaner. Trommelklänge; ich tauche immer tiefer in das Land ein. Kein Kambodschaner käme jemals auf die Idee auszuwandern. Es würde ihn umbringen. Zwischen Familienfotos und Buddhastatuen schließen sie sich in ihrer Wohnung ein, sprechen von zu Hause, der kleinen Dorfschule, wo sie alles über «ihre gallischen Vorfahren» gelernt haben. Ihre mythische Zivilisation ist in französischen Büchern beschrieben. Sie mußten von so weit herkommen, um ihre Identität wiederzufinden.

Sie haben Heimweh, brennen auf Rückkehr, darauf, ihr Wissen weiterzugeben. In ihren Köpfen Pläne von Straßen, Brücken, Krankenhäusern. Und Sihanouk? Wir werden ihm sagen, er solle uns nicht mehr wie Kinder behandeln. Wir werden die Dinge verändern. Ein modernes Königreich, in dem die Lebensfreude überlebt. Sanfte Luft, Lachen, Toleranz – wir haben alles. Man braucht nur die Hand auszustrecken, um Fische zu fangen: im See, im Fluß, in den Bächen, auf den Feldern, den Wegen, ja, auf den Wegen, nach dem Regen. Unsere Bäume ächzen unter der Last der Früchte; riesig sind unsere Früchte, groß und üppig. Der Reis, zwei Ernten im Jahr. In unserem Land gibt es zehntausend Reissorten und junge Mädchen mit gepuderten Füßen, fromme Alte mit rasiertem Schädel, nackte Kinder auf der Hüfte ihrer Mutter. Das Glück.

In den Küchen des kambodschanischen Pavillons habe ich gelernt, die Aromen von Zimt, Tamarinde, Zitronenkraut zu unterscheiden. Ich habe Pra Hoc, Babamoine und Samla-Mi-Tiou gegessen.

Ich habe mit jungen Leuten mit schwarzer Haut den Ramvong getanzt. Zum Spaß haben die Studenten mir ihre Sprache beigebracht. Meinen ersten Satz, *«Lok ta niyeille tchimouille neung lok yei»* – «der alte Mann plaudert mit der alten Dame», fand ich großartig und hörte nicht auf, ihn zu wiederholen: vor Passanten, in der Metro, auf der Straße, überall. Sie haben mich für eine Verrückte oder für eine Ausländerin halten müssen.

Tiefer und tiefer tauchte ich in die Geschichte ein. Ich hatte zuviel von Kambodscha geträumt, ich konnte es nicht mehr verlassen.

Gierig habe ich jeden Satz des Ramayana verschlungen. Die Schwangerschaft von Sva Hay, der Mutter des weißen Affen, brachte mich zum Träumen. Sie empfing durch einen Samen, den der Wind in ihren Mund getragen hat. Auch ich wollte ein Symbol gebären, den Wind zum Gatten, ein Land zum Geliebten haben. Mit einem Kuß auf einen einzelnen Mund habe ich das ganze Königreich geküßt, seine Dörfer mit den Laubhütten, die nackten Füße seiner Kinder, die Väter ihrer Väter und das Geheimnis eines alten Volkes.

Phuon Monich selbst habe ich kaum gekannt. Er kam in die Entbindungsstation, als das Kind gerade geboren war. Er war wütend, wollte wissen, warum ich ihn nicht benachrichtigt, nicht angerufen hätte. Ich hatte es vergessen. Er wollte nicht glauben, daß ich es einfach vergessen hatte.

Es war der 11. November. Auf den Champs-Elysées Militärmusik, General de Gaulle, eine Parade. Und ich. Ich ging umher und sagte mir: Nie wieder werde ich einen Augenblick wie diesen erleben. Niemand ist von mir abhängig. Ich kann sorglos, verantwortungslos, unüberlegt sein. Aber von jetzt an wird es immer, bis zu seinem oder meinem Tod, ein Wesen geben, mit dem ich rechnen muß. Nie wieder werde ich sagen: «Ich.» Zuerst kommt sie, meine Tochter, oder er, mein Sohn.

Ich muß ohnmächtig geworden sein, die Polizei hat einen Krankenwagen gerufen, und sie haben mich auf die Entbindungsstation gebracht. Daß ich nicht telefoniert habe, liegt daran, daß es im Grunde eine Sache zwischen mir und mir war.

Er hat gesagt: Wir werden sie Muyivey nennen. Mir war Emmanuèle lieber. Schließlich einigten wir uns auf den Namen Muyivey Emmanuèle Phuon, und sie wurde unsere Manou. Manou, meine Süße, meine geliebte Manou.

Madame Wouschil hat geschickte Hände. Sie bringt mir bei, wie man das Baby wäscht, es wickelt. Ich weiß nicht, wie ich ohne sie zurechtkommen würde. Ihr Mann möchte einen Korrespondenten in Phnom Penh haben. Ich könnte das machen. Mein eigenes Import-Export-Büro leiten, es führen, wie es mir gefällt. Die Idee wird immer verlockender für mich, stundenlang arbeiten wir sie aus.

Manou verläßt mich niemals. Im Büro, ich arbeite jetzt auf den Champs-Elysées, habe ich ihr in einer Schublade ein Bettchen gemacht. Wenn der Direktor zu mir kommt, schiebe ich sie zu. Er hat nichts gemerkt. Sie weint nie, begleitet mich überallhin.

Bald werde ich abreisen. Natürlich nach Kambodscha. Manou ist drei Monate alt. Ich werde reisen. Nur etwas Unbestimmtes, vielleicht die Angst vor dem Unbekannten, hält mich noch zurück.

Dr. Monich ist in seine Heimat zurückgekehrt, bedächtig, sich selbst treu. Nur einmal habe ich ihn wirklich verstört gesehen, und das war am Tag, als ich ihn fragte, ob er so freundlich sein würde, mir ein Kind zu machen. Er war schockiert. Wir hatten eine freundschaftliche, zärtliche Beziehung, aber was mich an ihm am meisten anzog, war sein Land. Er war sehr viel älter als ich, zu ernsthaft und nicht sehr schön, untersetzt und mit dem Gesicht einer Bulldogge. Ich empfand vor allem Respekt für ihn.

Er hat meinen Wunsch akzeptiert, um mir eine Freude zu machen. So sind die Asiaten. Der Vertrag zwischen uns war klar. Es würde mein Kind sein. Er würde ihm seinen Namen geben, natürlich nicht wegen der Erbschaft, sondern nur als Symbol.

Auch Theo hat uns verlassen. Er ging zurück nach Griechenland oder nach Deauville. Vor der Geburt von Manou bin ich ausgezogen, um seine Gastfreundschaft nicht auszunutzen. Denise kommt manchmal zu Besuch. Sie erzählt uns die letzten Neuigkeiten.

Ich brenne darauf, abzureisen, dennoch bleibe ich. Ich pendle hin und her zwischen dem Canton und meiner Dachkammer. Meine Abreise wird schließlich ausgelöst durch ein Metro-Ticket. Oder durch Joseph Conrad. Und das kam so.

Ich wollte die Wouschils besuchen und war in Conrads faszinierenden Roman *Herz der Finsternis* vertieft. Atemlos durchwanderte ich die prähistorische Erde Afrikas, die aussah wie ein unbekannter Planet, während in Paris mein Schatten auf gut Glück die Metro bestieg. Im Wald ließ mich plötzlich die Stimme eines Franzosen zusammenfahren: der Kontrolleur. Ohne die Augen von meiner Lektüre zu wenden, hielt ich ihm mein Ticket hin. Er redete weiter, riß mich aus meinem Roman, und endlich begriff ich. Ich fuhr mit einem Ticket zweiter in der ersten Klasse. Eine Kleinigkeit. Das sagte ich ihm, erbot mich, ein Ticket erster Klasse zu kaufen, und fügte freundlich hinzu: «Ich kaufe auch ein Dutzend, wenn das schneller geht; ich muß unverzüglich nach Afrika zurück.»

Er war bösartig und zwang mich auszusteigen. Papiere, Protokoll, Befragung. Zwei Stunden auf dem Bahnsteig.

Einen Monat später erhielt ich eine gerichtliche Vorladung. Die Verkehrsbetriebe hatten mich wegen Beförderungserschleichung verklagt. Ich geriet in Panik. Am übernächsten Tag reiste ich ab.

Wenn mir das heute passierte, könnte es sein, daß ich rückfällig würde, so lebendig ist meine Angst vor Schikanen noch immer. Doch die Länder meiner Träume sind verschwunden, und ich wüßte kaum, wohin ich gehen sollte.

Phnom Penh

Fünfundzwanzig Jahre später, während ich diese Zeilen schreibe und alte Dokumente sortiere, habe ich ein Blatt Papier gefunden, sauber und ordentlich gefaltet.

«18. März 1970.

Staatsstreich. Sihanouk gestürzt. Unglaublich.

Sein Bild verbrannt, seine Porträts abgehängt. Die Chinesen haben ihre Läden geschlossen; die Stadt hat Angst.

Ming weint, Nath sieht das schlimmste Unheil voraus, Kurt spricht wie ein Prophet. Und ich werde heute zweiunddreißig Jahre alt.»

Die Desaster, die folgen sollten, und ihr Einfluß auf mein Schicksal konnte ich mir damals überhaupt nicht vorstellen.

Das Land trat in den Krieg ein.

Auf einer Seite die Regierungskräfte General Lon Nols, Nachfolger von Sihanouk, unterstützt von den Südvietnamesen und deren amerikanischen Verbündeten.

Auf der anderen Seite die Roten Khmer, eine Gruppe marxistischer Dissidenten, von denen bisher wenig die Rede gewesen war. Noch gestern waren sie die verschworenen Feinde des Prinzen, doch nun vollziehen sie eine Kehrtwendung und kämpfen in seinem Namen.

Fünf Jahre Krieg. Die Roten Khmer mit Pol Pot an der Spitze und hinter ihm die Chinesen gehen als Sieger daraus hervor. Grausam, haßerfüllt, unersättlich. Rasende Wahnsinnige. Sie lassen sich ihren Sieg teuer bezahlen. Das Königreich wird in ein riesiges Zwangsarbeitslager verwandelt, mindestens eine Million Menschen werden massakriert oder verhungern.

1979 treten die Vietnamesen an ihre Stelle. Neue Regierung in Phnom Penh mit Heng Samrin an der Spitze, einem Dissidenten der Roten Khmer, der sich den Vietnamesen angeschlossen hat.

Ein scheinbarer Friede kehrt zurück. Das Land versucht den Wiederaufbau, aber Kambodscha bleibt zerrissen. Die Roten Khmer haben den Buschwald im Westen neben der thailändischen Grenze wieder eingenommen. Hieng Sary, ein Abgesandter von Pol Pot, steht an ihrer Spitze. Hitler hat Himmler ersetzt, und die Vereinten Nationen erkennen diese infame Regierung offiziell an. Sie ist noch immer anerkannt, als die Vietnamesen 1989 ihre Truppen vom Khmer-Territorium abziehen.

1989. Das Jahr, in dem sich alles auf der Welt bewegt. Freiheiten, freie Wahlen, Demokratien. Auf der internationalen Bühne erscheint das kambodschanische Problem neu und erfordert eine Lösung. Verhandlungen finden statt zwischen den verschiedenen Widerstandsgruppen, den Roten Khmer, Sihanouk und Hun Seng. Sihanouk, noch immer mit den Roten Khmer verbündet, besteht auf ihrer Anwesenheit in Phnom Penh im Rahmen einer Koalitionsregierung. Unannehmbarer Vorschlag. Die Verhandlungen scheitern.

So stehen die Dinge beim endgültigen Rückzug der vietnamesischen Truppen am 26. September 1989. Vierhundert Journalisten sind anwesend. Ich auch.

Einige Korrespondenten haben mich erkannt. Ein Australier murmelt, als ich vorbeigehe: «Abenteurerin mit großem Herzen; arbeitet für die CIA.» Er sprach von mir.

Phnom Penh. *Seit Jahren war ich nicht mehr da. Was soll ich dort? Alle meine Freunde sind tot.*

Einen einzigen Bekannten habe ich wiedergefunden, Keou, Rikschafahrer. Wenn man seine Dienste in Anspruch nehmen wollte, öffnete er kaum die Augen, bewegte den Kopf schwach von rechts nach links und gab sich, ohne ein Wort zu sagen, wieder der Lektüre oder dem Schlaf hin. Sie waren alle gleich, von unglaublicher Unbekümmertheit; hatte eine Fahrt ihnen genug eingebracht, um sich für den Tag zu ernähren, lehnten sie jede weitere ab.

Keou hat mir 1989 seine Dienste für die ganze Woche zur Verfügung gestellt, und ich genieße wieder die Freude, mich in einer Riksha fortzubewegen. Leichtes Wiegen der Räder, Entspannung . . . und an der ersten Kreuzung ein Schock. Die Ampeln sind verschwunden; Dutzende von Fahrrädern, Motorrollern, Autos und Lastwagen überqueren die Straße in allen Richtungen, ohne ihre Fahrt zu verlangsamen. Die Fahrzeugführer streifen einander, reißen sich los, schlagen Haken, entgehen knapp einer Kollision . . . ich gebe meine Seele in Gottes Hand. Als ich die Augen wieder öffne, haben wir die Kreuzung passiert, und Keou ist entzückt. Es ist ihm gelungen, mich zu beeindrucken. Zu meiner Zeit war es genauso. Die Ampeln funktionierten, aber man mißachtete sie; Unfälle? Niemals. Vorfahrt hatte derjenige, der die stärksten Nerven besaß. Hier habe ich Fahren gelernt, auf eine Art, die die französischen Autofahrer nicht zu schätzen scheinen; sie haben nicht genug Phantasie.

Im Augenblick tritt Keou die Pedalen, und ich träume und lasse die Straßen im langsamen Rhythmus unseres Fahrzeugs an mir vorbeiziehen. Unterwegs erwähnt er Namen, die die Revolution geändert hat. Seine rauhe Stimme erinnert an Cafés, Restaurants und Kinos, die heute verschwunden sind. Ich höre zerstreut zu, bewegt vom Schiffbruch meiner Stadt, als er plötzlich auf ein Gebäude auf dem Boulevard Monivong zeigt, das repariert wird, und fragt: «Und hier, erinnern Sie sich? Das war das Hotel Mondial.»

Magische Worte. Das Hotel Mondial. Wie lange ist das her? Schon dreiundzwanzig Jahre; meine Tochter war sechs Monate alt. 1967 im Spätsommer.

Dieses höchst aufgeregte junge Mädchen, das an einem Regentag Paris verläßt, bin ich. Es hält mich hier nichts mehr. Endlich ist es soweit. Mein neues Leben wird beginnen; diesmal ist es wahr, das steht fest, es . . . es ist zu schön. ICH REISE AB.

Manou schläft in meinen Armen, sie wiegt nichts, und mein Handgepäck ist noch leichter; ein paar Kleider, Windeln, ein Parfum und Conrads *Lord Jim*, mein Lieblingsroman. Alles übrige hat die Concierge bekommen, ich brauche es nicht mehr.

Air France. Mein Gott, ich kann es nicht glauben. Nur keine Aufregung, die Besatzungsmitglieder sind ruhig; sie bieten uns sogar eine Mahlzeit an, wer hätte das gedacht? Eine Mahlzeit mit Champagner über den Wolken, mein Herz war noch nie so leicht. Manou freut sich ebenso wie ich. Sie hört nicht auf zu lächeln, und jedesmal, wenn eine Stewardeß sie bewundert, fühle ich mich sehr stolz, als hätte ich sie absichtlich mit diesem Grübchen, diesen leicht schräggestellten Augen und dem schönen Teint der Eurasierin zur Welt gebracht.

Angst vor der Zukunft? Überhaupt nicht. Allerdings habe ich kein

Rückflugticket und keinerlei Ersparnisse, keinen einzigen Franc. Alles wird gut werden, das spüre ich. Mein Glaube an die Zukunft ist grenzenlos.

Schon. Die zwanzig Flugstunden sind schnell vergangen. Wir beginnen den Sinkflug. Bodentemperatur 37 Grad.

Manou, Manouchka, wach auf, schau!

Schau dir diese endlosen Flächen an, die überschwemmten Felder, die wie große Spiegel glänzen, die goldenen Dächer und all das Wasser, schau es dir gut an, mein Schatz. Wir sind da. Soeben sind wir in Phnom Penh gelandet.

Auf dem Flugplatz drängen sich Menschen, eine schillernde Menge. Was für ein Licht. Etwa fünfzehn Passagiere steigen aus, Hunderte von Menschen erwarten sie. So viele Leute ... Die ganze Stadt scheint zu unserem Empfang gekommen zu sein. Die ganze Stadt vielleicht, aber nicht Dr. Phuon Monich. Ich bin enttäuscht. Er hatte mich allerdings vorgewarnt, letztes Jahr; ich höre noch seine Stimme: «Wenn du eines Tages nach Phnom Penh kommst, werde ich nicht am Flughafen sein. Wir müssen sehr vorsichtig sein. Ich bin verheiratet.» Entsetzt erfuhr ich, daß er verheiratet und Vater von fünf Kindern war und daß seine Familie unsere Beziehung nicht gutheißen würde. Er hatte mir von der Polygamie erzählt, die in seinem Land normal und akzeptiert ist, und von dem, was schwerwiegend und unannehmbar ist: eine Mischehe. Manche Eltern beschließen, ihre Kinder nie wiederzusehen, wenn sie eine Mesalliance eingehen. Ja, aber ich war doch ledig, ich hatte doch mit diesen Geschichten nichts zu tun, oder? Er hatte mich eines Besseren belehrt. Für seine Landsleute, für ihn, für seine Familie war ich die zweite Ehefrau. Ich hatte das kaum ernst genommen: zweite Ehefrau, ich? Er scherzte. Ich war unabhängig und würde unabhängig bleiben. Einige Tage später war er nach Kambodscha zurückgekehrt, und seither hatte ich nichts mehr von ihm gehört.

Sympathisch, der Flughafen von Pochentong. Mit seinen gekräuselten Vorhängen an den Fenstern und seinen vom Wald verschlungenen Tempelgravuren hätte man ihn für einen ländlichen Flugplatz halten können.

Am Einreiseschalter erbitte ich ein Visum auf Lebenszeit. Der

Polizist lacht, Franzosen brauchen das nicht. Er ist neugierig, dieser Polizist, will alles wissen. Wo wir wohnen werden, ob ich Gepäck habe, wer der Vater der Kleinen ist ... Ein zweiter Beamter beugt sich über meinen Paß, betrachtet uns und sagt schockiert: «Unmöglich; der Doktor hätte sich die Mühe machen können, Sie abzuholen.» Er notiert auf einem Zettel Namen und Adresse seiner eigenen Eltern und lädt mich ein, mich nötigenfalls mit ihnen in Verbindung zu setzen. Als er mir meinen Paß zurückgibt, fügt er lachend hinzu: «Die ganze Stadt weiß Bescheid. Geben Sie acht, seine Mutter ist wütend. Sie wird versuchen, Sie zu vergiften.»

Ich weiß, daß meine «Schwiegermutter» unzufrieden ist. Ihre Drohbriefe nach Paris beweisen es. Sie hat versucht, mir die Reise nach Kambodscha auszureden, aber ich wollte nicht darauf verzichten. Zu lange hatte ich davon geträumt.

Ich bin die einzige Okzidentalin in dieser lebhaften Halle, in der sich alle zu kennen scheinen. Welche Fröhlichkeit. Man könnte glauben, auf einem ländlichen Familienfest am Ostersonntag zu sein. Kaum habe ich den Zoll passiert, werde ich von einer Gruppe lachender Frauen und junger Mädchen in bunten Gewändern und mit Blumen im Haar umringt. Mit anmutigen Gesten streicheln sie Manou, berühren meine Kleider und reden alle gleichzeitig. Eine legt mir einen Blumenkranz um den Hals, eine andere bietet mir Gebäck an. Sie amüsieren sich über mein Erstaunen und stoßen reizende kleine Schreie aus – eine richtige Voliere.

Doch binnen eines Augenblicks verdüstert sich alles. Eine Frau nimmt mir Manou ab, eine andere entreißt mir meine Tasche, und beide verschwinden in der Menge. Ich will laufen, die Gruppe hindert mich daran, mein Gott, was passiert mir da, mein Kind! Die Heiterkeit der Gesichter ringsum beruhigt mich ein wenig; in diesem Moment drängt sich ein junges Mädchen bis zu mir durch und fragt mich in perfektem Französisch, ob ich Mademoiselle Yvette sei. Überrascht bejahe ich. Monsieur Thai Hung schickt sie, ein Freund von Wouschil. Und plötzlich wird alles wieder heller. In einer Ecke sehe ich eine Frau, die Manou an ihren ausgestreckten Händen tanzen läßt; etwas weiter weg erwartet mich eine andere Frau, meine Tasche in der Hand. «Willkommen in Kambodscha», sagt die singende Stimme. «Ich bin Chinesin. Ich heiße Moah.» Sie hat kurzes Haar und trägt ein weißes Kleid. Sie reicht mir Bonbons.

Ich bin fünf Jahre alt und habe Herzklopfen. Die Lehrerin hat gerade ihr großes Märchenbuch aufgeschlagen und beginnt: Es war einmal . . . In diesem Zustand bin ich. Die Wirklichkeit ist schöner als mein Traum.

Der klimatisierte Mercedes von Monsieur Thai Hung fährt uns in die Stadt. Eine Landstraße, gesäumt von großen Bäumen mit roten Blüten, von Reisfeldern, kleinen Teichen; hier und da, aneinandergeschmiegt und auf Pfählen im Wasser, Hütten, die aus grünem Laubwerk auftauchen. Erstaunliches Licht.

Wir begegnen höchstens zwei oder drei anderen Autos und sind binnen zehn Minuten in Phnom Penh. Stille, Charme und Schönheit. Manou ist eingeschlafen. Auf meine Bitte hin setzt der Chauffeur mich vor einem «Hotel mit bescheidenen Preisen» ab: dem Hotel Mondial. Moah wird morgen wiederkommen. Wir werden die Stadt besichtigen, die Bekanntschaft von Thai Hung machen und bei seiner Gattin, einer sanften Frau, die Klavier spielt, den Tee nehmen.

Das Mondial ist schlicht, bescheiden und fast sauber. Ich bin die einzige Europäerin, vielleicht überhaupt der einzige Gast. Meine unvollkommene Kenntnis der Sprache entzückt die Zimmermädchen, die mich behandeln wie eine Königin. Sie bringen mir Blumen, Früchte, ein Seidentuch und kümmern sich um Manou. Sie bemächtigen sich ihrer, waschen sie, füttern sie, wiegen sie. Unvergleichliche Sanftheit. Ich bin im Paradies.

Während ich diese Worte schreibe, sehe ich wieder die junge Frau vor mir, ans Ende der Welt gereist in der Hoffnung, Menschen zu finden, geliebt zu werden; sofort nach der Ankunft kümmern sich Frauen von seltener Großzügigkeit um sie. Nie zuvor hatte man ihr Geschenke gemacht, ohne sie zu kennen, nie zuvor hätte sie sich vorstellen können, daß fremde Menschen Manou versorgen oder füttern. Diese ersten Eindrücke haben mich so geprägt, daß alles, was ich später erleben sollte, mir märchenhaft erschien. Ich wohnte auf einer Insel der Zärtlichkeit. Meine Enttäuschungen traten in den Hintergrund, und ich bin unfähig, meine in diesem Land verbrachten Jahre objektiv zu beschreiben.

Im Jahre 1989 hat Phnom Penh noch immer den altmodischen Charme einer Provinzstadt zu Jahrhundertbeginn. Es erstreckt sich in weiten, blühenden Gärten zum Fluß hinab. Avenuen, in der Mitte von Beeten geteilt, breit wie die Champs-Elysées, durchziehen die Stadt, gesäumt von hohen Kokospalmen. Mit den auf Pfählen errichteten Häusern, den vergoldeten Pagoden und den vielen Grünflächen wirkt es wie ein Garten im französischen Stil, für eine Oper als Stadt verkleidet.

Hier schläft ein Rind, dort spaziert ein Elefant. Im Herzen der Stadt erhebt sich der Phnom, ein Hügel, gekrönt von einer schönen weißen Stupa, umgeben von einer schattigen Allee, in der sich Gibbonfamilien mit Bettlern und Wahrsagern um den Platz streiten. Heute gehe ich dort spazieren, ängstlich. «Wenn die Roten Khmer wiederkommen», hat mir gerade eine kleine, runzlige alte Frau gesagt, «wenn die Roten Khmer wiederkommen, Madame, bringe ich mich um.»

Alles, was ich wiederfinde, ähnelt meinen Erinnerungen, und doch ist alles verändert. Verschwunden sind das Lächeln und die Spontaneität. Scheinbare Heiterkeit verbirgt die allgemeine Unruhe, das Lachen klingt falsch. Die Augen schauen, ohne zu sehen. «Man wagt nicht mehr, die Wahrheit zu sagen», erklärt Keou traurig, während er seine Rikscha abstaubt. «Wir haben zuviel Angst gehabt, zuviel Angst. Wir vertrauen keinem mehr. Es ist nicht mehr wie früher.»

Früher. Als die Stadt noch war wie ein Gedicht, in dem unsere Träume standen und die Zeit nicht existierte; vor den Roten Khmer...

Am folgenden Tag kam Moah mich abholen, stolz zeigte sie mir ihr geliebtes Phnom Penh. Wir haben den Tag damit verbracht, durch die alten Stadtviertel und über die Märkte zu schlendern. Psa Thia, Psa Thmeille, Blumenmarkt, Obstmarkt, Markt der tausend Spezialitäten; Pfannkuchen mit Honig und Soja, Lotossamen, gebratene Grillen, Vollmondkuchen. Alles mußte ich kosten und danach noch Suppen, Tee und Unmengen Süßigkeiten probieren.

Ich machte die Bekanntschaft des eleganten und charmanten Thai Hung. Sofort bot er mir einen Raum in seinen Büros an. Ich hatte noch Schwierigkeiten, mir meine zukünftigen Aktivitäten vorzustellen, Politik, Handel und Finanzen waren für mich Bücher mit sieben Siegeln, aber ich habe angenommen. Von da an verlief alles reibungslos, fast ohne Überraschungen, als hätten meine Gesten und meine Worte in einem früheren Leben schon existiert.

Freundlichkeit, Großzügigkeit, Höflichkeit und Gastfreundschaft waren hier angeboren, Eigenschaften eines anderen Zeitalters, einer anderen Welt. Ehrlichkeit und Lebensfreude kamen von Herzen;

alle vertrauten sich gegenseitig. Der Direktor des Hotel Mondial, über meine finanzielle Situation aufgeklärt, murmelte auf meine Bitte, kostenlos wohnen zu dürfen, bis ich mich anderweitig eingerichtet hätte, nur: «*At ei té*» (das ist nichts). Ich wollte insistieren, erklären, von Rückzahlung sprechen, aber er ließ mich weder fortfahren noch ihm danken, sondern schob mich mit einer Geste beiseite und wiederholte: «*At ei té;* unwichtig. Wenn Sie irgend etwas brauchen, lassen Sie es mich wissen.»

Ähnlich war die Reaktion im Sukkhalai, dem benachbarten Restaurant. Sonntagsmittags kam man von weither, um dort Kutéou zu essen, die berühmte chinesische Suppe mit Schweinefleisch und Nudeln. Und was für eine Suppe: ein gastronomisches Denkmal! Meine Bitte, uns, mein Kind und mich, einige Wochen oder Monate kostenlos zu ernähren, bis ich eine Stelle gefunden hätte und bezahlen könnte, erschien dem Wirt ganz natürlich. Er lächelte und sagte freundlich: «*At ei té.*»

In den folgenden sechs Monaten sollte es mir gelingen, alle meine Schulden bei der Direktion und beim Personal des Hotels und des Restaurants zu begleichen. Später brachte ich Madame Park, Manous Lieblingszimmermädchen, oft Geschenke, und ich fuhr damit fort bis zum 18. September 1974, dem Tag, an dem man sie vor dem Hotel fand, enthauptet von einer Rakete.

Langsam organisiert sich mein Leben. Ich wohne nicht weit von Thai Hung entfernt und gehe jeden Morgen zu Fuß durch die Gassen des chinesischen Viertels zu ihm. Er lebt in einem zweistöckigen Holzhaus, in dem mir im Erdgeschoß ein Zimmer zur Verfügung steht. In der ersten Zeit schlage ich rote, gelbe und grüne Aktenordner auf, auf denen «Kunden», «Lieferanten» und «Rechnungen» steht; leider habe ich nichts darin abzulegen. Zwischen meinen leeren Ordnern und nackten Registern studiere ich die Import-Export-Statistiken und gehe mit konzentrierter Miene in meinem Büro umher, um Thai Hung zu beeindrucken, der selbst riesige Geschäfte mit China abwikkelt. Das würde ich auch gern tun... aber wie?

Er kommt oft bei mir vorbei, fragt, ob alles gut läuft, und bietet mir eine Tasse Tee an. Manchmal bekomme ich auch Besuch von Moah, die zu ihren Eltern oder auf den Markt geht und mich einlädt, sie zu begleiten. Glücklich, einen Vorwand gefunden zu haben, folge ich ihr und freue mich immer wieder von neuem am Charme von Phnom Penh. Blühende Esplanaden und Gärten, friedliche Häuser auf Pfählen; geschnitzte Balustraden, Pagoden, von der Zeit vergessen, in der sanften Reglosigkeit ihrer Grabmäler. Ich genieße es, Hand in Hand mit Moah in Sandalen durch den Sonnenschein zu spazieren, auf den Boulevards, den Avenuen und auch den Wegen zu flanieren, roten Sandwegen unter üppiger Vegetation, auf denen sich Schweine und Hühner aufhalten. In Phnom Penh ist man, ohne das Zentrum der Hauptstadt zu verlassen, in einem Augenblick auf dem Land, im nächsten in der Stadt; das Ganze ist ein Mosaik der Anmut und Gelassenheit. Die Stadt ist sauber und ordentlich, die Ruhe vollkommen; die Erde riecht wie ein Gemüsegarten im Frühling. Vogelgezwitscher, das leise Surren der Fahrradreifen und Kinderlachen füllen sanft die Stille, ohne ihr etwas von ihrer Qualität zu nehmen.

Wenn man hier lebt, fragt man sich nach dem Sinn von Eile. Die Wahrnehmung der Zeit ist anders. Ist man weniger angespannt und gelassener, oder liegt es daran, daß man die Sonne jeden Abend um die gleiche Zeit untergehen sieht? Jedenfalls hat man einen Eindruck von Langsamkeit. Entweder können die Menschen sich nicht vor der Zukunft fürchten, oder sie besitzen eine große Fähigkeit, die Vergangenheit zu vergessen. Zeit scheint hier keine Rolle zu spielen. Man lebt voll und ganz in der Gegenwart.

Ich stehe unter einem Zauber, bin gefangen. Die Männer, die Frauen, die Kinder, ihr Lächeln, die Sympathie in den Blicken, alles verführt mich. Phnom Penh, meine Adoptivstadt. Ich werde sie nie verlassen.

Wenn es Abend wird, hole ich meine kleine Manou ab. Sie hat den Tag im Dorf eines Zimmermädchens verbracht und kommt mit roten Wangen und leuchtenden Augen zurück. Ich halte sie lange in den Armen und wiege sie und lausche dabei dem Klagegesang des Krötenchors. Dieses Lied erinnert mich an das Portal eines alten Schlosses mit rostigen Türangeln, an das Kreischen einer Säge tief im Wald oder den verzweifelten Ruf leidender Seelen – lauter Vorwände für Märchen, die ich ihr erzähle, auch wenn sie schon lange eingeschlafen ist.

Am nächsten Morgen kehre ich in mein Büro zurück und denke darüber nach, wie ich eine «Geschäftsfrau» werden könnte.

Wenn ich heute zurückschaue, war meine Ahnungslosigkeit gewaltig. Ich hatte weder Kapital noch Kenntnisse irgendeiner Art, die mir ermöglicht hätten, auf dem gewählten Weg voranzukommen; auch meine Beherrschung der Sprache ließ zu wünschen übrig, von meinem Akzent ganz abgesehen. Zu Beginn konnte ich nicht einmal den vulgären Ausdruck für «Schlafen Sie mit mir» von dem Ausdruck für «Helfen Sie mir» unterscheiden; meine Schnitzer erregten Heiterkeit.

Heute frage ich mich, ob ich den Mut hätte, dasselbe noch einmal zu tun. Vielleicht nicht. Damals war ich jung und arm, und vor allem hatte ich ein Baby.

Wenn ich an die Energie denke, die ich in all diesen Jahren aufwenden mußte, um meinen Lebensunterhalt zu verdienen, kann ich sie mir kaum noch vorstellen. Meine Anfänge waren hart. Nachdem ich erkannt hatte, daß die Zimmermädchen des Mondial alles andere als begütert waren, fiel es mir schwer, ihnen den Einkauf von Milch für Manou zu überlassen. Und im Sukkhalai reduzierte ich mit der Zeit meine Mahlzeiten auf das absolute Minimum, aus Angst nichts zurückzahlen zu können. Meine Tochter bekam das billigste Gericht, die Nudelsuppe mit Schweinefleisch. Das verursachte mir ein schlechtes Gewissen.

Manchmal verstörte mich der Gedanke, daß ich nichts besaß, absolut nichts; ich ließ mich dadurch in einen Rausch versetzen. Ich war nur von mir selbst abhängig, ich würde beweisen, daß ich tüchtig war, meine Tochter würde stolz auf mich sein. Am Ende trug meine Ausdauer Früchte. Weniger als zwei Monate nach meiner Ankunft in Phnom Penh schloß ich mein erstes Geschäft ab.

Wouschil hatte mir eines Tages eine Dokumentation über ein zweisitziges Flugzeug gegeben, das von Dassault konstruiert wurde. Wenn es mir gelänge, es zu verkaufen, würden wir uns die Provision teilen, für jeden die Hälfte. Meine einzige praktische Handelserfahrung stammte aus dem Jahre 1956, dem Haustürverkauf von Seife. Gestärkt durch meine Pariser Erlebnisse beschloß ich, in Phnom Penh Klinken zu putzen, um ein Flugzeug zu verkaufen.

Inzwischen wohnte ich am Ufer des Flusses Bassac in einem Haus, das Thai Hung mir überlassen hatte. Ein riesiges gelbes Gebäude, häßlich und vollkommen leer. Am Anfang hatte ich mich gefreut, dort zu wohnen, um die Hotelkosten zu sparen, doch bald war ich ernüchtert. Ohne die Zimmermädchen des Mondial mußte ich Manou überallhin mitnehmen. Außerdem besaß ich keinen Sou und war von jedermann abhängig. Zum Glück war die Bevölkerung großzügig. In meinem Viertel, einem der ärmsten der Stadt, verging kein Tag, ohne daß man mir etwas zu essen schenkte. «Kommen Sie, kommen Sie», riefen die Frauen, wenn sie mich vorbeigehen sahen, Manou auf dem Arm. Sie luden mich ein, ihre Mahlzeit zu teilen, und ich akzeptierte ohne jede Verlegenheit, so natürlich und warmherzig war ihr Verhalten.

Dazu muß gesagt werden, daß die Erde damals fruchtbar war und ihre Bewohner ernährte; Hunger war in Kambodscha unbekannt. Mein ganzes Leben lang habe ich später in Entwicklungsländern mit der gleichen Rührung diesen wunderbaren Sinn für Gastfreundschaft gefunden, den wir verloren haben. Da, wo wir an «Almosen» und «Wohltätigkeit» denken, sprechen sie von «teilen». Eine andere Welt.

Dennoch: Trotz der Freundlichkeit der Bevölkerung war das Alltagsleben nicht leicht. Man stelle sich die dauernden Probleme vor, wenn man keine Windeln, keine Handtücher, keine Küchengeräte hat, gar nichts, und dazu noch diese Hitze. Dr. Monich hatte sich nicht bei mir gemeldet, und ich wagte mir von niemandem Geld zu leihen. Dennoch war meine gute Laune sprichwörtlich. Ich ahnte, daß «etwas» geschehen würde, und hatte Vertrauen zu meinem Stern, was mich allerdings nicht hinderte, jedesmal wütend zu werden, wenn ich zu Fuß die fünf Kilometer zurücklegen mußte, die mein Haus vom Stadtzentrum trennten.

Die Temperatur, ungefähr 37 Grad, wurde durch die extreme Feuchtigkeit fast unerträglich. Mein Haar klebte in feuchten Strähnen an der Stirn, und meine Wimpern waren schweißnaß, wenn ich, mein Baby auf dem Arm, an die Türen klopfte, meinen Prospekt vorzeigte und «mein» Flugzeug anbot. Im allgemeinen sagten die Leute nein, aber ich verlor nicht den Mut.

Eines Tages öffnet mir ein eleganter Mann. Sein Haus ist kühl und reich ausgestattet. Er bittet mich herein, läßt mich Platz nehmen und bietet mir ein, zwei, sechs Gläser Orangenlimonade an; dann studiert er lange meine Dokumentation. Zehn Minuten später höre ich ihn ohne große Überraschung, denn schon damals glaubte ich an Wunder, erklären, er sei interessiert. Auch der Preis ist ihm recht, und ich muß mich beherrschen, um nicht auf den Tisch zu springen. Er kauft. Auf seiner Visitenkarte lese ich verblüfft: S. E. Lu Ban Hap, Stadtdirektor. Das Geschäft des Jahrhunderts. Ich habe einem hohen Beamten ein Flugzeug verkauft.

Ich wäre zu Thai Hung gerannt und hätte ihn um Erlaubnis gebeten, Wouschil anzurufen, wenn mich nicht ein unvorhergesehener Vorfall daran gehindert hätte. Seine Exzellenz hat den Salon verlassen. Ich bin einen Augenblick allein, hebe Manou auf, die man in einen Louis-XIV-Sessel mit hellem Seidenbezug gesetzt hat, und stelle fest, daß sie Durchfall bekommen hat und in einer Pfütze sitzt. Was für eine Katastrophe. Mein Geschäft ist geplatzt. Verzweifelt lasse ich sie an ihrem Platz und finde weder den Mut, etwas zu sagen, noch den, fortzugehen. Ich bleibe. Ich bleibe lange, rede über alles und nichts, ein Sturzbach von Worten, förmlich ein Wortdurchfall. Ich rede und gebe Lu Ban Hap keine Gelegenheit, mich zu unterbrechen. Zum Glück kommt schließlich seine Frau, eine sympathische Französin, die mit leichtem Schritt den Salon betritt. «Ach, was für ein süßes Baby!» ruft sie und nimmt Manou auf den Arm. In dieser entsetzlichen Situation stehe ich auf, hochrot, und stammele Entschuldigungen. «Aber das macht gar nichts», sagt sie lachend, «der Stoff läßt sich leicht waschen.» Summend verschwindet sie, Manou auf dem Arm, und kommt kurz darauf zurück. Sie reicht mir ein sauberes, frisch gewickeltes Baby.

Mit trockener Kehle mache ich mir klar, daß das Geschäft zustande kommt. Ich bin gerettet.

Ungefähr zwanzig Jahre später, als ich auf der Rikscha durch Lu Ban Haps Straße komme, erkenne ich sein Haus nicht wieder. Vielleicht ist es zerstört worden, so viele Villen sind Ruinen, man kennt sich nicht mehr aus. Ich bin gekommen, um das Haus wiederzusehen, in dem ich einst wohnte, am Ende der Monivong-Brücke. Der Weg war lang, Keou ist müde, und ich selbst bin es leid, mich zu fragen, wie ich diesen Weg so oft zu Fuß zurücklegen konnte... Was für ein schreckliches Gebäude. Damals, als ich hier wohnte, wurde es von Kakerlaken heimgesucht, die blitzschnell kreuz und quer herumliefen, sowie von riesigen Eidechsen, die mir Schrecken einjagten. Ich wohnte in einem einzigen Raum, dem kleinsten und am wenigsten von Ungeziefer geplagten, und ich setzte keinen Fuß mehr in den Garten, nachdem mich eines Tages der Kopf einer Schlange in die Flucht gejagt hatte. Sie hatte sich zischend zwischen meinen Schenkeln erhoben, als ich urinieren wollte. Das gelbe Haus steht heute verlassen, und die Nachbarn aus den auf dem Fluß schwimmenden Hausbooten haben gewechselt. Es gibt noch immer Fische, die auf Strohmatten in der Sonne trocknen, große Krüge am Eingang, die das Regenwasser auffangen, und zwischen den Mangobäumen sind Leinen aufgespannt, um Wäsche zu trocknen. Noch immer spielen nackte Kinder im Wasser und laufen mir dichtgedrängt nach, sobald sie mich sehen.

1968 war es genauso. Nirgends konnte ich hingehen, ohne von ungefähr fünfzig Kindern eskortiert zu werden, die mir als weißer Frau zujauchzten, als stammte ich von einem anderen Planeten. Wenn Elefantenherden vorbeikamen, verließen mich nicht mehr als zwei oder drei der Kinder, um sie zu bewundern. Meine Anziehungskraft und die von Manou war größer als die der Elefanten. Später, als sie älter wurde, schämte meine Tochter sich deswegen. Ich erregte zuviel Aufmerksamkeit; sie hat mir oft Vorwürfe gemacht, daß ich nicht schwarz bin.

Geschäftsfrau

Der Flugzeugverkauf befreite mich aus meiner Notlage. Wouschil schickte mir eine kleine Vorauszahlung, damit ich dringend benötigte Dinge kaufen konnte: einen Kocher und eine Gasflasche, Töpfe, Geschirr und Früchte, endlich frisches Gemüse und Milch. Es war an der Zeit. Doch in dem Augenblick, in dem mir meine restliche Provision überwiesen werden sollte – diesmal eine große Summe, mit der ich einiges vorhatte –, wurde das Geschäft annulliert. Mein Käufer hatte es sich anders überlegt. Adieu, ihr Kälber, Kühe, Schweine, Bruthennen! Zurück zum Ausgangspunkt. Ein Mißerfolg? Nicht ganz. Seither weiß ich, daß ich fähig bin, im Geschäftsleben Erfolg zu haben.

Gerade kommt mit der Post ein Angebot von Wouschil, Korken betreffend, nachdem in der *Gazette de Phnom Penh* eine internationale Ausschreibung erschienen war. Millionen von Korken. Seine Pro-forma-Rechnung enthält keinen Verkaufspreis. Mir obliegt es, diesen in Anbetracht der Konkurrenz und eines eigenen Profits zu kalkulieren. Getrennt ist ein Netto-Netto-Preis angegeben; *netto-netto*, zweimal unterstrichen. Nur mit der Ruhe.
Kalkulation des Verkaufspreises: Ich addiere den Netto-Netto-Preis zu der Summe meiner Schulden, dem Unterhalt für Manou und mich für sechs Monate, der Miete für ein Haus und den Kosten eines Gebrauchtwagens. Dann gehe ich zu Monsieur Prom Thos, dem Präsidenten und Generaldirektor der Brauereien und Eismaschinen Indochinas, dem Käufer der Korken. Etwas nervös stelle ich mich vor und unterbreite mein Angebot. Ohne es zu prüfen, lädt Monsieur Prom Thos mich ein, an dem für die Ausschreibung festgesetzten Tag wiederzukommen. Er macht die Dinge ziemlich kompliziert. Zum einen verstehe ich nicht genau, was der Begriff «Aus-

schreibung» bedeutet, zum andern möchte ich auf der Stelle verhandeln. Ernsthaft, wie es die großen Geschäftsleute wohl tun, sehe ich ihn an und füge hinzu: «Unter Männern.» Er ärgert sich über meine Beharrlichkeit und wirft schließlich einen Blick in meinen Umschlag. Überrascht ruft er aus: «Aber Ihre Preise sind dreimal so hoch wie die Ihrer Konkurrenten!»

Ich rechtfertige mich in aller Ruhe. Zweifellos haben meine Konkurrenten weniger Schulden und kein Baby, für das sie verantwortlich sind. Vielleicht haben sie schon einen Wagen und ein Haus. Ich nicht. Erstaunt sieht er zuerst mich, dann Manou an, und sagt mit ernster Stimme: «Dr. Monich hilft Ihnen nicht?» Bevor ich ihn fragen kann, woher er weiß, wer ich bin, fährt er schon zornig fort: «Unmöglich... eine Schande für uns, seine Landsleute. So behandelt man eine Französin nicht.» Er geht auf und ab, bleibt stehen, verlangt eine Preisreduktion. Unmöglich; ich beweise es ihm, indem ich meine Schulden aufzähle. So und so viele Suppen im Sakhalai, Übernachtungen im Hotel Mondial, und außerdem muß er mich verstehen; ich wäre meine Schulden gern für eine Weile los. Er geht weiter auf und ab. «Die Ausschreibung, Mademoiselle Yvette», sagt er dann in geziertem Ton, «ist eine offizielle Angelegenheit. Ich kann sie ohne Zustimmung des Finanzministers nicht umgehen.»

Ich antworte, als sei das eine geringfügige Formalität oder der Minister mein Cousin: «Rufen Sie ihn an. Ich bin sicher, daß er verstehen wird.»

Der Minister hat schon von mir gehört. Er braucht nicht lange, um seine Entscheidung zu treffen. Die Ausschreibung wird abgeblasen. Man wird direkt verhandeln mit «der Mama dieses Khmerbabys, für das wir alle verantwortlich sind, weil der Doktor sich nicht darum kümmert».

Meine Freude ist so groß, daß ich dem Präsidenten in die Arme falle und ihn küsse, ehe ich wieder als Geschäftsfrau auftrete und ihm versichere, er werde nicht enttäuscht sein. Unsere Korken sind von allerbester Qualität.

Das war Mitte Februar. Vor lauter Nervosität konnte ich nicht schlafen und verbrachte einen Teil der Nacht damit, durch die Stadt zu spazieren und mit Leuten zu diskutieren. Ich nahm die Einladung einer Frau zu einer Exorzismuszeremonie an. Ich sehe noch das traditionelle Holzhaus vor mir mit dem Lattenfußboden, durch den die Kühle aufstieg, die knienden Menschen und die Mitglieder des Orchesters, zwei vertrocknete Alte, die neben «Geistertrommeln» hockten, die zweisaitige Geige, die Flöte und die Trommeln aus Pythonhaut, die bei dieser Zeremonie verwendet wurden. Die Familie trug ihre schönsten Gewänder und hatte zahlreiche Gaben vorbereitet, darunter auch Alkohol und Kuchen. Der Spiritist schaute lange in die Flamme der Kerze, die auf einem Balken stand. Dann, von den Geistern in ihren Bann geschlagen, begann er im Rhythmus der Musik am ganzen Körper zu zittern und zu tanzen; in Trance nahm er im Namen der Geister die Opfergaben entgegen. Alkohol und Kuchen wurden später unter die Musiker verteilt. Bevor der Spiritist fortging, streichelte er Manous Wange. Dann hat er mich angelächelt und uns Glück und Gesundheit versprochen.

Ich habe ihm geglaubt, und das Glück ist gekommen. Mit Hilfe der Korken sind wir in die Stadt, in ein nagelneues weißes Haus mit einem Garten gezogen. An das Tor habe ich ein Schild gehängt, auf das ich mit roten Buchstaben auf weißem Grund geschrieben hatte: SINOFRANCE-IMPORT-EXPORT. Von diesem Tag an habe ich gewissenhaft alle Ausschreibungen aus den Lokalzeitungen ausgeschnitten, um sie Wouschil zu schicken.

Wenn ich heute meine Vergangenheit betrachte und die Gründe für meinen Erfolg zu analysieren versuche, fällt mir als erstes meine Ahnungslosigkeit auf. Niemals hätte ich gewagt, auf direkten Verhandlungen zu bestehen, wenn ich gewußt hätte, was eine Ausschreibung ist und daß deren Umgehung illegal und den Konkurrenten gegenüber ungerecht war.

Mehr noch als meine Ahnungslosigkeit hat mir die Güte der Khmer geholfen. Aber das sind die Clans, die gefürchteten Clans, die die Kambodschaner einen und teilen und die zu meinen Gunsten gewirkt haben. Im Geschäftsmilieu handelte man mit seinen Studienkollegen, Verwandten oder Freunden. Die anderen waren ausgeschlossen. Ebenso wie die Franzosen Kambodschas waren die Clans der Militärs, der Diplomaten, der Professoren oder Pflanzer wasserdicht von den anderen abgeschottet. Unter den Kambodschanern herrschte eine Verwirrung, bei der die Bündnisse und Trennlinien nicht immer leicht zu unterscheiden waren. Noch schlimmer war es in der Politik. Wenn sich zwei Khmer zusammentaten, entstanden gleich drei politische Parteien, genau wie bei den Franzosen. In diesen Einflußsphären war Dr. Monich nicht sonderlich wohlgelitten. Er verkündete zu oft lauthals sein Mißfallen gegenüber Korruption, Prinz Sihanouk und den Roten Khmer, diesen falschen Intellektuellen, die in Paris Marx lesen und dabei Champagner trinken. Unvernünftig. Ich hatte ihn nicht wiedergesehen, aber ich hörte von seinen Ansichten, und in diesem Land, in dem sich jeder von Geistern oder Astrologen beeinflussen ließ, war er tatsächlich einer der wenigen, die der Vernunft das Wort redeten. Kurz, man liebte ihn nicht. Die Strenge seiner Lebensführung und seine Art, die Wahrheit laut auszusprechen, schufen ihm viele Feinde, dieselben Leute, die mir zu Hilfe kamen. Damals war ich weit davon entfernt, das zu erkennen; ich schrieb alles auf das Konto der Freundschaft.

18 Uhr. Bald wird die Sonne untergehen. Früher hätte man sich auf den Gehsteig gesetzt, um die Grillen singen zu hören. Heute abend werden die Geräusche der Natur erstickt vom Lärm der vietnamesischen Fuhrwerke und der Wagen des Roten Kreuzes. Besser, in mein Hotel zurückzukehren, das Samaki. Zu meiner Zeit hieß es Royal. Es wurde von Monsieur Lou geleitet. Das einzige Hotel mit Schwimmbad... ich ging oft sonntags mit Manou hin.

Kurt auch. Er ließ sich gerne bräunen und bewunderte die Frauen im Badeanzug. Genau dort, am Rand dieses Schwimmbades, habe ich ihn zum erstenmal getroffen, etwas mehr als ein Jahr nach meiner Ankunft.

Ich hatte schon etliche Geschäfte abgeschlossen. Nach den Korken ging es um einen Kran, Jeeps und Traktoren. Ich kannte alle Welt: Minister, Vizeminister, Generäle, Ordonnanzen, Sekretäre, Zöllner, Polizisten... Ich hatte mit allen Umgang, ging mit ihnen tanzen, Musik hören, den Wald erforschen, Tempel und Provinzen entdecken. Ich besuchte alle Feste, alle Zeremonien, Pagoden, Abendunterhaltungen, Hochzeiten, Beerdigungen, alles. Ich war nicht an bestimmte Personen oder Gruppen gebunden.

Zu dieser Zeit arbeitete man wenig und amüsierte sich nach Kräften. Jedesmal, wenn man Bekannte traf, ging man «eine Suppe essen». So machte ich meine Geschäfte, auf der Straße und auf die informellste Art.

Begegnung mit einem Beamten. «Gehen wir eine Suppe essen?» Auf winzigen Hockern aus Holz an ganz niedrigen Tischen bestellt man etwas und redet, über die Familie, über Liebesgeschichten. Die meisten Passanten kennen uns, lächeln, kommen, um uns zu begrüßen. Geruch nach gebratenem Knoblauch, die Suppe wird aufgetischt. Banale Unterhaltung, Austausch von Informationen. Meine Dokumente sind akzeptiert worden? Fabelhaft. Soja, Minzeblätter; der Minister ist einverstanden, er wird unterschreiben. Pfeffer und Nuoc Mam; man sieht ein hübsches Mädchen vorbeigehen. «Mach dir keine Sorgen wegen des Kreditbriefes, der Direktor der Bank ist mein Freund.» Entspannt im Schatten sitzend, erfreuen wir uns am Schauspiel der Straße. Ein junger Mann transportiert Hörner von Wildrindern. Eine alte Frau spuckt Betel auf den Gehsteig. Schallendes Gelächter: eine Ladung Zuckerrohr ist umgekippt. Ich höre aufmerksam zu. Mein Gesprächspartner erklärt mir die Funktion eines Rembourskredits, wie man einen Vertrag aufsetzt oder Ausschreibungen bearbeitet.

Eine Bonzenprozession. Geigenklänge aus der Ferne. Sollen wir heute abend tanzen gehen?

Von überallher fällt mir das Glück gleichzeitig in den Schoß. Ich empfange es mit offenen Armen, als seien wir seit jeher Freunde, und um es besser unterbringen zu können, miete ich ein schöneres Haus.

So isoliert ich mich im Haus am Fluß gefühlt hatte, so wohl ist mir jetzt, umgeben von der Liebe meiner ganzen Familie; sie hat sich nämlich vergrößert. Zunächst um Ming Soth.

Für Einkäufe, Küche und Haushalt, für die Pflege des Hauses und des Babys brauchte ich eine Dienerin. Freunde empfahlen Ming Soth. Ich bat sie zu mir. Sie kam, führte selbst die Unterhaltung, entschied, daß ich ihr gefiel, und zog ein.

Sie verhält sich bescheiden und bleibt fast unsichtbar mit ihrer kleinen Gestalt und ihren ewigen schwarzen Hemden, aber sie ist allgegenwärtig.

Küche und Haushalt sind nicht ihre Stärke. Lieber wiegt sie sich in der Hängematte, Manou in den Armen, und singt ihr Wiegenlieder vor. Und sie kann wunderbar erzählen. Am Nachmittag, wenn die Stunde der Siesta gerade beendet ist, öffnet sie weit die Haustür und läßt die Kinder des Viertels herein. Sie setzen sich im Kreis um sie herum, so daß sie sie anfassen können. Manou liegt in der Hängematte unter dem Mangobaum, und Ming hockt sich auf die Fersen und beginnt... Ich putze das Gemüse für unser Abendessen.

Nach Ming Soth hat unsere Familie Nath geerbt.

Ich traf Nath auf der Straße, als ich eines Tages vom Markt zurück-kam: eine junge Bäuerin mit ausgeprägten Zügen; breite Nase, gro-ßer, aber gut proportionierter Mund, sehr dunkle Haut. Schlank, mittelgroß, nicht von der Schönheit, die beim ersten Blick auffällt, aber verwirrend durch eine Mischung aus weiblicher Anmut und wilder Entschlossenheit.

Sie hat mich angelächelt und gefragt, ob sie mich begleiten könne. Erstaunlich; gewöhnlich bin ich diejenige, die zuerst andere anspricht. Sie paßte ihren Schritt dem meinen an und begann zu sprechen: von ihrem Dorf, ihrem Vater, ihrer Zukunft. Die Eltern wollen, daß sie Krankenschwester wird, ihr wäre eine Büroarbeit lieber. Die Straße ist staubig, die Sonne brennt erbarmungslos. Nath hat mir meinen Korb aus der Hand genommen. Es ist drollig, sie gleicht mir in ihrer Art, von sich selbst zu sprechen, ohne wirklich beteiligt zu sein. Sie schwatzt weiter, stellt manchmal eine Frage, geht zu einer anderen über, ohne die Antwort abzuwarten, redet mit sich selbst. Eine Einzelgängerin.

Plötzlich bleibt sie stehen, schnürt ihre Sandalen neu und fordert mich auf, sie einzustellen, als Sekretärin. Natürlich muß ich nein sagen. Sie kennt den Beruf nicht, spricht nicht Französisch, kann nicht Maschinenschreiben. Außerdem brauche ich keine Sekretärin. Wie soll ich ihr das beibringen, ohne sie zu kränken? Sie sieht mich unverwandt an. Ich höre noch ihre monotone Stimme: Ich werde Ihre Sekretärin sein. Neben der Büroarbeit werde ich mich um die Hühner kümmern – Sie haben keine? Wir werden welche kaufen. Und um den Garten, um die Küche. Ich werde auch nähen. Sagen Sie nicht nein. Ich will keinen Lohn. Und als ich sie erstaunt fragte: «Aber warum denn dann?», antwortete sie ruhig: «Weil ich Sie liebe. Es ist das erstemal, daß ich eine so sympathische Frau treffe.» Sie sagt das mit absolutem Vertrauen, als lege sie ihr Schicksal in meine Hände.

Am nächsten Tag nimmt sie ihre Tätigkeit auf. Sie wird Manou immer dann spazierenführen, wenn Ming beschäftigt ist. Alles Weitere wird sich finden.

Außer Ming, Nath und Manou, die ihre ersten Schritte zu tun beginnt, lebt noch der Chauffeur bei uns, den man Pou Skom nennt, magerer Onkel. Wenn er nicht fahren muß, putzt und poliert er stundenlang den alten 4CV.

Pou Skom ist zweiundzwanzig und betet im stillen Nath an; sie ihrerseits neckt ihn unablässig, und Ming Soth hält beiden Vorträge.

Doch erst gegen Ende 1968, als Kurt in mein Leben tritt, ist meine Familie vollständig.

Kurt habe ich durch Boursier kennengelernt, und Boursier, diesen Schlingel, wie habe ich den getroffen? Er war Chef der Khmer-Chemielaboratorien... ja, so war es. Ich schlug ihm einen Handel mit chemischen Produkten vor, und er setzte mich auf eine Fährte. Ein französischer Medikamentenhersteller suchte Chinin; ein gewisser Kurt Furrer hatte welches oder wußte, wo man es bekam. Er war Schweizer, wohnte im Hotel Royal.

Ich stürzte ins Royal und fand ihn an einem Tisch am Rand des Schwimmbeckens, ein Glas Whisky in der Hand.

Was mir an ihm sofort auffiel, war seine Güte. Ein väterliches, überaus wohlwollendes Gesicht. Eine Minute zuvor hatte ich noch gedacht: Ein Schweizer, ein Weißer: Vorsicht! In seiner Gegenwart gebe ich meine Zurückhaltung auf und sitze schließlich vertrauensvoll vor einer Tasse Kaffee. Er nimmt mir jedes Unbehagen, bietet mir Kuchen an, widmet dem Chinin fünf Sekunden und beginnt dann freundlich, mir Fragen zu stellen. Ob ich verheiratet bin, was ich sonntags tue, wer mein Kind hütet. Er fragt auch, ob ich bereits Geschäfte gemacht habe, wie ich mich dabei anstelle, was ich für Sorgen habe und ob ich Freunde besitze.

Zweimal läßt er mich die Geschichte mit den Korken wiederholen und murmelt: «Unglaublich.» Dann kommt er auf das Thema Arbeitserlaubnis, Firmeneintragung und offizielle Genehmigung zu sprechen, und da kenne ich mich nicht aus. Für mich bestanden sämtliche Formalitäten nur darin, das Schild SINOFRANCE an mein Tor zu hängen. Er scheint bestürzt, fragt noch einmal: «Aber Sie müssen doch Ihre Gewinne deklarieren? Zahlen Sie Steuern?» Meine Antwort verblüfft ihn vollkommen. Der Finanzminister findet, ein so mutiges Mädchen müsse davon befreit werden. Kurt erstaunt nicht so sehr die Tatsache als solche, sondern meine Art, das normal zu finden. Er scheint alles zu verstehen und doch völlig verblüfft zu sein.

Noch ein Whisky, noch ein Kaffee. Er nimmt dem Kellner das Tablett aus der Hand, bedient mich selbst, rührt meinen Kaffee um. Schöne Hände. Lizenzen, Genehmigungen, Erlaubnisse... wozu diese Sorgen? Ich habe daran nicht gedacht. «Hören Sie», sagt er, «seit sechs Monaten laufe ich von einem Ministerium zum anderen und versuche, hier ein Büro zu eröffnen; es ist mir noch nicht gelungen, also . . .» Dann macht er eine entwaffnende resignierte Geste.

Wenn es ihm so wichtig ist . . . Am nächsten Tag begleite ich ihn in dieselben Ministerien, in denen er sechs Monate verloren hat, und nach weniger als zwei Stunden habe ich ihm alle Genehmigungen beschafft. «Siehst du, Kurt, es ist ein Handikap, ein Mann zu sein. Du hättest dich als junges Mädchen verkleiden sollen.» Gleich danach bedaure ich, daß alles so schnell gegangen ist. Ich wäre gern tagelang an seiner Seite gewesen und hätte ihm geholfen, nur um seine verblüffte Miene zu sehen, wenn wir irgendwo eintraten und meine Beamtenfreunde Freudensprünge machten, mich zu sehen. Er hielt mich für ein überaus tüchtiges Mädchen und bewunderte mich. Ja, tatsächlich. Er bewunderte mich.

Kurt ist Kapitän der schweizerischen Handelsmarine. Conrad hat er nicht gelesen, nur *Times* und *Newsweek*. Er ist zwölf Jahre älter als ich; beide stammen wir aus einem Jahr des Tigers. Ich bin glücklich, ihn zu kennen.

«Und was ist mit dem Chinin für die Laboratorien, Kurt?»

Ein indonesischer General, mit dem er befreundet ist, hat einen Vorrat beschlagnahmt. In Indonesien verbinden die Militärs den Krieg mit Geschäften. Ich werde ihn aufsuchen. In meinem Eifer reise ich nach Bandung. Drei Wochen lang lasse ich mich auf einem Schiff herumfahren und komme trotzdem mit leeren Händen zurück. Dabei schien doch alles arrangiert. Vertrag unterschrieben, gültiger Kreditbrief. Im Augenblick der Einschiffung ging alles schief; keine Spur von Chinin. Tief gekränkt komme ich nach Phnom Penh zurück. Man hat sich über mich lustig gemacht. Dabei war eigentlich nur meine Eigenliebe getroffen. Seit dem mißglückten Flugzeugverkauf geben mir selbst gescheiterte Geschäfte das Gefühl, etwas erreicht zu haben. Sie sind das offene Buch, in dem ich alle meine Irrtümer nachlesen kann, mein Diplom in geschäftlichen Dingen.

Sofort nach meiner Rückkehr hole ich Manou und Pou Skom und fahre ins Royal. Kurt hat gelächelt, als er meine Jammergeschichte hörte. Erste Lektion: Die Indonesier sagen niemals nein. Der General hat ihn noch am Tag meiner Ankunft angerufen. Er fand mich nett und wollte mich nicht enttäuschen. Ich bin empört. Kurt wußte also

Bescheid und hat nichts gesagt? «Damit du deine Erfahrung selbst machst», hat Kurt gesagt. «Sonst hättest du mir nicht geglaubt.»

Unsere Begegnung war einer der großen Glücksfälle meines Lebens, seine Toleranz und seine Großzügigkeit waren mir ein ständiges Beispiel.

In der Folge sind wir unzertrennlich. Jeden Morgen frühstücken wir zusammen, nach dem Mittagessen treffe ich ihn zum Kaffee, und vor dem Abendessen kommt er zu mir, um den Tag zu beschließen. Zu Manou ist er aufmerksam wie ein Vater, zu mir zuvorkommend wie ein Bruder, aber sein Feingefühl teilt sich der ganzen Umgebung mit, und ich bin stolz, an seiner Seite zu sein.

Er bewohnt einen der Bungalows des Royal hinter der Bougainvilleahecke, die das Schwimmbad umgibt, und führt von dort auch seine Firma, SUISINDO SHIPPING AND TRADING. Auf seiner Visitenkarte steht: Kurt Furrer, Schiffahrtsexperte. Er hat die Absicht, in Kambodscha eine Handelsmarine zu schaffen.

Manchmal sitzt er stundenlang mit einem geheimnisvollen, weißgekleideten Admiral in seinem Bungalow eingeschlossen, und ich stelle mir vor, wie sie Komplotte schmieden und Geheimnisse über die Meere austauschen. Ich würde gern mehr darüber wissen, aber Kurt wahrt in bezug auf dieses Thema ein neugierig machendes Schweigen.

Um ihn zu verführen, berichte ich ihm von meinen Aktivitäten: Handel mit Diamanten, Autobussen, Lokomotiven oder Schlangen, ich lasse nichts aus und freue mich schon im voraus, ihm meine Abenteuer zu erzählen: Begegnungen mit ungewöhnlichen Persönlichkeiten im Staub tausend Jahre alter Werkstätten, merkwürdig getarnte Fabriken, bei denen man sich fragt, ob sie Aspirin oder Heroin herstellen, fürstliche Geschäftsessen unter riesigen Bambuspflanzen ... und die Sache mit den Krokodilen. Kurt, ich versichere dir, daß sie wahr ist. Die Nationale Exportgesellschaft gab mir ein junges Krokodil, als Muster, verstehst du, aber lebendig, und ich sollte es in meiner Handtasche nach Hongkong transportieren, um es einem Kunden zu zeigen. Aber ich hatte zu große Angst und begnügte mich damit, es zu fotografieren.

Er erwartet mich mit derselben Ungeduld, mit der man früher die neuen Folgen von Fortsetzungsromanen erwartete. Kaum bin ich angekommen, fragt er sofort:

«Und?» Ich erzähle, schmücke aus, erfinde... «Mein Gott», seufzt er, wenn ich ihn abends verlasse, «ich werde heute nacht kein Auge zutun. Komm morgen schnell wieder, ich will unbedingt wissen, wie es weitergeht.»

Phantome und Geister

Am Anfang bewegte sich in Kurts Kielwasser immer ein merkwürdiger indonesischer Kapitän, klein von Gestalt, lebhaft und verschmitzt wie ein Kobold, der Kapitän Bouddhi. Ich mochte auch ihn gern. Am Hafen, bei Cocktails oder Empfängen sah man uns immer zu dritt. Dann ist Bouddhi wieder in seine Heimat gereist, und Kurt und ich blieben zurück wie ein altes Ehepaar ohne Kinder. Da haben wir beschlossen, uns zusammenzutun.

Wenn ich an Bouddhi denke, erinnere ich mich an Lachen und Freude, aber vor allem an das Phantom, das er bei mir hinterlassen hat.

Er gab vor, mit den Seelen Verstorbener besondere Beziehungen zu pflegen; wenn man ihn hörte, so beschwor er sie ebenso leicht herauf, wie unsereiner ein Taxi ruft. Ich wollte ihn beim Wort nehmen und lud ihn ein, bei mir zu Hause eine «Sitzung» abzuhalten. Am folgenden Abend . . .

Das Haus ist ruhig, das Licht gedämpft. Keinerlei Geräusche. Zu sechst sitzen wir im Kreis um Bouddhi herum. Ich halte einen leichten Korb in den Armen, in den der Geist steigen soll. Von allen bin ich am ungläubigsten. Oder ist es Kurt? Er zeigt es nicht. Die anderen, Chinesen, Russen und Kambodschaner, sind etwas skeptisch. Bouddhi ist weit fort, versunken in seine Meditation. Plötzlich bewegt sich der Korb, ich kann ihn kaum noch halten. Er scheint auch schwerer und ruckt, als habe man einen Hund hineingesetzt. Einer nach dem anderen übernehmen ihn die verblüfften Zeugen und stellen dasselbe fest. Ich sehe Bouddhi bewundernd an. Unser kleiner Kapitän ist sehr gut in Telekinese. Der sogenannte Geist soll weiblich sein und aus dem 17. Jahrhundert kommen . . . Bouddhi ist in Trance, und mittels seiner Stimme erzählt «sie» uns von ihren

Ursprüngen, ihrem Beruf als Wäscherin, ihren Abenteuern und ihrem Tod. Die Sitzung zieht sich endlos in die Länge. Ist sie taub oder zu alt? Jede Frage muß man ihr mehrmals stellen, ehe man eine Antwort erhält, und das dauert. Sie ermüdet uns. Gut, das Spiel hat lange genug gedauert, es ist Mitternacht. Können wir aufhören? Der Geist wird gebeten, sich zurückzuziehen. Doch eine Stunde später betet Bouddhi noch immer. Sein Gesicht ist rot und verzerrt, Schweißtropfen perlen von seiner Stirn. Was geht da vor?

«Sie» ist angeblich immer noch da! Verbissen bemüht er sich, bittet sie, zu verschwinden, fleht sie an, gibt sich ganz unterwürfig. Nichts zu machen. Das ist unerhört. «Sie» hat Launen, «sie» will nicht gehen... Es ist fast zwei Uhr morgens, und wir sind erschöpft. Mit erstickter Stimme gesteht Bouddhi, daß die Ereignisse seine Kraft übersteigen. Zum ersten Mal in seinem Leben hat er es mit einem Geist zu tun, der stärker ist als er.

Wie es jeder gute Indonesier tun würde, spiele ich das Spiel mit und erkläre, ich sei entzückt über die Anwesenheit des Geistes. Wenn es «ihr» hier gefällt, soll sie bleiben, unser Haus ist groß genug. Bouddhi tut alles, um mir das auszureden, aber lachend enthebe ich ihn seiner Sorgen, und endlich gehen alle nach Hause. Am nächsten Tag wird Bouddhi uns verlassen und nach Djakarta reisen, ins Land, wo man immer «ja» sagt. Den Geist habe ich schon vergessen.

Ich hatte «sie» zwar vergessen, aber sie, die Arme, wollte nicht vergessen werden. Und wer beginnt in der folgenden Nacht umherzugehen, an Türen zu klopfen, Stühle zu verrücken? «Sie». Ich lache darüber: Bouddhi manipuliert mich aus der Entfernung: posthypnotische Suggestion, Illusion? Oder bloß meine Phantasie? Doch am nächsten Morgen lache ich nicht mehr, als ich das Haus in Panik finde. «Sie» ist ihnen erschienen. Ming Soth, Nath und Pou Skom, denen ich nichts gesagt hatte, haben unabhängig voneinander, eine «schwebende Dame in Weiß» gesehen. Sie hat ihnen gesagt, sie wolle uns hier nicht haben. Ich konnte sie nicht zurückhalten, sie sind alle drei gegangen. Verrückte Geschichte.

Ich bleibe, zusammen mit Manou. Um der Erfahrung willen, um mehr herauszufinden. Ich lasse mich doch von einem Geist nicht einschüchtern. Am nächsten Tag gegen achtzehn Uhr kommt Thoul, einer meiner kambodschanischen Freunde, uns besuchen. Er geht für ein paar Augenblicke in Manous Zimmer, um sie zu umarmen, und in diesem Moment höre ich Schreie. Ich stürze ins Zimmer und finde

Thoul ganz bleich, mit Gänsehaut und gesträubten Haaren. In seinen Armen, das Gesicht vor Angst verzerrt, stößt Manou Schreckenslaute aus. Thoul weiß nicht, was passiert ist. Er beugte sich über das Bett, als er einen eisigen Luftstrom an der Wirbelsäule spürte und eine Hand, die seine Brust umklammerte. Im gleichen Augenblick wachte Manou auf und begann zu schreien.

Muß ich also daran glauben? Etwas verunsichert erzähle ich die Geschichte in der Stadt. Sie überrascht keinen. Die wenigen Ungläubigen, Ausländer oder Christen, werden eingeladen, die Nacht bei mir zu verbringen. Im Salon habe ich Matten auf den Boden gelegt. Lachend und scherzend strecken wir uns aus und warten ... Ich habe vorher auch nicht daran geglaubt. Ich habe gern gesagt: «Geister erscheinen nur im Kopf von Leuten, die an sie glauben. Hat man je erlebt, daß einem Buddhisten die Heilige Jungfrau erscheint oder einem Christen der Buddha? Aberglaube.» Wenn man zu vielen ist, tut man sich leicht. Aber als «sie» Schlag Mitternacht herumzugehen beginnt, von Raum zu Raum schreitet, an die Türen klopft und die Möbel verrückt, macht niemand mehr Witze. Erschrocken drängen wir uns aneinander und halten uns an den Händen.

Ich schlafe mit einer Bibel auf dem Bauch ... ohne Erfolg.

Ich rufe die Bonzen. Mit ihnen kommen Nath, Ming und Pou Skom zurück. Die neun Bonzen singen stundenlang Litaneien. Kurt und alle unsere Freunde wohnen der Zeremonie bei. In der folgenden Nacht ist «sie» immer noch da. Das liegt daran, daß das Haus zu groß ist, meint Ming, «sie» weiß nicht, wo sie sich niederlassen soll. Ich würde eher sagen, daß «sie» uns auf die Nerven geht, das verwöhnte Kind spielt; aber gut. Ich überlasse ihr mein Büro. Ich werde im Wohnzimmer arbeiten. «Sie» hat jetzt einen Altar ganz für sich allein, ihren Tabak, ihren Tee, die besten Speisen. Wir kaufen unser Fleisch bei Michaud, dem Metzger der Franzosen. «Sie» ißt nicht, was man ihr anbietet, aber wir tun so, als äße sie. Ihre Opfergaben gehen am folgenden Tag an die Bonzen, und «sie» bekommt neue Speisen und auch neue Zigaretten. Es ist verrückt, wieviel sie raucht, sie kostet mich ein Vermögen.

Trotz unserer Großzügigkeit läuft «sie» weiter umher, klopft an Türen, verströmt eisigen Luftzug, mit einem Wort, stört.

Vom anderen Ende des Landes lassen wir einen Zauberer kommen. Er streut grobes Salz in alle Ecken des Hauses und beschwört sie zu verschwinden. «Geh fort, du störst hier. Richte dich im Mangobaum im Garten ein, da wirst du es gut haben.» Das stimmt. Ein Häuschen, eigens für «sie» gebaut, hängt an einem Ast des Baumes und ist schwer mit Opfergaben beladen. Die Beschwörung erfolgte in zwölf Sprachen. Bei der Übersetzung haben alle Botschaften ihren Beitrag geleistet.

In der folgenden Nacht ist «sie» immer noch da.

Ich schlafe schlecht, habe abgenommen. Manou ebenfalls. Nachts wacht sie oft schweißgebadet auf und schreit angsterfüllt. Bouddhi ist schon drei Wochen fort. Ein alter Rentner in der Stadt, dem ich mich anvertraue, verbirgt seine Überraschung nicht. Was, soviel Lärm um nichts? Ich soll in die Apotheke gehen und Geisterpuder kaufen.

«Wie viele Geister?» fragt der Apotheker.

«Nur einer, glaube ich . . .»

Er gibt mir zweihundert Gramm, eine einfache Portion.

Das Mittel wirkt nicht. In der Nacht stören wieder umgeworfene Stühle, seltsame Geräusche, eine eisige Hand auf meiner Brust den Frieden. Ich habe genug.

Ich lasse Möbel, Geschirr, Wäsche, Akten und die gesamte Familie auf einen Lastwagen laden. Adieu, Madame. Wir ziehen um.

Ich habe keinerlei Erklärung für das Geschehen. Ich habe diese Geschichte nicht erzählt, um zu zeigen, daß es Phantome gibt, sondern um die Verbindung zwischen Rationalem und Irrationalem in Kambodscha zu veranschaulichen und zu zeigen, wie sehr man davon beeinflußt sein kann, wenn man dort lebt.

SUISINDO: Die Herausforderung

Wenn 1969 ein Ausländer auf der Durchreise in Phnom Penh davon träumte, das schönste Mädchen des Landes zu treffen oder Informationen über die Abwertung des Yen, die Trockenheit in Mexiko, traditionelle Medizin oder Meditation wünschte, dann landete er mit ziemlicher Wahrscheinlichkeit bei der SUISINDO SHIPPING AND TRADING COMPANY.

Unsere Räumlichkeiten sind bescheiden, ein einziges ebenerdiges Zimmer an den Gärten der Avenue Okhna Phlong. Man betritt es durch ein immer offenes Schiebetor aus Schmiedeeisen. Von der Straße aus sieht man alles, was im Inneren vorgeht. Der Raum ist spärlich möbliert: zwei dunkle Bambusregale und drei hölzerne Schreibtische, zwei hinten im Raum, einander gegenüberstehend, der dritte am Eingang. In einer Ecke thront eine archaische Schreibmaschine zwischen einem Strauß Trockenblumen und einem Korb mit alten Puppen. An der Wand Schwarzweißfotos von Khmer-Tänzerinnen, auf dem Fußboden kleine Kinder. Die Rotorblätter des Ventilators bewegen die warme Luft, ohne Kühlung zu bringen.

Kurt, der mir im hinteren Teil des Raumes gegenübersitzt, verjagt mechanisch mit einer Hand die Küken, die über seinen Schreibtisch watscheln, mit der anderen die kleinen Chinesen, die zwischen seinen Beinen herumlaufen und mit Manou Verstecken spielen. Am Eingang sitzt Nath, ernst wie der Papst. Sie hat mit der Ausdauer eines Büffels und der Geduld eines Elefanten Maschinenschreiben und Französisch gelernt, und jetzt macht sie sich ans Englische.

Ein Fremder, kaum eingetreten, findet sich im Inneren sitzend wieder. Man bietet ihm Kaffee an, Kuchen. Man bemüht sich um ihn. Bevorzugt er Mangos oder Durions? Man offeriert ihm eine Zigarette, noch einen Kaffee, erkundigt sich, ob es ihm nicht zu warm ist und ob er Kopfschmerzen oder Gefühlsprobleme hat, weil er so sorgenvoll aussieht.

Später, abends oder am nächsten Tag, fragt man ihn vielleicht nach seinem Namen und dem Grund seines Besuchs in Kambodscha. Inzwischen wurde er ins Restaurant eingeladen, hat Froschschenkel oder «Demoiselles du Mekong» gekostet, hatte einen Wagen, «die» Schreibmaschine, einen Dolmetscher zu seiner Verfügung. Wir haben uns geduldig seine Klagen über seine Vorgesetzten oder seine Großtaten beim Militär angehört und das Foto seines Jüngsten bewundert.

Wenn er wieder abreist, nimmt er die Erinnerung an die Entdeckung einer neuen Lebensweise, an eine ungeahnte Freiheit der Kontakte mit sich, und er wird uns bewegt für unsere «herzliche und selbstlose» Freundschaft danken. Wenn er wieder zu Hause ist, wird er sich fragen, was mit ihm geschehen ist. Warum soviel Zuvorkommenheit, es besteht gar keine Hoffnung, daß man je miteinander Geschäfte machen könnte ... Warum haben sie so gehandelt? Wer verbirgt sich in Wirklichkeit hinter Kurt und Yvette; sind sie Lauscher der Russen, Spione der Amerikaner oder Doppelagenten?

Der Fremde hat nicht verstanden, daß wir einfach, ungezwungen und glücklich das Leben lebten, das wir uns gewählt hatten.

SUISINDO, das sind Kurt und ich und die Größe einer Freundschaft, aber auch Nath, Pou Skom und Manou. Wir haben unsere Verbindung nicht legalisiert, sondern sie an einem Samstagabend in unseren Herzen gefeiert, bei einem Pfeffersteak und einer Flasche Beaujolais. Wir haben uns vorgenommen, gut zu leben, nur mit Leuten zu arbeiten, die wir mögen, und niemals etwas zu tun, das wir eines Tages bereuen könnten. Was das Geld betraf, so konnte jeder nach seinen Bedürfnissen von dem nehmen, was da war. Am Anfang war es ein Problem, unter dem gleichen Firmennamen zu arbeiten. Die Angst, unsere sakrosankte Unabhängigkeit zu verlieren, ließ uns zögern. Ich hängte das Schild SINOFRANCE an einer Seite des Tors auf, Kurt sein SUISINDO auf der anderen. Sechs Monate lang blieb jeder der Chef seiner eigenen Gesellschaft. Später stieg Kurt, als sein Projekt einer Handelsmarine nicht verwirklicht werden konnte, ebenfalls in den Handel ein. Da wir uns jedoch nicht trennen und nichts ohne den anderen tun konnten, mußten wir schließlich fusionieren. Ich gab SINOFRANCE für SUISINDO auf.

Heute begreife ich, was mich diese Verbindung gekostet hat. Es war etwa so, als würde man heiraten. Nun hat Gott mich so erschaffen, daß ich für den Gedanken der Ehe nicht zugänglich bin, schlimmer noch: Wenn jemand mich heiraten will, gerate ich in Panik. Ich möchte am anderen Ende der Welt sein oder tausend Meilen unter der Erde, unsichtbar, verschwunden, tot. Das Wort Ehe erinnert mich an Heerscharen von schrecklichen Zwängen; es kommt mir vor wie eine Fessel, ein versperrter Horizont, eine Behinderung des Lebens, das ich liebe. Leben heißt für mich, totale, völlige, bedingungslose Freiheit zu genießen, mir in jedem Augenblick der tausend Möglichkeiten, die sich mir bieten, und meiner freien Wahl bewußt zu sein. Einem schönen Unbekannten nach New York folgen, nach Brasilien oder Tibet reisen, einen Roman schreiben, ins Kloster gehen, die Einsamkeit genießen, in der ich mich so wohl fühle, oder in einer Gemeinschaft leben – kurzum, so leben, wie es mir gefällt, und meine Meinung ändern, wenn ich Lust dazu habe, hier sein statt dort, ohne daß meine Entscheidungen jemand anderen stören als mich.

Natürlich sind die Verpflichtungen, die ich mir geschaffen habe, viel einschränkender als jede Ehe. Aber sie kommen von mir, und sie zwingen mich nie, auf einen Teil meiner Persönlichkeit zu verzichten.

Unglücklicherweise gerate ich immer an ernsthafte Männer von der Art, die über die Zukunft und eine geheiligte Verbindung reden. Wie ein Feigling beginne ich dann zu zittern und zu stottern und weiß nicht, wie ich sie loswerden soll. Am Ende mache ich Schluß und kaufe mich mit Geschenken frei: ein Jeep, ein Gewehr, ein Anzug, irgend etwas. Kurt seufzt jedesmal, wenn er sieht, daß jemand sich in mich verguckt, und fragt sich, was uns das kosten wird. Dabei ist das ein Witz: Wenn jemand kostspielig ist, dann er mit seinen Großzügigkeiten als Bruder, als Freund oder Liebhaber aller Mädchen von Phnom Penh, ihrer kleinen Schwestern und ihrer Mütter.

Bei Sonnenschein oder Gewitter, der Strom unserer Besucher reißt nie ab. SUISINDO ist der letzte Salon, in dem geplaudert wird. Kurt tröstet, leitet an, gibt Ratschläge ... wem nicht alles! Diplomaten, Militärs, Journalisten, Geschäftsleuten; Kambodschanern, Chinesen, Koreanern, Russen, Amerikanern; Jungen und Alten, Reichen und Armen, Leuten aus allen Gesellschaftsschichten. Seine Beliebtheit ist unglaublich. Er hört zu, ohne jemals zu kritisieren oder Partei zu ergreifen, immer verfügbar, und er vermittelt jedem den Eindruck, der einzige zu sein, der für ihn zählt. Im Kielwasser seiner Beliebtheit habe auch ich meinen Hofstaat. Die Barmädchen erzählen mir ihren Liebeskummer, die Bonzen ihre Versuchungen, die Revolutionäre ihre Phantasmen und die Beamten ihre Probleme. Manchmal werfe ich Kurt vor, Spitzbuben den gleichen Respekt entgegenzubringen wie den Ältesten der Weisen. Er lächelt. Sein ganzes Wesen verbreitet strahlende Freude, eine innere Harmonie, die ihm diese Ruhe und Gelassenheit gibt. Für ihn sind Spitzbuben und Gauner Behinderte; so kann er ihnen helfen, sie lieben und achten. Kurt und seine Toleranz... weder Moralapostel noch Prediger, sondern so tolerant, daß sogar die Intoleranten vor seinen Augen Gnade finden. Ich habe Mühe, ihm zu folgen.

Er liebt es, mit Ideen zu spielen. Eines seiner Hauptvergnügen besteht darin, Leute mit verschiedenen Ideologien zusammenzubringen, ohne daß sie es wissen: Ostdeutsche mit Westdeutschen, einen Russen und einen Amerikaner, einen Konservativen und einen Revolutionär. Damit sie bleiben, lädt er sie zu den allerbesten Diners ein und gibt sich unwiderstehlich: «Sie nehmen doch einen Cognac? Er ist zwanzig Jahre alt, ich habe ihn für eine besondere Gelegenheit aufbewahrt... oder eine Williamsbirne, kennen Sie die? Aus meinem Kanton in der Schweiz; wenn es Ihnen lieber ist, mache ich auch eine Flasche Tia Maria auf, ach, diese Flasche, was für eine Geschichte... ein schönes Mädchen aus Manaos hat sie mir geschenkt; damals befuhr ich auf einem alten Schiff den Rio...»

Das Gespräch kommt in Gang. Wenn es ausufert, hat Kurt seine Freude. Er nimmt die Gedanken eines jeden, wendet sie um und um, erhebt sie, hoch, noch höher, steigert sie auf ein begriffliches Niveau, auf dem die verschiedenen Parteien sich wieder finden und sich einigen. Wenn er in Höchstform ist und das geschafft hat, gönnt er sich einen Armagnac. Er hat gewonnen. An einem Abend könnte er den Teufel mit dem lieben Gott versöhnen.

Ich beneide ihn um seine Toleranz und seine Güte, und er seinerseits hört nicht auf, meine Qualitäten hervorzuheben. Unseren Besuchern erzählt er, er habe noch nie ein so mutiges Mädchen gesehen, er kenne keinen Mann, der aus dem Nichts so viel erreicht hätte wie ich, und so weiter, und so weiter. Ich habe zwar Mühe, ihm zu glauben, aber seine Worte verfehlen ihre Wirkung nicht; nach und nach werde ich selbstsicherer.

Auch Nath hat sich sehr verändert seit dem Tag, an dem ich sie traf. Sie spielt für uns abwechselnd die Rolle einer Mutter, einer Lehrerin oder einer Freundin. Sekretärin? Niemals. Wenn ich zögere, wenn ich nicht wage, zum dritten Mal an einem Tag einen Minister oder einen hohen Beamten zu stören, dann reißt sie mir die Akte aus der Hand und läuft hin. Wenn man sie in den Ministerien kommen sieht, wissen die Leute, mit wem sie es zu tun haben. Keiner würde es wagen, sich ihr zu widersetzen.

Obwohl sie jünger ist als ich, hat sie eine Art, mich zu bemuttern, die mich immer wieder erstaunt. Wenn jemand nach einer Abendgesellschaft vorschlägt, mich nach Hause zu bringen, und der junge Mann mir nur halb gefällt, sich aufdrängt und unbedingt hereinkommen will, bin ich fast sicher, daß sie auf der Bildfläche erscheint. Es mag zwei oder drei Uhr nachts sein, aber sie macht sich mit dem Geschirr oder im Haushalt zu schaffen. Wenn der Mann mir gefällt, kann ich ruhig sein. Nath wird in der Nacht auf beiden Ohren schlafen.

Damals sammelte ich meine Liebhaber aufgrund der Lust, die sie mir verschafften, aber da ich mich dieser narzißtischen Liebe wegen selbst verachtete, war ich ihnen böse, sobald ich befriedigt war, und beeilte mich, sie abzuweisen. Kurt, dem ich mich anvertraute, versuchte wohl, mir zu helfen, indem er die Treue in der Liebe rühmte, aber so gut es mir gelungen war, mich ganz auf Freundschaft einzulassen, so schwer fielen mir Liebesbeziehungen. Ich war noch zu unreif, zu verstört von der affektiven Leere, unter der ich gelitten hatte, um eine stabile Beziehung zu unterhalten.

Mit unserer Beliebtheit wuchsen allmählich auch die Anzahl unserer Kunden und der Umfang unserer Geschäfte. Landwirtschaftliche Maschinen, chemische Erzeugnisse, Büroausstattungen, bei uns konnte man alles kaufen. Was uns motivierte? Bei Kurt war es die Suche nach Ideen, um Schwierigkeiten aus dem Weg zu räumen, bei mir aber war es die Herausforderung. Wenn ein Geschäft sich als schwierig, ja als unmöglich zu realisieren erwies, stürzte ich mich mit Freuden darauf, denn jede angeblich unmögliche Situation reizte mich. Meinen ersten großen Handel in Höhe von zwei Millionen Dollar mit Düngemitteln, die die Regierung den Japanern vorbehalten hatte, habe ich gemacht, weil sonst niemand daran glaubte.

Wenn ich über den Kampf gegen Mitsui nachdachte, bei dem ich mir vorkam wie David gegen Goliath, war mir vor Glück schwindlig. Mitsui kämpfte mit seinen Waffen, der wirtschaftlichen Macht und dem politischen Einfluß, ich mit meinen, meiner Überzeugungskraft und der Gewißheit, daß ich gewinnen würde. Zunächst hatte ich alle Frauen auf meine Seite gezogen. Der Landwirtschaftsminister konnte keinen Schritt mehr tun, ohne daß seine Mutter, seine Gattin, seine Geliebte oder seine Schwägerin ihn aufforderte, die Japaner doch fallenzulassen. Natürlich versuchte er anfangs mir auszuweichen, als ich vor der Tür seines Büros kampierte. Aber wer kniete dann auf einmal in der Pagode neben ihm, wer bot ihm beim Cocktailempfang der Engländer ein Glas an, wer pflanzte Petersilie in seinem Garten oder gab seiner ältesten Tochter Unterricht? Ich, überall und immer ich. So lange, bis er, des Kampfes müde, die Übereinkunft mit den Japanern kündigte.

Die Leute von Mitsui fanden mich sehr begabt und kamen, um uns eine prozentuelle Beteiligung an ihren künftigen Düngemittelgeschäften anzubieten, falls ich mich nicht mehr einmischte.

Ich ging aus solchen Situationen gestärkt hervor; mich tröstete der Gedanke, daß ich auch ohne Diplome Erfolg haben konnte, und ich war stolz, für Kurt eine wertvolle Partnerin zu sein.

So begannen wir, ohne wirklich danach gestrebt zu haben, reicher zu werden. Unser Büro wurde schicker: Panzerschrank, Klimaanlage, neue Schreibmaschinen und sogar ein Teppich und Ledersessel. Doch so erfolgreich wir auch waren, unser Hauptziel blieb unsere Lebensqualität – den Luxus zu genießen, sich Zeit zu nehmen, unabhängig zu sein, so zu leben, wie es uns gefiel; auf Geschäfte zu verzichten, um bei Moah Chinesisch zu lernen oder auf Hausbooten Musik zu hören, nicht Sklaven des Geldes zu werden und weiter ein Ohr für andere zu haben.

Im Lauf der folgenden Monate sollten wir unser erstes Büro aufgeben, um ein geräumigeres Quartier zu beziehen, und zusätzliches Personal einstellen: Mademoiselle Hieng, die sich selbst aufdrängte, einen Boten, einen Chauffeur, drei Personen für die Verwaltung und die schöne Sopheap, die als Sekretärin vorgesehen ist, aber nichts kann. Macht nichts, versichert Kurt: «*Anybody can type.*» Unsere Angestellten gleichen uns: verantwortungsvoll, unabhängig, entscheidungsfreudig. Führerpersönlichkeiten. Deshalb gibt es in unserem Büro nur Chefs: Chef der Buchhaltung, Einkaufs- oder Sekretariatschef, technischer oder Verwaltungsdirektor. Pou Skom übernimmt die Verantwortung für die Transportabteilung, und Kurts Chauffeur, Pou Thom oder Dicker Onkel genannt, ist «Fortbewegungschef». Diese ganze kleine Welt wird von Nath geleitet, der einzigen, die Titel verachtet. Sie lacht darüber. Sie hat keine Macht nötig, sie «ist» die Macht.

Schwierigkeiten haben wir mit unseren Angestellten nur am Jahresende, wenn es an die Verteilung der Gewinne geht. Sie weigern sich, protestieren, wollen nichts davon hören. Ob es sich um ihre Zusammenarbeit mit uns oder um irgendeine andere Aktivität handelt, die Lebensqualität steht an erster Stelle. Oft ist das Geld ihre kleinste Motivation.

Es fällt mir schwer, darüber zu schreiben, denn dieses innere Gleichgewicht, dieses geheimnisvolle Glück, das zu finden den Kambodschanern gelungen war, ist genau das, was die Roten Khmer getötet haben. Heute gibt es, zumindest soweit mir bekannt, kein Land mehr auf der Welt, wo die einfachen Freuden für ein ganzes Volk wichtiger sind als der Wunsch, Geld zu verdienen.

Freuden

Unser Büro ist eine Insel der guten Laune, eine unerschöpfliche Quelle von Lachen. Ich gehe an jedes neue Geschäft heran wie andere zu einem Fest, sonntäglich gekleidet und die Arme voller Blumen. Ich liebe zwar die Herausforderung, aber mein wahres Vergnügen geht darüber hinaus. Es wohnt im Gegenstand des Verkaufes und in der Existenz der Menschen, die ihn umkreisen. Ich erlebe intensiv die Lebensbereiche, in denen mich jede neue Transaktion veranlaßt, eine andere Rolle zu spielen, aber vor allem die Freundin zu sein, diejenige, auf die man zählen kann.

Begonnen hat das mit dem Eisenbahngeschäft, vor Kurt, als ein Eisenbahningenieur es sich in den Kopf gesetzt hatte, mich in der Kunst zu unterweisen, wie man eine internationale Ausschreibung gewinnt, obwohl man den höchsten Preis verlangt. Er hätte keine bessere und gewissenhaftere Schülerin finden können. Ich hing an diesem Eisenbahnzug, war so stolz, als hätte ich ihn selbst entworfen, und als er in Phnom Penh ankam, mußte ich hingehen und ihn bewundern, sachkundig darüber reden... Allerdings war er noch nicht einsatzbereit. Tatsächlich nahm die Verlegung der Schienen aufgrund «unerklärlicher» Verzögerungen kein Ende. Als Verkäuferin des Zuges hatte ich mich natürlich in sämtliche Konstruktionsschritte eingemischt, und die Verlegung von Schienen barg für mich kein Geheimnis mehr.

Ich sehe noch mein unerwartetes Eintreffen auf der Baustelle an einem Wochenende vor mir, mehr als zweihundert Kilometer von zu Hause entfernt. Manou war bei mir. Meine Abfahrt war die Reaktion auf eine Art inneren Ruf gewesen; ich mußte auf der Stelle alles stehen- und liegenlassen, in den Wald gehen und das Leben dieser Männer teilen. Aufgrund eines der im Lande üblichen Geheimnisse wußte jedermann von unserer Ankunft; dabei gab es in diesem verlorenen Winkel des Dschungels keinerlei Kommunikation. Wie auch immer, an einem Weg am Waldrand erwartete uns ein Mann. In seinem Gefolge umgingen wir Treibsandstellen, in denen ich versunken wäre, und nahmen Pfade, die ich niemals gefunden hätte. Ich habe nicht einmal gefragt, wie man von unserer Ankunft erfahren hatte; es waren immer die Geister. Sie hatten fast auf die Minute genau unseren Aufbruch angekündigt. Die Mahlzeit war fertig, unsere Gedecke bereit; man wartete nur noch auf uns, um zu servieren. Ein Holzfäller hatte sogar in aller Eile ein Kinderbett gezimmert.

Die gesamte Mannschaft besteht aus fünfzehn Leuten. Wir essen auf einer Matte, die auf dem Boden liegt, und zwar mit den Fingern, wie es üblich ist. Eine Zeltbahn über unseren Köpfen vermittelt einen Eindruck von Frische und Intimität; wenn man Schatten und Reis miteinander teilt, fühlt man sich solidarisch. Als die Männer fertig sind, ruhen sie sich einen Augenblick aus, spielen mit Manou und fangen dann an zu reden. Sie erzählen mir von ihrem ständigen Kampf mit den Geistern, der Härte der Arbeit, den Leiden, den Todesfällen und dem Unverständnis der Männer in der Stadt, die über sie bestimmen. In den klimatisierten Büros der Ingenieure sind die Anordnungen präzise. Die Deutschen haben das Projekt finanziert und fordern die strenge Einhaltung der Termine.

Hier im Wald sind die Männer mit einer anderen Realität konfrontiert, der der «nak ta», der Bewohner der großen Bäume, geheimnisvolle Geister, denen der Schutz des Gebietes obliegt. Unter den Kambodschanern sind sie ebenso gegenwärtig wie Menschen. Man weiß alles von ihnen: ihren Namen, ihre Geschichte, ihre Pflichten und ihre Verantwortungen innerhalb der Gemeinschaft. Manche beschützen nur einen Bach oder einen Weiler, andere haben mehr Einfluß. Sie tragen den Namen des Teiches, an dem sie sich aufhalten, des Baumes, der als ihr Wohnort gilt. Die mächtigsten werden «Alter des Landes» oder «Herz der Provinz» genannt. An ihrem Festtag bringt man ihnen Opfergaben dar, um die Erlaubnis zum Holzfällen im Wald zu erhalten.

An jenem Samstag kämpften die Männer seit zwei Tagen mit einer mächtigen Gottheit, die in einem Kapokbaum wohnt. Sie hatte Opfergaben erhalten, Kleider, Parfüms, Haaröl – denn es handelte sich um eine weibliche Gottheit –, aber nicht nachgegeben. Sie hatte verboten, ihren Baum zu fällen. Die Männer hatten mich erwartet, ihre Hoffnungen in meine Ankunft gesetzt und auf den Einfluß einer

Ausländerin vertraut. Also brachte auch ich Gaben dar, Blumen und Schmuckstücke, aber mir war dabei nicht wohl ums Herz. Den ganzen Tag schlug die Trommel, und wir beteten und tanzten bis zur Erschöpfung für die Gottheit, einen Tag, zwei Tage, drei Tage. Doch der Spiritist, der in Trance war, sprach weiterhin mit ihrer zornigen weiblichen Stimme und verweigerte die Erlaubnis. Schlimmer noch: Wenn man dagegen verstieße, wäre das Leben von sechs Männern bedroht.

Ein Bote wurde nach Phnom Penh geschickt, um die Direktion anzuflehen, die vorgesehene Streckenführung abzuändern. Die Bitte wurde abgelehnt. Daraufhin kündigte die gesamte Mannschaft der Baustelle.

Die neuen Holzfäller begannen von vorne mit Gebeten und Opfergaben, aber ohne Erfolg. Schließlich begab sich der Präsident und Generaldirektor der Eisenbahn höchstpersönlich an Ort und Stelle und zwang die Männer, den Kapokbaum zu fällen.

Zwei Wochen später erfuhr ich, daß alle sechs Männer an Sumpffieber gestorben waren.

Von Birma über Laos und Vietnam bis zu den Grenzen Chinas erlebe ich bei meinen Pilgerreisen im Import-Export-Geschäft so viele Geschichten und Dramen, daß ich achtundzwanzig Bände bräuchte, um sie festzuhalten.

Birma ist eines meiner Lieblingsländer. Ich habe ihm den Beinamen «Land der aufgehobenen Zeit» gegeben, weil es so ruhig in Reglosigkeit verharrt. Man kann es mitten in einem Gespräch verlassen und sechs Monate fortbleiben, und wenn man wiederkommt, findet man die Gesprächsteilnehmer noch am gleichen Ort und die Unterhaltung an dem Punkt, an dem man gegangen war. Sobald man am Flughafen ankommt, fallen die Taxis auf. Sie könnten alle in einem Museum stehen. Es ist ein Abenteuer, die Stadt zu erreichen, doch mit Zeit, Geduld und viel Glück kann man es schaffen. Unterwegs hat man dann, ob man will oder nicht, auf dem Schwarzmarkt Dollars eingetauscht, die Swee-Dagon-Pagode oder den Vater des Chauffeurs besucht und falsche Antiquitäten gekauft. In Rangun ist alles außerhalb der Zeit, angefangen beim *Strand*, einem Kolonialhotel, das in Ungnade gefallen ist: Wasser, Gas und Strom gibt es häufig nicht, sanitäre und Klimaanlagen sind unbrauchbar. Doch das *Strand* erinnert sich noch an die glorreichen Tage der Viktorianischen

Epoche, und in den altmodischen Salons, wo man uns Brahms vorspielt, bedienen weißbehandschuhte Kellner Herren im Gehrock.

Unter dem sozialistischen Regime hat die Regierung das Monopol auf den Außenhandel und tätigt diesen mittels internationaler Ausschreibungen. Beziehungen zu Beamten sind nur mit besonderer Genehmigung des Außenministeriums möglich, und die Kontakte zu den Eingeborenen stehen unter strenger Überwachung. Intrigen, Unordnung, Verwirrung – man müßte verrückt oder vollkommen ignorant sein, um die offizielle Prozedur zu respektieren. Der Trick? Man muß einen Agenten haben.

U Mau Hla, unser Agent in Birma, ist ein sehr alter Mann, ärmer als Hiob, aber reich an Spiritualität. Er kennt alle Bonzen der Stadt und verbringt mehr Zeit damit, für den Erfolg unserer Geschäfte zu beten, als damit, sie zu entwirren. Ich habe ihn eines Abends zwischen zwei Pagoden eingestellt. Es war wie in einem Spionagefilm. Unsere Zusammenarbeit ist geheim. Der Unglückliche hat eine Höllenangst davor, in meiner Gesellschaft gesehen zu werden. Also spielen wir Komödie. Auf der Straße gehen wir getrennt und tun so, als kennten wir uns nicht. Wenn man U Mau Hla in seinem Sarong, seinem Strohhut und seinen Sandalen vorbeikommen sieht, und zwar im Schneckentempo, kann man sicher sein, daß ich ihm auf den Fersen bin. Um über unsere Geschäfte zu reden, treffen wir uns in einer ehemaligen Gemäldegalerie.

Er versteht nichts, aber auch gar nichts von Handel. Sein einziger Trumpf sind sein Schwager, Einkaufsdirektor beim Straßenbauamt, und seine Nichte, eine Prostituierte. Kurt glaubt immer, ich übertreibe, wenn ich ihm den Ablauf unserer Geschäfte in Birma schildere, aber alles ist wahr: meine Treffen mit dem Schwager gegen Mitternacht bei Kerzenlicht in einem seltsamen Haus im Moslemviertel voll alter Autoreifen und Spinnweben, die magischen Plaketten, die die Bonzen verschenken, ehe die Preise festgesetzt werden, meine Verkleidungen, um U Mau Hla zu treffen. Ich übertreibe nicht. In Birma verkaufe ich koreanische Reifen, chinesische Traktoren und ungarische Medikamente ... nichts aus Frankreich. Daran sind meine Landsleute schuld. Wenn ich sie um ein Angebot bitte, schicken sie mir einen jämmerlichen kleinen Prospekt, der nur auf französisch abgefaßt ist. Und inzwischen sind mir die Koreaner oder die Japaner zuvorgekommen mit einer Tonne von Dokumenten in allen Sprachen, Ingwertee oder Parfüm für jeden unserer Angestellten, einer Puppe für Manou und drei Ingenieuren.

Unsere Geschäfte in Birma machen mir den größten Spaß... und bringen am wenigsten ein; das liegt daran, daß ich eine große Zuneigung zum birmanischen Roten Kreuz gefaßt habe, dem ein beträchtlicher Teil unserer Gewinne zufließt. Doch welches Glück tausche ich dafür ein: Ich bin Ehrenmitglied und habe die Möglichkeit, auf vielen Gebieten zu helfen: Katastrophen, Überschwemmungen, Verteilung von Medikamenten oder Ausbildung in Erster Hilfe. Und außerdem bringt es mir Privilegien ein; man bittet mich in Restaurants, um Spezialitäten zu kosten: Aale, Boas, Tapiokapudding.

Eines Abends werde ich sogar von einem der Honoratioren des Landes eingeladen, bei ihm einen Abend im Familienkreis zu verbringen. Das ist das erste Mal. Etwas gerührt gehe ich hin. U Ting Ting, mein Gastgeber, wohnt mit seiner Gattin und seinen vier Kindern in einem bescheidenen Holzhaus mitten in Rangun. Bei meiner Ankunft serviert eine Dienerin mir einen Tee, und zu meiner Überraschung läßt man mir kaum Zeit, ihn zu trinken. Bald ist es neun Uhr. Zu meinem Erstaunen drückt man mir einen Stuhl in die Hände; Madame, Monsieur und die Kinder nehmen ebenfalls ihre Stühle, und wir gehen hinaus. Wir stellen unsere sieben Stühle auf den Gehsteig der Straße, setzen uns hin und... nichts. Die Zeit vergeht, niemand spricht. Erwarten sie Freunde, ein Orchester, den Lieferanten des chinesischen Restaurants? In Scy-Chazelles setzten wir uns so hin, um die Tour de France vorbeifahren zu sehen... Die Straße ist verlassen. Worauf warten wir? Aus Neugier frage ich schließlich danach. «Auf den Mond», antwortet Ting Ting leise, «schauen Sie, er kommt gleich heraus.» Und da ist er schon, steht rund und leuchtend am Himmel. Niemand rührt sich, und wieder vergeht einige Zeit. Sie sitzen unbeweglich und ganz gerade auf ihren Stühlen. Und auf einmal, nachdem ich sie genau angesehen habe, begreife ich: Die Familie meditiert, indem sie den Mond betrachtet. Erst jetzt geht mir der Sinn des Abends in seiner ganzen Schönheit auf, und ich fühle mich schrecklich geehrt, weil man mich dazu eingeladen hat.

In meiner Jugend sprachen meine Eltern niemals von unseren Vorfahren oder vom Tod, als existierten sie nicht. Ich betrachtete den Zyklus Geburt – Leben – Tod wie etwas Lineares, ohne etwas davor und mit einem großen Fragezeichen danach. Eine Art isoliertes Bruchstück. Hier gehen Raum und Zeit ineinander über, bewohnt von Myriaden von Genien und Geistern aus der Tiefe der Zeitalter. Die Vorfahren bleiben lebendig, die Anwesenheit ihrer Seelen stärkt die Wurzeln. Die Reinkarnation wird zwar selten erwähnt, aber sie ist der Keim der Zukunft in der Gegenwart. Das Leben erscheint mir umfassender und reicher, und in dem Gefühl von Kontinuität, das ich früher nicht kannte, liegt ein großer Trost.

Fremdes Land oder nicht, in dieser Nacht im Mondschein fühle ich mich zu Hause: unendlich klein und unendlich wichtig.

Ich erinnere mich, daß ich an diesem Abend zum ersten Mal Distanz zu unseren Geschäften gewann, zu den Kompromissen, die wir manchmal mit dem Gesetz schließen mußten, mit der Notwendigkeit, «unsere Gewinne zu teilen», wie Kurt sich ausdrückte, der das Wort «Korruption» nicht gern benutzte. Wenn man sich zu weit auf dieses Milieu einließ, lief man Gefahr, seine Seele zu verlieren. War das das Leben, das ich mir wünschte? Aber noch brauchte ich den Lärm, die Bewegung, die Bewunderung zu sehr. Sowohl auf gesellschaftlichem wie auf beruflichem Gebiet mußte ich den anderen und mir beweisen, wozu ich fähig war. Und außerdem machte mir diese Existenz so viel Spaß; an die Kehrseite der Medaille zu denken, hatte etwas Verstörendes. Ich sehe das sehr deutlich: Wenn ich meine Erinnerungen wiederaufleben lasse, sind es die besten, die hochkommen.

Ich weiß, wenn ich von der Reise zurückkehre, darf meine kleine Manou, eine Schleife im Haar und Blumen in der Hand, bis auf das Rollfeld kommen. Die Stewardeß von Air Cambodge läßt mich als erste aussteigen, und kaum am Boden, werde ich Blumen und Küsse und diesen Blick vollkommener Leidenschaft erhalten, der nur mir gehört. Die Einwanderungsbeamten werden herbeilaufen und mir um den Hals fallen. Ich werde die mitgebrachten Souvenirs unter ihnen verteilen, und dann wird Kurt sich mit seinem ruhigen Schritt nähern, und in seinen amüsierten Augen werde ich die Frage lesen: Nun? Er wird niemals glauben, was ich ihm alles zu erzählen habe.

Zu Hause und im Büro werden wir unsere Wiedervereinigung feiern, und ich werde mich von dieser Zärtlichkeit davontragen lassen und dem Himmel, dem Wasser, den Pflanzen und den Steinen des Königreichs dafür danken, daß ich hier wiedergeboren bin.

Meine Abwesenheiten dauern zwar nicht lange, aber damit man sie mir verzeiht, lade ich bei der Rückkehr die gesamte Familie ein: Ming, Nath, Pou Skom, Manou. Am Abend feiern wir ein Fest, flanieren am Mekong entlang, essen Eis, bewundern die Hausboote oder spazieren durch die Stadt.

Abends nimmt Phnom Penh sein Feiertagsgesicht an. Geschäfte und Häuser breiten sich bis auf die Straße aus, man holt Tische, Stühle, Gitarren, Teekannen ins Freie. Die Bewohner schicken sich an, der Nacht Gesellschaft zu leisten. Verkäufer von Früchten, Gebratenem oder Getränken zünden ihre Laternen an und breiten ihre Waren aus. Fliegende Händler gehen vorbei und schlagen kleine Trommeln: zwei Schläge für eine Suppe, drei für ein Eis. Alte Frauen mit von Betel roten Mündern schaukeln sich in Hängematten, Männer spielen Karten, junge Mädchen mit Goldkettchen um die Fußgelenke und hüftlangem Haar spazieren Hand in Hand umher. Und überall, auf den Höfen und in den Gärten, spielen Kinder. Im Verlauf unserer Promenade schließen wir uns Musikergruppen an, plaudern mit diesem oder jenem oder akzeptieren die Einladung zufällig kennengelernter Familien. Wir sitzen auf Stühlen auf dem Gehsteig und hören zu, wie die Zeit vergeht. Eine junge Mutter wiegt ihr Kind, eine Alte lächelt den Sternen zu. Wir haben keine Eile. Ich habe den Eindruck, daß mein ganzes Leben dort friedlich dahinfloß.

Manchmal sehen wir uns Ngiou an, chinesische Musikkomödien, die auf Bühnen unter freiem Himmel aufgeführt werden. Alte Könige, bärtige Krieger und Soldaten in gestickten Gewändern und mit Lanzen und Schwertern bringen sich gegenseitig um und stoßen dabei so schrille Schreie aus, daß man glauben könnte, sie stürben wirklich. Wunderbarer Reichtum der Kostüme und Gesten, Dröhnen der Trommel, Fußstampfen, Kreischen. Ich könnte jeden Abend zuschauen, nur, um mich am Vergnügen der Zuschauer und der Freude der Schauspieler zu ergötzen.

Bei anderen Gelegenheiten ziehen uns die Schattenspiele an: eine helle Leinwand und aus Büffelleder ausgeschnittene Silhouetten. Der Puppenspieler bewegt sie und rezitiert dabei Szenen aus dem *Ramayana,* die er mit Gesängen und Tänzen begleitet. Die Erscheinung von Hanumant, dem Affenkönig, löst Begeisterungsstürme aus; Nath und Pou Skom kreischen vor Freude, Manou klettert auf ihren Stuhl, um zu applaudieren, und Ming . . . ja, tatsächlich, Ming weint.

Die traditionellen und religiösen Feste sind ein ständiger Vorwand, uns zu zerstreuen, und die Kambodschaner scheinen keine anderen Sorgen zu haben als deren Erfolg. Oder bin ich selbst so sorglos geworden, daß ich glaube, alle seien wie ich? Meine Lieblingsfeste sind die zum Ende der Regenzeit im November; nächtliche Prozessionen zu den Pagoden, Opfergaben aus Blüten und Früchten für die schlafenden Bonzen, Fahrten in Pirogen – sie besitzen einen unendlichen Zauber. Und da der November auch der Monat der Hochzeiten ist, hören die Feste gar nicht mehr auf. Dieses Jahr hat Nath uns zu einem Picknick bei ihren Eltern eingeladen.

Ein Dorf am Flußufer, halb von der Überschwemmung verschluckt; Hütten hinter Bambushecken, eine Pagode unter einer Mangogruppe, große Bananenfelder und Reisfelder von einem so zarten Grün, daß man davon trinken möchte.

Die jungen Mädchen in hellen Seidenkleidern tragen passende Sonnenschirme; die Frauen sind in Gewänder aus Silber- und Goldbrokat und Spitzenschärpen gekleidet, die jungen Männer in seidene Pumphosen.

Man amüsiert sich wie die Kinder. Bei unserer Ankunft zieht man mich zu einem Boot. Zwei Frauen beladen es mit einem großen Topf mit Teig, zwei andere bringen ein Gefäß mit Öl, das sie hinten auf ein Feuer stellen. Unter ausgelassenem Gelächter gehen wir an Bord. Unser Boot macht halt in der Nähe der Snoo, großer Pflanzen mit üppigen gelben Blüten, die wie Trauben herunterhängen. Wir neigen die Äste, um die Blüten zuerst in den Teig und dann in das siedende Öl zu tauchen. Nachdem wir vorbeigefahren sind, hängen überall im Dickicht diese ausgebackenen Blüten. Nach uns sind die Bonzen an der Reihe. Sie sitzen ganz gerade unter ihren Sonnenschirmen im Vorderteil der Pirogen, begleitet von den Dorfbewohnern; sie gleiten durch die Büsche und schneiden die Snoo-Blüten ab.

Das Essen, eine unvergleichliche Mischung von Aromen, ist bereit. Zuerst wird es den Bonzen serviert. Klebereis in silbernen Schalen, gebackene Snoo-Blüten, Meeresschildkröten und Wasserpflanzen. Zum Nachtisch Lotossamen und tausend Süßigkeiten.

Danach trinkt man Palmwein und unterhält sich. Die rasierten Schädel der Bonzen glänzen in der Sonne, ein Büffel betrachtet uns mit verblüffter Miene. Kurt, der bei den Männern Platz genommen hat, hört ihnen ernsthaft zu. Wir, die Frauen, sitzen auf der anderen Seite und amüsieren uns damit, uns Geschichten über unsere Kinder zu erzählen. Fröhlich vergeht der Nachmittag, dann der Abend. Schon ist es dunkel, und wir plaudern immer noch. Großer Friede erfüllt uns. Junge Männer schlagen die Trommel und singen: «Der Himmel verdunkelt sich, hör die Grille, die weint...»

Sehr spät, ehe sie in meinen Armen einschläft und die letzte Kerze erlischt, murmelt Manou: «Das Licht hat die Augen zugemacht.»

Das Licht sollte seine Augen für viele Jahre zumachen; weniger als sechs Monate später, am 18. März 1970, brach der Krieg aus.

Der Krieg

In meiner Jugend glaubte ich, die Welt sei in Gute und Böse geteilt, und stellte mir vor, die Geißel des Krieges sei die Folge des Kampfes zwischen ihnen; später habe ich begriffen, daß jeder von uns Engel und Dämon gleichzeitig ist, daß uns aber das Leben im Krieg wie im Frieden auf die eine oder andere Seite stellt.

Als ich 1980, nach dem Massaker an einer Million Menschen, die Roten Khmer befragte, stellte ich bestürzt fest, daß keiner von ihnen ein schlechtes Gewissen hatte. Sie waren guten Glaubens, für das Wohl der Menschheit gehandelt zu haben. Man kann sich gar nicht genug vor Leuten hüten, die unser Glück wollen, sie können von der schlimmsten Sorte sein: bereit, uns umzubringen, um uns glücklich zu machen. So waren die Roten Khmer – nicht lasterhaft, kriminell und bösartig, sondern Menschen wie wir und oft noch Jugendliche oder Kinder.

Anfangs sprach Kurt mit Respekt von ihnen; meine Gefühle waren gemischt.

Als der Krieg beginnt, trifft er zuerst die Provinz, weit weg von Phnom Penh, und nimmt in meiner Vorstellung die Form einer undeutlichen, fernen Geißel an. Das, was wir in der Lokalpresse darüber lesen, ist beruhigend: Die Unseren tragen ohne Verluste Sieg um Sieg davon. Da alles bestens läuft, lebe ich ruhig weiter in meiner Seifenblase, bis eines Tages eine Begegnung alles umstürzt: Eine Frau vom Land berichtet, sie war Zeugin. Die Roten Khmer sind eines Abends in ihr Dorf eingefallen *und haben alle Kinder getötet*. Sie schildert schlimme Einzelheiten und erzählt mir, wie sie vor ihren Augen ihrem Baby den Kopf abgeschnitten haben.

Niemand glaubt ihre Geschichte, nicht einmal Kurt, der darin eine Propaganda der Rechten sieht, aber ich bin überzeugt, daß sie die

Wahrheit sagt. Kein Schauspieler, auch der beste nicht, könnte jemals mit solcher Einfachheit so Entsetzliches beschreiben.

Erst von diesem Tag an beginnt der Krieg für mich zu existieren. Ich mache die Augen auf und entdecke Flüchtlinge in der Stadt, Verwundete in den Krankenhäusern. Jetzt ist meine Sorglosigkeit und die von ganz Phnom Penh ein schmerzhafter Schock für mich. Unsere Stadt ist genauso fröhlich wie früher. Die Generäle brechen morgens zum Kampf auf und sind abends rechtzeitig zurück, um den Festen beizuwohnen. Die Opiumhöhle von Mutter Chum leert sich nicht mehr, und das Schwimmbecken des Royal ist von einem Heer ausländischer Journalisten in Beschlag genommen, die Marihuana rauchen und zechen...

Phnom Penh wird langsam ausgehöhlt. Die einheimische Währung verliert ihren Wert, die Preise steigen. Man beginnt, in Dollar zu reden. Diebstahl und zuvor höchst seltene Verbrechen treten auf den Plan. Nachts muß man die Häuser verschließen. Alte Peugeots werden durch glänzende Mercedeskarossen ersetzt, und an dem Tag, an dem Bluejeans die schönen Seidensarongs ersetzen, spüre ich, daß wir auf ein unumkehrbares Übel zugehen. Die Leute haben es eiliger; etwas in ihnen ist zerbrochen.

Dabei konnte man im März und April 1970 Zeuge einer großartigen Aufwallung von Nationalismus werden. Die Frauen verkauften ihren Schmuck, um Waffen zu erstehen, die Männer erwarben Uniformen und Munition und brachen gruppenweise an die Front auf. Frauen und Kinder folgten mit Vorräten. Nach ihnen kamen die Armen, ohne Waffen und in Sandalen, aber freiwillig und voller Illusionen.

Hätte man diesen Schwung bewahren können, so wäre es möglich gewesen, den Krieg zu gewinnen. Aber die Situation lief aus dem Ruder; in diesem Krieg gab es zuviel Geld, waren die Versuchungen zu groß. Die Anführer entsprachen nicht dem Ideal der Soldaten, die Menschen waren nur Menschen. Die Roten auf der anderen Seite waren nicht besser, aber die gesamte internationale Presse glaubte, sagte und schrieb dies, und das hatte seinen Einfluß. Die Journalisten spielten in diesem Krieg eine schändliche Rolle. Von Anfang an beweihräucherten sie Pol Pot unablässig und machten die Armee Lon Nols schlecht. Es stimmt, sie war korrupt, aber was sie von Tag zu Tag mehr untergrub, waren die Nachrichten aus dem Ausland. Sie wurde schon verdammt, ehe sie zu kämpfen angefangen hatte. Die

Verantwortlichen der Medien und ihre unverzeihliche Voreingenommenheit haben uns jahrelang getäuscht. Hinterher haben sie sich natürlich entschuldigt. Zu spät. Eine Million Tote.

1972 weitet sich der Krieg aus. Er kommt in Wellen. Offensive in der Trockenzeit, wir schlagen den Feind zurück, Defensive in der Regenzeit, er gelangt bis vor unsere Haustür. Ich sage «Feind», aber das Volk nannte ihn schon «Brüder» oder «Freunde». Das Volk war völlig unpolitisch und wollte nichts weiter, als friedlich seine Felder bestellen. Es war überzeugt, wenn die Ausländer nicht wären, würden die Khmer sich gegenseitig in die Arme fallen, und das Land würde seine Einheit wiederfinden. Doch da kannte es die Kommunisten und die Amerikaner schlecht. Für die einen hatte die Partei die Brüder ersetzt, und für die anderen waren wir nichts als Schachfiguren . . .

Von 1973 an strömen Dutzende, Hunderte, Tausende von Flüchtlingen nach Phnom Penh, die vor der Invasion der Roten Khmer und vor den amerikanischen Bombardements geflohen sind. Sie richten sich in den Pagoden ein, füllen die öffentlichen oder aufgegebenen Gebäude und landen schließlich elend auf den Straßen. Eine halbe Million Menschen.

Ich bin wieder umgezogen; wir wohnen im französischen Viertel. Eine ruhige Allee mit alten Bäumen, ein kleines weißes Haus gegenüber dem brachliegenden Garten einer verlassenen Pagode.

Der Ort ist so ruhig und verschlafen, daß ich die Augen aufreiße, als ich sie kommen sehe. Flüchtlinge, hier? Jetzt tritt der Krieg wirklich in mein Leben ein. Sie erscheinen gruppenweise, ergreifen Besitz von der Straße, organisieren sich. Eine Plastikplane über dem Kopf, eine Matte auf dem Boden, manchmal ein Moskitonetz; zwei oder drei Kochtöpfe, zwei oder drei Kinder. Heitere Gesichter. Freunde, wo versteckt ihr eure Angst und Not? Sie richten sich ein, unaufdringlich, ohne Lärm. Es sind dieselben, die in ihrem Dorf seidene Gewänder trugen. Und nun die Straße, nichts als die Straße, und Elend. Freunde, was hat man mit euren Reisfeldern und euren Büffeln gemacht, mit euren Pfahlbauten? Zerstört . . . Wie könnt ihr noch lächeln?

Es sind höchstens hundert. Ohne Zeit zu verlieren, unterstützt von Ming, tröste, pflege, ernähre ich, mache unsere Türen weit auf. Ein erstes Findelkind landet bei uns, dann ein zweites, und bald kommen von überall her verlorene, verlassene oder verwaiste Jungen und Mädchen zu uns. Wir bringen sie im Salon unter, dann in Manous

Zimmer, schließlich in meinem. Ming hat keinen Platz mehr in ihrem Zimmer, in dem Reissäcke für die Flüchtlinge gestapelt sind. Sie zieht zu Nath. Auch für Pou Skom ist kein Platz mehr. Das trifft sich gut, er wollte ohnehin heiraten.

Auch im Büro geht alles drunter und drüber; wir haben keine Zeit, wir haben keine Zeit mehr. Heute muß man zum Flughafen sausen, um einen Lieferanten abzuholen; sich mit dem deutschen Techniker treffen; mit dem Präsidenten von Continental Airlines zu Mittag essen, und dann ... ach ja, die amerikanische Botschaft. Sie haben kein Fotokopierpapier mehr und brauchen sofort zwanzig Ries. Eine Schande. Wir verdienen zuviel Geld mit diesem Papier. Es ist das vierte Mal in diesem Monat, daß wir ihnen den gleichen Vorrat verkaufen, und dabei hatten wir sie informiert. Einer ihrer Angestellten stiehlt das Papier, sobald es geliefert ist, verkauft es an einen Zwischenhändler, und dieser gibt es einem Chinesen auf dem Markt. Wir kaufen es bei dem Chinesen wieder ein, verkaufen es an die Amerikaner weiter, und der Kreislauf beginnt von neuem. Ja, sicher, dasselbe Papier. Wir bringen kleine Markierungen an, um es wiederzuerkennen. Wir haben ihnen zwar vorgeschlagen, direkt mit den Dieben zu verhandeln, um Geld zu sparen, aber sie wollten nicht. Ich muß zum Präsidentenpalast, um für General Lon Nol die Schrift eines seiner Minister zu analysieren. Kurt wird inzwischen Bankkredite auftreiben, chemische Erzeugnisse bestellen, dann seinen Botschafter aufsuchen, und hinterher haben wir vielleicht Zeit, zusammen zum Gefängnis zu fahren? Armer Hauptmann Sayomboan, unser Freund; schon drei Tage haben wir ihn vernachlässigt. Ob man vielleicht seine Flucht planen sollte? Kurt ist verrückt, er weiß sehr wohl, daß wir überwacht werden.

So sieht unser Leben aus; dazu zu Hause zwanzig Kinder und Manou, die sich im Stich gelassen fühlt. Ich hätte daran denken müssen. Ihre Weinkrämpfe und Wutanfälle, seit wir all diese Kinder im Haus haben, sollten meine Aufmerksamkeit auf sich ziehen. Gestern hat sie sich splitternackt in einen Bau roter Ameisen gelegt. Sie wollte sterben, ich hatte sie nicht lieb genug. Am Tag zuvor war sie zur Mittagessenszeit verschwunden; man fand sie auf der Terrasse eines chinesischen Restaurants vor einem Teller Suppe. «Es scheint, daß Sie keine Zeit mehr für sie haben», sagte die Besitzerin zu mir.

Entschuldigung, mein Liebling; ich werde häufiger in den Königspalast gehen, um dich tanzen zu sehen, ich werde die Schulversammlungen nicht mehr vergessen, ich ... schau, willst du eine große Neuigkeit hören? Ich habe eine Eismaschine gekauft, und du wirst sie heute abend bedienen, für das Picknick der Flüchtlinge.

Ich muß in der Stadt die einzige Person sein, die nachts ohne Papiere ausgeht. Die Militärs haben mich so oft gesehen, daß sie schließlich darauf verzichten, von mir die Einhaltung der Sperrstunde zu verlangen. Einmal jedoch geraten sie außer sich: Die Eismaschine macht dasselbe Geräusch wie ein Maschinengewehr. Sie kommen, die Gewehre auf uns gerichtet. Himmel, sie werden schießen. Mutig dreht Manou die Maschine weiter. Das ist das Problem bei diesem Apparat. Wenn man zu drehen aufhört, gelingt das Eis nicht. Inzwischen rufe ich: «Das ist nur Eis, beruhigen Sie sich; Eis für ein Picknick ... Ja, ich weiß, Mitternacht, aber was kann ich dafür? Vorher hatte ich keine Zeit.» Sie schämen sich ihrer Nervosität, und damit man mir verzeiht, verspreche ich ihnen auch ein Picknick. Samstag? Gut, Samstag. Um Mitternacht.

Sie erwarteten mich beim Unabhängigkeitsdenkmal, saßen mitten auf der Kreuzung auf dem Boden. Einer von ihnen hatte seine Gitarre mitgebracht. Bei meiner Ankunft legten sie die Gewehre weg. Wir haben gegessen und uns unterhalten. Eine leere und stille Nacht, die Stadt wirkt seltsam geisterhaft, duftet nach Jasmin, ist wie von einem Magier in Schlaf versetzt.

Gespräche über den Krieg. Sie prahlen wie kleine Jungen.
«Angst, ich? Ich habe einen geweihten Buddha, mir kann nichts passieren. Mein Vater hat ihn mir gegeben. Er schützt mich vor den Kugeln. An mir werden sie abprallen!»
«Schauen Sie sich meine magische Plakette an, Mademoiselle Yvette, sie besitzt außergewöhnliche Kräfte. Wenn die Roten Khmer sie sehen, werden sie blitzschnell die Flucht ergreifen.»
«Ein Bonze hat mir ein Zaubermittel gegeben. Wenn ein Feind sich nähert, werden die fleischfressenden Dämonen und die Blutsauger ihn verschlingen.»
Wer sind diese Männer um mich herum? Kinder, die aus ihren Legenden gestiegen sind, oder mythische Persönlichkeiten? Beides zugleich, und außerdem Militärs. Sie sind die Soldaten, die für unsere Sicherheit verantwortlich sind.

Ich muß sie verlassen. Ein paar Stunden Schlaf, und dann beginnt die Aufregung von neuem. Diese Jahre, 1973 und 1974, sind heiß wie der Monsunwind vor einem Gewitter. Die Stadt ist belagert, man beschießt uns mit Raketen. Die Zeit existiert nicht mehr. Wir leben von Augenblick zu Augenblick, unsere Träume sind Milliarden Jahre alt. Phnom Penh mit seinen Pagoden, deren Dächer verbrannt sind, mit seinen ausgeweideten Häusern, verliert den Kopf. Die Dekadenz in Abendkleidung ist bei allen Festen und Diners mit von der Partie.

Ich, die ich kein Geld zu verlieren oder zu gewinnen hatte, keinen Mann, den ich betrügen müßte, keine Schranken, die ich einreißen müßte, ich lebte brav und abgeschieden für mich. Auch meine Revolution hatte begonnen, aber sie war von anderer Art.

Ich dachte oft an das Unglück meiner Jugend und meditierte über die Großzügigkeit derer, die es mir ermöglicht hatten, mich daraus zu befreien, Unbekannte meist, die mir mit einer Geste, manchmal mit einem einfachen Wort die Hoffnung wiedergegeben und mich wieder auf die Beine gebracht hatten. Ohne sie würde ich vielleicht noch immer auf den Gehsteigen von Paris dahinvegetieren oder in Phnom Penh ein elendes Leben führen. Ich verdankte ihnen so viel, und zweifellos wußten sie nichts davon. Das faszinierte mich: der Einfluß unseres Handelns auf andere. Es war wie mit den hundertjährigen Bäumen. Immer empfinde ich unendliche Dankbarkeit denen gegenüber, die sie gepflanzt haben, und genauso geht es mir mit denen, die unser Brot backen, schöne Bücher schreiben oder Impfstoffe entdekken – Menschen, die unser Leben verschönern, ohne uns zu kennen. Bis dahin hatte ich gelebt, ohne mich darum zu kümmern, ein bißchen wie ein Schmarotzer, hatte Unglück oder Wohltaten als gegeben hingenommen, zu beschäftigt mit meinem eigenen Aufstieg, um mich zu fragen, wem ich sie verdankte. Plötzlich erkannte ich, wie sehr wir voneinander abhängen. In Zukunft würde ich mir dessen bewußt sein; es war an mir, den Kreis der Gewinner zu erweitern.

Die Saga der verlorenen Kinder

Ich neige dazu, die Menschen in Kategorien einzuteilen: die, die geben, und die, die nehmen, die, die handeln, und die, die erdulden. Ich selbst habe lange geglaubt, zu den Erduldern zu gehören; dann habe ich mir klargemacht, daß die Dinge subtiler waren und ich im anderen Lager stand, daß ich nämlich handelte, indem ich erduldete. Ich will das erklären.

Wenn mir ein Wunsch in den Sinn kommt, von außen angeregt, dann amüsiert und beschäftigt er mich für ein Weilchen, und am Ende gebe ich ihn auf. Wenn er aber in meinem Inneren entsteht, sich aufdrängt und von allein mein Herz, meinen Bauch, meinen Magen erfüllt, dann bin ich «besessen»; von vorn gezogen, von hinten geschoben, von allen Seiten angestachelt, habe ich keine ruhige Minute mehr, ehe er nicht Wirklichkeit wird. Kaum entstanden, als hätte er ein Eigenleben, wird er wichtig, bewegt sich, wächst, drängt nach Ausdruck. Tatsächlich wird er ohne mein Zutun zum König, ich zu seinem Diener; ich müßte eher Sklave sagen. Es ist unerhört. Er nimmt mir meine Zeit, meine Energie, alles gehört ihm. Am Anfang wehre ich mich zwar, vor allem, wenn er mich in eine unvorhergesehene Richtung treibt, aber am Ende ist er zu stark. Ich muß nachgeben. Von diesem Augenblick an identifiziere ich mich mit ihm und nehme die Zügel in die Hand.

Groß und mächtig beherrscht er ständig mein Denken. Aber ich habe weder eine Methode noch eine Vorgabe, noch einen Plan, um ihn zu verwirklichen. Passiv lasse ich die Dinge auf mich zukommen. Ich stelle den Intellekt beiseite und handle instinktiv, ohne nachzudenken oder Einfluß nehmen zu wollen. Der Weg weist sich von allein. Zeichen treten ein, die ihn mir zeigen. Ich vertraue ihnen und lasse mich mit geschlossenen Augen führen. Kein Zögern und keine Furcht, sondern völliges Loslassen und unerschütterlicher Glaube an den Erfolg. Jetzt könnte man Armeen schicken, um meinen Plan zu vereiteln, nichts hält mich mehr zurück. So sicher, wie ich lebendig bin, weiß ich, daß ich siegen werde.

Abgesehen von diesen Dingen, in denen mich sozusagen meine tiefsten Wünsche antreiben, bin ich so willfährig, wie man nur sein kann. Ich lasse mich leicht hierhin und dorthin führen, mitreißen, beeinflussen. Ich nehme das nicht wichtig.

In den Jahren 1973–74 habe ich angefangen, so zu leben. Je mehr Lärm es in meinem Leben gab, desto stärker machte sich ein Bedürfnis nach innerer Stille bemerkbar. Nach und nach begann ich auf das zu achten, was in mir vorging, auf meine Intuition zu hören, Ideen aufsteigen zu lassen, ohne sie durch Vernunft oder Mäßigung zu ersticken. Meine Handlungen haben mich in eine Richtung geführt, die ich auf andere Weise niemals einzuschlagen gewagt hätte. Beim Voranschreiten gewann ich Vertrauen, und die Ereignisse haben mir recht gegeben; mein Leben hat dadurch an Intensität gewonnen. Für mich ist das die Freiheit – oder auch das Glück, aber in meiner Vorstellung sind beide miteinander verwoben.

Was die Wünsche betrifft, so ergriff mich um diese Zeit plötzlich das Verlangen, mich mit meinem Vater zu versöhnen. Die Erinnerung an ihn hatte mich jahrelang nicht gestört, aber von einem Tag zum anderen mußte ich abreisen, als könne ich es nicht eine Minute länger aushalten, ohne ihn zu sehen und Frieden zu schließen. Ich überließ Ming und Kurt die Sorge um die Geschäfte und die Flüchtlinge und machte mich mit Manou auf den Weg nach Metz.

Viele Mütter schrecken davor zurück, mit kleinen Kindern zu reisen, aber ich habe jede meiner Reisen mit meiner Tochter wie wahre Flitterwochen in Erinnerung. Sie war freundlich, lächelte, war leicht zufriedenzustellen, und gleichzeitig hatte sie moralische Prinzipien. Sie war eine ideale Gefährtin bis zu unserer Reise nach Afghanistan ein Jahr zuvor. Dort wurde alles verdorben. Paschtunen-Nomaden hatten akzeptiert, uns auf einen dreiwöchigen Fußmarsch mitzunehmen. Als ich ihr das ankündigte, hat sie zum ersten Mal protestiert und mit der ganzen Autorität ihrer fünf Jahre gesagt: Mit diesen schmutzigen Leuten leben, ihren stinkenden Käse essen? Und dazu noch zu Fuß gehen, obwohl wir doch ein Taxi bezahlen könnten?

Wenn mir das gefiele, könne ich das tun, aber ich solle nicht Erwachsene und Kinder verwechseln; nein, ich könne diesen Damen, ihren Ziegen und Kamelen absagen. Sie würde nicht mitgehen. Sie hatte tausendmal recht. Immer hatte ich gehandelt, ohne sie zu Rate zu ziehen, ein bißchen so, als sei sie ein Teil von mir. Ich war untröstlich, gab den Plan auf, und in einem alten Taxi machten wir uns auf nach Bamyan, einem zauberhaften Gebirgstal; riesige Buddhas, in den Abhang gemeißelt, Pilgerzentrum der Karawanen, Treffpunkt der Nomaden, eine traumhafte Gegend, aber kein Hotel. Ein Nomade hat uns ein Zelt geliehen, ein anderer Schafsfelle, und wir richteten uns an einer einsamen Stelle ein.

Herbstabend; der Schnee des Himalaja glänzt im Mondschein. Die Stille ist dicht wie der Nebel, es ist sehr kalt. Mitten in der Nacht begannen die Wölfe zu heulen, und unbedacht murmelte ich: «Ein richtiges Märchen.» Da wurde Manou überaus wütend. Den kleinen Körper steif gegen meinen gedrängt, schwor sie, sie würde mich nie wieder begleiten, unsere Vorstellungen seien zu verschieden, ich solle mich in Zukunft allein vergnügen. Ihr Ideal von Ferien? Ein klimatisiertes Viersternehotel mit Fernseher in einem zivilisierten Land.

Der Wunsch, ihre Großeltern kennenzulernen und Frankreich wiederzusehen, siegte über ihre Bedenken. Sie nahm meine Einladung an.

Paris. Bedeckter Himmel, nervöse Menschen, die sich wegen Nichtigkeiten drängeln und erregen. Ich schäme mich, Französin zu sein. Im Zug Paris–Metz hält man mich glücklicherweise für eine Ausländerin; eine Dame beglückwünscht mich zu meinem Französisch und fragt, wo ich es gelernt hätte.

Auf dem Bahnhof von Metz erwartet uns meine Schwester Lucienne, in einen dicken Mantel gehüllt. Ich erkenne sie kaum wieder, die Stadt noch weniger. Man könnte meinen, sie sei geschrumpft und eher banal. Und der Mont Saint-Quentin ist so klein? In meiner Erinnerung war er ein großer Berg. Es ist schwierig, gleich Kontakt zu meiner Schwester herzustellen, wir kennen uns so wenig. Seltsamerweise kommen meine alten Hemmungen wieder zurück, und die Fragen, die ich stellen wollte, bleiben unausgesprochen. Mit wenigen Worten erzählt sie mir ihr Leben: dieselbe Arbeit, derselbe Chef. Sie wohnt noch immer in Lorry. Nein, kein Ehemann, aber sie hat sich einen Renault 4L gekauft, mit dem sie übrigens sehr zufrieden ist. Ansonsten nichts Neues. Ach, doch. Unser Vater hat Herzprobleme gehabt, und er trinkt schon lange nicht mehr. Meine Mutter ist unverändert, sie wird sich auch nicht mehr ändern; nun ja...

In dem Renault 4L durchqueren wir graue Dörfer, vorbei an Misthaufen und schwarzgekleideten Frauen, und kommen nach Heudicourt dans la Meuse; meine Eltern sind vor acht Jahren dorthin gezogen. Ein trauriges kleines Haus, das mir einen Stich ins Herz gibt. Mein Vater erwartet uns in Pantoffeln auf der Vortreppe. Mein Gott, wie alt er geworden ist, wie klein; selbst seine Stimme ist schwach geworden. Linkisch schüttle ich ihm die Hand, auf einmal genauso steif wie vor fünfzehn Jahren. Meine Mutter ist auch nicht viel gesprächiger, tatsächlich macht sie den Mund nicht auf, und ich hatte mir doch versprochen, ich hatte geschworen, wollte so viel... Unmöglich, mit ihnen zu reden.

Linoleum auf dem Boden, geschlossene Fensterläden. Nach einer Weile kommt mühsam ein Gespräch in Gang; ich erkundige mich nach ihrer Gesundheit, nach dem Garten, den Hühnern und den Nachbarn, und danach fällt mir nichts mehr ein. Sogar Kambodscha, von hier aus gesehen, scheint nicht mehr zu existieren. Ich hätte es ebensogut geträumt und meine Eltern nie verlassen haben können. Keine Fragen von ihrer Seite. Glauben sie, in meinem Leben hätte sich nichts verändert? Sie müssen denken, ich wohnte noch in Metz... dabei habe ich ein Kind, habe Geschenke mitgebracht, die aus dem Ausland stammen... es scheint sie nicht zu kümmern. Oder sie empfinden die gleiche lähmende Schüchternheit wie ich. Nach dem Essen schalten sie den Fernseher ein und setzen sich davor. Verzweifelt gehe ich zu Bett. Manou dagegen ist entzückt, hier zu sein.

Die ganze Nacht sage ich mir vor, was ich tun sollte; eine Brücke bauen, reden, etwas tun. Die Anstrengung muß von mir kommen, aus der Ferne konnte ich es doch. Am Morgen lasse ich die Hemmungen gar nicht erst wieder aufkommen und spreche mit meinem Vater: über Datsuns und Toyotas, die Autos dort unten, über SUISINDO; ja, ich habe einiges erreicht, mein Partner ist ein ehemaliger Seemann, aber es herrscht Krieg, viele Menschen leiden, Flüchtlinge in meinem Haus... natürlich haben wir Mechaniker, Chinesen und Vietnamesen, bei uns reparieren sie einen Motor ohne Hilfsmittel in drei Minuten, mit einem Stück Kordel oder Kaugummi – und was macht die Mechanik in Frankreich?

Freude, endlich miteinander reden zu können: drei Tage lang haben wir zwar nur Banalitäten ausgetauscht, aber unsere Herzen haben gesprochen. «Ich bin froh, daß du gekommen bist», sagte seines. Manou nutzte das aus, indem sie auf seinen Schoß kletterte. Mein Herz antwortete: «Wir haben aneinander vorbeigelebt, ohne uns zu verstehen, aber daran hat keiner Schuld. In Zukunft wird alles besser.» Lachend hat er Manou geküßt. Mit der Zeit lösten sich die Knoten, und eines Morgens legte er mir die Hand auf die Schulter. Das war die zärtlichste Geste, die es je zwischen uns gab. Liebe, Verzeihung, Versöhnung. Ich fühlte, wie ich wieder zum kleinen Mädchen wurde, und ich fand, das sei das schönste Geschenk, das man mir je gemacht hatte.

Als ich ihn verließ, war alles heller geworden, obwohl wir es nicht aussprachen. Meine Mutter war nicht aufgetaut. Vielleicht beim nächsten Mal. Ich hatte die Hälfte des Weges zurückgelegt, immerhin.

Kaum war ich nach Phnom Penh zurückgekehrt, erhielt ich ein Telegramm von meiner Schwester, in dem sie mir den Tod meines Vaters mitteilte. Ich war gleichzeitig erleichtert und verzweifelt. Vorwürfe, Reue, Kummer. Wenn der Tod zuschlägt, fühlt man sich verstoßen. Der Morgen war voller Emotionen gewesen: Man hatte mir ein gefundenes Baby gebracht, und auf der Straße hatte mir ein Unbekannter seinen Fotoapparat geschenkt, eine Polaroid. Sofort hatte ich eine Aufnahme von dem Kleinen gemacht, um sie Kurt zu zeigen, aber das Telegramm machte alles zunichte. Ich weinte und drehte mich im Kreis, ohne zu wissen, wo ich hingehen sollte; nicht ins Büro, zuviel Betrieb, und hier der Lärm all dieser Kinder . . . Und wenn ich zum Friseur ginge? Ein guter Ort, um sich zu entspannen. Aufs Geratewohl wählte ich einen Friseur in der Nähe des Bahnhofs. Hier ist alles ruhig. Man massiert mir Hals, Schultern und Kopf. Halb liegend, träumerisch höre ich der Musik zu, trinke Tee und denke an meinen Vater. Der arme Mann, er hätte in all diesen Jahren seine Kinder gebraucht, mich gebraucht. Er war allein, seine Frau war eine Last, und ich habe nichts getan. Als kleines Mädchen stellte ich mich selbst in den Mittelpunkt, gierig, etwas zu bekommen, war auf meine Bedürfnisse, meine Wünsche, meine Notwendigkeiten fixiert. Was für ein Durcheinander. Wenn ich mich nur ein wenig hätte vergessen können, hätten wir eine normale Beziehung haben können. Normal?

Nein, uns verband nichts; dabei hätte ich ihn so gern bewundert... Das werde ich immer bedauern. Und doch, wenn ich darüber nachdenke... meine Zuneigung und Bewunderung für die Mechaniker von Phnom Penh. Die Geduld, mit der ich ihnen zuhöre und beim Arbeiten zusehe, die Zeit, die ich in ihren Werkstätten zubringe, meine Lobreden auf ihren Beruf... Wenn ich sage, daß ihre Hände ihr Stolz sind... aber ja, natürlich... Im Grunde sage ich das zu meinem Vater. Er wird es verstehen.

Eine Frau kommt in den Salon und reißt mich aus meiner Erstarrung.

Sie ist laut. Sie stößt kleine Schreie aus, und zuerst denke ich, daß sie lacht, aber dann sehe ich, daß sie weint. Das ist hier selten, ein Mensch, der öffentlich weint. Sie ist die Nichte der Friseuse. In meine eigenen Gedanken versunken, höre ich zerstreut ihren Worten zu. Sie spricht von den Roten Khmer. Sie haben ihr Dorf angegriffen, und sie... sie weint, sie hat Angst, Blut fließt, Leute sterben... soviel Gewalt. Sie wurde gestoßen, getreten, mitgenommen. Wie sie herausgekommen ist, weiß sie noch immer nicht. Lebend, ja, aber ihre Arme, mein Gott, ihre Arme... Ich schaue erstaunt in den Spiegel. Sie schwenkt die Arme in alle Richtungen wie ein Hampelmann, ihre Arme, die sie haßt, die zu nichts mehr nütze sind, leere Arme, unbrauchbar: Sie haben ihr Baby losgelassen.

Sie tut mir so leid, ich würde alles tun, um sie zu trösten. Was könnte ich ihr sagen, ihr anbieten? Mechanisch öffne ich meine Handtasche, aber es ist schade, nichts ist darin außer einem Polaroidfoto, aufgenommen vor zwei Stunden. Und wenn ich es ihr zeigte, um sie wenigstens abzulenken? Ich halte es ihr hin und schicke mich an, hoffnungsvolle Worte zu sagen, aber sie läßt mir keine Zeit dazu. Sie ist ganz bleich geworden und stößt einen schrillen Schrei aus. Es ist ein Foto von ihrem Kind.

Koinzidenz, Zufall? Ich habe die Frage nicht klären können. Am nächsten Tag passierte ein ähnlicher Vorfall. Wir wollten eine Schwester von Ming im Dorf Pochentong besuchen. Ich saß am Steuer; wie üblich quoll der Wagen von Kindern über. Auf dem Rückweg habe ich, von einer Kraft getrieben, die ich nicht benennen könnte, einen Feldweg eingeschlagen, augenscheinlich eine Sackgasse. Nath und Manou lachten bereits, sie dachten, ich wolle Verirren spielen, aber ich spielte nicht. Irgendwie war ich überzeugt, diesen Weg nehmen zu müssen. Plötzlich bat Ming mich anzuhalten; in einer Frau, die in einiger Entfernung über das Feld ging, glaubte sie eine Freundin zu erkennen, die sie schon lange aus den Augen verloren hatte. Beinahe muß ich weinen, wenn ich mir die Szene in Erinnerung rufe. In der Aufregung der Bombardierungen hatte diese Frau ebenfalls eines ihrer Kinder verloren, den kleinen Samnang. Wir hatten einen Samnang zu Hause. Wir ließen zwei der Kinder in den Kofferraum steigen, um ihr Platz zu machen, und sie fuhr mit uns in die Stadt. Unglaublich – Samnang war ihr Sohn.

Ebenso unerklärliche Dinge, Phänomene, die auf ein unbekanntes Gesetz oder den Segen des Himmels zurückgehen, sind häufig und auf die natürlichste Weise passiert, ohne irgendeine Anstrengung von meiner Seite. Die meisten Kinder, die man in mein Haus brachte, haben ihre Eltern wiedergefunden. Ich hütete mich, darüber zu sprechen, außer anfangs zu Kurt. Es kam mir vor, als irre sich das Schicksal, als wähle es irrtümlich nur die Kinder meiner Umgebung aus, statt sich auf die Mehrheit zu konzentrieren. Ich wollte mich nicht darüber beklagen, aber ich wollte mich auch nicht bemerkbar machen. Also war ich diskret und vermied es, mich zu wundern.

Ich fand alles normal und glaubte von vornherein rückhaltlos, alles könne passieren, und so ist auch alles passiert. Heute bin ich überzeugt, daß Ereignisse durch die Kraft des Denkens ausgelöst werden, mehr durch Glauben als durch Wollen, durch einen Glauben an den Erfolg bei gleichzeitigem Loslassen und totaler Hingabe. Während ich diese Worte schreibe, denke ich wieder an Hoang, eine kleine Chinesin aus Kambodscha. 1979, als die Roten Khmer ihr Dorf mit Feuer und Blut überzogen, war es ihr gelungen, nach Thailand zu fliehen, wo ich wohnte. Ihre ganze Familie war umgekommen bis auf einen Bruder, von dem sie nicht wußte, wo er lebte und was er machte, von dem sie eigentlich überhaupt nichts wußte, außer daß er Wong heißt, und im Ausland lebte. Auf der ganzen Welt muß es Zehntausende von Wongs geben; ebensogut könnte man eine Nadel im Heuhaufen suchen. In mir hatte sich felsenfest der Glaube breitgemacht, sie würde ihn wiederfinden. Keinen Augenblick habe ich daran gezweifelt. Ich habe «aufs Geratewohl» mit fünf oder sechs Personen darüber gesprochen, einem Australier, einem Franzosen, einem Amerikaner, einem Kambodschaner und einem Chinesen, und dann habe ich gewartet. Weniger als ein Jahr später rief der Bruder uns an.

Ich denke an die Friseuse und an Hoang und frage mich, wie viele

Kinder so ihre Familien wiedergefunden haben. Dreißig, fünfzig? Ich habe nicht gezählt. Wenn sie erst wieder mit ihrer Familie vereint waren, habe ich nicht mehr versucht, sie wiederzusehen. Doch jedesmal empfand ich unendliche Dankbarkeit Gott, dem Himmel, dem Leben gegenüber.

Diese Art von Glück ist wie eine Droge. Man hat nichts getan, um es zu verdienen, und plötzlich kommt es, öffnet schmerzhaft unser Herz, trägt uns auf zuvor unbekannte Gipfel, und wenn man wieder herunterkommt, ist man geblendet und unfähig, darüber zu sprechen. Worte sind zu abgedroschen, manchen Glücksfällen kommen sie nicht bei.

Etliche der Kinder waren mir ans Herz gewachsen, andere etwas weniger, aber im Grunde liebte ich sie alle. Sie lehrten mich eine Liebe, die losgelöst war von der Idee von Besitz oder Dauer. Für ein paar Tage oder Wochen würde ich für ein Menschenwesen alles sein und es alles für mich. Dabei wußte ich, daß es mich von einem Augenblick auf den anderen verlassen würde und daß ich mich darüber freuen mußte. Ein ausgezeichnetes Mittel, um in der Gegenwart zu leben. Zumindest sagte ich mir das. Doch an dem Tag, an dem Guillaume in mein Leben trat, war es aus mit meinen schönen Theorien. Losgelöst, ich?

Der Gedanke, er könne mich eines Tages verlassen, ist unerträglich. Er ist drei Jahre alt und dazu geschaffen, nicht einen Monat oder ein Jahr geliebt zu werden, sondern ein ganzes Leben. Er ist ein prachtvolles Kind, sanft, rundlich, sinnlich ... die große Liebe. Er ist Waise. Ich sollte ihn adoptieren. Manou ist einverstanden, sie liebt ihn, alle lieben ihn, was hält mich noch zurück? Ein Bodensatz alter Unsicherheit. Was soll aus ihm werden, wenn ich sterbe? Wenn ich krank werde und nicht mehr arbeiten kann? Vor ein paar Jahren lebte ich in Armut, und wenn eine solche Situation wiederkäme? Außerdem hätte er keinen Vater. Manou leidet nicht darunter, aber sie ist ein Mädchen. Er wird Fußball spielen, ein Motorrad haben wollen ... er wird einen Mann brauchen. Und außerdem ist das Glück eines Kindes so wichtig, daß man zu zweit sein sollte, um dafür zu sorgen. Und doch ... ich würde alles tun, um ihn zu behalten. Es ist schwer, eine Entscheidung zu treffen. Mein Herz sagt so laut ja wie mein Verstand nein. Wir werden sehen ... ich brauche Zeit.

Wir haben ständig fünf oder zehn Kinder im Haus, und ich verbringe meine Zeit damit, sie zu umarmen, mit ihnen zu spielen oder ihnen Geschichten zu erzählen, ohne diese Aktivitäten allzu wichtig zu nehmen. Was bei Kindern zählt, die einen Schock erlitten haben, ist, glaube ich, die innere Verbundenheit. Ich habe mehr Vertrauen zum Einfluß der Ausstrahlung eines Menschen auf ein Kind als zu allen Techniken und Medikamenten. Ming und Nath waren ein unvergleichliches Duo. Nath, immer ruhig, strahlte eindrucksvolle Stärke aus, Ming eine schöne Spiritualität. Meine Gegenwart, so sagten sie, heitere die Kleinen auf. Mit uns dreien machten die Kinder erstaunliche Fortschritte.

Als wir später unsere Fluggesellschaft hatten, nahm ich sie manchmal sonntags zu einem Rundflug mit. Das war die Zeit von Cambodair. Wir hatten unsere ersten Schritte in der Luftfahrt getan, indem wir Continental Air Services vertraten, eine Gesellschaft, die auf Rechnung der Botschaft der Vereinigten Staaten in Kambodscha täglich Flüge zwischen Bangkok und Phnom Penh durchführte. Unsere Aufgabe bestand darin, die Flug- und Überfluggenehmigungen zu beschaffen, uns um die Passagiere zu kümmern und die Treibstoffversorgung zu sichern. Ehe er annahm, hatte Kurt sie schwören lassen, daß sie nicht zur CIA gehörten, und ich habe gedacht, er habe zu viele Romane von John le Carré gelesen. Jahre später aber habe ich erfahren, daß Continental in Laos auf allen Ebenen von Geheimdienstmitarbeitern infiltriert war, und ich habe begriffen, warum die französische Botschaft mich auf ihre schwarze Liste gesetzt hatte.

Für die Angelegenheiten von Continental hatten wir einen neuen Mitarbeiter eingestellt, Monsieur Khong Lai, einen erstaunlich tüchtigen Kambodschaner. Unsere Piloten hatten sich in das Land verliebt und ich mich in sie alle; sie waren geimpft gegen den Krieg und die Angst und ignorierten die Gefahr; Männer, die bei gefährlichen Missionen ihr Leben riskierten und für die eingekesselten Hmongs Lebensmittel abwarfen, aber überzeugt waren, sie würden an einem Regentag infolge einer kleinen Grippe in ihren Betten sterben. Männer, die den Tod nicht fürchten, sind gute Gefährten.

Unsere Verbindung mit einer Fluggesellschaft berechtigt uns zu kostenlosen Flügen, und schon bald finde ich mich unter dem geringsten Vorwand in Laos, Thailand oder Vietnam wieder. Bangkok, weniger als eine Flugstunde entfernt, eine Oase von Frieden und Wohlstand, ist ein seltsamer Kontrast zu unserem Kambodscha; moderne, gut ausgestattete Krankenhäuser, zahlreiche Ärzte... Ich fliege oft hin und bin schockiert bei dem Gedanken, daß eine Grenze die Rettung von Menschenleben verhindert. Bei uns nimmt der Krieg kein Ende. Den ganzen Tag rumpeln Krankenwagen und Lastwagen voller Sterbender über unsere Straßen. Die Krankenhäuser quellen über, die Verwundeten warten in Höfen, Gärten und auf Gehsteigen. Es fehlt an Blutkonserven, Ärzten, Medikamenten. Oft sterben die Verwundeten nach tagelangem Warten auf einer Bahre im Gang; ohne daß ein Arzt Zeit gehabt hätte, sie sich anzusehen. Die Krankenhäuser stinken meilenweit nach Urin und Blut, dazu kommen noch die Hitze und die Stechmücken, und man empfindet ein umfassendes Gefühl von Ohnmacht.

Ohne Grenzen, Visa und all die Formalitäten, die die Menschen geschaffen haben, um sich zu schützen, könnte ich vielen Kambodschanern helfen. Zunächst einmal sind die Flüge von Continental ausschließlich dem amerikanischen Regierungspersonal und den Mitgliedern der Belegschaft vorbehalten, zu denen ich gehöre; ja, wir würden unsere Vertretung verlieren, wenn wir gegen diese Regeln verstießen, aber an dem Tag, an dem man mir ein Baby bringt, das von einer Rakete am Kopf getroffen wurde, zögere ich nicht. Ich verstecke es in einem Korb unter Papieren und fliege nach Bangkok, als sei nichts Ungewöhnliches vorgefallen. Weder die Piloten noch die Thais auf dem Flughafen merken etwas. Leider starb das Kind noch am gleichen Abend im Krankenhaus, aber das war der Durchbruch. Von diesem Tag an transportierte ich in meinem Korb regelmäßig und mit größter Heimlichkeit Babys, die in Phnom Penh nicht hätten behandelt werden können.

Damals freute ich mich, daß niemand etwas merkte, und hielt mich für schlau. Zweifellos würde ich das auch heute noch tun, wenn man mir nicht eines Tages ein kleines Mädchen von fünf Jahren gebracht hätte, das ohne eine dringende Bluttransfusion sterben würde. Das Flugzeug nach Bangkok startete in einer Stunde. Was tun? Das Mädchen war zu groß, es paßte nicht in meinen Korb. Trotzdem wäre ich lieber gestorben, als der Mutter nein zu sagen. Ich stürzte zur amerikanischen Botschaft. Der Botschafter? In einer Konferenz. Der Geschäftsträger? In einer Konferenz. Pech gehabt. Es ist zu dringend, es geht um das Leben eines Kindes. Ich hole sie aus der Konferenz heraus und flehe sie an, mir die Genehmigung zum Transport eines Kindes in ihrem Flugzeug zu geben. Zuerst halten sie mir einen Vortrag über Versicherungsfragen, Sicherheit, Regeln . . . und dann akzeptieren sie. Errötend versichere ich ihnen, dies werde das erste und letzte Mal sein. Sie lächeln . . . Wer hat gesagt, die Amerikaner seien große, naive Kinder? Sie wissen um meine Eskapaden, und zwar seit . . . Ach so. Seit dem ersten Mal. Die Besatzung auch. Und ich hatte geglaubt . . .

Der Botschafter gestattete mir, damit fortzufahren, natürlich diskret. Sein Wohlwollen machte mir Mut. In Zukunft werde ich mehr tun.

Vom Flugzeug aus haben wir über Funk einen Krankenwagen gerufen, und gleich nach der Landung in Bangkok begann die Behandlung. Die Einwanderungsbehörde stellte keine Fragen; die Zöllner drückten beide Augen zu. Einen Monat später konnte die Mutter in Phnom Penh ihr Kind lebend in die Arme schließen.

Ein Bruder für Manou

Verletzte nach Bangkok bringen, andere zurückfliegen, Flüchtlingen helfen, die Kinder im Haus versorgen, mit Manou spielen, mich um meine und Kurts Geschäfte kümmern, wenn er seine Frau in den Vereinigten Staaten besucht – woher nehme ich die Energie? Sie regeneriert sich nach und nach so, wie ich sie verbrauche, und die Erde scheint ihre Bewegungen zu verlangsamen, um mir diskret ein bißchen mehr Zeit zu gewähren.

Zwischen zwei Aufgaben finde ich noch die Zeit, Thai Hung oder Moah zu besuchen. Wir sprechen über Wouschil und die gute alte Zeit meiner Anfänge, und mir kommt sie wie eine Epoche vor, die Jahrhunderte zurückliegt. Meine schönsten Stunden sind die, in denen ich zur Entspannung in den Königspalast gehe, um Manou tanzen zu sehen.

Tempelglöckchen, feuerfarbene Dächer. Meine kleine Manou in rotem Gewand und vergoldeten Armbändern ist hinreißend als traditionelle Tänzerin. Sie tanzt, wie man betet, inbrünstig. In solchen Augenblicken verändert sich ihr kleines Gesicht, wird ernst, und man könnte meinen, daß sie in ihrem Innersten die Quelle des Lichts findet, das aus ihren Augen leuchtet. Ich kann sie nicht ansehen, ohne vor Rührung zu weinen. Manchmal möchte ich die Passanten auf der Straße anhalten und ihnen sagen: «Kommen Sie, sehen Sie meine Tochter tanzen, das ist etwas Besonderes.»

Die kleine Schelmin ist leidenschaftlich und hat viele Geheimnisse vor mir; sie vertraut sie Nath an, die sie mir erzählt, und da Nath sich ihr ebenfalls anvertraut, erfahre ich Dinge... Manou «geht» mit Gigi, doch Nath läßt sich von einem amerikanischen Piloten den Hof machen, findet Khong Lai sehr verführerisch und hat in ihrem Dorf einen hübschen Jungen kennengelernt; man erzählt mir auch die Gerüchte aus der Stadt, aus den Pagoden und von den Festen...

Mich langweilen die Feste, die Cocktails und Diners. Es gibt zu viele davon; wenn man alle Einladungen annehmen würde, wäre man jeden Abend unterwegs. All diese Diners sind so oberflächlich. Ich bin glücklicher zu Hause, umgeben von meinen Kindern. Was Guillaume betrifft, müßte ich wirklich eine Entscheidung treffen. Es ist nicht seriös, zu lügen und vorzugeben, da seien Verwandte, die seine Adoption verweigern. Je mehr ich darüber nachdenke, desto klarer wird mir, wie unvernünftig es ist, ihn zu behalten, aber ich habe ihn so lieb. Er ist schon drei Monate bei uns, als Maguy, die Frau unseres Militärattachés, mich wegen eines Kindes anruft, das man ins Waisenhaus gebracht hat. Sie schlägt vor, ich solle es besuchen. Seit zwei Tagen hat es weder gegessen noch gesprochen. Unsere Maguy ist eine wirkliche Dame und ein schönes Beispiel für Großzügigkeit. Ich kann ihr nichts abschlagen. Ich werde hingehen. Morgen.

Am folgenden Tag, auf dem Weg zum Waisenhaus, habe ich noch die traurige Geschichte dieses Findelkindes im Kopf. Eine Frau hielt den kleinen Jungen hinter dem Marktplatz an der Hand. Plötzlich hat sie ihn losgelassen und ist weggelaufen, und er ist ihr nachgerannt. Er lief aus aller Kraft, aber der Abstand zwischen ihnen wurde immer größer; der Kleine war fassungslos, seine entsetzten Augen sahen nichts mehr, und er lief immer noch, als sie schon längst verschwunden war. Er wollte schreien, aber er hatte keine Stimme mehr. Ein Polizist nahm ihn mit.

Die Frau soll später gesagt haben, er sei nicht ihr Kind. In ihrem Dorf waren sie bombardiert worden, und sie hatte ihn in einem Graben gefunden, auf Leichen liegend. Sie soll auch gesagt haben, sie sei seine Mutter, könne ihn aber in diesen Kriegszeiten nicht behalten.

Wieder andere wollen erfahren haben, daß man sie nicht wiedergefunden hat. Sie sei in der Menge verschwunden, und man wisse nichts über ihre Identität, nur, daß sie sehr jung war und ihr unglückliches Gesicht noch mitleiderregender war als das Kind.

Das Waisenhaus von Phnom Penh ist ein Ort ohne Hoffnung. Mit traurigen Augen und mageren Ärmchen krabbeln etwa zwanzig Kinder im scharfen Geruch nach Urin und Schmutz herum. Mitten unter ihnen, auf der Erde liegend, ist der Neuzugang leicht zu erkennen: ein kleiner Junge von drei oder vier Jahren. Ich habe schon viele Kinder in schlechter Verfassung gesehen, aber keines wie ihn: ein

Gespenst, ein Schatten, ein Hauch von Leben. Er hat brennendes Fieber.

Er muß dringend behandelt werden. Ich rufe. Niemand. Undenkbar: kein einziger Erwachsener im Waisenhaus. Ich warte. Nichts. Ohne weiter Zeit zu verlieren, nehme ich den Kleinen auf den Arm und bringe ihn in die Klinik von Dr. Ripoll. Man sagt, er sei Veterinär, Exkrankenpfleger, Legionär, alles, nur kein Arzt, aber ich mag ihn. Mit Grund: Er ist bereit, meinen Patienten kostenlos aufzunehmen.

Als ich später ins Waisenhaus zurückkehre, finde ich das Personal vollständig vor, aber man weigert sich, meine Geschichte zu glauben. Die Leiterin behauptet, sich keinen Augenblick entfernt zu haben, und schwört, alle Kinder seien da. Es fehlte nicht viel, und sie würde erklären, ich hätte alles erfunden. Angewidert verlasse ich sie. Es hat keinen Sinn, Zeit zu vergeuden, ich habe zuviel zu tun. Zunächst einmal muß ich zum Gefängnis. Das Militärgericht hat unseren Freund Sayomboan, den Hauptmann und Künstler, zum Tode verurteilt. Er macht sich über alles lustig. Vor Gericht, als man ihm seine Niederlage gegen den Vietcong vorwarf, sah man deutlich, daß er niemanden ernst nahm. Nach dem Urteil begann Kurt zu weinen, ich ebenfalls, und der Hauptmann kam zu uns, um uns zu trösten. Die Wachen versuchten, ihn daran zu hindern, doch mit einem Blick nagelte er sie auf der Stelle fest. Er machte einen Scherz, um uns aufzumuntern. Dann wandte er sich an mich und sagte auf französisch: «Ich werde fliehen. Du wirst mir helfen.»

Obwohl Besuche verboten sind, gehen wir seither regelmäßig ins Gefängnis, um ihn zu sehen. Die Gefängniswärter sind meine Freunde, sie wagen nicht, mir etwas abzuschlagen. Sayomboan organisiert seine Flucht allein, ich bin bloß die Botin zwischen ihm und einigen Kambodschanern, und Kurt ist nur das Gehirn hinter dem Fluchtplan. Unser Hauptmann wird sich ebenfalls den Roten Khmer anschließen. Viele unserer Freunde, von der Regierung Lon Nols enttäuscht, sind bereits «auf die andere Seite» übergelaufen; ihre Anwesenheit dort verwirrt mich, denn sie sind gut und idealistisch, und die Flüchtlinge berichten immer wieder von den schlimmsten Gewalttaten der Roten Khmer. Wie können sie sich mit ihnen arrangieren? Ich habe den Eindruck, daß mein Kambodscha immer mehr verlorengeht.

Ein Anruf von Ripoll bringt mich wieder zu anderen Realitäten zurück. Ach ja, das Findelkind. Ich hatte den Kleinen vergessen.

Er scheint dem Tode nicht mehr ganz so nahe, ist aber noch immer so leblos wie zuvor. Soll man ihn ins Waisenhaus zurückbringen, wo niemand seine Anwesenheit zur Kenntnis nahm? Bei mir hätte er es besser. Ich versuche heute, mich zu erinnern, was am meisten auf mich wirkte, seine riesigen Käuzchenaugen oder sein krätziger Körper, aber ich weiß es nicht mehr. Zu Hause angekommen, setzte er sich im Schneidersitz hin, mit baumelnden Armen und leicht geöffneten Lippen. Sein dicker Bauch und sein zahnloser Mund sahen jämmerlich aus. Seine Augen, weiß, leer, ausdruckslos, starrten vor sich hin, ohne etwas zu sehen.

Von diesem Augenblick an rührte er sich nicht mehr. Man fütterte ihn alle zwei Stunden wie ein Baby mit einem Löffel. Er schluckte alles, was man ihm gab, ohne eine Regung zu zeigen. Nachts wollte er sich nicht hinlegen. Morgens finde ich ihn noch immer in der gleichen Unbeweglichkeit. Er hat nichts Menschliches mehr.

Um ihn herum laufen, spielen und plappern sechs andere Kinder, sechs Kinder und Guillaume, mein Liebling. Manou hält sich abseits.

Ich arbeite, mache Besorgungen, treffe Freunde. Das normale Leben geht weiter, aber ich empfinde immer Scham, wenn ich an das Findelkind denke. Er ist der einzige, den ich niemals umarmt habe. Dabei ist er nicht abstoßend. Man behandelt seine Krätze, und seine kükenhaften Gliedmaßen sind eher rührend. Doch der Abgrund von Schrecken, in dem er lebt, macht mir angst. Ich kann mich mit jedem Leiden abfinden, wenn es eine Hoffnung gibt: Der Krieg wird enden, die Verwundeten werden wieder gesund, die Kinder in meinem Haus können sich wieder freuen. Dieser kleine Junge aber, der nichts mehr hört, nichts mehr sieht und nicht mehr spricht, den nichts mehr erreicht, er verkörpert die Verzweiflung.

Wir schreiben den 5. Mai, das Datum werde ich nie vergessen. Es ist Abend, die anderen Kinder schlafen. Ich sitze nicht weit von ihm entfernt auf einem Kissen und versuche, die Gefühle zu analysieren, die er mir einflößt, eine Mischung aus Abscheu, Furcht und Mitleid. Vier Tage sind vergangen. Seine Reglosigkeit ist noch immer erschreckend. Es ist mir noch nicht gelungen, ihn in die Arme zu nehmen.

Ich schaue ihn an und denke daran, daß es schwer werden wird, Adoptiveltern für ihn zu finden oder ihn in einem Heim unterzubringen. Ich sehe ihn an, und plötzlich ... plötzlich wendet er mir sein Vogelköpfchen zu. Seine toten Augen haben sich bewegt. Sein Mund öffnet sich ... Er spricht! Seine heisere, abgehackte Stimme scheint aus einem anderen Körper zu kommen. Er sagt:

«Du bist es ... du bist meine Mutter. Bist du meine Mutter?»

Ich zucke erschrocken zusammen. Ich kann meine Gedanken und Gefühle nicht ordnen. Ich bin so überrascht, daß ich nicht reagiere. Wieder die Stimme.

«Ich erkenne dich wieder. Du bist meine Mutter. Du bist es ... nicht?»

Ich habe eine Gänsehaut. Völlig widersprüchliche Gedanken gehen mir durch den Kopf, ich bin fassungslos, weiß nicht mehr, woran ich mich festhalten kann. Ich habe den Eindruck, daß er mir das Herz aus dem Leib gerissen hat und mit seinen kleinen, mageren Beinchen darauf herumtrampelt und immer wieder sagt: «Du bist meine Mutter. Du bist meine Mutter.» Ich kann nicht nein sagen, ich will nicht ja sagen. Beschämt schweige ich. Da, wie in einem Alptraum, spricht die seltsame Stimme zum drittenmal:

«Mama ... stoß mich nicht zurück. Bist du meine Mutter? Sag es mir.»

Mein Gott. Dieses Wesen, dem einen Namen zu geben mir widerstrebte, dieses Ding, diese Larve ist ein Kind. Wenn ich nein sage, stirbt es daran. Ja, ich setze mein Leben ein. Ich habe keine Wahl.

Ganz leise, ganz sanft, mit der verrückten Hoffnung, daß er es nicht hören wird, sage ich ja.

Er hat es gehört. Er steht auf. Ich richte mich auf die Knie auf. Er kommt zu mir, klammert sich an meinen Hals und fleht mit seiner heiseren Stimme, immer wieder von Seufzern unterbrochen: «Verlaß mich nicht. Bitte, Mama, verlaß mich nicht, verlaß mich nicht ... verlaß mich nicht.»

Die ganze Nacht vergeht, ohne daß es mir gelingt, die Umklammerung seiner kleinen Finger von meinem Hals zu lösen. Ming findet mich morgens auf Knien, er hängt noch immer an mir und wiederholt zum tausendstenmal «verlaß mich nicht».

Wir nannten ihn Olivier und beschlossen, daß er am 5. Mai 1970 geboren und drei Jahre alt war. Er wurde mein Sohn.

Kaum hatte ich mich von dieser schwierigen Geburt erholt, erforderte eine andere Neuschöpfung meine ganze Aufmerksamkeit:

Cambodair, die kleine Schwester von SUISINDO, entstanden dank Kurts Überzeugung und der Notwendigkeit, sich in einem Kambodscha fortzubewegen, in dem die Straßen vom Feind gesperrt waren. Zum erstenmal wird eine Gesellschaft von Flugtaxis Städte untereinander verbinden: Cambodair. Zwei Hubschrauber, eine DC3 und eine Beechcraft, dazu Kurt und ich, wohlmeinende, aber vollkommen unerfahrene Eltern. Wem soll ich meine ersten grauen Haare zuschreiben, Olivier oder Cambodair? Beiden, fürchte ich; es gab selten zwei anstrengendere Aufgaben. Olivier ist schlimmer als ein ganzes Regiment Straßenkinder, und Cambodair ist ein Dornenweg.

Wenn ich eine Novelle über dieses Thema schreiben würde, hätte sie den Titel: «Ein Tag im Leben von Madame Yvette». Man würde mich vor Morgengrauen aufstehen sehen, noch schwankend nach einer schlechten Nacht neben Olivier, der niemals schläft. Dann mache ich eine Thermoskanne Kaffee für die Passagiere und breche wie ein Wirbelwind auf, um vor fünf Uhr am Flughafen zu sein.

Dort angekommen, habe ich Grund zur Beunruhigung. Wo ist Tito, der philippinische Mechaniker? Er weiß doch, wie wichtig der heutige Tag ist. Der erste Flug der Beechcraft, das Komitee vom Roten Kreuz hat sie für einen Flug nach Kompong Thom um neun Uhr gechartert. Sie haben sogar noch dreimal angerufen, um darauf zu bestehen: pünktlich um neun Uhr. Und ich, naiv, habe bestätigt: Ja, kein Problem, neun Uhr.

Wohin ist dieser verdammte Tito verschwunden? Ich springe in meinen Wagen, fahre in die Stadt zurück, fünf Kilometer, das ist nicht weit. Er ist nicht zu Hause. Man hat ihn seit dem Vorabend nicht mehr gesehen. Wieder so ein Trick der Filipinos. Sie lassen sich in den Armen eines Mädchens von der Ausgangssperre überraschen, um einen Vorwand zu haben, die ganze Nacht dort zu verbringen. Ich laufe von Bar zu Bar und finde ihn schließlich im Pagoda. Das hatte ich mir gedacht. Reizend, dieser Tito, und sehr zufrieden mit seiner Nacht . . . Ich muß lachen.

Wieder auf dem Flughafen, lasse ich ihn bei der Maschine zurück und gehe, um der Aufsicht über die Zivilluftfahrt den Flugplan vorzulegen. Wie spät ist es? Ich habe meine Uhr vergessen, daran ist Olivier schuld. Seit einer Woche ist er adoptiert, seit einer Woche läßt er mich nicht mehr schlafen. Verlaß mich nicht. Verlaß mich nicht. Er schüttelt mich, sobald der Schlaf mich übermannt. Ich bin so müde ... Ach ja, den Flugplan genehmigen lassen. Der Pilot hat zu unterschreiben vergessen, ich schlage vor, seine Unterschrift zu fälschen, aber nein, das will man nicht. Das ist der unselige Einfluß der Amerikaner. Nun denn, warten wir also auf den Piloten. Aber das wäre zu einfach; wenn es so leicht wäre, würde jedermann mit der Luftfahrt ein Vermögen verdienen. Unnötig zu warten, versichert ein Militär. Das Flugzeug wird nicht starten. Der Pilot sitzt im Gefängnis.

Nein! Beinahe gerate ich in Panik. Das Rote Kreuz, die Dringlichkeit, der gute Ruf von Cambodair und mein Wort, das ich gegeben habe. Eine schnelle Rechnung beruhigt mich. Wir schreiben den 27., die Gehälter gibt es erst in drei Tagen, und bis dahin muß man ja auch leben. Wer hat am Monatsende nicht mit Justiz oder Polizei ein Hühnchen zu rupfen? Alles, was sie wollen, ist Geld. Bisher brauchte ich in Kambodscha noch niemanden zu schmieren. Man kannte mich, ich hatte überall Freunde, vor dem Krieg lebte man von nichts und für nichts. Aber ich habe keine Wahl. Auf offiziellem Wege würde die Regelung mindestens zwei Tage dauern. Die Verwundeten können nicht warten. Hastig verteile ich Geldscheine, enttäuscht, aber verständnisvoll. Ich wohne der Entlassung des Piloten bei, lasse mir seine Unterschrift geben. Ich habe den Flugplan in der Hand, der Pilot ist frei, der Mechaniker gefunden, das Leben ist schön.

Weshalb schreit Tito denn so und wirft die Arme in die Luft? Was? Man hat den Treibstoff gestohlen. Es fehlt auch ein Sitz, er wurde ebenfalls in der Nacht gestohlen. Was ist das bloß für ein Land? Ich versuche, ruhig zu bleiben, mich zu konzentrieren: Treibstoff kaufen ... ein vierseitiges Formular in drei Ausfertigungen vorlegen, zusammen mit dem Flugplan und der Starterlaubnis ... Ich mache mich an die Arbeit, rege mich auf, zerreiße das Papier, beginne von neuem. Endlich. Was? Abgelehnt? So etwas ist noch nicht vorgekommen, meine Nerven werden mich im Stich lassen. Der Leiter der Zivilluftfahrt muß die Genehmigung erteilen, das ist eine neue Bestimmung. Eigentlich kann ich nicht mehr, aber ich reiße mich zusammen, steige in den Wagen, fahre in die Stadt zurück, suche den Leiter in seinem Haus auf. Er schläft noch. Ich schiebe das Formular unter eine Tasse Kaffee und lasse sie in sein Schlafzimmer bringen. Bald darauf wird sie zurückgebracht, von einer Notiz begleitet. Die neue Bestimmung ist nicht ganz klar, es ist heikel, ohne Zustimmung des Verkehrsministers eine Genehmigung zu geben.

Ich sehe rot. In diesem Stadium spielt es keine Rolle mehr, wie spät es ist, ich werde es nie schaffen, da unten sterben die Verwundeten. Ich hätte eben nicht den Start um neun Uhr versprechen dürfen. Entmutigt eile ich zur Residenz des Ministers und finde ihn im Sarong in seinem Salon. Sechs Chinesen umringen ihn und legen ihm Akten vor.

«Pardon, Exzellenz, es tut mir leid, aber . . .»

Er tätschelt mir freundlich die Wange und unterschreibt, ohne zu lesen.

Wieder nehme ich den Wagen, trete das Gaspedal durch. Wohnung des Leiters der Zivilluftfahrt, Unterschrift, Flughafen, Tankstelle. Rekordzeit. Aber halt, hier hält man mich auf. Ich könnte den Mann von Shell umbringen: Er verlangt Barzahlung in Dollar, ja, das ist neu, nein, es gibt keine Ausnahme. Ich bin verzweifelt. Wieder rase ich in die Stadt, Tränen in den Augen. Olivier ist an allem schuld, wenn ich wenigstens schlafen könnte, und Kurt auch, der mich Cambodair ganz allein leiten läßt unter dem Vorwand, er hätte keine Zeit. Sie sind schuld, und zu allem Unglück regnet es auch noch, ein Stein zerbricht meine Windschutzscheibe, ich habe die Augen voller Staub. Ich hasse die Luftfahrt. Ich hole Dollar, kehre zum Flughafen zurück.

Man hat die Beechcraft vollgetankt, den gestohlenen Sitz aus dem Flugzeug eines Konkurrenten geholt. Es könnte Mitternacht sein, aber noch immer ist Morgen. Bei all der Aufregung habe ich vergessen, daß ich mit den Passagieren verabredet war. Ich renne durch Wartesaal, Restaurant, Haupthalle. Ah, da sind sie ja! Vier Schweizer, ganz ruhig. Im Laufschritt bringe ich sie zum Flugzeug, dränge sie hinein. Sie nehmen gelassen Platz. Der Pilot öffnet ein wenig sein Fenster und gibt mir zum Abschied ein Zeichen. Die Propeller drehen sich, die Passagiere lächeln, gleich wird das Flugzeug abheben. Seit heute früh ist soviel passiert – ich hätte nie geglaubt, daß es tatsächlich startet. Wie spät mag es wohl sein? Ich wische mir den Schweiß von der Stirn und frage Tito mechanisch nach der Zeit. Als ich sie höre, glaube ich zu träumen: Punkt neun Uhr. So ein Zufall! Aber dann werde ich wütend über die Apathie der Schweizer, und über den Lärm der Motoren hinweg schreie ich sie an:

«Ha! Es ist neun Uhr, habt ihr das gemerkt? Glaubt ihr vielleicht, ihr seid bei der Swissair? Ihr hättet euch auch bedanken oder wenigstens staunen können!»

Mea culpa

Unser Berufsleben ist schon ziemlich bewegt, aber unser gesellschaftliches Leben kann man nur als höllisch bezeichnen. Die Liebschaften der amerikanischen Piloten sortieren, Leidenschaften bremsen, Entführungen verhindern, Heiraten aushandeln, was für Sorgen! Eine tolle Mannschaft, diese Amerikaner. Ron und Bob und Bill und Jo, Hitzköpfe, die in einer Nacht ein Vermögen ausgeben, das sie unter Einsatz ihres Lebens verdient haben. Genießer, gebaut wie Riesen, die in den Bars Panik verbreiten; ich zittere, sobald sie frei in der Stadt herumlaufen, denn da ist alles möglich.

Unsere chinesischen Besatzungen dagegen widmen sich dem Spiel, spielen die ganze Nacht Mahjong, verlieren alles bis auf den letzten Pfennig und kommen morgens verstört zum Flugplatz, wo ich sie erwarte. Sie ähneln den Besatzungen der vierzig Flugzeuge der vierzig chinesischen Gesellschaften, die den Transport von Reis, Fisch und Fleisch kontrollieren. Wenn sie alles verloren haben, spielen sie um die Sitze und den Treibstoff ihrer Maschinen, manchmal auch um den Motor.

In Kurts Augen hat das alles einen folkloristischen, charmanten Charakter. Er besitzt die Gabe, sich zurückzuhalten, teilzuhaben, ohne sich einzumischen. Ich, die ich am Leben unserer Kunden, der Besatzungen, der Passagiere und der Flüchtlinge teilhabe, weiß nicht, wie er das macht. Unmöglich, ihn zu verstehen, diesen Mann. Die meisten von uns haben Schwierigkeiten, mit unangenehmen Leuten zu sympathisieren; er nicht. Er übt seine Großzügigkeit auch denen gegenüber, die uns offen betrogen oder bestohlen haben, genauso wie gegenüber unseren besten Freunden, ohne jemals sein ewiges Lächeln zu verlieren. Im Grunde weiß man nicht, wer er ist. Deswegen hat man ihm so viele Etiketten angehängt: Er soll für seine

Regierung, für die CIA *und* für den KGB, für die indonesische Armee und die japanische Marine gearbeitet haben... Ich glaube nicht daran. Für mich hing Kurt am meisten an seiner Unabhängigkeit und seiner Freiheit. Niemand hätte ihn kaufen können.

Was würde Kurt machen, wenn er nach all diesen Jahren nach Phnom Penh zurückkäme? Zunächst einmal würde er jedermanns Stimmung heben, indem er der Runde Whisky, Zigaretten und eine Menge Geld anböte. Dann würde er die Häuser der jungen Mädchen aufsuchen, die er geliebt hat, zwei oder drei Prostituierten in Erinnerung an ihre jungen Schwestern Blumen schenken und mich einladen, in einem Café eine Suppe zu essen.

Er würde mich nach Neuigkeiten von Manou und ihrem Vater, dem Doktor, fragen, und ich würde ihm erzählen, wie die Roten Khmer ihn und seine Familie massakriert haben. Er würde zu mir sagen:

«Du hast dich nie deutlich zu dieser Geschichte geäußert oder wolltest nicht darüber reden. Du solltest noch einmal darüber nachdenken und Frieden schließen.»

Erinnerst du dich, Doktor, du hast immer gesagt, daß die Zeit nicht existiert und auch nicht der Tod?

Also mußt du irgendwo sein, an einem anderen Ort, in einer anderen Zeit. Das ist gut so, dann ist es nicht zu spät, dich um Verzeihung zu bitten. Ich habe mich infam benommen, nicht wahr? Als ich dich zum ersten Mal wiedergesehen habe, ganz am Anfang in Phnom Penh, in dem Haus, vor dem mir graute, habe ich dich schlecht empfangen. Du warst glücklich, deine Tochter wiederzusehen, und ich habe dich mit Vorwürfen überschüttet. Sie hatte keine Milch gehabt, schlecht gegessen, hätte beinahe gehungert; wo warst du während dieser Zeit? Du hast dich gerechtfertigt: Du wolltest, daß die Geister sich beruhigen, deine Mutter, deine Frau, aber ich machte dir weiter Vorhaltungen. Eine Dose Milch, du hättest wenigstens eine Dose Milch mitbringen können, und du hättest müssen, du hättest sollen... du weißt schon, diese physiologische Veränderung, die mit einer jungen Mutter passiert. Vor der Geburt keinerlei Sorgen. Ich war zufrieden, meine Tochter ganz allein großzuziehen; hinterher bin ich ganz anders geworden, eine Glucke, bereit, mit der ganzen Welt zu kämpfen, um ihrem Kind ein Reiskorn mehr zu geben. Vor Manou war ich nicht vermögend, aber gelassen; danach habe ich in meinen Eingeweiden meine Armut gespürt, gelitten, weil ich ihr nur Suppe zu essen geben konnte. Du hast sie hübsch gefunden, deine kleine Tochter, du hast in drolliger Kindersprache mit ihr geredet, und dann hast du mir zufrieden eine Neuigkeit verkündet: Alles sei geregelt, ich könne als offizielle zweite Frau zu dir ziehen. Ich würde mich gut mit der ersten Frau verstehen, sie sei so sanft . . . natürlich sei ich ihr Respekt schuldig.

Monatelang hast du verhandelt, deine Mutter beruhigt, meine Qualitäten gepriesen, und als alle mich akzeptiert hatten und du kamst, um mir das zu sagen, wußte ich das nicht zu schätzen, sondern war beleidigt. Ich wollte nur auf mich selbst gestellt sein, keinesfalls auf den Rang einer zweiten Ehefrau erniedrigt werden und vor allem kein Gramm von meiner Unabhängigkeit verlieren. Meine Zeit als Glucke war zu Ende, das Korkengeschäft gab mir Vertrauen in die Zukunft. Ich konnte mein Kind allein aufziehen. Aber heute kann ich es dir ja sagen, ich bekam Angst, als du mich eingeladen hast, bei deiner Familie zu leben. Ich habe gedacht, wenn Manou einmal bei euch wäre, würdet ihr sie behalten und mich verjagen. Statt dir all das ruhig zu erklären, bin ich böse geworden und habe geschrien, ich wäre niemals bereit, meine Freiheit aufzugeben. Was mich danach am meisten in Wut brachte, war, daß du gesagt hast, deine Frau und du hofften, ich würde mich anständig benehmen, eine «respektable zweite Ehefrau» sein, selbst wenn wir getrennt lebten. Was sollte das heißen? «Treue.» Das hörte sich an, als solle ich ins Gefängnis gesteckt werden. Ich habe nein gesagt, nein und nochmals nein. Ich werde schlafen, mit wem ich will, wann ich will und wo ich will, und ich dulde nicht, daß sich irgend jemand in mein Privatleben einmischt.

Du bist gegangen, hochrot, und ich habe dich nicht wiedergesehen. Merkwürdigerweise sind Jahre später unsere beiden Autos eines Tages beinahe zusammengestoßen. Beide mußten wir lachen, nachdem die Angst erst überstanden war, und dann sind wir uns in die Arme gefallen und zusammen eine Suppe essen gegangen, Hand in Hand. Manou war vielleicht fünf oder sechs Jahre alt. Du bist gekommen, um sie tanzen zu sehen, und dann hast du ihr dein Krankenhaus und den Kreißsaal gezeigt. Vor ihren Augen hast du einer Frau geholfen, ihr Kind zur Welt zu bringen. Schau nur, schau, hast du fröhlich zu Manou gesagt, als du das Neugeborene in den Händen hieltest, schau, das ist ein Leben. Weißt du, was das ist, ein Leben?

Sie hat den Kopf geschüttelt, um nein zu sagen, und du hast gesagt: Ein Leben, das bist du, das ist das Baby, eine Blume oder eine Fliege; es ist alles, was ein Recht auf unseren Respekt hat.

Dann haben wir uns wieder aus den Augen verloren, und ein paar Wochen vor dem Fall von Phnom Penh und dem Kommen der Roten Khmer hatte ich einen schrecklichen Traum: ein Blutbad in Kambodscha und du tot, unter grauenhaften Umständen. Am Morgen habe ich dich angerufen, und wir haben uns zum Essen in einem Café des chinesischen Viertels getroffen. Du hast über meine «Phantasmen» gelacht. Nach dem Krieg würdest du Gesundheitsminister sein, die Roten Khmer hatten dich kontaktiert. Es würde eine aufrichtige sozialistische Regierung geben; alle Fraktionen würden Frieden schließen, und das Land würde wieder so werden wie früher. Kein Blutvergießen mehr. Und als ich dich aufforderte, für einige Zeit abzureisen, vorsichtig zu sein, hast du geantwortet: «Gerade im Krieg, wenn die Menschen leiden, braucht man Ärzte; mein Platz ist hier.»

Erinnerst du dich an die Zärtlichkeit in unseren Blicken? Unsere Finger berührten sich, unsere Gesten waren ungeduldig. Ich hatte Philip schon kennengelernt, ich liebte ihn. Mein Gott, wie ich ihn liebte, ich war wahnsinnig in ihn und gleichzeitig in alle Männer verliebt, auch in dich. Ich war hell und strahlte innerlich, das zog dich an. Wenn man verliebt ist, kann man alle Männer verführen. Du streicheltest mit den Fingerspitzen meine Wange und meine Lippen, und ich sah dich zum ersten Mal an, wie man einen Gatten und den Vater seines Kindes ansieht, glücklich. Beim Verlassen des Restaurants hast du mich in die Arme genommen und geküßt, auf den Mund, mit einem richtigen Kuß; in Paris hattest du das niemals getan. Wir sind einige Zeit auf dem Gehsteig stehengeblieben und haben uns angesehen, und in diesem Augenblick hätte ich dir folgen, dich lieben, bei dir bleiben können, aber du hast die Schultern hochgezogen, als wolltest du sagen: «Zu spät.» Dann bist du gegangen. Ich habe dich nie wiedergesehen. Kurz darauf bist du gestorben.

Wer warst du eigentlich wirklich? Wir haben uns kaum gekannt. In Paris standen wir uns nie sehr nahe. Bei meiner Ankunft in Phnom Penh war ich dir böse, weil du mir nicht geholfen hast. Ich habe unter deiner Abwesenheit gelitten, dich als Egoisten, als verantwortungslos, als geizig beschimpft. Wenn man dir in der Stadt Vorwürfe machte, mich im Stich gelassen zu haben, habe ich dich nicht verteidigt. Mit der Zeit habe ich die Dinge aufrichtiger gesehen. Du führtest dein Studentenleben, ohne von jemandem etwas zu verlangen. Dein Vater strengte sich an, um dein Studium zu bezahlen, ihr wart eine ländliche Familie. Dann bin ich ohne Vorwarnung in dein Leben getreten und wollte ein Kind von dir. Alles war von Anfang an klar: Mein Kind würde keinen Vater haben, mein eigener Vater hatte mir zu weh getan. Ich würde nicht heiraten, der Zuhälter Mario hatte mir zuviel Angst eingejagt. Du hast mir ein Kind gemacht, und ich habe dich zurückgewiesen. *Mea culpa.*

Als junges Mädchen sah ich in dir ein Symbol. Heute sehe ich dich als Menschen, und wir, deine Tochter und ich, sind beide stolz auf dich. Weißt du, am Ende war ich doch Teil deiner Familie. Als ich von deinem Tod, von euer aller Tod erfuhr, 1979, habe ich in bezug auf deine Frau und deine Mutter große Scham empfunden. Ich habe mir gesagt, das waren Menschen, die mich aufgenommen hätten, und ich habe sie nie besucht, um ihnen zu danken, ihnen alles zu erklären. Für meine französische Mentalität war die Polygamie im Grunde schockierend. Was ich bedaure, ist, daß ich es nicht verstanden habe, als Schwester oder Freundin Teil deiner Familie zu sein, und daß ich so auch Manou die Familie vorenthalten habe. Man hatte mir gesagt, ihr wärt alle massakriert worden, und daran mußte ich immer denken, als mir kurz darauf in Hanoi ein Kambodschaner sagte, angeblich habe eine deiner Töchter überlebt: Moyivut. Sie sei etwa zwanzig Jahre alt und lebe in Phnom Penh.

Ich habe beschlossen, sie zu suchen. Wir lebten damals in Bangkok, und wenn jemand Kambodscha erwähnte, blieben uns die Worte im Hals stecken. Ich gab mich als Verantwortliche einer humanitären Organisation aus und schaffte es, ein Visum zu bekommen und nach Phnom Penh zu gelangen. Außer Russen und Vietnamesen sah man damals wenig Ausländer, höchstens zwei oder drei Europäer und Techniker aus dem Ostblock. Schüchtern begann die Stadt, sich wieder zu bevölkern; weder Bars noch Restaurants oder Geschäfte, auch keine Autos oder Motorräder, sondern Zombies, die zwischen Bergen von Unrat und rostigen Autowracks umherirrten; zerstörte Häuser, eingestürzte Mauern. Ich erkannte weder Phnom Penh noch die abwesend blickenden Menschen, noch die Straßen wieder, die die Roten Khmer mit Bananenstauden bepflanzt hatten. Nie zuvor habe ich mich so elend gefühlt. Die gerade eingesetzte Regierung von Hun

Seng war noch instabil und streng und hatte mir einen «Dolmetscher» zur Verfügung gestellt, der nicht von meiner Seite wich. Doch ich war schlau und entkam ihm und nahm Kontakt mit der Bevölkerung auf. Die Leute haben mit mir gesprochen. Sie hatten Angst, die Greueltaten der Roten Khmer könnten wieder beginnen, fürchteten um ihr Leben und konnten nicht einschlafen, ohne Alpträume zu bekommen, die nicht erschreckender waren als ihre Angst. Sie wagten nicht mehr, an die Vergangenheit zu denken, die Zukunft jagte ihnen Schrecken ein. Und es gab nichts, um sie zu trösten, weder Religion noch die Liebe einer vereinten Familie. Die Bonzen und die Alten waren verschwunden.

Ich hatte einigen Personen zu verstehen gegeben, daß ich die Tochter von Doktor Monich suchte, und gesagt, wenn man sie fände, solle man sie ins Hotel Nonorom schicken, wo ich wohnte. Eines Morgens früh, vor sechs Uhr, höre ich, daß jemand an die Tür meines Zimmers klopft. Ich öffne und finde ein sehr junges Mädchen, ganz einfach gekleidet. Moyivut.

«Sie suchen mich, Madame?»

Ich bitte sie herein, und eine Zeitlang stehen wir beide mitten im Zimmer und schauen uns an.

Noch nie hatte ich jemanden gesehen, der so bleich war. Sie war kleiner als ich, hatte Sommersprossen im Gesicht und erloschene Augen; sie war schmal, fast durchsichtig, und zerbrechlich wie ein Vogel. Sie zitterte.

Ihre Jugend weckt in mir den Wunsch, sie zu beschützen, zärtlich zu ihr zu sein. Ich würde sie gern beruhigen, aber auf einmal werde ich verlegen. Wie soll ich diesem Kind meine Liaison mit ihrem Vater erklären? Vielleicht ist sie dann verletzt, weist mich zurück. Ich an ihrer Stelle wäre schrecklich schockiert. Wie soll ich das Thema aufbringen? Wie wird sie reagieren?

Ich verliere mich in ausweichenden, unzusammenhängenden Phrasen, rede, ohne etwas zu sagen, mache tausend Umwege.

Sie zittert weiter – vor Hunger, Angst, Kälte? Ich suche nach den richtigen Worten. Ich will sie nicht verletzen. Am Ende sage ich, wie man ins kalte Wasser springt, ich hätte ihren Vater gekannt.

Sie sagt nur: «Ah». Sie wird noch bleicher und murmelt: «Er ist tot.»

Mit dem Gefühl, ihr einen Nagel ins Fleisch zu schlagen, beharre ich: «Ich habe ihn sehr gut gekannt.» Und sie, als habe sie mich nicht

127

gehört: «Meine Mutter ist auch tot, und meine Schwestern auch. Sie sind alle tot...»

Um zu einem Ende zu kommen, sage ich unvermittelt:

«Es war in Paris, er war Student. Ich... wir haben ein Kind zusammen.»

Da entspannt sich die Kleine plötzlich. Ihr Gesicht wird lebhaft, ihre Augen größer. Ihre Wangen röten sich ein wenig. Sie hebt den Kopf, wirft mir einen Blick voller Hoffnung zu und fragt:

«Sie sind das? Sie sind Mademoiselle Yvette?»

«Ja.»

Darauf war ich nicht gefaßt. Sie stürzt in meine Arme, kuschelt sich an mich und nimmt mir den Atem, als sie sagt: «Ich dachte, ich sei Waise, und jetzt...» Sie hat die Stimme eines ganz kleinen Mädchens. «Und jetzt sind Sie gekommen, Mama. Erzählen Sie mir von Emmanuèle.»

Danke, Doktor, für diesen Liebesbeweis. Deine kleine Moyivut lebt noch immer in Phnom Penh, sie ist verheiratet und hat Kinder. Ich habe ihr vorgeschlagen, nach Frankreich zu kommen, aber sie wollte nicht. Ihr Leben sei in Asien.

Von Freundschaft und Liebe

In den allerletzten Monaten, als wir ständig unter Angriffen lagen, hatte sich meine Lebensweise verändert. Da ich überall Tod sah, konnte ich meinen Geist nicht mehr mit Nichtigkeiten beschäftigen, meine Beziehungen zu anderen Menschen hatten mehr Gewicht bekommen, Solidarität und Freundschaft eine seltene Qualität erreicht. Ich sagte mir, in Friedenszeiten würden wieder Apathie, Banalität und Gleichgültigkeit von unserem Leben Besitz ergreifen. Ich würde den Nächsten nicht mehr als Teil meiner selbst sehen, sondern er wäre wieder «der andere». Wenn der Krieg nicht so verheerende Folgen gehabt hätte, hätte ich ihm beinahe nachgetrauert. Heute verstehe ich die Nostalgie ehemaliger Kämpfer. Sie sehnen sich nach ihrem seelischen Zustand, nicht nach dem Krieg.

Ich wollte versuchen, etwas von dieser Intensität zu bewahren, mich ganz auf etwas einzulassen, das der Vollkommenheit nahekam. Ich wollte die flüchtigen, ungezählten Augenblicke außerhalb von Raum und Zeit festhalten, ein Mittel finden, um vollständig zu leben, mir Zeit nehmen, als hätte ich die Ewigkeit vor mir, und mir gleichzeitig bewußt sein, daß der Tod jeden Augenblick kommen konnte. Ich habe versucht, mich in eine von der Idee der Dauer oder des Besitzes losgelöste Beziehung zu einer Ausnahmeerscheinung einzubringen, und ich hatte das Glück, Philip zu treffen. Philip, den Mann, den ich liebe. Frauen, die einen Philip im Herzen tragen, können die Welt verändern; sie kennen keine Einsamkeit, Eifersucht und Angst. Sie haben Lust, den ganzen Tag zu lachen, und nachts schlafen sie friedlich, brauchen niemanden mehr um etwas zu beneiden. Aber solches Glück ist selten. Deshalb spreche ich niemals über Philip; ich werde nichts über ihn schreiben, selbst wenn jedes Wort dieses Buches ihn feiern, ihm für seine Existenz danken will.

Die Umstände unserer Begegnung? Ja, davon kann ich erzählen.

Ich war fünfunddreißig Jahre alt und noch niemals verliebt gewesen. Ich hatte natürlich Liebschaften gehabt; nicht, daß ich Abenteuer oder Liaisons gesucht hätte, aber manche Anwärter waren geduldiger als andere oder in einem Augenblick erschienen, in dem ich verletzlicher war. Sie waren nett, korrekt, verführerisch, und sie wurden meine Liebhaber, aber ich liebte sie nicht. Wenn ich mir darüber klar wurde und mich von ihnen trennen wollte, wurde es kompliziert. Ich hatte weder das Herz, ihnen weh zu tun, noch die Energie, Schluß zu machen. Zum Glück retteten mich ihre Heiratsanträge.

Alles in allem fühlte ich mich in der Freundschaft wohler. In Kurt hatte ich eine verwandte Seele gefunden. Wir konnten uns nicht trennen; überall sah man uns zusammen, auf der Post, im Flughafen, bei Kunden, im Restaurant. Wenn wir uns zufällig auf einer Abendgesellschaft trafen, stellten wir uns sofort abseits, um zu plaudern, obwohl wir uns kurz zuvor noch gesehen hatten. Wie ein Paar sprachen wir von «uns» und «unseren» Geschäften, «unserem» Geld, «unserer» Frau und «unseren» Kindern.

Man munkelte, wir seien ein Liebespaar. Ich muß gestehen, daß ich nie auf diese Idee gekommen wäre. Und was Kurt betrifft, so höre ich ihn noch schaudernd sagen: «Inzest, ich? Das könnte ich niemals.»

Es kam vor, daß seine Freunde ihn nach seiner Meinung fragten, wie man mich am besten verführen könne. Er riet ihnen, sich als Bewohner eines ebenso fernen wie unzugänglichen Landes wie Buthan oder Lakham zu verkleiden, ein langes braunes Cape zu tragen und in meinem Garten Flöte zu spielen. «Seid rätselhaft», sagte er immer wieder zu ihnen, «sprecht nicht oder in einer völlig unbekannten Sprache, bleibt ein undeutlicher Schatten, dann wird sie euch lieben.»

Die wenigen Versuche waren eher scherzhaft, und Kurt verzweifelte schon daran, jemals den Mann «unseres» Lebens zu finden; ich selbst hatte wirklich andere Sorgen.

So war es ein brutaler Schock, als ich von einem Tag auf den anderen auf einmal nicht mehr denken, essen, schlafen oder arbeiten konnte und meine Eingeweide sich bei der Frage, ob ich «ihn» wiedersehen würde, förmlich verknoteten. Liebe auf den ersten Blick, Vorahnung, Leidenschaft, alles war mir gleichzeitig zugestoßen. Kurt, der noch aufgewühlter war als ich, wiederholte unablässig:

«Wir dürfen nicht die Nerven verlieren, wir dürfen nicht die Nerven verlieren.»

Wir hatten ihn am Vorabend getroffen, bei einer Abendgesellschaft unter den Lampions eines Gartens, der verzaubert hätte sein können. Wir hatten den Wagen weiter entfernt geparkt und gingen zu Fuß hin; wir lachten über unsere feine Aufmachung. Kurt hatte einen Kamm aus der Tasche gezogen und mich brummend neu frisiert; dann hatten wir wieder seriöse Gesichter aufgesetzt und uns dem Garten genähert.

Schon von ferne, ehe wir eingetreten waren, sah ich ihn. Ich erkannte ihn sofort. Ich blieb stehen. Ich legte meinen Arm auf Kurts und sagte zu ihm: «Schau, da hinten, bei der Säule, das ist er. Der Mann meines Lebens.» Kurt antwortete, ich sei verrückt; ich kenne ihn ja nicht einmal. Ich beharrte darauf: «Wenn ich eines Tages heirate, dann ihn.»

«Wenn das so ist», sagte Kurt, «wollen wir uns bekanntmachen.»

Ich kann nicht einmal sagen, daß er der Vorstellung von dem idealen Mann entsprochen hätte, die ich vielleicht im Kopf hatte. Er erschien mir wie ein Reisender aus dem Nirgendwo, auf halbem Weg zwischen Traum und Realität stehengeblieben; groß, elegant, geheimnisvoll. Und das Geheimnisvolle stand ihm gut. Er trug es lässig, wie Engländer vornehme Kleidung zu tragen verstehen. Ich bin sicher, daß alle Welt sich in ihm täuschte. Man glaubte, er fühle sich wohl, aber ich hätte geschworen, daß er darauf brannte, weit weg zu sein, ganz allein, im Schutz seines Schweigens. In seinen Augen las man eine große Liebe zur ganzen Menschheit, aber nicht zu unserer, sondern zu seiner.

Das ist es: Er schien über eine Welt zu regieren, die er selbst geschaffen hatte, und dadurch wirkte er wie ein gleichzeitig sehr schüchterner und sehr selbstsicherer Mann.

Als ich vor ihm stand, habe ich mich einfach auf die Zehenspitzen gestellt und ihm einen Kuß gegeben. Dann bemächtigten die wichtigen Persönlichkeiten sich seiner, und ich erfuhr, daß er der Ehrengast war. Meinetwegen hätte er ebensogut ein Dieb, ein Verdammter oder ein Nichtsnutz sein können; ich hatte mein Schicksal schon an seines gebunden. Wir haben drei Tage zusammen verbracht; ich wußte, daß er wieder abreisen würde, aber ich wollte nicht daran denken.

Alle machten mir höflich Komplimente. Anscheinend war ich schö-

ner geworden, meine Augen hatten einen neuen Glanz, und doch . . .
was konnte ich von dieser vollkommen irrealen Geschichte erwarten? Nichts. Und das war auch gut so. Ich wollte nichts. Schon in diesem Augenblick genügte mir das Glück zu wissen, daß es ihn gab.

Kurz nach unserer Begegnung begann der Wind der Katastrophe zu wehen. Das war im Sommer 1974, und die Ereignisse überstürzten sich.

Kurt ist nach Thailand gegangen – wenn Kambodscha fällt, haben wir eine andere Basis –, und ich habe seine Abreise als Niederlage, als Verlassen, als Verrat empfunden. Kambodscha würde niemals fallen. Wie unsere kambodschanischen Freunde sagten, würden wir höchstens eine etwas strengere sozialistische Regierung bekommen, etwas weniger laxe Ministerien, nachmittags keine Siesta mehr . . . man würde sich arrangieren. Was auch kommen mochte, kein Grund zur Unruhe: unter Khmers würde man sich immer verstehen.

Einmal im Monat kam Kurt für ein paar Tage zu uns zurück. Ich konnte ihm nur noch Geschichten von Tod, Leid und Krieg erzählen; die seltsamen Wiedervereinigungen meiner Kinder verschwieg ich. Kurt brachte Berichte über Abenteuer mit, die mich in höchstes Erstaunen versetzten: Er hatte einen geheimnisvollen Inder getroffen, der Mitglied einer Geheimgesellschaft war, einen als Thai verkleideten Schweizer, der die Niederungen Bangkoks und die chinesische Elite kannte, einen Thai-Chinesen, der sehr einflußreich war und mit drei Frauen lebte . . . Mit diesen Leuten zusammen würde Kurt große Geschäfte machen; bald würden wir so viel Geld haben, daß wir uns ganz humanitären Aufgaben widmen und tun könnten, was wir wollten. Und die Mädchen von Bangkok, sinnlich und raffiniert, und die Bars, die modernen, und dies und das . . . Hirngespinste eines schweizerischen Seemanns, der ahnte, daß wir alles verlieren würden, und zum Trost träumte, er sei bereits Millionär.

Die ständigen Abwertungen bewirkten, daß wir Geld verloren, vor allem mit der DC3. Sie wurde von einer lokalen Kundschaft benutzt, die uns in Landeswährung bezahlte. Bis wir sie in Dollar umtauschen konnten, hatte sie schon die Hälfte ihres Wertes verloren. Auch wenn ich meine Preise zweimal täglich erhöhte, es würde mir nie gelingen, mit der Geldentwertung Schritt zu halten. Jede Flugstunde erhöhte unsere Dollarschulden, und es stellte sich heraus, daß das nicht durchzuhalten war. Ich hatte gehofft, sie loszuwerden, indem ich Büroeinrichtungen importierte, aber unter den Risiken des Krieges fuhren die Schiffe nur zögernd den Mekong herauf, und unsere Waren saßen im Hafen von Singapur fest.

Ende 1974 nehmen die Besitzer der Beechcraft und der Hubschrauber ihre Maschinen zurück, und wir können unsere Konten mit ihnen begleichen. Bleibt ein Problem: die DC3. Sie gehört einem Chinesen aus Taiwan, T. C. Hoo, dem Präsidenten einer Fluggesellschaft. Wir schulden ihm vierzigtausend Dollar, die ich nicht habe. Ich schlafe nicht mehr, entsetzt über die Höhe der Schulden und den Gedanken, daß sie mich ins Gefängnis bringen könnten. Ich hätte Geld auf die Seite legen und außerhalb Kambodschas investieren sollen. Nein, das geht nicht – ein Ausländer, der vom Besten eines Landes zehrt und seine Profite fortbringt, statt sie der Bevölkerung zugute kommen zu lassen. Kurt und ich haben wenigstens die Freude, neue Arbeitsstellen zu schaffen, Leute auszubilden, Familien zu helfen. Unsere Priorität war nicht, Geld zu verdienen, sondern gut zu leben, also ein offenes Ohr für andere zu haben. Das ist uns gelungen. Aber T. C. Hoo? Ich muß zu ihm gehen und es ihm erklären.

Er erwartet mich lächelnd auf dem Flughafen von Taipeh. Seine Leute nehmen meinen Paß, kümmern sich um die Formalitäten, und ich finde mich neben ihm in einem BMW wieder, der ... in Richtung des Museums fährt. Feige danke ich dem Himmel für diesen Aufschub. Nach dem Museum werde ich reden. Aber der Besuch dauert bis zum Abend. T. C. Hoo hat den Direktor aufgeboten, der mich wie eine Königin behandelt, mir Türen öffnet, die der Öffentlichkeit verschlossen sind, mir geheime Schränke zeigt und mir die Geschichte jedes Gegenstandes erzählt.

Der Direktor: «Diese Schale soll auf besondere Bestellung des Kaisers angefertigt worden sein. Er mochte die Farbe des Himmels unter den Wolken nach dem Gewitter, und der Töpfer ...»

T. C. Hoo: «Man muß sagen, Miss Yvette, daß damals die große Leidenschaft des Kaisers ...»

Ich denke an den Töpfer, das Gewitter, den Kaiser, Schulden von vierzigtausend Dollar und meine nicht vorhandenen Mittel, sie zu bezahlen.

Am Abend essen wir bei T. C. Hoo von goldenem Geschirr, sitzen auf Stühlen aus dem 18. Jahrhundert, die unbequem, aber wunderschön sind, und sprechen über alles außer meinen Sorgen. «Miss

Yvette, im 15. Jahrhundert gab es in China...» Oh, nein. Mindestens sechsmal glaube ich, beim Dessert angelangt zu sein, aber immer kommen neue Gänge: nach den Früchten die Suppe, dann noch Fettammern, dann wieder Muscheln, seit zwei Stunden essen und trinken wir unablässig. Fünf leere Cognacflaschen auf dem Tisch, und wir sind zu sechst... Die vierzigtausend Dollar feiern, werden zu viertausend, zu vierhundert, dann zu nichts, der Krieg in Kambodscha endet, ich bin die Favoritin des Kaisers.

Als ich in meinem Hotelzimmer aufwache und der Alkoholnebel sich verzogen hat, packt mich wieder das Entsetzen über meine Situation. T. C. Hoo kommt mich heute morgen um neun Uhr abholen, und ich werde keine Sekunde verlieren, sondern sofort mit ihm sprechen.

Ach ach, er läßt mir keine Zeit, etwas zu sagen, unser Terminkalender ist zu voll. Er führt mich zu seiner Fluggesellschaft, läßt sie mich von oben bis unten besichtigen, und dann... was für eine Katastrophe! Er stellt mich seinem gesamten Personal als überaus tüchtige Frau vor. Mutig, fleißig und dazu noch geschickt, geduldig mit den Besatzungen, mutig im Jeep unter den Bomben, immer guter Laune... Wenn man mir meinen baldigen Tod angekündigt hätte, hätte ich mich nicht elender fühlen können. Meine Aufgabe wird unmöglich. Wie soll ich nach all diesen Komplimenten meine Zahlungsunfähigkeit gestehen? Der Tag ist eine Abfolge von Torturen: bei einem seiner Freunde, einem Juwelier, kauft er mir einen Smaragdschmuck; dann bringt er mich zu anderen Freunden und stellt mich überall als «außergewöhnliche» Person vor. Zwei- oder dreimal versuche ich, das Gespräch auf unseren Vertrag zu bringen, aber er wechselt das Thema. Abends geht er mit mir in eine Kellerbar, wo er jeden kennt und den Pianisten bittet, für mich zu spielen.

Eine schöne Frau mit langem Haar trifft ein, die er mir vorstellt: Miss Hoa, Töpferin, seine Verlobte. Sie setzt sich zu uns, ist charmant, und wir beginnen ein anregendes Gespräch. Etwas später kommt eine weitere, ebenso schöne junge Dame, die er herzlich begrüßt: Miss Wong, Dichterin, seine Verlobte. Die beiden jungen Frauen scheinen sich überaus gern zu haben. Ich bin inzwischen in einem Zustand, in dem ich mir keine Fragen mehr stelle. Ich nehme noch einen Cognac, ergreife das Mikrophon und beginne, vom Pianisten begleitet, auf chinesisch zu singen: «Wenn der Frühling wieder erblüht und die Grillen singen, *Wo I ting wai lai*, werde ich wiederkommen.» Morgen früh das Flugzeug nach Phnom Penh, meine unbezahlten Schulden, das Gefängnis, die Kinder allein zu Hause ... *Wo I ting wai lai* ... Noch ein Cognac, Applaus, es ist zwei Uhr morgens. T. C. Hoo und seine Verlobten haben mich zurück in mein Hotel begleitet.

Morgens, auf der Fahrt vom Hotel zum Flughafen, befinde ich mich zwischen Panik und Verzweiflung und beginne unvermittelt zu weinen: «T. C.! Ich muß unbedingt mit Ihnen reden.» Er fällt mir ins Wort:

«Und was wollen Sie mir sagen, das ich nicht schon wüßte? Sie kommen mit der DC3 nicht zurecht, Sie haben Geld verloren und können Ihre Schulden bei mir nicht bezahlen, nicht wahr? Glauben Sie, daß ich bei all meinen Agenten in Kambodscha darauf gewartet hätte, daß Sie mir das sagen? Ich weiß über alles Bescheid, was Sie tun, ich kenne auch Ihre Hilfe für Flüchtlinge und Kinder, und ich nehme kein Wort von dem zurück, was ich seit zwei Tagen gesagt habe. Sie sind eine fabelhafte Frau, ich bin stolz, Sie zu kennen. Wenn Sie eines Tages dazu in der Lage sind, zahlen Sie Ihre Schulden; aber rechnen Sie nicht damit, daß ich Sie dazu auffordere.»

Auf dem Rückweg mache ich einen Umweg über Saigon, wo Manou ein paar Tage bei Jim verbringt, dem Vertreter von Continental in Vietnam. Jim ist verbittert. Manou will nicht mehr mit ihm essen oder sprechen, seit sie eine Vietnamesin in seinem Bett entdeckt hat. Sie hat dem jungen Mädchen einen Vortrag gehalten und es sogar zum Weinen gebracht: «Wie kann man sich mit einem verheirateten Mann kompromittieren?» Ob sie daran gedacht habe, wie sich die andere wohl fühle? Und ob sie an Buddha gedacht habe? Dann hat sie Jim gedroht, seiner Frau bei ihrer Rückkehr alles zu erzählen. Wütend fleht Jim mich an, sie wieder mitzunehmen; sie verursache zu viele Skandale. Wie könne ich, die dafür bekannt sei, Männer zu quälen, indem ich mich weigere, sie zu heiraten ... Tut mir furchtbar leid, Jim. Bei uns ist Ming für die Abteilung «Moral der Kinder» zuständig.

Manou ist in letzter Zeit nicht in guter Verfassung. Zwischen Saigon und Phnom Penh vertraut sie mir an, was sie quält: Olivier. Sind wir wirklich verpflichtet, ihn zu behalten? Es ist stärker als sie, sie kann sich nicht an ihn gewöhnen und ihn schon gar nicht als Bruder betrachten. Ein Fremder, ein Junge mit vielen nervösen Ticks, der nicht aufhört zu gestikulieren, ein Bursche, der mitten im

Salon seine Notdurft verrichtet und auf ihre Puppen pinkelt, ihre Bücher zerreißt, ihre Spielsachen kaputtmacht. Gibt es denn nicht genug nette Kinder auf der Welt? Warum muß man ihr gerade den bösartigsten Jungen vor die Nase setzen? Wenn er wenigstens aufhören würde, den ganzen Tag zu jammern, zu heulen oder alles zu verschlingen, wenn er uns wenigstens in Frieden leben lassen würde... Selbst Ming kann ihn nicht mehr ertragen.

Ich gebe zu, daß Olivier, den ich vor inzwischen sechs Monaten adoptiert habe, uns das Leben schwermacht. Auch ich habe Mühe, ihn auszuhalten. Wenn ich ihn nur sehe, muß ich mich abwenden, seine nervösen Krämpfe verursachen mir Schwindelgefühle. Ich möchte mir die Ohren verstopfen, um ihn nicht mehr schreien zu hören, mir die Augen zuhalten, um seine um das Eingangstor geklammerten Hände und seine wilden Blicke nicht sehen zu müssen, wenn ich fortgehe. Ich weiß, daß er sich nicht von der Stelle rühren wird, bis ich zurückkomme... Ich kann ihn nicht mitnehmen, zuviel Arbeit, zu gefährlich. Der Flughafen wird ständig bombardiert, manchmal muß ich flach auf dem Bauch liegend arbeiten; vielleicht war es ein Fehler, ihn nicht mehr zum Psychiater zu schicken. Der stopfte ihn mit Valium voll, machte ihn zu einem schlafenden Geschöpf, und das war noch schlimmer. Olivier flößt mir ein Gefühl von Müdigkeit und totaler Mutlosigkeit ein, aber mit ihm verbringe ich am meisten Zeit. Ich werde ihn seiner Finsternis entreißen, ihm wieder Freude am Leben geben.

Dieses Kind ist mein Maßstab. Wie lange kann ich durchhalten? Wie viele Tage noch, wie viele Nächte? Tagsüber folgt er mir überallhin, schweigend, fixiert mich mit haßerfüllten Augen, ist aufdringlicher als all meine anderen Kinder zusammen. Nachts legt er sich auf die andere Seite meines Bettes, bleibt steif liegen, und ich schlafe neben ihm ein, wobei ich mich bemühe, ihn nicht zu berühren; sobald ich jedoch schlafe, wirft er sich auf mich und schüttelt mich, um mich zu wecken, um sich zu vergewissern, daß ich noch lebe. In der übrigen Zeit berührt er mich nie und läßt sich nicht einmal anfassen. Am Anfang habe ich wohl versucht, ihn in die Arme zu nehmen, zu streicheln und zu küssen, doch angesichts seiner Anfälle von Gewalttätigkeit und Ablehnung habe ich das aufgeben müssen.

Beim Erwachen sehe ich als erstes seinen haßerfüllten Blick, der auf mir ruht, und dann die vorwurfsvolle Miene von Manou, die in das Nachbarbett hat ziehen müssen, und schließlich die erwartungsvollen Augen all der Kleinen, die auf Matten um uns herum liegen. Ich verbringe ein oder zwei Stunden mit ihnen. Küsse, Liebkosungen, Frühstück. Wenn ich danach fortgehe, in den Ohren die Schreie Oliviers, im Herzen den Kummer Manous, habe ich ein schlechtes Gewissen und glaube, nicht genug getan zu haben.

Mein Leben kommt mir vor wie ein Berg. Vor Olivier schritt ich tapfer aus, den Blick auf die Höhen gerichtet; jetzt begnüge ich mich damit, einen Fuß vor den anderen zu setzen. Ein Schritt pro Tag, wenn nicht pro Monat, und das um den Preis unsäglicher Anstrengungen. Wie oft wollte ich schon aufhören, aufgeben... Doch der Berg zerbröckelt, stehenbleiben würde bedeuten, daß ich stürze, mich unten wiederfinde, mit blutigen Händen und Staub in den Augen, unfähig, wieder aufzusteigen. Hier zerbröckelt das Gestein, doch da oben, ein bißchen höher, wird es weniger kalt sein, und der Boden wird fest sein. Es ist noch weit. Für den Augenblick konzentriere ich mich auf den heutigen Schritt, ich versuche zu sagen, daß ich ihn liebe, versuche daran zu glauben. Für den Augenblick versuche ich, ruhig zu bleiben, aber er zehrt an meinen Nerven. Manchmal glaube ich, verrückt zu werden.

Das Ende eines Traums

Anfang 1975. Ausländer dürfen ausreisen, ich bleibe. Ich werde bleiben. Dies ist mein Land.

Ein Wahrsager hat ein Ende unter grauenhaften Umständen vorhergesagt – Tod und Leid und Blut bis zum Bauch der Elefanten. Die Kambodschaner bleiben heiter, zumindest die armen; allerdings sind alle von Phnom Penh abgehenden Flüge ausgebucht. Wer während des Krieges ein Vermögen zusammengerafft hat, flieht. Die Reinen oder diejenigen, die sich aufgrund ihres Stolzes noch an die Illusion von Macht klammern, bleiben. Die Diplomaten sind geteilt in Pro- und Anti-Kommunisten, aber in beiden Lagern gehen die Abendgesellschaften, Feste und Diners weiter. Die internationale Presse fährt fort, die Roten Khmer zu beweihräuchern, trotz unzähliger Zeugenaussagen der Flüchtlinge über Mord und Totschlag. Im Büro sehen Nath, Hieng, Khong Lai und unsere Angestellten sorglos schon die Rückkehr zur Normalität voraus. Die zuversichtliche Ming sagt, Buddha werde sie beschützen. Pou Skom wird bald Vater und freut sich so, daß er den Krieg nicht mehr sieht.

Der kleine Guillaume hat uns verlassen. Die französische Botschaft hat mir einen Passierschein ausgestellt, und ich habe ihn nach Paris zu der Frau gebracht, die ihn adoptieren wird. Bis zum letzten Augenblick habe ich gebetet, sie möge verschwinden, den Flughafen nicht finden, nicht an der angegebenen Adresse wohnen, dann wäre ich gezwungen gewesen, Guillaume zu behalten. So sehr habe ich mir gewünscht, sie nicht zu sehen, daß sie zum falschen Flughafen gefahren ist und mit zwei Stunden Verspätung in Orly eintraf, vor Aufregung und Rührung weinend, ein kleines Afrikanermädchen an der Hand. Die Kleine hat Guillaume umarmt und ihm ein Spielzeug geschenkt, und die zukünftige Mama war so rührend, daß ich mich tausendmal geschämt habe. Beruhigt flog ich nach Bangkok zurück.

Kurt fehlt mir. Ich vollziehe die gleichen Arbeiten am Flughafen, wo die Flüge von Continental weitergehen, im Büro und in den Ministerien, aber mein Herz ist nicht dabei. Vorbei sind die kleinen Wunder, durch die die Kinder ihre Eltern wiederfanden. Wenn man jetzt ein Kind sucht, wendet man sich ganz selbstverständlich an die Waisenhäuser oder an mich. In der Stadt gibt es weder Wasser noch Strom. Kein klimatisierter Raum mehr, in den man sich flüchten kann, keine gekühlten Getränke, keinen Kühlschrank, um Lebensmittel aufzubewahren. Die Hitze ist drückend, und den ganzen Tag über schlagen Raketen ein.

Ich hatte nicht die Absicht zu gehen und wäre zweifellos geblieben, wenn nicht die Voraussage einer blinden Alten gewesen wäre, einer Unbekannten, von der man mir gesagt hatte, sie lebe allein und krank in einer Strohhütte in der Nähe des Bassac. Aus schierem Mitgefühl bin ich hingegangen, um sie zu besuchen, und fand sie in Fetzen auf dem Boden sitzend. Kaum war ich eingetreten, sah sie mich mit ihren toten Augen an und begann zu schreien: «Gehen Sie weg! Gehen Sie weit weg! Nehmen Sie Ihre Kinder mit und verlassen Sie das Land.» Mehr wollte sie nicht sagen, und ich fand mich auf der Straße wieder, stärker erschüttert, als wenn Gott persönlich gesprochen hätte.

Zuerst brachte ich Manou nach Bangkok und vertraute sie der Obhut einer Babysitterin an. Dann Olivier. Für die Kinder sind das traumhafte Ferien. Ich selbst leide darunter, sie verlassen und mein Leben riskieren zu müssen, aber es ist stärker als ich.

Jeden Morgen nehme ich das Flugzeug nach Phnom Penh. Abends komme ich zum Schlafen nach Bangkok zurück. Meine persönlichen Sachen sind zu Hause geblieben, in Bangkok bin ich nur auf der Durchreise.

Auch Kurt hat seine Wohnung behalten und seine Sachen in Phnom Penh gelassen. Wenn der Krieg zu Ende ist, kommen wir zurück.

Sonntags bleibe ich bei Olivier und Manou in Thailand. Wir wohnen im Siam Intercontinental, einem der angenehmsten Hotels der Stadt: ein Park mit schönen Bäumen, ein Zoo, Tennisplätze und ein Schwimmbad und sogar ein kleiner Teich. Aber ich fühle mich hier nicht wohl. Ich mag Bangkok nicht, es ist mir zu groß und zu unpersönlich, und montagmorgens verlasse ich es freudig.

In Phnom Penh bin ich zu Hause, habe tausend Freunde, kenne die Namen der Geister, Suppenhändler und Obstverkäufer. Ich weiß, wie die Bäume heißen und wer sie gepflanzt hat, ich kenne die friedlichen Straßen und die Gassen, in denen es spukt, und die Geschichten über jedes Viertel. In Phnom Penh habe ich mein Haus, nicht elegant, aber wohnlich, einige Findelkinder und Ming und Nath, die ich verwöhne und die mir jeden Wunsch von den Augen ablesen. Ich kenne die Kinderlieder, die verzaubern, die Worte, die trösten, und die, die zum Lachen bringen. In Phnom Penh bin ich wie ein Embryo im Mutterleib.

In Kambodscha nennt man mich Mademoiselle, in Thailand Madame. Tagsüber Mademoiselle, nachts Madame – ich lebe halb und halb in beiden Ländern. Hier kannte man mich, als ich noch jung war und ein Baby auf dem Arm trug. Dort kennt man mich als reife Frau von siebenunddreißig Jahren mit zwei Kindern. Hier lächle ich die ganze Zeit, dort spreche ich kaum.

T. C. Hoo hat sein Flugzeug zurückgenommen, Monsieur Lay kümmert sich um Continental, unsere Geschäfte gehen sehr viel schleppender. Ich könnte und müßte daran denken, mich auszuruhen, in Bangkok im Luxus und Frieden meines klimatisierten Hotels zu bleiben, aber ich kann mich nicht dazu entschließen. Ich würde mir feige vorkommen. Ich will die Risiken der Kambodschaner teilen, wie ich ihre Freuden geteilt habe.

Wann habe ich Kambodscha verlassen? Ich habe es nie verlassen. Ich wollte bleiben bis zum Ende. Ich habe es niemals verlassen, sondern konnte eines Tages nicht mehr dorthin zurückkehren. Auf meine Bitte um Landeerlaubnis antwortete nur Stille, und der Kontrollturm von Bangkok hat uns Startverbot erteilt. Schweigen.

Manchmal sage ich mir, daß wir alle für das verantwortlich sind, was dort passiert ist: unsere Faulheit, unser Egoismus, unsere Apathie. Unser Wahnsinn. Also, meine Reise nach Kambodscha ist zu Ende. Ich werde zurückkehren, nach Frankreich, ja. Im Süden habe ich ein Haus. Ich werde mich dort niederlassen, um zu schreiben.

In den Augen Keous, der mich mehrere Tage lang mit seiner Fahrradrikscha herumgefahren hat, lese ich beim Abschied eine unausgesprochene, ängstliche Frage: «Und wenn die Roten Khmer zurückkommen?» Doch dann machte er nur eine verneinende Geste und sagte, als sei das eine Selbstverständlichkeit: «Der Westen würde das nicht zulassen. 1989? Niemals.»

Sehr traurig bin ich abgereist.

Wie lange werden die Vereinten Nationen die Roten Khmer noch unterstützen, werden die Amerikaner und Chinesen ihnen Waffen liefern, wird das Hochkommissariat für Flüchtlinge sie ernähren? Wenn ein neuer Völkermord begangen wird, werden wir ihm stumm beiwohnen. Vielleicht nicht ganz: Minister werden protestieren, und wir werden wütende Worte sagen, wenn wir abends die Fernsehnachrichten sehen. Dann müssen das Geschirr gespült, die Katze gefüttert, das Haus aufgeräumt, die Kinder zu Bett gebracht werden. Spät am Abend, ehe wir vergessen, denken wir mit echtem Bedauern noch einmal daran: Wirklich traurig, diese Ereignisse ... Aber was kann man tun? Kambodscha ist so weit weg ...

DRITTER TEIL

Madame Yvette

Vorher. Freie Männer, die von Tigerjagden und Fischen im großen See sprachen, nackte Kinder auf Büffeln im Schlamm der Reisfelder, strahlender Sonnenschein über ihren Köpfen. Das war vorher. Vor dem Krieg, als wir jung waren, als wir uns dem Zauber des Khmer-Landes überließen und dachten, das Glück könne dauern...

Vor diesem von den Göttern gesegneten Land ist der Vorhang gefallen. Schweigen ist an die Stelle der befreundeten Stimmen, des Vogelflatterns, der Tierschreie im Wald getreten. Der klagende Ton der Oboe begleitet nicht mehr die Begräbnisse, die Zither und die Laute heitern keine Volksfeste mehr auf.

Der Vorhang ist gefallen. Unser magisches Königreich ist in Schweigen gestürzt, ein drückendes, unbegreifliches, unmenschliches Schweigen.

Hinterher ist man klüger. Die Roten Khmer. Zwangsarbeit, Leichenhaufen, Menschen, die Erde aßen und ihren Urin tranken, Krüppel, die man am Wegrand liegen ließ... Man hat es gewußt. Und man hat nichts getan.

Am Himmel Kambodschas haben die Geier die Kolibris ersetzt. Ungeheuer in schwarzen Kleidern löschen eines der sanftesten Völker der Erde aus. Man weiß es, und man tut nichts.

Ich habe einen Geschmack nach Tod im Hals. Geschmack von Asche und Trauer.

Traurigkeit

Bilder.

Kurt sieht mich an, stumm, als hätten wir unser einziges Kind verloren und wagten nicht, davon zu sprechen.

Manou im hellen Kleid neben einem kleinen thailändischen Mädchen. Olivier hinten im Garten, wo er wie ein Tier um das Loch kreist, in dem er Lebensmittel vergräbt.

Philip ohnmächtig, verschwunden, in Luft aufgelöst.

Bangkok, schmutzig und laut. Ich hasse Bangkok.

Es regnet.

Kurt, den Telefonhörer stundenlang am Ohr, und die Freunde aus Phnom Penh am anderen Ende, bei denen es läutet, läutet, läutet...

Manou im Schwimmbecken, herzlich lachend.

Monsieur Lay und seine Qual. Er hat mir ein verwaistes Baby gebracht, das letzte in Mings Obhut. Das letzte Kind, das letzte Flugzeug. Er kann sich nicht damit abfinden, verzehrt sich nach seiner Frau und seinen vier Kindern.

Olivier wird immer schlimmer. Er greift mich mit dem Messer an und versucht, das Hotel anzuzünden. Haß in seinen Augen.

Regen, noch immer.

Philip, ein Mythos. Hat er überhaupt existiert?

Und Kurt, der abends Tailänderinnen ausführt, Monsieur Lay, der als Flüchtling nach Amerika geht, und ein Engländer, der das letzte Baby adoptiert.

Beginn der Trockenzeit. Manou fängt an, Phnom Penh zu vergessen, Olivier wird es niemals vergessen. Kein Lebenszeichen mehr von Philip.

Woran bin ich? Diese düstere Frau, die nicht mehr lächeln kann, die Freude an Essen und Trinken verloren hat und Kurt wegen seiner Anpassungsfähigkeit kritisiert: eine Fremde. Ihr wahres Ich ist dort unten geblieben: Lebensfreude, Zuversicht, Liebe zur Menschheit. Hier ist sie ein leeres Geschöpf.

Bilder von ihr aus dieser Zeit: schlecht frisiert, dunkle Kleider. Sie glaubt, daß es auf der Welt keinen Ort mehr gibt, an dem sie sich zu Hause fühlt.

Sie klammert sich nur an Thailand, um Kambodscha nahe zu bleiben. Sie liebt weder das Land noch seine Bewohner und weigert sich, die Sprache zu erlernen.

Eines Tages nimmt sie Olivier bei der Hand und führt ihn zum Waisenhaus. Vor der Tür eine Aufwallung von Auflehnung, eine Stimme in ihr: «Nein, gib nicht auf.» Die treuherzigen Augen ihres Sohnes schauen in ihre, und voller Scham bringt sie ihn schweigend ins Hotel zurück.

Ihre Ersparnisse gehen zu Ende; sie glaubt an nichts mehr. Sie muß sich unbedingt wieder auffangen. Sie hat das gebieterische Bedürfnis nach Einsamkeit und schickt Olivier zu Moah nach Laos, Manou nach Metz zu ihrer Schwester. Sie verläßt das Hotel und richtet sich in einem bescheidenen Appartement ein.

Außer in ernsten Fällen, in denen ich Dr. Ripoll konsultierte, hatte ich meine Kinder immer mit der Macht des Denkens behandelt. Ich konzentrierte mich und verjagte so leicht Schnupfen, Verbrennungen, Migräne, kleine Wehwehchen. Nun ging es zum ersten Mal mir selbst schlecht. Unnötig, einen Arzt zu rufen, ich wußte besser als alle anderen, was nicht stimmte. Es war Zeit zu reagieren. Ich habe mich selbst bei der Hand genommen und mir gesagt: «Erinnere dich an die Zeit, als dir alles gelang; erinnere dich an deinen Seelenzustand dabei, an dein Verhalten, und versuche, wieder die zu werden, die du warst, oder ihr wenigstens zu ähneln.»

Als erstes habe ich mich in einem Spiegel betrachtet: ernste Miene, strenges Kleid, das Aussehen einer Mater dolorosa; meine ganze Garderobe bestand aus dunklen Farben, und die Wohnung war in tristen Brauntönen gehalten.

Ich habe fröhliche Kleider gekauft, die Möbel angestrichen, bunte Kissen und weiße Vorhänge verteilt. Dann habe ich meine Frisur geändert: noch immer kurz geschnitten, aber jetzt mit einem Pony statt mit einer seitlichen Strähne, um jünger auszusehen.

Ich habe mich bemüht, den Geschmack der Speisen wiederzufinden, die Gefühle neu zu entdecken, die von Natur und Musik ausgelöst werden. Ich habe meine negativen Gedanken verscheucht und mir wiederholt, daß Schwäche, Erschöpfung und Mangel nur in meiner Vorstellung existierten. Es gab das Glück noch, es gab noch Morgenröte, Vögel und Berge; nur meine Sichtweise hatte sich verändert. Auch mein Gang war anders geworden. Von nun an würde ich mich gerader halten und den Kopf hoch tragen. Ich würde mich bemühen, die Menschen um mich herum zu sehen, liebenswürdig und höflich zu sein, zu grüßen.

Nach wochenlangen Anstrengungen tauchten allmählich die Gesichter von Manou und Olivier wieder auf. Ich habe gespürt, daß sie mich brauchen, und etwas wie Freude rührte mich an. Bald würden sie zurückkommen. Aber ich war noch schwach. Ich habe weiterhin alle kleinen Bruchstücke aufgesammelt, die von mir übrig waren, und meine Leiden in die Vergangenheit verwiesen. Unter Philip habe ich einen Strich gezogen. Ich verdanke ihm meine schönsten Stunden, und nur daran würde ich mich erinnern.

Dann habe ich mich wieder so betrachtet, wie ich vorher war. Ich war überzeugt von der Theorie, daß der Zufall nicht existiert und daß jedes Ereignis unseres Lebens, und sei es das unbedeutendste, in einem größeren Zusammenhang steht; darum erschienen mir Unfälle, Schwierigkeiten oder Probleme nicht als Klippen oder Fallen, sondern als Etappen eines Entwicklungsprozesses, und ich konnte gelassener mit ihnen umgehen. Ich glaubte und glaube noch immer, daß starke Gedanken eine Realität erzeugen; daraus ergaben sich außergewöhnliche Situationen, für die ich dem Himmel dankte, die aber so häufig vorkamen, daß ich aufgehört hatte, darüber zu staunen – wie die Sache mit den Waisenkindern, an die ich mich erinnere.

Einige Tage vor der Ankunft der Roten Khmer hatte Stan Monneyham, der Präsident von World Vision, mich gebeten, ein Flugzeug nach Phnom Penh zu chartern. Er wollte versuchen, die etwa dreißig Kinder seines kambodschanischen Waisenhauses nach Bangkok zu holen. Da ich den Erfolg des Unternehmens vorausahnte, hatte ich die Verantwortung dafür übernommen.

Der Flughafen von Pochentong wurde ständig bombardiert, und das Risiko war enorm. Deshalb hatten wir Ankunft und Abflug minutiös planen müssen. Die Kinder würden in dem Augenblick auf dem Flughafen eintreffen, in dem die Maschine landete. Man würde sie sofort an Bord nehmen, und das Flugzeug würde unverzüglich wieder starten.

Ich hatte mich engagiert, alle zählten auf mich, aber . . . Wir fanden nirgends einen Piloten, der verrückt genug war, in Kambodscha sein Leben zu riskieren. Alles absagen? Zu spät. Der Abflug war für den folgenden Tag um neun Uhr geplant, und das Leben von dreißig Kindern hing von unserer Pünktlichkeit ab.

Es war Abend. Ich lief durch alle Bars von Bangkok und suchte einen verrückten Piloten. Bei Patpong habe ich dann einen gefunden, einen betrunkenen Chinesen. Mit belegter Stimme sagte er: «Phnom Penh, morgen? Kein Problem.»

Er verlangte eine sofortige Anzahlung von dreihundert Dollar für Treibstoff, also ging ich zu World Vision und bat darum, und bei meiner Rückkehr in die Bar war er noch betrunkener und hatte Schwierigkeiten, die Quittung zu unterschreiben. Ich aber war zufrieden. Alles war geregelt.

Am nächsten Morgen auf dem Flughafen von Bangkok.

Sieben Uhr: Monneyham und ich plaudern fröhlich.

Acht Uhr: Monneyham wird unruhig, ich beruhige ihn: «Unser Pilot wird gleich kommen.»

Halb neun: Monneyham ist sehr nervös, ich bin etwas beunruhigt.

Neun Uhr: Er ist wütend, ich konsterniert.

Verdammter Wong oder Chee oder Lee, ich hatte seinen Namen schon vergessen! War es unvorsichtig von mir, ihm zu vertrauen? Dabei hatte ich unsere Begegnung für ein Glückszeichen gehalten.

Zehn Uhr, elf Uhr, halb zwölf . . . Monneyham tobt mit funkelnden Augen: «Nutzlos, noch länger zu warten. Selbst wenn er jetzt käme, wäre es zu spät. Die Kinder wären schon wieder abgefahren, falls sie noch leben. Dafür sind Sie verantwortlich, verstehen Sie mich? Sie sind verantwortlich.» Ich kann mich noch so sehr bemühen zu glauben, daß alles einen Sinn hat, sogar diese Verzögerung, ich bin dennoch niedergeschlagen.

Die Sonne stand im Zenith, wir waren noch immer da, und Monneyham tobte . . . In diesem Augenblick kam er, Wong oder Chee oder Lee, und war ganz munter. Wir sahen ihn an wie einen Geist, aber er erklärte uns freundlich, er habe sich mit unseren Dollar betrunken und ein Schläfchen halten müssen, ehe er sich in die Maschine setzte. «Das ist doch normal, oder?» Ich bejahte, und Monneyham hätte mich beinahe umgebracht. Der Pilot sagte seelenruhig, wenn wir ihm noch einmal dreihundert Dollar gäben, würde er volltanken und unverzüglich starten. Ich bezahlte, auf die Gefahr hin, daß er wieder verschwand.

Um vierzehn Uhr sind sie gestartet, und ich habe auf dem Flugplatz auf sie gewartet. Trotz meines eingefleischten Optimismus war ich unruhig und sagte mir dauernd: «Wenn ein einziges dieser Kinder verwundet oder getötet wird, werde ich nie wieder daran glauben... Wenn nur eines der Kinder zu Schaden kommt oder die Maschine nicht landen kann, dann werde ich nie wieder...»

Eine Stunde vergeht, zwei Stunden, drei Stunden. Der Kontrollturm hat Kontakt zu der DC3, sie wird kommen. Sie landet ganz in meiner Nähe, aber meine Beine werden schwach, meine Augen trüben sich: Sie ist leer. Niedergeschlagen entferne ich mich. Als ich mich nach einigen Metern umdrehe, steigt Monneyham aus und läuft auf mich zu. Er wird mich erwürgen.

Tatsächlich hat er mich in die Arme genommen und sich bedankt. Die Bombardierungen waren so heftig, daß die Angestellten des Waisenhauses das Institut nicht zur vorgesehenen Zeit verlassen konnten. Nur um halb vier hatte es eine kurze Pause gegeben. Da hatten sie ihr Glück versucht. Der Lieferwagen mit den Kindern hatte Pochentong in dem Moment erreicht, in dem das Flugzeug landete. Während die Kinder an Bord gingen, waren keine Bomben gefallen, und alle erreichten unversehrt die Maschine. Es war wunderbar... Monneyham lachte und hüpfte vor Freude.

Vor diesem Krieg, als mein Glaube an das Leben noch intakt war, hatte ich in einer sinnreichen Welt gelebt. Ich glaubte, jeder unserer Gedanken, jedes Wort und jede Handlung setze eine schöpferische Energie frei, deren positive oder negative Folgen in der Welt sichtbar wurden, und ich achtete aufmerksam auf alles, was ich tat. Das war die Zeit, in der ich nach meinem Instinkt handelte. Ich bezeichnete die Intuition gern als «Botin der Seele», und die Seele stellte ich mir vor wie die Pförtnerin eines Klosters, eine alte Schwester, die für die Beziehungen zwischen innen und außen zuständig war, zwischen der sichtbaren und der unsichtbaren Welt, und die ein riesiges Schlüsselbund am Gürtel trug. Es enthielt alle Schlüssel, die zur Vergangenheit und zur Zukunft, zu Liebe und Verständnis, zu Glück, Unglück und auch zu den göttlichen Geheimnissen und zu unserem Schicksal. Wenn ich das Gefühl hatte zu straucheln, nicht zu wissen, wohin ich ging, tröstete ich mich mit dem Gedanken, daß die Schwester Pförtnerin es wisse. «Suche nicht in den Büchern oder in den Versammlungen der Weisen», sagte ihre Stimme. «Meide den Lärm, sei still und höre zu. Komm nach hier, geh nach dort – zum Friseur am Bahnhof, auf diesen Weg, in jenen Garten.» Ich folgte gehorsam; sie hätte mir alles befehlen können. Eines Tages in Saigon...

Diese Geschichte aus Saigon habe ich mir immer wieder in allen Einzelheiten ins Gedächtnis gerufen, als könne ich dadurch die «Andere» wiederfinden, diesen Teil von mir, der es besser gewußt hatte.

Es war in der Zeit, als ich zwischen Kambodscha und Thailand pendelte. Mitte März, noch gar nicht lange her und doch schon so fern... Ich habe in aller Eile eine alte DC3 gechartert, und wir sind soeben in Saigon gelandet mit der Mission, am nächsten Tag die Angehörigen der deutschen Botschaft nach Bangkok zu evakuieren. Ich sehe mich noch mit meinem ewigen rosa Seidenkleid und den nach Kurts Geschmack zu kurzen Haaren, wie ich in die Stadt laufe und hoffe, eine Freundin zu finden, die mir in bezug auf die nötigen Formalitäten einen Rat geben kann.

Doch welche Panik in Saigon! Eine Atmosphäre von Weltuntergang, Chaos und wilde Gerüchte, und in den Augen der Vietnamesen die Bestürzung, die Erstarrung vor dem unvermeidlichen Schiffbruch. «Sie werden uns die Köpfe abschneiden und auf Stangen stecken, und alles wird so schnell gehen, daß man keine Zeit hat zu denken.» Alle Welt rennt, die Stadt verliert den Kopf, und an jeder Straßenecke flehen mich aufgeregte Menschen an, ihnen zu helfen. Plötzlich kommt auf dem Fahrrad unter ihrem Regenschirm meine Freundin Ha vorbei. Ist sie in Eile? Ja. Sie will ihren Geschwistern, ihrer Mutter, ihren Neffen, insgesamt achtzehn Personen, zur Flucht verhelfen. Ihre Augen strahlen eiserne Willenskraft aus, ihre Lippen sind zusammengepreßt, ihre Hände umklammern die Lenkstange. So habe ich sie noch nie gesehen. Dieses Mädchen wird sich von nichts aufhalten lassen. Natürlich wird sie sich die Zeit nehmen, mir zu helfen.

Ganz in der Nähe eine Explosion. Man stößt mich, Leute schreien, reden laut, ich bin in einen Strudel von Angst geraten. Wo soll ich die Nacht verbringen? T. C. Hoo besitzt ein Haus für seine Besatzungen ganz in der Nähe des Flughafens. Also schnell, sie werden mir notfalls helfen.

Zufällig ist T. C. Hoo da, aber es scheint ihm ungelegen zu sein, daß ich komme. Er weist mir ein kleines Hinterzimmer zu und fordert mich auf, es nicht zu verlassen; man werde mir mein Essen bringen. Ich hatte gehofft, in der Gesellschaft der Piloten Trost zu finden, und bin enttäuscht. Außerdem störe ich, das sieht man. Ich sollte besser gehen. Ich nehme meine Tasche und mache mich auf die Suche nach T. C. Hoo, um mich zu verabschieden. Mein Eintreten in den Aufenthaltsraum löst unerwartet Aufregung aus. Die Besatzungen, ein Dutzend Männer, drehen sich nach mir um und halten in ihrem Gespräch inne. Ich sehe sie verwirrt an und erkenne unter ihnen eine Frau, eine etwa dreißigjährige Vietnamesin, langhaarig und schön und mit unglücklichem Gesicht. T. C. Hoo versucht verlegen, mich hinauszuschicken, aber ich nähere mich der Frau und sehe, daß sie weint. Ohne nachzudenken, nehme ich ihre Hand und sage: «Alles wird gut, man wird Ihnen helfen.» Und da ich stehenbleibe, ihre Hand in meiner, weiht T .C. Hoo mich widerwillig in das Geheimnis ein:

«Sie ist mit ihren beiden Kindern hier versteckt. Ihr Leben ist in Gefahr, wir wollen ihnen zur Flucht verhelfen. Ihr Mann wird auf eigene Faust fliehen, er ist Geheimagent.»

Sofort habe ich tausend Ideen: Wenn man sie als Piloten, Mechaniker, Geister verkleiden würde? Nein. Wenn man sie in Kisten hinausschaffen würde, in einem großen Korb, unter weißen Tüchern? Meine Vorschläge werden nacheinander abgelehnt. Wie sollen wir auf dem Flughafen diese Mauer aus Polizisten, Militärs, Sicherheitsbeamten, Spezialeinheiten, Geheimagenten durchbrechen? Wir überlegen weiter, während sie schweigt, verzweifelt und viel zu ängstlich, um denken zu können. Es ist schon drei Uhr morgens, und noch immer ist uns nichts eingefallen.

Ich habe mich so in ihr Problem vertieft, als sei es meines. Wie konnte ich ihr helfen, mich an ihre Stelle versetzen? Da hatte ich eine Idee: Wenn ich ihr nun meinen Paß geben würde? Meine beiden Kinder waren darin eingetragen, vom gleichen Alter und Geschlecht wie ihre. Sie und ich waren etwa gleich groß, und zufällig trug ich an diesem Abend mein rosa Kleid, dasselbe wie auf meinem Paßfoto.

Am Morgen reiste sie ab, ihre Kinder an der Hand. Sie sah reizend aus mit ihrem kurz geschnittenen Haar, und mein rosa Kleid stand ihr gut. Später hat man mir gesagt, sie habe ihren Mann wiedergefunden, und die Familie habe sich im Nahen Osten niedergelassen. Ich habe nicht versucht, mehr darüber in Erfahrung zu bringen; tatsächlich wußte ich nichts von dieser Frau, nicht einmal ihren Namen.

Um neun Uhr waren die Einschreibungsformalitäten für unsere Passagiere beendet, und Ha hat mich verlassen; ich war sicher, daß sie davonkommen würde.

Erst in diesem Augenblick überdachte ich meine Situation. Ich hatte jetzt keinerlei Ausweispapiere. Vorher hatte ich nicht daran denken wollen, hatte mich nur auf die Frau konzentriert, die an diesem Tag meine Doppelgängerin war. Keinerlei Papiere. Nur nicht denken, unruhig werden, analysieren. Vertrauen haben wie ein Kind, die Augen schließen und sich führen lassen. Wie ein Automat habe ich zuerst meinen Namen von der Passagierliste gestrichen; dann bin ich ins Café gegangen, um drei Kästen Bier und neununddreißig Sandwiches zu kaufen, die ich in den Wartesaal bringen ließ. Dann habe ich einen Soldaten um Rat gefragt: Wie sollte ich sie allein in mein Flugzeug schaffen, das am Ende der Landebahn stand? Er gab mir drei Männer zur Begleitung mit, und nachdem ich einmal an Bord war, blieb ich in der Maschine.

Vor dem Start kam ein Offizier, um die Anzahl der Passagiere zu überpüfen. Ich spielte die Anfängerin. «Mein Name auf der Liste? Zu dumm, das habe ich vergessen.» Lächelnd trug er ihn selbst ein. Wir starteten. Ich saß vorne, hatte die Hände gefaltet und die Augen geschlossen und murmelte: «Danke, lieber Gott, danke, lieber Gott.»

Da rief ein Deutscher mit lauter Stimme: «Stewardeß! Ein Bier, bitte!» Erst in diesem Augenblick habe ich begriffen, daß ich mich tatsächlich in der Realität befand.

Weder Strategie noch Furcht beim Sinkflug auf Bangkok. Mit leerem Kopf, noch immer ohne zu denken, habe ich meinen Namen wieder von den Flugdokumenten gestrichen; nur die auf der Liste stehenden Personen würden kontrolliert werden. Am Paßschalter habe ich mechanisch den Beamten beiseite genommen, der mir den Weg versperrte, und bin in das Büro des Polizeichefs eingedrungen. Ohne ihm Zeit zu lassen, mich nach meiner Identität zu fragen, habe ich zu reden angefangen: über Saigon, seinen baldigen Fall, die Einwohner, die Gerüchte und die Angst; über den Krieg in Kambodscha, die Domino-Theorie und den Schuft Kissinger. Mit ungeahnten Kräften hielt ich ihn in Atem; er saß mit offenem Mund da – Thailand, Pattaya, die hübschen Mädchen, der Meeresstrand und die Liebe, ich hörte gar nicht mehr auf. Die Zeit verging, es wurde dunkel. Einen nach dem anderen sah ich durch die Scheibe die Einwanderungsbeamten fortgehen; da schaute ich auf meine Uhr und tat so, als staune ich: Himmel, ich hatte mich durch das viele Reden verspätet; jetzt mußte ich gehen, meine Kinder erwarteten mich. Der Beamte erklärte sich hocherfreut über unser Gespräch und begleitete mich persönlich zu meinem Wagen.

Drei Wochen später bekam ich mit der Post meinen Paß zurück. Warum so viele Risiken für eine Unbekannte? Ich hätte statt dessen Ha oder Trinh oder Rosa helfen können, Freundinnen, die in Schwierigkeiten waren. Ich habe oft daran zurückgedacht. Zunächst einmal ist mir der Gedanke, meinen Paß abzugeben, nicht wie ein Vorschlag oder eine Frage gekommen. Dann hätte ich nämlich abgelehnt. Ich brauchte ihn dringend, hütete ihn wie meinen Augapfel, überzeugt, daß er das einzige Mittel war, um der Schlächterei zu entkommen. Nein: Die Idee hat sich meiner bemächtigt, mich zum Handeln gezwungen. Gewiß, ich hätte sie wegschieben, mich an meine Sicherheit klammern und versuchen können, dieser Frau auf andere Weise zu helfen. Aber indem ich dem Gedanken gehorchte, stellte ich mich einer berauschenden Möglichkeit, nämlich der, über mich selbst hinauszuwachsen.

Im Augenblick, in dem ich diese Zeilen schreibe, weiß ich noch immer nicht, worauf ich mein Verhalten zurückführen soll, auf Ahnungslosigkeit oder Mut. Fünfzehn Jahre später steht eines fest: Ich bin nicht mehr ganz so ahnungslos, und sehr viel weniger mutig, aber ich würde morgen ohne Zögern dasselbe noch einmal tun – vielleicht, weil meine Ziele klarer sind.

Menschliche Ignoranz und Gier hatten die Harmonie und den Frieden zerstört, Leben vernichtet, die Hoffnung getötet. Ein Grund, sich in sich selbst zurückzuziehen, die Arme sinken zu lassen, zu verzweifeln? Nein. Eher eine Alarmglocke, ein Signal, um uns zu größerer Wachsamkeit zu zwingen. Pol Pot konnte uns in den Abgrund führen, aber nicht allein. Dazu brauchte es die Kollaboration einer Anzahl Kambodschaner, die Passivität der anderen, den kalten Krieg zwischen der UdSSR und den USA und den Wunsch der Chinesen, die Sowjets zu konterkarieren, und darüber hinaus die Ahnungslosigkeit von Millionen Individuen, die entschieden hatten, das sei nicht ihr Problem. Ihnen werde ich mich nicht anschließen.

Aber ich rede, als hätten die Dinge einzig von mir abgehangen. Was hätte ich ohne Kurt gemacht? Er hatte keinerlei Grund, weniger bekümmert zu sein, aber er blieb fest, solide, eine Stütze für mich, ohne es zu zeigen. Ich weinte noch über die Vergangenheit, da bemühte er sich schon, für uns ein neues SUISINDO aufzubauen. Ich fühlte mich nicht wohl in meiner Haut und machte ihn dafür verantwortlich. Ich nahm ihm den Verlust Kambodschas übel, als hätte seine Rolle als privater Berater gewisser Generäle die Dinge ändern können, und vor allem verzieh ich ihm nicht, daß ich mich schwach, nutzlos und zaghaft fühlte, während er sich bereits zu einem Entschluß durchgerungen hatte. Kurt wußte und verstand das und blieb sich selbst gleich: ein treuer Freund.

Ja, ich habe nur von mir gesprochen und Kurts Rolle und vor allem die von David ausgespart – David, dessen Zärtlichkeit mein Leben neu bereicherte.

Er war nach Kambodscha gekommen, weil ihn diese Ecke Asiens anzog und er dort die Handlung eines seiner Romane ansiedeln wollte. Alles, was unser Land betraf, interessierte ihn: die Regierung, die Politik und die Wirtschaft, aber auch die Gewohnheiten der Ausländer, die Laster der Chinesen, die Mentalität der Piloten und ganz allgemein die Welt der Schieber und der ehrlichen Leute. Kurt und ich wurden ihm vorgestellt, weil wir ihm helfen sollten, zu diesen Themen einige Informationen zu beschaffen.

Wie konnte ich unsere Begegnung und die Intensität der darauffolgenden Tage übergehen? Zweimal haben wir unser Leben riskiert, beim ersten Mal an der Grenze des Territoriums der Roten Khmer, wohin ich ihn geführt hatte, beim zweiten Mal in einem Flugzeug, einer DC3, zwischen Phnom Penh und Battambang, die von einem hysterischen Chinesen geflogen wurde, der mit seiner Fistelstimme schrie: «Mein sechster Crash! *It's o. k.!* Die Versicherung zahlt!» In der Maschine muß ein Ölfaß umgefallen sein, denn bei der Ankunft in Battambang war Davids Hemd voller Flecken. Sofort schob er die Frage beiseite, ob er sich als Bonze verkleiden sollte, um ungefährdet Angkor Vatt besuchen zu können, wie ich ihm geraten hatte, und äußerte den Wunsch, sich unverzüglich einer höchst wichtigen Mission zu widmen: dem Erwerb eines Hemdes. Die Sache war kompliziert, da seine Größe und Figur den kambodschanischen Standard bei weitem überschritten, doch da erschien der Zufall in Gestalt eines Chinesen, der in seinem Ramschladen unter anderem auch «extra große Herrenhemden» verkaufte.

Der Händler packte liebenswürdig etwa dreißig Hemden aus und ließ David den Stoff befühlen, Qualität, Farben und Muster prüfen. Er schlug ihm vor, die Hemden im Hinterzimmer des Ladens, seinem Schlafraum, anzuprobieren. Um ihm einen Gefallen zu tun, zögerte David. Kunden kamen herein, jeder äußerte seine Meinung, und im Nu hatte sich der Kauf eines schlichten Hemdes in Battambang zur Staatsaffäre ausgeweitet. David entschloß sich schließlich zu einem weißen Hemd mit blauen Streifen, doch als er den Preis hörte, dreißig Riel, den Gegenwert eines Dollar, schüttelte er den Kopf.

«Nein. Ich bin absolut nicht einverstanden. Das ist zu billig. Ich biete ihnen fünfunddreißig.»

Der junge Chinese runzelte verwirrt die Stirn, dachte einen Augenblick nach und verkündete:

«Ich bedaure, aber das ist unmöglich. Sie sind zu sympathisch. Ich lasse Ihnen das Hemd für achtundzwanzig.»

Daraufhin legte David kühl ein Bündel Geldscheine auf die Theke und sagte in einem Ton, der keinen Widerspruch duldete:

«Auf Wiedersehen, Monsieur. Hier sind vierzig Riel, und das ist mein letztes Angebot.»

Für mich war ein Mann, der in zwei Tagen zweimal dem Tod begegnen konnte, ohne daraus eine große Geschichte zu machen, schon erfreulich, doch daß dazu noch die seltene Fähigkeit kam, auf verkehrte Weise zu schachern, machte ihn in meinen Augen einfach bemerkenswert.

Von diesem Tag an hegte ich grenzenlose Bewunderung für ihn, und er war gerührt und bot mir im Gegenzug seine Freundschaft.

Inzwischen kenne ich ihn fast zwanzig Jahre, und er ist ein Teil von mir geworden. «Was würde David in dieser Situation sagen? Was würde er an meiner Stelle tun?» Diese Fragen stelle ich mir häufig. Ich möchte ihm gleichen in seiner Art, alles zu verstehen, zu lieben und geben zu können, ohne sich zu verlieren. Wenn ich in meiner Erinnerung nach meinen ersten Eindrücken krame, sehe ich ihn wieder bei dem Baron von Marschal, seinem Freund, groß, elegant und sehr verführerisch. Sein gütiges, helles Gesicht strahlt Spiritualität aus, sein graumeliertes Haar verleiht ihm ein einnehmendes Aussehen, und doch gibt es etwas im Schnitt seiner Lippen, in seinen Stirnfalten oder seinen buschigen Brauen, das um ihn eine Art unsichtbarer Barriere schafft. Als ich ihn sah, habe ich mich gefragt: Soll ich auf ihn zugehen oder nicht? Ich habe gezögert. Dann fiel sein Blick auf mich, und ich fühlte mich nackt, entwaffnet, vollkommen verletzlich und gleichzeitig beruhigt, denn eine totale Aufrichtigkeit ging von ihm aus. Ich erinnere mich, daß ich in diesem Augenblick dachte: «Sein Blick fordert die Wahrheit; bei ihm muß man wahrhaftig sein.»

Er hatte uns adoptiert, Kurt und mich, und versäumte es nie, uns zu besuchen, wenn er in der Gegend war. Nach und nach ist er unser bester Freund geworden, dessen Rückkehr wir immer ungeduldig erwarteten. Er war ein bißchen unser Gewissen; er stand uns so nahe, daß wir ständig von ihm sprachen, ihn trotz seiner Abwesenheit zum Zeugen erklärten und uns auf ihn beriefen. Wenn Kurt von ihm sprach, benutzte er oft Worte wie «Respekt» und «Bewunderung». Das wollte etwas heißen, denn in seinem Leben gab es nur zwei Männer dieses Schlages: einen Hauptmann, der ihm im Krieg das Leben gerettet hatte, und David.

Seine Besuche waren für unseren Geschmack zu selten, und er schrieb auch nicht oft genug. Er kündigte uns seine Ankunft nicht immer an, aber ein sechster Sinn verriet sie uns. «Diesen Monat wird David kommen», prophezeite Kurt drei Wochen vorher, und es stimmte. Seine Besuche waren für uns eine Gelegenheit, uns dem Leben weiter zu öffnen. Mit ihm konnte man über alles reden. Wenn man ihm zuhörte, wurde man sich wieder der wahren Werte und des Wesentlichen bewußt.

Er hatte mich am Anfang so beeindruckt, daß ich mir nie angemaßt hätte, mich als seine Freundin zu bezeichnen, und zwar komischerweise, weil mir gerade seine Bescheidenheit am meisten aufgefallen war, eine Einfachheit, wie man sie bei kleinen Leuten findet – für einen so begabten Mann eine erstaunliche Eigenschaft. Ich habe Jahre gebraucht, um meine Schüchternheit zu überwinden und hinter dem Schriftsteller den Menschen zu sehen und danach wieder den Künstler zu entdecken und eine Beziehung aufzubauen, die noch heute ein echtes Glück ist.

Ich bewundere alles an ihm, sein poetisches Gefühl, seinen Humor und seine Subtilität, vor allem aber die Großzügigkeit, mit der er andere sieht. Er gibt nichts um Schein oder Äußerlichkeiten und akzeptiert die guten Seiten der Menschen ebenso wie ihre Schwächen, aber er besitzt das Talent, eine Brücke zwischen dem zu bauen, was man ist, und dem, was man gern wäre. Taktvoll, ohne sich aufzudrängen oder sich in das Privatleben anderer einzumischen, fordert er die Menschen auf, sich ihrer Möglichkeiten bewußt zu werden, und ermutigt sie, diese ganz auszuschöpfen. Lieben heißt für ihn, dem anderen helfen, seinen Weg zu finden: ihn an den Fuß der Welt stellen und ihm eine Leiter geben, um sie zu ersteigen. Freundschaft bedeutet für ihn, dem anderen sich selbst zu offenbaren. Er besitzt den Zauber, die Lebensqualität derer zu steigern, denen er nahekommt, gleich zum Wesentlichen zu schreiten, mit dem Finger auf das Schöne im anderen zu zeigen und auszurufen: «Sehen Sie, so sind Sie geschaffen.» Wenn man sie so betrachtet, können sich auch die schlechtesten Menschen ändern.

So, wie Kurt in seinen Urteilen eine grenzenlose Toleranz verriet, in der ich mich gelegentlich verirrte, so half mir David mit seinen klaren, objektiven und unbestechlichen Meinungen, mich darin zurechtzufinden. Damals in Bangkok führten wir lange Diskussionen. Dank David habe ich Kambodscha betrauert, ohne zu sterben, habe gelernt, meine Gefühle zu entwirren, und habe es geschafft, in meiner Weltsicht die Liebe wiederzufinden, die ich verloren geglaubt hatte.

Die Stadt der Engel

Bangkok ist eine verschmutzte Stadt, ein Supermarkt; es gibt moderne Hotels und klimatisierte Hochhäuser, aber es gibt auch kleine Brücken und Kanäle wie in Venedig, grüne Obstgärten neben Wolkenkratzern und die Ocker- und Blautöne der anmutig geschwungenen Dächer. Die Tempel tragen Namen von Edelsteinen, Gold und Silber, ihre Türme sind vergoldet und ihre Mauern schneeweiß, und in Vollmondnächten, wenn der Wind den Duft von Gewürzen herbeiweht, kann man den Schatten eines großen weißen Affen am Himmel schweben sehen, dessen Mund voller Sterne ist.

Die «Gasse der frischen Luft», in der wir wohnen, auf thailändisch der «Soi Yen Akart», war vielleicht früher einmal frisch, als sie noch ländlich war. Die Stadt wird bald alle Bäume verzehrt haben.

Unser Heim gehört zu einer kleinen Insel aus Häusern, die im Grünen rund um einen kleinen Teich verstreut sind. Es ist ein kleines, zweistöckiges Haus neuerer Bauart, drei Zimmer im ersten Stock, unten ein Wohnraum mit großen Fenstern, die direkt in den Garten führen. Die Wirtschaftsräume liegen getrennt, eine ziemlich große Küche und winzige Dienstbotenzimmer.

Eine Poinsettia-Allee führt zum Schwimmbad mit alten Holztischen und verblichenen Sonnenschirmen. Am Eingang der Gasse steht mit blauer Mütze, einem Revolver im Gürtel und heiterer Miene Khun Tô, unser Wächter.

Ha ist meine Schwester geworden, die zweite Mutter meiner Kinder, meine unzertrennliche Freundin. Sie kocht für ihr Leben gern, und der Duft von gebratenem Knoblauch und Nuoc-Mâm, mit dem sie unsere Küche erfüllt, führt mich in die Zeit meiner Jugend zurück, nach Vietnam in Paris, als ich versuchte, in Gedanken einen Abend wie diesen hier zu erleben.

Glühende Hitze eines Spätnachmittags. Im Haus ist es angenehm kühl. Der Tisch ist hübsch dekoriert. Wir werden zu zehnt zu Abend essen. Kurt und Derek, der Mann von Ha, begleitet von Neil Davis und einem chinesischen Kameramann. Und dann noch Clo Barblan, unser Agent in Laos, und Claudine vom Flüchtlings-Hochkommissariat.

Die Mahlzeit wird fröhlich beginnen.

Die Herren werden Manou zu ihren damenhaften Manieren und Olivier zu seinem fast perfekten Thailändisch gratulieren. Ha wird amüsiert unsere nächtliche Tätigkeit schildern; wir haben die Nacht nämlich damit zugebracht, die Qualität eines Berges von kleinen Lacktieren zu prüfen. Ich sehe sie schon vor mir, wie sie lachend sagt: «Eine höllische Nacht. Dreitausendfünfhundert Entenpopos zu inspizieren!» Sie wird auch berichten, wie wir am Vortag den ganzen Vormittag lang eine Straße in Bangkok blockiert haben mit unseren riesigen Kapokkissen, die aus einem Lagerhaus quollen, in dem wir sie gestapelt hatten; je mehr wir uns bemühten, sie wieder in das Lager zu stopfen, desto mehr breiteten sie sich aus. Passanten versuchten, uns zu helfen, sogar ein Polizist machte mit, aber wir mußten bei der Arbeit derartig lachen, daß er es vorzog, den Verkehr umzuleiten. Kurt wird sich über seine Millionen Dollar schweren Projekte verbreiten und sich über die kleinen Exportgeschäfte freuen, die uns bis jetzt ernähren. Derek wird die Situation in Pakistan schildern, wo er gerade herkommt, und Neil die Möglichkeit eines bevorstehenden Staatsstreiches. Clo wird ausführlich über die Trägheit in Vientiane reden und Claudine über die Sturheit der Beamten. Wir werden Whisky und Bier trinken, und wenn wir ein bißchen beschwipst sind, werden wir über das Wesentliche reden. Ich werde ihnen erzählen, wie ich, unter Jutesäcken versteckt, zwei kambodschanische Kinder von der Grenze zurückgebracht habe, die am Verhungern waren; ich werde das Lager im Süden beschreiben, in dem sich das abspielte, mein unter dem Stacheldraht Hindurchkriechen, meine Verhaftung durch Militärs und meine Flucht. Ha wird sich beim Gedanken an ihre beiden in Vietnam gebliebenen Jungen, ihre Schwester und ihre Mutter eine Träne abwischen, und ich werde sie aufmuntern: Morgen fangen wir wieder an. Nimm es nicht so tragisch, Ha. Am Ende werden wir eine Lösung finden.

Wo wir auch sein mögen, unsere Diskussionen, ob es sich um Diners oder Zusammenkünfte von Freunden handelt, enden immer mit demselben Refrain: Kambodscha und Vietnam. Mindestens tausendmal haben wir den Fall dieser Länder heraufbeschworen.

Wenn man sie ließe, würde Ha die ganze Nacht lang endlos die schon ein Jahr zurückliegenden Geschehnisse wieder erzählen. Wie Derek sie heiraten, ihre Kinder anerkennen und sie aus dem Land bringen wollte. Das Konsulat von Neuseeland in Saigon war geschlossen. Sie reisten nach Hongkong, um zu heiraten, und der Fall kam, ehe sie zurückkehren konnten. Ha war außer Landes, verheiratet, fern von ihren Kindern, die in der Vergangenheit gefangen saßen. Derek wurde bald darauf nach Bangkok versetzt, und wir fanden uns wieder, zwei alte Frauen, die nicht mehr lächeln konnten und nicht mehr wußten, in welcher Sprache sie miteinander reden sollten. Unsere gemeinsamen Anstrengungen, bei denen jede in sich die Energie fand, der anderen zu helfen... Ich bemühte mich um eine Möglichkeit, ihre Kinder herauszuholen, und sie strengte sich an, mir wieder Geschmack an Geschäften einzuflößen. Sie gab sich mehr Mühe als ich, ohne daß jemals von Geld die Rede war: aus Freundschaft.

Vor den Lackenten hatten wir begonnen, Rattanmöbel mit passenden Kissen zu exportieren. Auf Papierbögen mit dem Briefkopf «Rattanmöbel von Madame Yvette» schickten wir dreitausendfünfhundert Werbeschriften in alle Welt und warteten auf die Reaktionen. Der arme Briefträger, wir fielen über ihn her, sobald er erschien; er wagte kaum noch einzutreten. Inzwischen studierte Kurt in Anzug und Krawatte, mit seiner Brille spielend, um imposant zu wirken, unter den mütterlichen Augen von Khun Vanida Akten. Wie war es ihm gelungen, eine so perfekte Sekretärin aufzutreiben? Sie war erst dreißig, besaß aber die Gelassenheit einer alten Dame, gesetzt, diskret, distinguiert. Eine tüchtige junge Frau, die Respekt einflößte.

Ha und ich lachten ständig, machten Unfug und gaben dieser allzu sauberen Fassade von SUISINDO Fußtritte; sie lag in einem der feinsten Bauwerke der Stadt, dem Dusit Thani Office Building, dessen Luxus uns mißfiel. Kurt ignorierte uns, Vanida ließ sich durch nichts ablenken. Sie begnügte sich höchstens mit einem duldsamen Lächeln, als seien wir allzu lärmende Kleine in einem Kindergarten.

Im Mai 1975, kurz nach dem Fall von Phnom Penh, habe ich Kambodscha wiedergesehen. Eines Morgens nahm ich ein Taxi und fuhr nach Süden in Richtung Grenze. In Pong Nam Rong, einem schläfrigen Weiler rings um einen Markt für getrocknete Krabben, hielt der Chauffeur an. Kambodscha war nur wenige Kilometer entfernt und die Gegend gefährlich. Er weigerte sich, noch weiter zu fahren. Zu Höchstpreisen mietete ich die Dienste eines Motorradfahrers, der mich bis zu einer Stelle im Wald fuhr und dort absteigen ließ. Zu Fuß ging ich weiter. Die Gegend war menschenleer, die Häuser verlassen, gelegentlich zerriß ein ferner Schuß die Stille. Ich folgte einem Waldweg und fühlte mich plötzlich ganz allein auf der Welt. Dann traf ich einen Mann in Drillich auf einem Fahrrad, der zu mir sagte: «Sie sind verrückt, das hier ist Kambodscha.»

Statt schleunigst umzukehren, fand ich mich plötzlich kniend auf dem Boden wieder. Ich küßte und streichelte die Erde. Dann machte ich kehrt und stieß auf ein mit Stacheldraht umzäuntes Lager, in dem sich etwa fünfzig Kambodschaner befanden. Es lag in Thailand und war ein Flüchtlingslager unter dem Schutz der Vereinten Nationen. Die Kambodschaner waren am Ende ihrer Kräfte, krank, deprimiert und voller Angst, der Grenze so nahe zu sein. Jeden Augenblick konnten die Roten Khmer kommen. Ich habe nie begriffen, wieso das Flüchtlings-Hochkommissariat sie so behandeln konnte. Wenn man das Lager um einige Kilometer verlegt hätte, hätte es keinen gestört, und die Kambodschaner hätten sich wenigstens geschützt gefühlt. Wie soll man sonst gesund werden, wieder Hoffnung schöpfen, nach der Hölle wieder zu leben beginnen? Wie ich erfahren hatte, hungerte man nämlich auf der anderen Seite die Bevölkerung aus, man massakrierte sie. Die Welt der Vernunft war der Regentschaft des Wahnsinns gewichen.

Meine Bindung an Kambodscha war wieder geknüpft. Um den Zugang zur Grenze zu sichern, habe ich einen Wagen gekauft: einen ganz niedrigen Austin Minimoke ohne Dach und Türen, im Sommer so hoch wie die Auspuffgase, in der Regenzeit allen Unbilden des Wetters ausgesetzt. So fahren wir durch die Stadt: Ha, die neben mir sitzt, spannt einen großen Regenschirm über unsere Köpfe, Manou und Olivier hocken hinten unter einer durchsichtigen Plastikplane. Der Regen strömt auf uns nieder, und das Wasser steigt bis zu unseren Knien, und je höher es steigt, desto mehr Spaß haben die Kinder. Manchmal halten Passanten uns an, klemmen große Kartons an die Stelle der Türen oder decken unseren Regenschirm mit einer

Plastikfolie ab. Doch zehn Minuten später sind wir wieder gleich weit: tropfnaß.

Am Steuer meines Austin fahre ich die Grenze ab, entdecke Flüchtlingsgruppen, höre zu, tröste, beschaffe Reis und Medikamente. Man berichtet mir von Übergriffen der Militärs, einem verschwundenen jungen Mädchen, einer vergewaltigten Frau, einem eingesperrten Mann. Zurück in der Stadt, setze ich mich bei den Botschaften oder den Vereinten Nationen für diese Menschen ein, benachrichtige die Presse, benutze meine Beziehungen, um ihnen zu helfen. Ich trotze den Behörden und verstecke in meinem Wagen unter Tüchern sterbende Kinder, um sie in Bangkok ins Krankenhaus zu bringen. Wenn sie außer Gefahr sind, werden die Kleinen ihrer Familie zurückgegeben oder bei einer Familie untergebracht, die bereit ist, sich um sie zu kümmern.

Bangkok wimmelt von verzweifelten Flüchtlingen, die nicht wissen, wohin sie gehen sollen. Sie haben Angst, daß die thailändischen Militärs sie dahin zurückschicken, wo sie hergekommen sind. Kurt und ich helfen ihnen, so gut wir können, und in solchen Momenten segne ich meinen Beruf, obwohl die Welt der Geschäfte mich immer weniger befriedigt. Stell dir vor, Kurt, wenn wir Angestellte wären, könnten wir aufgrund unserer begrenzten Gehälter weniger Menschen helfen. Das wäre schrecklich. So reicht es, wenn wir immer größere Geschäfte in Angriff nehmen.

Im Landesinneren haben sich kleine Widerstandsgruppen gegen die Roten Khmer gebildet. Wie ich ihre Verbündete geworden bin, die nachts heimlich ihre Führer empfängt und Ränke schmiedet, um ihnen zu helfen, weiß ich gar nicht mehr recht; ich erinnere mich nur an einen Besuch von David an einem Tag, an dem ich zu Hause wichtige Dokumente hatte verstecken müssen. Ich hatte große Angst, der thailändische Geheimdienst könnte sie entdecken.

Meine Angst war berechtigt. Weniger als fünf Minuten nach seiner Ankunft hatte David das Versteck gefunden. An diesem Tag gab er mir eine Lektion im Anlegen von Verstecken: Die Dokumente landeten schließlich im Kühlschrank, und zwar in einer ausgehöhlten und sorgfältig wieder zugeklebten Ananas.

Ich hatte solche Lust, Kambodscha von den Roten Khmer zu befreien, daß ich ohne meine Kinder und die klugen Ratschläge von David in den Untergrund gegangen wäre.

Schließlich sind die Kinder von Ha herausgekommen. Eineinhalb Jahre lang hatte sie in alle Dörfer, darunter auch in ihr Heimatdorf, unzählige Geburts-, Heirats- und Taufurkunden, Einreise- und Ausreisevisa geschickt. Wir hatten sie abwechselnd hoffnungsvoll und verzweifelt, freudestrahlend oder völlig niedergeschlagen gesehen. Auf allen Ebenen hatte sie mit Botschaften, dem Roten Kreuz, humanitären Organisationen und den Vereinten Nationen verhandelt, Dokumente gefälscht, Unterschriften nachgeahmt, Vietnam mit Dollar überschwemmt und zahllose Tränen vergossen. Schließlich kamen ihre Kinder. Sie haben sie kaum wiedererkannt. Die ganze Nacht weinte Ha vor Glück, opferte den Bonzen Reis und gab ein Essen für ihre Freunde, und im Morgengrauen des nächsten Tages verkündete sie, nun werde sie von vorn anfangen; diesmal ging es um ihre Schwestern. Dann würde ihre Mutter an die Reihe kommen, dann die Neffen und schließlich die Schwäger.

Etwa um die gleiche Zeit hatte ich das Hafenviertel, das Viertel der Seidenblumen und Rattanmöbel, verlassen und war einen Tag lang hingegangen, um den thailändischen, chinesischen und japanischen Bonzen, den Buddhas von sechs Pagoden, der Göttin Ta Prom und den Tevadas, Wischnu in einem Hindutempel sowie Jesus, Maria und allen Engeln und Heiligen in der Kathedrale Opfergaben zu bringen. Noch nie in meinem Leben hatte ich vor so vielen Gottheiten gekniet, doch nach dem, was mir geschehen war, wußte ich nicht mehr, wem ich danken sollte: Philip hatte geschrieben

Ich hatte jeden Tag, jede Stunde, jede Minute an ihn gedacht; ich habe gesagt, ich hätte einen Strich unter seinen Namen gezogen. Das ist nicht wahr. Ich hatte ihn niemals vergessen. Seit unserer letzten Begegnung waren zwei Jahre vergangen. Jeder gewöhnliche Mann hätte damit begonnen, sich dafür zu entschuldigen, daß er mich vernachlässigt hatte. Er nicht. Er schrieb einen freundlichen, normalen Brief, als habe die große Leere zwischen uns nicht existiert. Auf dem Planeten, wo er lebte, spielte die Zeit offenbar nicht dieselbe Rolle. Ich wäre mir schäbig vorgekommen, wenn ich Aufhebens davon gemacht hätte. Ich wollte mich seiner würdig zeigen, eine Frau sein, die über solchen Kleinigkeiten stand. Er wollte mich in der kommenden Woche in Griechenland treffen. Ich würde hingehen, als ob nichts wäre.

Ich erinnere mich an diese Reise wie an den plötzlichen Ausbruch des Frühlings nach einem langen Winter, eines sinnlichen Frühlings mit dem Geschmack wilder Heidelbeeren und dem Duft von Freiheit. Ich sehe ein magisches Land wieder, hinreißende Tempel, begnadete Augenblicke und ein Fieber des Glücks.

Und wer profitiert am meisten von dieser Euphorie? Olivier. Plötzlich habe ich eine Engelsgeduld mit ihm. Oder besitzt er vielleicht ein Geheimnis, mit dem er es verstanden hat, meine Zuneigung zu gewinnen? Ich ertappe mich ihm gegenüber immer häufiger bei den Reaktionen einer Mutter, und zwar einer ganz und gar nicht objektiven Mutter. Was er auch tut, er ist ein guter Junge, und meine Neigung, ihn zu verteidigen, überrascht mich manchmal. Wie sollte man jemanden, der so traumatisiert worden ist, nicht verstehen?

Seine Zeichnungen enthüllen das ungeheure Ausmaß seiner Einsamkeit.

Wenn ich ihn bitte, ein Flugzeug zu zeichnen, kritzelt er ganz unten auf die Seite einen winzigen schwarzen Punkt. Was ist das? Das ist das Flugzeug, zumindest das, was nach dem Absturz davon übrig ist.

Zum Glück verstehe ich etwas von Flugzeugen. Ich kenne die Sicherheitshebel, mit denen man die Maschine wieder hochziehen kann, und den Piloten, sieh mal, genau diesen Piloten da, den kenne ich auch. Es ist Liu, ein Chinese. Regelmäßig simuliert er Unfälle, um Geld von den Versicherungsgesellschaften zu ergaunern. Die ganze Stadt weiß Bescheid: In Lius Flugzeug kommt man niemals wirklich ums Leben.

Die schlimmsten Zeichnungen drehen sich um das Wort «Familie». Papa, Mama und die Kinder, eine Reihe von Leichen, auf dem Papier nebeneinander aufgereiht. Um ihn aus dem Abgrund zu reißen, spreche ich zu ihm von mir, seiner Mutter. Ich bin doch da, oder? Bin ich nicht da, ganz lebendig, neben ihm am Schwimmbad sitzend? Er gibt sich Mühe, will mich wiederbeleben, fängt von vorn an. Der arme Kleine. Wenn ich einen Augenblick keinen Toten sehe, erscheint ein Krokodil im Schwimmbecken. Oder hinter einem Baum versteckt steht ein Mann, der schießen will. Ich spiele gleichzeitig Sankt Franziskus und Robin Hood und entkomme, aber um wieder aufzuerstehen, werde ich Jahre brauchen.

Manou an Oliviers Seite ist bald elf Jahre alt, voller Leben, sorglos und vergnügt. Sie besitzt eine seltene Charakterstärke und liebt leidenschaftlich den Tanz, die Musik, die Literatur, das Leben; ein kleines Persönchen, hartnäckig und ernsthaft, fast mystisch und merkwürdig unabhängig. Sie und ihr Bruder besuchen die französische Schule in Bangkok in der Sathorn Road, wohin ich sie jeden Morgen fahre. Die Schule ist zwanzig Minuten von Thada Court und fünfhundert Meter von SUISINDO entfernt.

Dort ist die Zeit des Amüsements vorbei, und mein Berufsleben würde mir schwerfallen ohne Srisouk, meine Assistentin. Sie ist zwanzig Jahre alt und hat ein ganz rundes Kindergesicht, ein natürliches Mädchen voller Charme; außerdem spricht sie Französisch. Vanida hat sie zu uns gebracht.

Kaum war sie eingestellt, hat sie einen Bonzen eingeladen, ins Büro zu kommen und uns zu segnen, und Kurt und ich fanden uns, nebeneinander kniend, zu Füßen des Bonzen wieder, der uns mit reinigendem Wasser besprengte. «Stell dir bloß vor, was mein Botschafter für ein Gesicht machen würde, wenn er jetzt käme», murmelte Kurt mit verlegener Miene.

Nach der Segnung machte der Verehrungswürdige, von Vanida dazu aufgefordert, auch einige Voraussagen. Die erste lautete, wir würden in naher Zukunft mit SUISINDO Erfolg haben. Die zweite: Kurt ruiniere seine Gesundheit, wenn er zuviel rauche – das hätte auch ein Laie erraten können. Und drittens: Ich würde im Süden Frankreichs ein Haus kaufen, und zwar – nun folgten lange Berechnungen – im Jahre 1980. Genauer, im Mai 1980. Am 20. Mai 1980. Da irrte er sich. Was stimmte, war, daß ich vorgehabt hatte, im Laufe des Monats nach Neuseeland oder Kanada zu reisen – ich hatte mich noch nicht festgelegt –, und zwar mit der Absicht, dort ein Eigentum zu erwerben. Die Idee stammte von Kurt, der unablässig wiederholte: «Yvette, für eine Frau ist es wirklich wichtig, ein Haus zu haben, das ist ein Unterpfand für Sicherheit. Nimm jetzt, da wir welches haben, Geld aus der Firma und kaufe; man weiß nicht, was die Zukunft bringt.» Also... 1980 kaufen, in zwei Jahren? Undenkbar. Ohne Haus bin ich nicht gesichert, und so lange kann ich nicht warten, nicht wahr, Kurt? Der Bonze lächelte, während er mir zuhörte, als sei ich eine unwissende Göre. Er schüttelte den Kopf und wiederholte freundlich: am 20. Mai 1980...

Nach seinem Fortgang habe ich viel an Frankreich gedacht. Dort eine Bleibe haben? Darauf wäre ich im Traum nicht gekommen. Der Gedanke setzte sich in meinem Kopf fest, und ich fing an, vom Süden

Frankreichs zu phantasieren, wo ich nie gewesen war. Ein altes Steinhaus, in dem ich meine Erinnerungen unterbringen würde, ein Dorf, wo man mich kennen würde ... «Sieh da, Madame Yvette, Sie sind wiedergekommen?» Ich würde mit den Nachbarn über Ackerbau und Weinlese reden, die Frauen würden mir Sahne und frische Eier geben. Die Südfranzosen müssen anders sein als die im Osten. Dort würde mich keiner wiedererkennen. Ja, die Idee war verführerisch ... und wenn Thailand eines Tages fiele, wüßten wir wenigstens wohin.

Ich würde einen Obstgarten haben. Schon sah ich ihn in allen Einzelheiten vor mir, und um mich zu erschrecken, sagte Kurt: «Obstbäume pflanzen? Du bist verrückt. Wenn gerade die ersten Früchte gewachsen sind, werden die russischen Besatzer die Hand ausstrecken und sie pflücken, ja, da aus deinem Garten.» Es machte ihm Spaß, mich zu necken, aber fünf Minuten später schlug er mir vor, unseren Obstgarten zu verschönern; er würde sich dort ausruhen kommen, wenn wir alt sein würden, so alt, daß wir nicht mehr den Wunsch hätten, die Welt zu bereisen.

Was ist los mit Kurt? Er ist noch immer munter und charmant, zugänglich, großzügig, tolerant. Aber irgendeine unmerkliche Wandlung geht mit ihm vor. Es ist, als hätte er den Glauben an das Leben verloren oder sei gealtert.

Sein Anliegen ist, SUISINDO zu vergrößern, dicke Geschäfte abzuschließen, uns vor Bedürftigkeit zu schützen. Mir wäre es viel lieber, wenn unsere Firma ihren familiären Zuschnitt behielte; die kleinen Abteilungen, in denen jeder motiviert ist, flößen mir mehr Vertrauen ein als unpersönliche und übergroße Büros, aber wie soll ich ihm widerstehen? Ich möchte ihn so gerne glücklich sehen! Also vergrößert sich die Firma, wächst, gedeiht, und ich, die anfangs voranmarschierte, die Fackel in der Hand, laufe jetzt etwas atemlos hinterher; sie hat mich überholt.

Adieu, Holzenten, Möbel und Seidenblumen, die ersten Gegenstände unserer Exportgeschäfte; Ha, Srisouk und ich machen uns jetzt über chemische und industrielle Produkte her, Dünger, Lastwagen, Traktoren und alle möglichen Maschinen; die unzähligen Sorgen, die damit verbunden sind, vor allem auf finanzieller Ebene, würden mir den Schlaf rauben, wenn mich nicht noch immer das Abenteuer bei jeder Transaktion faszinierte.

Kurt hat keine Zeit mehr, sich über meine Berichte zu amüsieren, aber Manou ist größer geworden, und bei der Rückkehr von meinen Reisen ist sie diejenige, der ich ein wenig Poesie mitbringe. Hör zu, mein Schatz, was mir in Rangun passiert ist. In dieser geheimnisvollen alten Stadt verabredete sich unser Agent U Mau Hla mit mir, und zwar morgens um fünf Uhr an einer Straßenecke. Warum so früh? Er wollte es nicht sagen, das sei geheim. Glaub mir, es mußte sich um eine wichtige Angelegenheit handeln, denn dieser gewöhnlich schlaffe und apathische alte Mann war ganz aus dem Häuschen vor Aufregung.

Um fünf Uhr erwartete er mich nervös inmitten einer langen Menschenschlange. Von überallher kamen Birmanen in karierten Sarongs, mit Hippietaschen über den Schultern, Männer, Frauen und viele Kinder. Sie nahmen hinter uns in der Schlange ihre Plätze ein. Es wurde sieben Uhr, acht Uhr, und immer noch kamen Menschen. Man hätte glauben können, auf die Öffnung von Disneyland zu warten. Endlich wurde es neun Uhr. Zentimeter für Zentimeter kamen wir noch voran. Die Menge war überaus aufgeregt. Hatte man eine Mumie entdeckt, einen Bonzen, der über Wasser gehen konnte, einen Schatz? Ich verkneife mir die Frage. Endlich, um halb elf, ist es soweit: Wir betreten etwas, das wie ein riesiger Supermarkt aussieht, aber vollkommen leer ist. Leer die Regale, die Theken... Eine Rolltreppe führt in den ersten Stock, alle betreten sie, also muß sich die Sache dort abspielen. Ich steige ebenfalls auf die Rolltreppe, aber jetzt verstehe ich überhaupt nichts mehr, der erste Stock ist noch leerer als das Erdgeschoß; die Leute wirken trotzdem wie elektrisiert. Unter allgemeinem Gedrängel eilen sie nach hinten, ich laufe ihnen nach. Über eine Hintertreppe verlassen wir das Gebäude, kommen auf die Straße und erreichen atemlos... das Ende der gleichen Schlange! Mit glänzenden Augen fragt mich U Mau Hla, ob es mir gefallen habe. Und erst jetzt begreife ich: Es ging um die Rolltreppe, die erste in der Stadt und sicher im ganzen Land.

Als ich sie zum zweiten Mal betrete, genieße ich jeden Augenblick, als sei sie auch für mich die Entdeckung des Jahrhunderts. Beim vierten Mal war es schon Nachmittag, mir war warm, ich hatte Hunger und kam fast um vor Durst. Doch die Birmanen ringsum waren so stolz, daß ich unter ihnen war, daß ich mich wieder in die Schlange gestellt habe und ein fünftes Mal hochgefahren bin... Was, du findest die Geschichte nicht amüsant, Manou? Verzeih, ich hatte geglaubt... Eine andere? Aber sicher, ich habe viel zu erzählen...

Hanoi. Beim ersten Mal fühlte ich mich elend. Wir saßen zu siebt um einen langen Tisch in einem kargen Büro des Handelsministeriums. Es war kalt. Von seinem Porträt sah uns Onkel Ho Tschi Minh mit strenger Miene an. Die Anwesenden waren steif und distanziert. Welche Anstrengungen es mich gekostet hat, sie aufzulockern! Zuerst habe ich gefragt, wie sie es anstellten, mit den Geistern zu kommunizieren. Verlegenes Schweigen, selbst Ho Tschi Minh an der Wand sah schockiert aus. Die okkulten Wissenschaften seien nicht zugelassen, die Regierung verurteile sie. Ich blieb beharrlich. Wir seien unter uns, die Regierung könne uns nicht sehen, warum also nicht darüber reden? Du kannst dir nicht vorstellen, was diese alten Funktionäre für Gesichter machten. Ein bißchen später, ich glaubte schon, sie alle erzürnt zu haben, hörte ich jemanden murmeln:

«Sie nehmen das Holz eines sehr alten Sarges und schneiden es in Stücke. Auf jedes Stück schreiben Sie einen Konsonanten oder einen Vokal, und dann legen Sie sie kreisförmig aus. In die Mitte stellen Sie ein Glas und legen einen Finger darauf. Das Glas wird sich in Richtung auf die Buchstaben bewegen, aus denen sich die Antwort auf Ihre Frage zusammensetzt.»

Später sprach ich zwischen Diskussionen über Holzpreise und den Wohlgeruch von Zimt von Handlinien und der Analyse von Schriften und Unterschriften; zu meiner Überraschung streiften einen Augenblick darauf unter dem Tisch zwei Hände meine Knie. Höchst diskret hielten meine Nachbarn mir ihre Hände hin und wollten meine Meinung hören. Einem von ihnen riet ich, seinen Zorn zu zügeln. Er solle sich in der Beziehung zu seiner Gattin mäßigen und sie nicht wegen eines Ja oder Nein schlagen. Er fuhr vor Zorn zusammen und rief: «Das ist ihre Schuld. Sie braucht bloß still zu sein.»

Am nächsten Tag hat mich auf der Straße ein Mann angehalten und höflich zum Polizeichef geführt. Sofort ahnte ich das Schlimmste: Sie hatten entdeckt, daß ich den antikommunistischen Widerstand unterstützte, ich, eine der wenigen Ausländerinnen, denen sie vertrauten. Sie würden nie begreifen, daß die Herausforderung, in einem so geschlossenen Land zu arbeiten, mir wichtiger war als meine politischen Überzeugungen. Es war schrecklich, sie würden mich verhören, mich einsperren, mich vielleicht foltern. Ich würde leugnen. Ich würde leugnen bis zum Schluß. Als ich im Büro des Kommissars angekommen war, sah ich wie durch einen Nebel, daß er mir ein Papier entgegenstreckte. Sie hatten Beweise, ich war verloren. Die Gedanken rasten in meinem Kopf, ich wollte die Ruhe bewahren, aber dieses Papier... Ich tat so, als sähe ich es nicht. Mit ausgestreckter Hand wiederholte der Beamte seine Frage, und das mußte er noch mehrmals tun, bis ich ihren Sinn begriff. Mit schüchterner Stimme erkundigte er sich:

«Könnten Sie bitte meine Unterschrift analysieren?»

Danach wurde ich für eine Weile die Favoritin der Stadt Hanoi. Wir wurden bevorzugt zu Rate gezogen, und unsere Konkurrenten hatten nur dann eine Chance, wenn wir nicht interessiert waren. Wenn ich in Hanoi ankomme, Manou, empfängt mich die Regierung mit allen Ehren, klimatisiertem Auto und Chauffeur, und manchmal drehe ich den ausländischen Händlern eine lange Nase, wenn ich sie den Bus nehmen oder zu Fuß gehen sehe. Was, das ist nicht nett? Du bist noch zu klein, du verstehst das noch nicht. Wenn du sehen würdest, wie wichtig sie ihre Attachéköfferchen und sich selbst nehmen... Also gut, machen wir Schluß, mit dir kann man nicht diskutieren. Du bist zu konventionell.

Warum ist mir bei der Erinnerung an Vietnam diese Geschichte eingefallen? Ich hätte über das Elend, die Langeweile, die Monotonie berichten können; von Leuten, denen das Regime zuwider war, die aber nicht sprechen durften, von Krankenhäusern, in denen es an allem mangelte und wo Kinder Kälte und Hunger litten, von den verängstigten Gesichtern der Bevölkerung, von leeren Geschäften oder von jenem Mann, der mich eines Tages am Arm faßte und verzweifelt sagte: «Es ist schrecklich. Sie (die Vietminh) überwachen, was man tut, hören ab, was man redet, erraten, was man denkt; das ist kein Leben mehr, Madame.» Wenn ich das nicht getan habe, so deshalb, weil ich Zeugin zu vieler Leiden war. Um meinen Glauben an das Leben zu behalten, mußte ich mich wappnen und jedesmal, wenn ich hätte weinen müssen, lieber lachen; das hat mir geholfen.

Morgen- und Abenddämmerungen

Ich liebe an den Asiaten, daß sie nicht nach dem Äußeren urteilen. Zunächst geben sie jedem seine Chance, und er muß dann beweisen, daß er sie verdient hat. Was mir auch gefällt, ist ihre erlesene Höflichkeit und die Eleganz ihrer Beziehungen. Die Codes der Kommunikation sind hier anders, natürlicher, herzlicher. Die Thailänder sind gleichzeitig vollkommen offen und absolut verschlossen, verstehen es, in allen Situationen die Ruhe zu bewahren, und kultivieren auf köstliche Weise das Lachen. Deshalb sind sie Freunde, wie es sie selten gibt, und wertvolle Helfer.

Ich habe im Büro zwei neue Assistentinnen: Som, meine Sekretärin, ein junges Mädchen mit treuherzigem Blick, deren scheinbare Schüchternheit das Herz einer Löwin verbirgt, und Madame Pen Chan, eine lebhafte Chinesin von etwa dreißig Jahren, eine drollige Person, die sich niemals von einem elektrischen Kocher und zwei oder drei Töpfen trennt. Das ist eine Manie von ihr. Alle zwei Stunden verschwindet sie in ihrem Büro und bereitet uns eine ihrer Spezialitäten zu: Krapfen, Krabben, gefüllte Pfannkuchen, Nudeln mit Pilzen oder süßes Schweinefleisch. Sie hat das Büro in ein Speisezimmer verwandelt, aber außerhalb dieser Zeiten ist sie von furchterregender Tüchtigkeit.

Unsere Zusammenarbeit geht reibungslos und fröhlich vonstatten, obwohl ich mich in der Beziehung Chefin–Angestellte nicht wohl fühle. Ich fände es ideal, wenn jeder selbst bestimmen könnte, Initiative hätte und Verantwortung übernähme. Mir würde eine Art Hierarchie in beiden Richtungen gefallen, gegenseitiger Respekt auf der Grundlage des Wertes der Individuen, und eine Beziehung von gleich zu gleich, jeder auf seiner Ebene. Freie und unabhängige Menschen sind mir am liebsten. Zum Glück sind alle jungen Mädchen bei

SUISINDO von diesem Schlag, und ich freue mich, wie schnell sie sich entwickeln. Sie teilen meine Anteilnahme an sozialen Dingen, und ihre Kompetenz und Ehrlichkeit machen uns schnell zu der Firma, ohne die die humanitären Organisationen nicht mehr auskommen.

Wenn es im ganzen Königreich nur noch ein Gramm Penicillin gäbe und das Rote Kreuz es bräuchte, würden meine Mitarbeiterinnen es aufzutreiben wissen. Sie würden im ganzen Land durch ihre Familien, Nachbarn und Freunde danach suchen lassen. Die Frauen würden in der Pagode darüber reden, die Männer in der Bar, die Kinder in den Schulen. Sie würden das Produkt finden, feststellen, für wen es bestimmt war, und es in Rekordzeit schicken, zusammen mit der Spritze, an die sonst keiner gedacht hätte, und einer chinesischen Kräuterzubereitung aus ihrer privaten Apotheke «für den Fall, daß das Penicillin nicht wirkt».

Wenn es keiner Firma gelingt, uns Konkurrenz zu machen, so ist das nicht die Folge eines Preiskampfes; uns ist der Mensch auf der anderen Seite wichtig, für den das Medikament bestimmt ist. Der Profit kommt erst an zweiter Stelle.

Kurt und ich haben jetzt getrennte Büros. Er ist zum Soi 26 umgezogen, einen Kilometer entfernt. Umgeben von männlichen Angestellten, spezialisiert er sich dort auf riesige Geschäfte, und ich sehe ihn immer seltener.

Unsere Freundschaft war weiterhin eng, schön, vorbehaltlos. Ich hielt sie für unveränderlich, unsterblich, wichtiger als alles andere. Sie erschien mir selbstverständlich, wir hatten so vieles gemeinsam: Erinnerungen, Freunde, Projekte, Affären, Geld... Nie hatten wir uns gestritten, und ich konnte mir gar nicht vorstellen, daß das überhaupt möglich wäre.

Doch alles ist vergänglich; selbst unsere Freundschaft hat sich verbraucht. Für David, den Spezialisten für die menschliche Seele, der die Liebe nicht vom geringsten Lebenshauch auf der Erde unterscheidet, gehörte die Beziehung zwischen Kurt und mir in den Bereich der Liebe, und meine Eifersucht hat sie getötet. Er ist nach Bangkok gekommen, und wir haben einen großen Teil der Nacht damit zugebracht, darüber zu reden. Vielleicht hat er recht. Diese Dinge sind in meinem Kopf verworren; ich erinnere mich nur an einen irreparablen Verlust und eine Reue, die lange brauchte, um zu erlöschen. Eifersucht? Das ist möglich. Denn Kurt hatte sich verliebt, wahnsinnig verliebt in ein fünfundzwanzigjähriges Mädchen. Sie trat in sein Leben wie ein Wirbelsturm. Zuerst hat er sie gebeten, ihm Thailändisch beizubringen, dann hat er sie als Sekretärin eingestellt, dann als Direktionsassistentin, und bald war sie diejenige, die das Sagen hatte. Kurt liebte sie heiß und innig, er konnte nicht mehr ohne sie sein; sein Leben hatte nur noch durch sie einen Sinn, Trennung war eine Qual, ihre Anwesenheit ein göttliches Elixier.

Er schloß sich stundenlang mit ihr ein und wollte nicht gestört werden; selbst mir war der Zutritt zu seinem Büro verboten. Diesmal war das Mädchen nicht «unsere» Verlobte, keine gemeinsame Liebe. Seine Leidenschaft galt einer mir völlig Unbekannten, von der er mir nichts erzählte.

Dann begann er sich zu verändern, wurde traurig und besorgt. Kein Lachen und keine Scherze mehr, nur noch die Last des Leidens und der Eifersucht, und wenn ich mich manchmal freute, weil ich dachte, es sei zu Ende, flammte die Beziehung plötzlich wieder auf, und die Leidenschaft war stärker denn je.

Anfangs hatte ich mich bemüht, ihn zu verstehen, mich für ihn zu freuen, selbst wenn er mich aus seinem Leben ausgeschlossen hatte. Aber ich litt, wenn ich sah, daß Chantana ihn wie einen kleinen Jungen behandelte, ihn in der Öffentlichkeit zurechtwies, an seiner Stelle antwortete. Als David nach Bangkok kam, gingen wir zu viert in ein Restaurant. Ehe sie in unser Leben getreten war, verbrachten wir mit David immer wunderbare Abende. Kurt fuhr uns mit seinem Boot irgendwohin, und David ergötzte uns mit den verschiedensten Berichten über Leute, deren Mimik und Akzent er humorvoll nachahmte. Er konnte eine alte Chinesin genausogut imitieren wie einen russischen General, und wir lachten Tränen, aber im Grunde schilderte er diese Menschen mit solcher Zärtlichkeit, daß man sie immer ins Herz schloß. Das lag daran, daß er sie so gut verstand.

In Chantanas Gegenwart war die Atmosphäre anders. Sie sprach, was sage ich, sie redete wie ein Wasserfall und beraubte uns des Vergnügens, David zuhören zu können. Und dann ihre Art, Kurt unablässig mit Beschlag zu belegen...

Trotzdem habe ich mir Mühe gegeben. Ich habe versucht, nett zu ihr zu sein, ihre langen Monologe ebenso interessant zu finden wie Kurt. Nach ein paar Monaten wäre es mir fast gelungen, und ich glaube, insgesamt hätte alles gut ablaufen können, aber ein kleiner

Vorfall hat alles verdorben, eine dumme Geschichte, bei der es bloß um Obst ging.

Ich hatte erfahren, daß sie ihm oft Obst anbot, im Büro, auf der Straße oder bei sich zu Hause, und er, der Betrüger, nahm es. Nun hatten wir bestimmt Tausende von Mahlzeiten zusammen eingenommen, und in den zehn Jahren, die wir uns kannten, hatte er von mir nie auch nur eine einzige Frucht angenommen. Dabei hatte ich es an Überredung nicht fehlen lassen. Wie oft hatte ich ihm gesagt, Obst sei gut für die Gesundheit. Nein, Monsieur konnte kein Obst essen, er ertrug angeblich weder seinen Anblick noch seinen Geruch, und diesen Widerwillen hatte er schon sein Leben lang. Und nun kam da eine schöne, zu stark geschminkte Chinesin, und Kurt ließ seine heiligsten Prinzipien fahren. Ich fühlte mich verraten, ging hin und machte ihm eine Szene, und er wurde wütend. Länger als ein Jahr blieben unsere Beziehungen kühl. Danach haben wir uns versöhnt, aber es wurde nie wieder wie früher. Die alte Magie war verschwunden.

Wenn ich diese Periode meines Lebens noch einmal leben dürfte, würde ich anders handeln. Ich würde meinem Gefühl für Kurt einen noch höheren Stellenwert geben, und von dieser Warte aus würde ich die junge Dame anders sehen. Was mir damals als lärmend und taktlos erschien, würde ich dem Schwung der Jugend zuschreiben. Kurt gegenüber würde ich nur Zärtlichkeit empfinden, und die Art der beiden, sich zu isolieren, die mich so sehr verstörte, würde ich als charmanten Zug ihrer Persönlichkeit betrachten.

Denn unsere Freundschaft war eine seltene und schöne Sache; ich hätte niemals zulassen dürfen, daß wir sie verloren.

Seit meiner Ankunft in Asien hatte ich mich keinem einzigen Franzosen angeschlossen, ja mehr noch, ich war meinen Landsleuten aus dem Weg gegangen. Ich hatte ihnen tausend Fehler zugeschrieben, um nicht mit ihnen verkehren zu müssen. Die Diplomaten nahmen sich zu ernst, die Geschäftsleute waren unehrlich, die Militärs lächerlich und die Lehrer kleine Leute mit engem Horizont. Man braucht nicht Psychologie studiert zu haben, um zu begreifen, daß ich einen Teil meiner selbst verleugnete, indem ich sie ablehnte. Ich hatte zu niemandem über meine Vergangenheit gesprochen. Sie war wie eine geheime Brandwunde, ein mit Frankreich verbundenes Leiden, für das ich unbewußt alle Franzosen verantwortlich machte.

David hat mir die Augen geöffnet, als er eines Tages von seinem Vater sprach. Ohne Scham, fast mit Zärtlichkeit, verband er zu meiner ungeheuren Überraschung mit dem Wort Vater das Wort Räuber. Daneben war mein Vater ein anständiger Mann. Als dieser Gedanke aufkeimte, sah ich mein Leben anders, fand die Elemente nicht mehr so dramatisch. Ich habe es gewagt, über meine Vergangenheit zu sprechen, und zwar mit David. Ihm konnte man alles sagen, ohne jemals enttäuscht zu werden. Er bemerkte beiläufig, fast alle Menschen hätten Kindheitsträumen, und weniger die Ereignisse seien wichtig als die Art und Weise, wie man sie erlebe. Was mich beträfe, fügte er hinzu, hätte ich keinen Grund, mich deswegen zu schämen.

Nach diesem Gespräch bekamen die dunklen Bilder meiner Vergangenheit einen anderen Aspekt, und meine Einstellung zu meinen Landsleuten änderte sich langsam.

So hat David, ein Engländer, mein Herz für die Franzosen geöffnet.

Heute habe ich zahlreiche französische Freunde, aber eine besondere Zärtlichkeit für denjenigen, der nach meiner wiedergefundenen Liebe zu Frankreich der erste war.

Ich hatte ihn in den siebziger Jahren in Phnom Penh kennengelernt. Er hatte Kurt und mich eines Abends zum Essen zu sich in sein schönes Pfahlhaus eingeladen, ein traditionelles Holzhaus, das versteckt am Ende einer Gasse stand. Ich sehe ihn noch bei unserer Ankunft auf die Vortreppe treten, gebräunt, in einem Khakihemd und Kolonialshorts. Er hieß François und war Ethnologe an der Ecole Française d'Extrême Orient.

Der Abend hatte mich sehr beeindruckt, die Persönlichkeit unseres Gastgebers hatte mich bezaubert. Ich fand, daß er etwas Hoheitsvolles und den Blick eines freien Menschen besaß.

In der Stadt sagte man mir später, seine kambodschanische Ehefrau habe ihm ein Kind geschenkt, eine kleine Hélène, die gleich alt war wie Manou. Wir haben uns in Phnom Penh nicht mehr wiedergesehen, oder doch, einmal. Ich sah ihn eines Tages in seinem Auto. Er fuhr einen Landrover voller Mädchen, und ich konnte nicht genau erkennen, wie viele Arme um seinen Hals geschlungen waren. Sein Hund, ein Boxer, bellte aus Leibeskräften aus dem Rückfenster. Um ihn nicht zu vergessen, hätte ich beinahe eine Akte über ihn angelegt. Ich hätte ihr die Aufschrift gegeben: «Franzose, eingelegt in weibliche Zärtlichkeit. Nicht exportierbarer Artikel.»

Die Tage und die Jahreszeiten sind vergangen, und Phnom Penh ist gefallen.

In Pouru, einem Dorf in den Ardennen, kümmert sich François' Schwester um eine kleine Hélène. Nachts, vor dem Einschlafen, streichelt die Kleine mit dem Finger das Foto, das unter ihrem Kopfkissen liegt: ihre Mama. François hat sich nach Bangkok geflüchtet. Düster und schweigsam sieht man ihn mit seinem Hund Avi seinen Kummer spazierenführen.

So sind drei Jahre vergangen. Thailand gefällt ihm, sein Herz ist für neue Schönheiten entflammt, und jetzt lebt er in Chieng Mai, einer kleinen Stadt im Norden Thailands, wo er seine Studien über den Buddhismus fortsetzt. Inzwischen ist er mein Freund und Berater von SUISINDO geworden. Pen Chan würde nicht mehr wagen, eine Bestellung aufzugeben, ohne ihn um seine Meinung zu fragen, Srisouk konsultiert ihn wegen der Preise, Ha wegen der Ausbildung ihrer Kinder; für Kurt zeichnet er ein Logo, für Som verhandelt er mit den Chinesen. Daß er nichts von Geschäften versteht, ist unwichtig. Wir kommen nicht mehr ohne ihn aus.

Wenn er in seinem Landrover, von seinem Boxer begleitet, nach Bangkok kommt, ist die Hölle los. Die Köchin Tiou bereitet seine Lieblingsgerichte zu, Manou packt ihre Bücher und Hefte aus, SUISINDO gerät durcheinander, und ich weiß nicht mehr, wohin ich mich zuerst wenden soll. Sofort sage ich alle Verabredungen ab, um ihn zu begleiten. Sicher hat er in einem Dorf einen Weisen kennengelernt, nomadisierende Bonzinnen oder einen alten Mann getroffen, der bereit ist, den Symbolismus eines geweihten Gegenstandes zu offenbaren. Manou, die schon zwölf ist, nimmt an den Unterhaltungen teil, und dann hören wir Opernmelodien, singen und tanzen; seine Anwesenheit ist ein goldenes Geschenk, ein Mittel, der Realität zu entfliehen.

Nur ein Mensch unserer Umgebung ist nicht empfänglich für den frischen Wind, den François wehen läßt: Olivier. Olivier, der uns ebenso glühend haßt, wie er uns liebt, und der weiterhin die Welt zerstören will. François meint, es liege daran, daß er keine Wurzeln hat. Man müsse ihm welche geben, ihm einen Mittelpunkt verschaffen. Seit einiger Zeit ist Olivier von dem Gedanken an seine Großmutter besessen. Alle seine Schulfreunde haben Großeltern, verbringen ihre Ferien bei ihnen, erhalten Briefe von ihnen... und wir? François sagt, ich könne nicht unbegrenzt die Rolle von Vater, Mutter und Vorfahren spielen.

Also gut. Ich werde nach Frankreich reisen, ich werde Olivier meiner Mutter vorstellen; das ist ein Vorwand, um wieder mit ihr Kontakt aufzunehmen. Beruhige dich, Olivier, du hast eine Großmutter wie die anderen, sie ist fabelhaft, und nächste Woche werden wir sie besuchen. Manou wird uns begleiten. Und bei diesem Anlaß werden wir auch ein Haus kaufen.

Meine Schwester Lucienne ist die Getreue der Familie, die uns am Bahnhof abholt, meiner Mutter freitags Fisch und meinen Brüdern frische Eier bringt; sie hört sich Klagen an, dient als Verbindungsglied, leiht Geld. Sie ist unverheiratet und spricht nie von sich selbst. Ihre verlegene Miene am Bahnhof weckt Ahnungen in mir. Schlechte Nachrichten? Ja, sagt Lucienne. «Sie» – meine Mutter – «hat keine Zeit, euch zu empfangen.»

Noch vor ein paar Jahren wäre ich wütend geworden, hätte getobt. Diese Zeit ist vorbei. Ist es das Alter? Ich weigere mich, Energie an Ressentiments zu verschwenden. Meine Mutter will mich nicht wiedersehen, das ist schade. Ihre Zurückweisung ist das Echo eines Leidens, dem gegenüber ich ohnmächtig bin. Aber das soll keinesfalls auf Oliviers Kosten gehen. Er will eine Großmutter, also wird er eine bekommen. Nichts wird mich daran hindern. Fahren wir über die Dörfer, wir werden schon eine alte Frau finden, die bereit ist, sich seiner anzunehmen. Also los, Lucienne, gehen wir. Um Olivier nicht zu enttäuschen, will ich eine Großmutter mieten.

Die Dinge sind rasch arrangiert. Lucienne hat eine Freundin in Lorry-les-Metz, Paulette; die wird entzückt sein, uns diesen Dienst zu erweisen, und sie wird es kostenlos tun.

Mademoiselle Paulette versteckt ihre sechzig Jahre unter ihrem Wollschal und ihrem Silberhaar; ihr Haus ist gepflegt und hübsch. Ich hätte dort gern eine zusammengerollte Katze, aufgereihte Gläser mit Marmelade oder eine Häkelarbeit in einem Korb gesehen, aber Olivier hat keine vorgefaßten Meinungen zu diesem Thema und nimmt alles, was von ihr kommt, wie das siebte Weltwunder auf.

Ihre Postkartensammlung, ihre getrockneten Blumen, ihre alten Bonbons sind fabelhaft; die Rabatten im Garten sind wunderschön, die Blüten duften einzigartig, der Himmel ist heller als anderswo; und die Worte, die Worte von Paulette... Zauberformeln, die ihn tief bewegen. Gesegnet sei Mademoiselle Paulette. Sie war und ist eine perfekte Großmutter. Und das ist nicht so einfach; es ist schwierig, auf zwei Kontinenten zu leben und sich nicht zu verlieren. Ich sehe das an meiner Beziehung zu Claude und Monique. Wir sehen uns, wenn ich nach Metz komme, aber es ist, als sei unsere Freundschaft, die nur auf der Vergangenheit beruht, zum Fossil geworden. Was mir in Asien bewundernswert vorkommt, scheint hier banal. Es fehlt an Raum, Licht und Farben, und es liegt auch an den Worten. Sie bekommen einen anderen Sinn, einen anderen Klang. Es ist, als sprächen wir verschiedene Sprachen und verstünden uns nicht mehr. Ihre Interessen sind nicht mehr meine, und was mich beschäftigt, ist ihnen fremd oder fern. Keine gemeinsamen Pläne, nichts, das wir zusammen aufbauen könnten, nur noch eine große Zärtlichkeit, die in die Ferne aufbrechen wollte und unterwegs steckengeblieben ist.

In Paris dagegen finde ich beglückt meine vietnamesischen Freunde wieder. Wir haben das gleiche Asien gemeinsam, das in unseren Köpfen gegenwärtig ist und in unseren Herzen lebt. Hier kann man reden und versteht sich.

Früher nährten sie meine Träume, jetzt ist es umgekehrt.

Wir sitzen um die unvermeidliche Entensuppe und reden die ganze Nacht. Ich erzähle ihnen von Siam, dem Schmuggel mit Antiquitäten an der Grenze Birmas, den geheimnisvollen Stämmen, die an der Grenze von China und Laos leben, dem Opiumanbau im Goldenen Dreieck. Ich erzähle von der Schönheit der Landschaft, vom Zauber der Pagoden mit den goldenen Giebeln und der alten Bäume, von Spazierfahrten auf Kanälen, von den Märkten.

Um den schwimmenden Markt von Bangkok zu besuchen, begibt man sich mitten in der Stadt auf Kanäle, die im Gestrüpp verschwinden und auf deren beiden Ufern sich zauberhafte Bilder darbieten: hier ein Perückenmacher unter freiem Himmel, dessen Spiegel an einem Baumast hängt, dort Händler, Schneider, die auf der Erde sitzen; in den chinesischen Vierteln sieht man manchmal noch Männer mit langem Zopf und ambulante Zahnärzte. Kuchenverkäufer gleiten in ihren winzigen Pirogen über das Wasser, andere transportieren getrockneten Fisch, in Essig eingelegten Knoblauch, Blumen und Früchte. Im Vorbeifahren sieht man das Leben der Hüttenbewohner, ein ständiges Hin und Her auf den Leitern zwischen den

Pfählen. Manche springen völlig bekleidet in den Fluß; im Kanal lösen die Frauen ihren Knoten, waschen sich das Haar, säubern ihre Kinder, spülen ihr Küchengeschirr; die Bäume stehen halb im Wasser, das Licht ist blau, und die Vögel zwitschern ohrenbetäubend. Der Kanal führt an Obstgärten und Wiesen mit Kühen vorbei, durchquert Viertel, in denen Volksfeste gefeiert werden – geschmückte Dschunken, chinesischer Flöten- und Trommelklang, Lachen, Feuerwerk, bunte Fahnen. Nachts erleuchten Fackeln diese Szenen, und auf dem Wasser scheint das Glück zu wohnen.

Meinen vietnamesischen Freunden, die mich die Gastfreundschaft gelehrt haben, kann ich mein Haus in Bangkok beschreiben, wo verlorene oder verlassene Kinder, durchreisende Freunde und junge Drogensüchtige untergebracht sind, die versuchen, wieder Zugang zu unserer Welt zu finden.

Im Augenblick ist unser Haus voll. Da sind Bi und Bô, zwei vietnamesische Kinder, die auf einem Schiff gefunden wurden, *boat people*. Das Schiff wurde von Piraten angegriffen, die den Flüchtlingen ihre Habe raubten. Bi und Bô haben mit weit aufgerissenen Augen davon erzählt. Zu uns kamen die beiden durch die Vermittlung von Claudine, einer der wenigen Angestellten des Flüchtlings-Hochkommissariats, die menschlich über die Flüchtlinge spricht; die anderen reden nur von Zahlen. Wie die Kinder sagen, haben die Eltern ein anderes Schiff genommen, damit im Falle eines Unglücks nicht die ganze Familie gleichzeitig umkommt. Welcher Mut! Niemals hätte ich gewagt, Manou auf einem anderen Schiff fortzuschicken. Die vietnamesische Sprache ist mir fremd, aber die Kinder kommen zurecht; jenseits der Worte verstehen wir uns sehr gut.

Meine Freundin Ha ist leider nach Hongkong gezogen, wohin ihr Mann versetzt wurde. Sie fehlt mir, aber wir telefonieren häufig. Wenn sie Bi und Bô am Apparat hat, sagen sie ihr, wie sie sich freuen, bei Tante Yvette Ferien zu machen. Es sind reizende Kinder. Er ist fünf Jahre alt, klein, rundlich und ängstlich; sie ist sechs und ein kleiner Tyrann. Sie kommandiert ihn herum, und er gehorcht widerstandslos, manchmal unter Tränen. Bring mir mein Nachthemd, gib mir meine Bürste, hol mir ein Glas Wasser. Er tut, was von ihm verlangt wird, doch manchmal hält er plötzlich inne, geht auf sie los und schlägt mit seinen kleinen Fäusten auf sie ein. Dann ist sie diejenige, die weint. Diese Szenen enden immer gleich: Sie fallen einander in die Arme und wiegen sich lange und zärtlich. Ja, ich bin zuversichtlich. Ich habe nie einen Augenblick daran gezweifelt, daß sie ihre Eltern wiederfinden werden.

Außer Bi und Bô haben wir noch Meng, einen Jungen von fünfzehn Jahren, der ganz allein im Krankenhaus lag und angeblich adoptiert sein soll, man weiß nicht, von wem. Er ist kürzlich zum Christentum konvertiert und redet nur noch von Jesus. Jesus hier und Jesus da, Jesus wird die Roten Khmer verjagen, Jesus ist der Sohn Gottes, der durch Buddhas Eingreifen am dritten Tag nach seinem Tode wiederauferstand. Bei uns wohnt auch Madame Seng, eine kambodschanische Witwe, mit ihren beiden Kindern, fünf und sechs Jahre alt. Alle drei leben versteckt in der Garage. Wenn die thailändischen Behörden sie fänden, würden sie zu den Roten Khmer zurückgeschickt und ich liefe Gefahr, mein Visum zu verlieren. Sie gehören zu den Unglücklichen, die durch die Maschen der Lager geschlüpft sind und hoffen, schnell in ein drittes Land ausreisen zu können. Das ist eine vergebliche Hoffnung. Wenn sie in ein anderes Lager gingen, würden sie noch schneller nach Kambodscha zurückgebracht werden. Man muß warten, wir werden eine Lösung finden.

Unsere Gespräche gehen weiter, als hätten wir nicht vor dreizehn Jahren, sondern gestern zuletzt miteinander geredet. Wir alle haben vor, uns in Asien wieder zu treffen, wenn erst Frieden herrscht. Aber die Zeit vergeht, wir werden alt, und der Frieden wirkt nicht sehr wahrscheinlich und fern. Michel hat schon graue Haare, seine Kinder sind erwachsen. Wouschil ist tot, er starb letztes Jahr, und da unten an den Grenzen diese Flut von Flüchtlingen... die Zeit eignet sich nicht mehr für Träume. Ich werde zurückkehren, versuchen, einigen zu helfen. Nein, ich bin nicht allein; ich habe Kurt, meinen Kompagnon, und Lionel, einen großen, schnurrbärtigen Angestellten der amerikanischen Botschaft. Ein außergewöhnlicher Mann. Auch bei der französischen Botschaft habe ich Freunde, die Lumeaux, die hingebungsvoll für die Sache der Flüchtlinge eintreten. Und dann gibt es noch die Médecins sans Frontières, Care, World Relief, das Rote Kreuz, die humanitären Organisationen. Und Pater Jean. Es gibt dort unten hervorragende Menschen, ich habe es eilig, zurückzukehren. In Frankreich bin ich nicht mehr zu Hause, war es nie. Es war gut, euch wiederzusehen. Adieu. Sicher, ich werde wiederkommen, und außerdem werden wir uns schreiben.

Liebe auf den ersten Blick

Vor der Rückkehr nach Bangkok haben wir einen Umweg über Südfrankreich gemacht, wo ich noch nie gewesen war, zuerst mit dem Zug bis Saint-Rémy-de-Provence, danach mit dem Auto. Das Wetter war herrlich. Wir haben die Gegend betrachtet, indem wir aufs Geratewohl durch die Dörfer fuhren, und darauf gewartet, daß eines davon uns ein Zeichen geben, uns einladen würde: «Hier ist es hübsch. Laßt euch bei uns nieder.» Dieses Frankreich ist anders. Ich kannte es nicht, man hat nicht oft genug darüber gesprochen. Es ist verführerisch und bezaubernd. Majestätische Pinien, große Eiben, Olivenbäume, violette Lavendelfelder und an Berghängen in rosigem Licht alte, steinerne Dörfer, die man kaum aufzuwecken wagt. Die Bewohner sind gelassen und liebenswürdig, auf den Märkten gibt es violette Zwiebeln, Knoblauchzöpfe, Spezialitäten wie Fougasse, Tapenade und Nußbrot, und man darf sogar Wein aus dem Faß probieren; alles ist vollkommen exotisch.

Meine kleine Manou ist hingerissen. Allein die Gerüche: Thymian, Rosmarin, Salbei, Minze, alle Kräuter der Provence. Und da läuft sogar ein Hase. Wir sind im Land von Alphonse Daudet. Hübsch? Nein, großartig, umwerfend. Schau: Arles und das Kloster Sainte-Trophîme, die Landschaften van Goghs, Tarascon und das Haus von Tartarin, und jetzt Beaucaire. Siehst du das Schloß? Nîmes und seine Corrida. Olivier, gib Ruhe, wie soll ich sonst wissen, wo wir uns etwas kaufen werden? Wir werden es spüren, wenn der Augenblick gekommen ist. Ein Haus, weißt du, ist wie ein Mann. Man verliebt sich, ohne genau zu wissen, warum.

Eine kleine, baumbestandene Straße zwischen Bergen, die Luft ist trocken und ganz anders als in Thailand. Aussteigen, Kinder, wir haben es gefunden.

Wir haben den Wagen unter den Platanen einer Allee abgestellt, und feierlich bin ich umherspaziert, meine Kinder an der Hand. Der Ort war magisch: eine kleine, runde Stadt unter großen Bäumen, die in paradiesisches Licht getaucht war. In meinen Kinderträumen hätte ich gern dort gewohnt. Sie hatte etwas Vertrautes und Beruhigendes, und alles strahlte Frieden aus, die mittelalterlichen Häuser mit den Fensterläden, die Brunnen, das Pflaster der Gassen, der singende Akzent der alten Frauen, die Farbe des Himmels, die auf einer Bank liegende Katze. In der Nähe des Schlosses hob ich staunend den Kopf und sah das Banner des ersten Herzogtums Frankreichs: Wir waren in der Stadt Uzès.

Ich habe die Stadt Uzès mit ebenso berauschenden Gefühlen entdeckt wie Kolumbus Amerika.

Frankreich hatte ich schon lange aus meinen Gedanken verbannt, es gehörte zu meinen bösen Erinnerungen, einem Teil meines Lebens, den ich auslöschen wollte. Solange ich in Kambodscha gelebt hatte, hatte es mir nicht gefehlt, ich hatte ja ein Adoptivland. Nach dem Fall aber war ich nirgends mehr zu Hause, und obwohl ich das Nomadenleben rühmte, spürte ich doch manchmal Bedauern. Außer Claude und Monique hatte ich keine französischen Freunde mehr. François war der erste. Heute begreife ich, daß ich mit der Freundschaft zu ihm auch den ersten Schritt zurück zu meinem Land tat, denn alles, was mich zu ihm hinzog, war mit Frankreich verbunden: seine Liebe zur französischen Literatur, zu unserer Kultur, seine Art, die Wurst ganz fein zu schneiden, zu Beginn der Mahlzeit Sülze zu essen, das Essen mit Camembert zu beschließen und wütend zu werden, wenn jemand ausländische Wörter in die französische Sprache einfließen ließ; und seine Art, Weine zu kosten, am Cognac zu schnuppern und vor allem zu reden. Seit Jahren sprach ich Englisch, Kambodschanisch oder Thailändisch, selten Französisch. Er rief mir Worte in Erinnerung, die ich schon lange vergessen hatte und mit Entzücken wiederfand. Manchmal brachte er uns Platten von Georges Brassens oder Yves Montand mit. Auch sie waren aus meinem Leben verschwunden gewesen. Indem ich sie wieder hörte, hatte ich den Eindruck, meiner Vergangenheit die Hand zu reichen. Wenn er seine Freunde aus Nancy erwähnte, wo er studiert hatte, sprach er mit Stolz und Liebe von seiner Stadt. Wenn ich ihm zuhörte, hatte ich den Eindruck, an etwas Kostbarem vorbeigegangen zu sein.

Er, der sich von Asien nicht trennen konnte, hatte es verstanden, sich seine Identität zu bewahren. Er war Franzose. Ich fragte mich manchmal, wer ich sei. Ja, rückblickend betrachtet war meine Freundschaft mit François mein erster Versuch der Wiederannäherung an Frankreich. Und als der Bonze davon sprach, in meinem Heimatland ein Haus zu kaufen, war das kein Zufall. Der Wunsch, dorthin zurückzukehren, mußte irgendwo in mir vorhanden sein, auch wenn ich ihn nicht zur Kenntnis nehmen wollte.

Wir haben das erste Haus gekauft, das uns der erste Immobilienmakler, den wir ansprachen, gezeigt hat. Die Sache war in weniger als zwei Stunden erledigt. Der Notar hat zehn Prozent bekommen, der Kaufvertrag wurde unterschrieben, und wir haben gefeiert, indem wir eine Pizza aßen. Später habe ich mir wegen des überstürzten Kaufs Vorwürfe gemacht. Das Haus war zu isoliert in dem kleinen Wald von Pont-des-Charrettes, abends hatte man dort Angst. Und der Garten war nicht groß genug. Aber das machte nichts, wir würden ja ohnehin sicher niemals dort wohnen. Das Wesentliche war die Idee; von nun an konnten wir träumen und uns ein bißchen französisch fühlen.

Nach der Rückkehr sprach Olivier noch wochenlang begeistert von seiner Reise. Seine Großmutter sei ja wunderbar, aber das Land erst... «Stellen Sie sich vor, ein Land, in dem alle Französisch sprechen, sogar die Armen.»

Ein paar Monate später schickte der Notar uns unseren Scheck zurück, begleitet von einem bedauernden Brief. Eine Erbschaftsangelegenheit sei nicht geregelt, das Haus könne nicht separat verkauft werden, der Vertrag sei annulliert. Ich bin im Laufe des folgenden Jahres zwei- oder dreimal in die Gegend zurückgekehrt und habe im Umkreis von dreißig Kilometern um Uzès alle Immobilienmakler aufgesucht, aber das Haus meiner Träume habe ich nicht gefunden. Nach und nach habe ich die Idee aufgegeben.

Wir schrieben das Jahr 1979. Bi und Bô waren noch immer bei uns, und Madame Seng hörte nicht auf zu weinen. In Lionel, dem Flüchtlingsbeauftragten der amerikanischen Botschaft, hatte ich einen vorbildlichen Menschen entdeckt, der sich ganz für die Flüchtlinge einsetzte und jederzeit bereit war, sie zu verteidigen. Er besaß soviel Herz wie Intelligenz und die seltene Eigenschaft, seinen Ehrgeiz und die Politik stets den Interessen der Flüchtlinge unterzuordnen. Auch Pater Jean von der Mission hatte ich ins Herz geschlossen, der früher in Kambodscha gelebt hatte und die Khmer so liebte, wie er die vietnamesischen Invasoren haßte.

Die vietnamesische Armee war nämlich in Kambodscha einmarschiert und hatte dem schrecklichen Regime der Roten Khmer ein Ende bereitet. Tausende von Kambodschanern hatten die Gelegenheit ergriffen, um nach Thailand zu flüchten. Man sah sie in enormen Wellen über die Grenze strömen, und angesichts der Größe des Unglücks hatte ich nicht mehr das Herz, mich noch für etwas anderes zu interessieren. Juristisch gesprochen waren sie «Durchreisende» und unterstanden nicht dem Schutz des Flüchtlings-Hochkommissariats. Die Regierung Thailands war beunruhigt über den massiven Zustrom und klagte, die westlichen Länder machten keine Geste, um ihr bei dieser Bürde zu helfen. Um die thailändische Bevölkerung zu besänftigen, die gegen diese lästigen Nachbarn war, und um die internationale Gemeinschaft zur Intervention zu zwingen, begannen die Behörden im Juni mit einer umfassenden Repatriierungsaktion.

Daraus ergab sich ein so schreckliches Drama, daß ich die Einzelheiten Tag für Tag in mein Tagebuch eingetragen habe aus Angst, sie mit der Zeit nicht mehr glauben zu können.

Kantaralak

4. Juni 1979

Pater Jean hat Gerüchte gehört, denen zufolge die thailändische Armee die kambodschanischen Flüchtlinge wieder ihren Henkern ausliefern will. Man muß sehen, ob sich das bestätigt.

5. Juni

Mit einem gefälschten Passierschein ist es mir gelungen, alle Militärsperren zu passieren und bis an die Grenze zu gelangen, woher die Gerüchte kommen. Mein Reisedokument, angefertigt mit einer Kartoffel, einer Münze und Tusche, war zwar nicht sonderlich überzeugend, aber ich habe die geheimnisvolle Miene einer offiziellen Beauftragten aufgesetzt und die Scheinwerfer meines Wagens brennen lassen, wie ich es bei gewissen Generälen gesehen habe, die am hellichten Tage so umherfuhren, und alle Welt hat mich ernst genommen.

Ein Kokospalmenfeld, eine kurvenreiche Straße. Es stimmt also. Zwei- bis dreihundert Kambodschaner, von Bewaffneten bewacht, drängen sich bei meiner Ankunft hinter Stacheldraht; sie sind abgemagert und verängstigt und beruhigen sich für einen Augenblick, als sie mich sehen und ihre Sprache sprechen hören. Jedes ihrer Worte ist ein Hilferuf. Nachts werden sie in kleinen Gruppen auf die andere Seite zurückgeschickt, wo die Situation so ungeheuerlich ist, daß sie nicht davon zu sprechen wagen. In abgehackten Sätzen beschwören sie mich, sie nicht im Stich zu lassen, ein Mittel zu finden, ihnen zu helfen. Ausgemergelte Frauen schieben kleine Kinder vor: «Retten Sie wenigstens die...»

Unerträgliche Augenblicke. Ich möchte bleiben, sie bis ans Ende meiner Kraft verteidigen, mit ihnen sterben. Aber die Soldaten wollen ihre Operationen geheimhalten, und meine Anwesenheit macht sie nervös. Einer rammt mir sein Maschinengewehr in die Seite, ein anderer fordert mich auf zu gehen. Aber ich kann mich nicht rühren, ich bin wie hypnotisiert von dieser Menge, die sich drängt, um mich zu sehen, mit mir zu reden, für die ich das einzige Band zur zivilisierten Welt bin. Ein Mann schiebt die anderen beiseite und nähert sich dem Gitter. «Yvette», sagt er traurig, «du erkennst mich nicht . . . Ich bin Narac.» Ich brauche lange, um dieses ausgezehrte Gesicht mit dem eleganten Finanzchef von Air Cambodge in Verbindung zu bringen, den ich zu Zeiten von Cambodair alle fünf Minuten um Rat fragen ging. Narac, mein Freund Narac, hier, in diesem Zustand. Ich kann es nicht glauben . . . Wir ignorieren den Stacheldraht, fallen uns in die Arme und weinen lange und lautlos.

Ich verspreche ihm, ihn herauszuholen, koste es, was es wolle, und mache mich auf den Rückweg nach Bangkok. Ich spüre gleichzeitig Ohnmacht und Wut und bin bereit, jeden zu erwürgen, der es wagt, sich mir in den Weg zu stellen.

6. Juni

Meine erste Sorge ist, das Internationale Rote Kreuz und das Flüchtlingshochkommissariat von den Massakern zu unterrichten, die da fast vor unseren Augen begangen werden. Man nimmt meine Informationen zur Kenntnis, aber ich sehe, daß sich niemand sonderlich aufregt. Also laufe ich zur Botschaft der Vereinigten Staaten.

Lionel ist schockiert und bittet seinen Botschafter sofort, von den Behörden zu verlangen, daß diese Rückführungen aufhören. Im Verlauf des Gesprächs flehe ich ihn an, Narac zu helfen, aber er weigert sich glatt. «Einem Typen oder fünfhundert zu helfen, erfordert den gleichen Aufwand an Energie und Zeit; wenn wir kämpfen müssen, dann kämpfen wir für die Mehrheit.» Er hat recht. Der Unterschied ist nur, daß ich von einem Freund spreche, nicht von einem «Typ».

Lionel und Pater Jean faszinieren mich: intelligent, sensibel und selbstlos kämpfen sie für dieselbe Sache und würden ein gutes Paar abgeben, wenn Pater Jean nicht allergisch gegen Amerikaner wäre. Das ist stärker als er. In jedem sieht er einen Agenten der CIA und bringt es nicht einmal über sich, sie zu grüßen.

Lionel, den dieser rebellische Missionar sowohl amüsiert als auch irritiert, hat oft versucht, mit ihm in Verbindung zu treten. Nichts zu machen. Ich, die ich es so nötig habe, daß man mich an meine Ideen glauben läßt, respektiere auch die der anderen. Ich bin mit beiden Männern befreundet und bezeichne mich zum großen Zorn des Paters als ihren Verbindungsoffizier.

7. Juni

Ich habe große malvenfarbene Orchideensträuße, die Kinder auf der Straße feilhalten, gekauft und sie überall im Haus aufgestellt. Man könnte meinen, im Blumenparadies zu sein. Unser Haus ist fröhlich und wimmelt von Kindern, aber Manou und Olivier werfen mir vor, ich hätte nicht genug Zeit für sie. Alle berufstätigen Mütter müssen dasselbe schlechte Gewissen haben. Ich mache kein großes Getue darum. Ich werde sie am Sonntag ans Meer fahren, damit sie mir verzeihen.

Nachmittags, zwischen der Unterzeichnung eines Vertrages über Linsen, einem Streit mit einem chinesischen Reeder und einer Elternversammlung in der Schule, bitte ich zwei Söldner, die ich in einer Bar aufgetrieben habe, mir bei der Entführung Naracs zu helfen. Sie versprechen, darüber nachzudenken. Wir treffen uns morgen um Mitternacht am gleichen Ort.

8. Juni

Lionel und ich fahren an der Grenze entlang, nehmen als Anhalter einen Bonzen mit und bedauern es gleich. Wir sollten uns nicht ablenken lassen in einem Augenblick, in dem sich alle unsere Gedanken nur um den Schutz der Flüchtlinge drehen. Doch dieser Bonze hält eine Überraschung für uns bereit. Als ich ihn irrtümlich auf kambodschanisch anspreche, ruft er plötzlich aus: «Ach, welche Freude! Ich kann Ihnen vertrauen, Sie sprechen unsere Sprache!» Er hält eine glühende Ansprache, in der von Kindern, die den Roten Khmer entkommen sind, von Militärs und Geheimnissen die Rede ist. Lionel sieht uns an, amüsiert, daß der Passagier ein als thailändischer Bonze verkleideter kambodschanischer Bonze ist.

«Unmöglich», murmelt er mit einem Lächeln, «sie sind genau gleich gekleidet.»

Ich bin bewegter als der Bonze und übersetze nervös seine Sätze. «Er versteckt Kinder in einer Pagode, Khmer, vier Jungen; er hat nichts für sie zu essen. Wenn die Militärs sie finden, schicken sie sie nach Kambodscha zurück.»

Ich schlage vor, die Kinder zu besuchen, aber der Bonze lehnt ab.

«Zu gefährlich. Weiße fallen hier immer auf.» Trotzdem möchte ich etwas von ihnen mitnehmen, und seien es nur ihre Namen. Der Bonze sagt, sie erinnerten sich nur an ihre Vornamen: Leng, Thong, Chu und Ming. «Sie müssen zwischen fünf und sechs Jahre alt sein. Ich bitte Sie, versuchen Sie zu helfen.»

Wir geben ihm etwas Geld für Nahrung, tauschen unsere Adressen aus und verlassen ihn. Wir versprechen, unser Möglichstes zu tun. Abends, auf dem Rückweg, wird Lionel böse, weil ich unbedingt diesen vier Kindern helfen will. «Wir brauchen eine Maßnahme, um alle zu retten.» Mehr kann er nicht sagen. Er geht mir auf die Nerven; bei ihm habe ich immer das Gefühl, ein Kleinkrämer zu sein.

In der Stadt angekommen, gehe ich zu SUISINDO, um die Telexe und sonstigen Botschaften des Tages durchzusehen. Der ökumenische Kirchenrat bestellt Reis, das Rote Kreuz Medikamente, und die schwedische Regierung möchte Baumwolle... gut, in diesem Bereich läuft alles gut. Aber zu Hause herrscht Panik: Bi und Bô streiten, Meng ist schlechter Laune, Madame Seng weint; Olivier hat wieder versucht, Feuer zu legen, und Manou ist wütend. Sie hat all ihre Ballettbücher zerrissen. Nachdem ich die ganze kleine Welt aufgemuntert habe, ist es schon Mitternacht: Zeit, meine Söldner in der Bar zu treffen.

Pat Pong. Hier geht das Leben weiter, und zwar recht fröhlich. Bei ohrenbetäubender Musik und in dichtem Qualm tanzen nackte Mädchen unter den Blicken lüsterner Deutscher auf der Theke. In einer Ecke bietet ein alter Franzose aus Laos, der völlig betrunken ist, einem knienden Mädchen seinen Hosenschlitz dar, ohne sich deshalb in seiner Weltgewandtheit stören zu lassen. «Hallo, Yvette», schreit er jovial, als er mich vorbeigehen sieht, «geht's den Kindern gut?» Dabei hatte ich gehofft, nicht bemerkt zu werden... Ich treffe meine Gehilfen an einem abgelegenen Tisch, will nicht rauchen, will nichts trinken. Also schnell, wie sieht es mit der Entführung von Narac aus? Als sie mir ihren Plan enthüllen, gefällt er mir nur halb.

«Und wenn jemand dazwischenkommt?»

«Dann», sagt einer der beiden mit leiser Stimme, «lassen wir den verschwinden.»

Oh! So weit hatte ich nicht gehen wollen. Ich verlasse die beiden und bitte um drei Tage Bedenkzeit.

9. Juni

Was für eine schreckliche Nacht. Ich habe von Kadavern geträumt, von den verrenkten Leichen von Soldaten, die in meinem Auftrag umgebracht worden sind. Es ist verrückt, wie man sich in diesem Land verirren kann, in dem das Leben so wenig wert ist. Wie konnte ich kühl den Tod einiger Menschen ins Auge fassen? Sollte es daran liegen, daß ein bezahlter Mörder nur zwanzig Dollar kostet und leichter zu finden ist als ein Gärtner?

Um wieder zur Vernunft zu kommen, gehe ich zu Pater Jean. Dieser gepflegte Sechziger, ein kleiner Mann mit stets lebhaftem Gesicht, ist die ganze Zeit brummig, aber was wäre die französische Gemeinde ohne ihn? Wer immer Geld-, Liebes- oder Gesundheitsprobleme hat, geht zuerst zu ihm und nicht zu seinem Bankier, seiner Schwiegermutter oder zum Arzt.

Verlegen schildere ich ihm meine Gewissensnöte: Darf man das Leben eines Soldaten aufs Spiel setzen, um einen Freund zu retten? Ich war schon auf eine Strafpredigt gefaßt, doch er antwortet wütend: «Du wirst doch wohl nicht zögern, diese Schweinehunde umzulegen, oder?» Dann wird er ernst und kommt auf ein schwerwiegendes Thema. Die thailändische Armee hat insgeheim begonnen, eine umfassende Aktion durchzuführen. Zu Tausenden werden jetzt im Schutz der Nacht Flüchtlinge nach Kambodscha zurückgeschickt. Man habe die Lastwagen, auf denen sie transportiert werden, vierhundert Kilometer von der Grenze entfernt gesehen, wo sie im Nordosten verschwanden, hinter dem Dorf Kantaralak. «Geh zu den Amerikanern und bitte sie, schnell zu handeln», sagt der Pater verängstigt; erst in diesem Moment wird mir klar, wie demoralisiert er sein muß.

In der amerikanischen Botschaft können sie nichts machen. Die örtlichen Behörden leugnen die Tatsachen.

Mein Gott... Man kann doch die Leute nicht einfach sterben lassen... Ich weiß nicht mehr, an welchen Heiligen ich mich wenden soll, und gehe dahin, wohin jeder Thai gehen würde: zu Phra Prom. Sein Altar hinter dem Hotel Erawan biegt sich unter Gaben: Blumen, Kerzen, Kuchen, ein Berg von Eiern und ein Schweinekopf. Ich verbeuge mich dreimal und hänge ihm eine Kette aus Jasminblüten um den Hals. Einen Augenblick lang lenkt mich ein kleiner Junge mit nackten Füßen ab, der ihm zwölf Elefanten aus Teakholz darbietet. Diese Gottheit, eine Mischung aus brahmanischen und buddhistischen Glaubenslehren, ist die höchstverehrte von Bangkok; ihre Wunder sind nicht mehr zu zählen. Sterile Frauen bekommen Kinder, Arme werden reich, Einsame finden Partner. Ich bete inbrünstig: «Phra Prom, bitte, hilf den Kindern, die bei mir wohnen, ihre Familien wiederzufinden, rette Narac, rette die vier kleinen Jungen aus der Pagode.»

Ich füge hinzu, wenn die Gottheit uns helfen könnte, das Geschäft mit den zwei Tonnen Trockenfisch an Land zu ziehen, wäre sie vollkommen.

Am Abend meldet sich Lionel. Die Behörden setzen ihre Repatriierungsoperationen fort, versprechen aber, solche Kambodschaner zu verschonen, denen ein Aufnahmeland die Einreise garantiert, wenn wir ihre Namen innerhalb einer Stunde übermitteln können. Ungeheure Enttäuschung. Weder Pater Jean noch ich haben eine Liste. Verzweifelt diktiere ich den Namen Narac und erfinde vier weitere, denen ich die Vornamen der Kinder voranstelle; das ist alles, was wir tun können.

Eine Nachricht wird in dieser Nacht dem Bonzen helfen, die Kinder aus der Pagode in das Lager zu schaffen.

10. Juni

Ich liebe die Stunde des Frühstücks auf unserer Terrasse über dem Teich, auf dem riesige Lotosblüten schwimmen. Der Wind biegt die Bambussträucher im Garten, bis sie uns berühren, und ich staune jedesmal von neuem, mit welcher Anmut sie sich wieder aufrichten. Wir sind neun Personen, die um den Tisch sitzen. Wie jeden Morgen lasse ich mir etwas einfallen, um dieser kleinen Welt meinen Optimismus zu übermitteln; dann überdenke ich meine häuslichen Probleme. Wo soll ich die Neuankömmlinge unterbringen? In meinem Zimmer sind Meng und Olivier, Bi und Bô haben das grüne Zimmer, Madame Seng und ihre beiden Kinder die Garage. Manou? Sie hat ein Zimmer ganz für sich allein... nein, nutzlos. Sie würde mich mit Blicken durchbohren und auf dem Absatz kehrtmachen, ohne mir eine Antwort zu geben. Das Fräulein Tänzerin braucht Einsamkeit und Platz... die Arme, sie fühlt sich mit ihren dreizehn Jahren nicht wohl in ihrer Haut und hat keinerlei Sympathie für «diese Kleinen, von denen es bei uns wimmelt».

Komplizieren wir die Dinge nicht. Meng wird im Salon schlafen, die vier Neuen und Olivier in meinem Zimmer, Bi und Bô bleiben, wo sie sind, und Familie Seng ebenfalls; wir werden einfach vier neue Matten kaufen, das ist alles.

Ich verbringe den Abend in Suan Plu, dem Transitzentrum der Flüchtlinge in Bangkok, und finde zu meiner großen Freude dort Narac vor. Falls er meinen Einfluß auf sein Schicksal ahnt, erwähnt er es nicht, und ich schweige ebenfalls; wir sind zu traurig über das Los derer, die geblieben sind. Auch die vier Kinder sind eingetroffen, oder sollte ich sie als vier Ungeheuer bezeichnen: Sie haben zehnmal mehr Energie als alle Kinder von Suan Plu zusammen und hören nicht auf zu lachen und zu toben. Außerdem sind sie wundervoll und entsprechen überhaupt nicht dem Bild, das ich mir von ihnen gemacht hatte. Sie sind offenbar gut genährt und voller Leben und erinnern eher an verwöhnte als an verlassene Kinder.

11. Juni

Ich habe den Kleinen vier prachtvolle Feuerwehrautos mit Kipper und ausfahrbarem Kran geschenkt, die selbst reiche Kinder vor Neid erblassen lassen würden. Nur Thong war nicht empfänglich dafür und schmollte in einer Ecke. Man hat mir gesagt, er habe die ganze Nacht geweint. Zu Hause werden sie sich wohler fühlen. Ihre Transferdokumente werden morgen fertig sein.

Als ich an diesem Abend heimkomme, müde nach einem anstrengenden Tag, finde ich vor der Tür meine Nachbarn, die Korrespondenten von Reuter. Sie sind in schrecklicher Wut. Olivier hat ihren Sohn Edward an einen Baum gebunden und diesen angezündet. Aufgescheucht durch die Schreie des Kleinen konnten sie ihn in letzter Sekunde losbinden, und er kam mit dem Schrecken davon. «Ihr Sohn ist ein tobender Wahnsinniger, er dürfte nicht frei herumlaufen!» schreit die Mutter. Sie hat nicht unrecht. Olivier ist wirklich gefährlich, ständig von einer mörderischen Wut besessen, aber ich kann ihn ja nicht von zwei Polizisten bewachen lassen oder einsperren. Er braucht Liebe und Zeit. Ich werde mir mehr Mühe geben.

12. Juni

Ich bin mir noch immer böse wegen meiner Laune in Suan Plu heute morgen, als ich entdeckte, daß die Kinder ihre schönen Feuerwehrautos gegen Gummibänder eingetauscht haben. Einfache Gummibänder, die sie als Steinschleudern benutzen.

Die Fahrt zu unserem Haus bringt sie ganz aus der Fassung, und als sie zehn Minuten später Thada Court erreichen, sind sie außer sich vor Freude: «Oh, Frankreich ist aber schön!» ruft Leng. Ming, der mit seinen schmalen Augen direkt aus einem chinesischen Märchen zu kommen scheint, verschwindet im Garten und kommt gegen Mittag triumphierend zurück, eine große, lebende Ratte am Schwanz haltend. Stolz streckt er mir seine Beute entgegen und erklärt mit seiner Kinderstimme beruhigend: «Keine Sorgen mehr, liebe Tante. Wir haben etwas zu essen.»

Nach dem ersten Schock finde ich meine Sicherheit wieder: «Großartig. Aber wir haben schon ein Hühnchen fertig; lassen wir die Ratte wieder frei.»

Abends sitzen wir alle neun im Salon, um die vier Neuen von ihren Erinnerungen erzählen zu hören. «Ich», sagt Thong, «kann nicht mehr an meine Kindheit denken, das tut zu weh.» Leng erzählt, wie er, hinter einem Stein versteckt, zusah, wie die Roten Khmer sein Haus anzündeten und mit einer Axt seine Mutter töteten; er berichtet davon, als komme er aus dem Kino und schildere uns den Film. Chu war mit seinen Eltern in einem Boot, es kenterte, und er fand sich ganz allein am Ufer wieder und lief, lief, lief... Ming sah das Hirn seiner Schwester an die Wand spritzen und floh, ehe er an der Reihe war.

Sie trafen sich in einem Lager der Roten Khmer, wo sie monatelang vergiftete Bambusstöcke anspitzen und das Loblied Angkas singen mußten. Als die Roten Khmer von den Vietnamesen vertrieben wurden, haben sie zusammen die Flucht ergriffen. Sie sind gelaufen und gelaufen, haben sich von allem möglichen ernährt, und eines Tages haben sie wie die Großen die thailändische Grenze erreicht. Sie fanden eine Pagode, wo ein Bonze sie versteckte.

Solche Schrecken aus dem Mund kleiner Kinder... Ich finde kein Wort des Trostes, sondern begnüge mich damit, ihnen das Lied «Bruder Jakob» beizubringen. Als sie es zu singen beginnen und dabei in die Hände klatschen, habe ich einen Augenblick lang die Illusion, das Unglück gebannt zu haben.

Spät am Abend, als sie sich müde hingelegt haben, bin ich auf einmal sehr traurig. Ein Stromausfall hat das ruhige Brummen der Klimaanlage unterbrochen und läßt mich die ungewissen Laute der Nacht hören. Es ist schrecklich heiß. Die Kinder stöhnen im Schlaf, und ich wälze mich lange auf meinem Bett, ohne Schlaf zu finden.

Mitten in der Nacht läßt das schrille Läuten des Telefons mich aufschrecken. Es ist Lionel. Er wird mich in zwanzig Minuten abholen und an die Grenze fahren.

Es ist gerade zwei Uhr. Lionel fährt schnell und versucht, den Fahrrinnen und Büffelwechseln auszuweichen. Unterwegs informiert er mich über die letzten Ereignisse. Nichts hat die Thais überzeugen können, ihre endlich eingestandenen Rückführungsoperationen aufzugeben, bis sich Frankreich, Australien und die USA schließlich zu einer Resolution durchrangen und einer Gesamtzahl von 1200 Flüchtlingen Asyl anboten. 37000 Personen sind in den letzten Tagen abgewiesen worden, 6000 weitere, in der Pagode von Wat Ko untergebracht, werden morgen früh zu ihnen stoßen. Dorthin sind wir eilig unterwegs, nachdem wir schließlich die Erlaubnis erhalten haben, aus diesen 6000 unsere Quote von 1200 auszuwählen. Die Auswahlkriterien? Wir werden versuchen, Personen zu finden, die in einem der drei Länder Angehörige haben. Wir müssen uns beeilen, denn wir haben kaum drei Stunden, um die Auswahl zu treffen, Listen aufzustellen und die Abreise nach Bangkok zu organisieren.

Der bloße Gedanke, über das Schicksal Tausender Menschen zu entscheiden, bereitet mir schon Übelkeit, und das in ihrer Gegenwart zu tun, ist noch unvorstellbarer. Die Pagode muß einmal hübsch gewesen sein mit ihrem geschnitzten Holztor und den heiteren Buddhagesichtern. Sie steht an einer mit Tamarinden bepflanzten Allee neben einem kleinen Wald. Der Lateritboden ist rot, rot sind die Blätter der Bäume und die Steine, und wir waten durch dicken roten Schlamm, als habe es die ganze Nacht Blut geregnet.

Links stehen hintereinander etwa zwanzig Busse, die für die 1200 «Flüchtlinge» bestimmt sind. Davor ungefähr hundert ähnliche Busse, mit denen die «Durchreisenden», die Zurückgewiesenen, mit Gewalt zurückgebracht werden sollen. In der Mitte zwei Militärjeeps.

Und hinter einem Zaun 6000 Khmer, Sino-Khmer oder Chinesen aus Kambodscha, die ich nicht anzusehen wage; auf der anderen Seite etwa fünfzig bewaffnete Soldaten und wir, die Ausländer: ein Australier, ein Franzose sowie Lionel und ich. Auch ein Repräsentant des Flüchtlingshochkommissariats ist anwesend sowie der Korrespondent von Reuter.

Wir sind kaum angekommen, da drängen die Militärs uns auch schon, die Sache abzuschließen. Schneller. Wir fühlen uns elend beim Gedanken an die unmenschliche Aufgabe und verteilen uns auf die vier Seiten der Pagode; jeder soll 300 Flüchtlinge auswählen. Neben jedem von uns steht ein Soldat.

Ich habe 1500 Menschen vor mir. Sie begreifen nicht, was vor sich geht, doch da sie auf einer Seite die Jeeps der Armee und auf der anderen Zivilisten, noch dazu Weiße, sehen, spüren sie bereits, daß das Schlimmste passieren könnte, und erwarten still ihr Schicksal. Sie haben die schrecklichsten Leiden ausgestanden, haben wie durch ein Wunder überlebt, sind vor dem Holocaust geflohen und haben einen Moment aufgeatmet, nachdem sie die Grenze passiert hatten. Glücklich haben sie geglaubt, ihre Qualen seien zu Ende, und nun schickt man sie wieder dahin, woher sie gekommen sind. Diese vielen tausend Kinder vor mir werden wieder Krankheit, Hunger und Tod sehen, und ihre Eltern werden vielleicht sterben, damit ihre Kinder wenigstens einen Tag länger leben können. Alle sind verurteilt zu Verzweiflung oder Tod, alle, bis auf die, denen wir ein Tor zur Hoffnung öffnen werden.

Ich wünsche niemandem, daß er sich jemals in einer solchen Situation befindet.

Ich nehme das Mikrophon und verkünde den Zweck unserer Mission, ohne Genaues über die Zahl zu sagen, um keinen Aufruhr zu erzeugen. Der rauschhafte Augenblick, der auf meine Worte folgt, ist rasch vorbei. Sie haben verstanden, daß sie nicht alle aufgerufen werden. Schweigen und Passivität sind plötzlich vorbei, und tausend Stimmen rufen gleichzeitig: «ICH, ich, ich!»

Ich bitte um Ruhe und denke dabei, daß sie angesichts ihres grausamen Schicksals eigentlich noch viel lauter schreien müßten. Ich zögere eine Minute, ehe ich anfange. Wie soll ich hier ganz zufällig Menschen auswählen? Doch da ich zögere, erheben sich wieder die Stimmen: «Ich, ich! Bitte, nehmen Sie meine Kinder, Mademoiselle Yvette.» (Manche kennen mich, das ist noch schlimmer.) «Helfen Sie uns, bitte. Madame, mein Vater. Er ist krank.»

Als ich den Blick auf diese Menschenmenge richte, sehe ich nur noch Hände, Tausende von Händen, gefaltete, ausgestreckte Hände, Hände und Augen, deren Ausdruck schreit und brennt; Augen und

Hände Tausender Menschen rufen mich um Hilfe an, und kleine Kinder, die man in den Tod schicken wird, spielen währenddessen sorglos weiter.

«Schneller», sagt der Soldat hinter mir. «Um halb sieben werden wir alle wegbringen, die zurückbleiben.»

Im Morgengrauen wird man die Verdammten fortschaffen...

Ich zeige auf eine Frau, die ein Kind auf dem Arm trägt, und fordere sie auf, das Lager zu verlassen; ich wähle sie als erste, weil sie eine Frau ist wie ich und weil ihr Kind Manou sein könnte. Hastig schreibe ich ihren Namen auf und davor die Zahl 1. Nun habe ich nur noch 299 Chancen zu vergeben. «Sie. Sie. Sie.» Ich benenne die Leute wahllos, vorzugsweise Familien mit kleinen Kindern. Dann begegne ich den flehenden Blicken eines alten Mannes und wähle ihn ebenfalls aus. Er hat so viel durchgemacht, warum soll er nicht die Chance bekommen, in einem Bett zu schlafen? Zweimal muß ich mich übergeben, weil der Ekel mich überwältigt. Und doch sieht man oft lächelnde oder sogar lachende Lippen. Bei jedem Aufruf kann man Erleichterung auf den Gesichtern lesen, und manchmal ist die Freude so groß, daß alle zu klatschen beginnen. Diese Fähigkeit, sich spontan für andere zu freuen, während die eigene Zukunft düster ist, ist das Erschütterndste, was ich jemals erlebt habe.

Jetzt wirft man mir kleine Zettel zu, und bald ist der Boden um mich herum damit übersät. Ich habe keine Zeit, sie zu lesen, nur den ersten, ein armseliges SOS, das lautet: «Ich heiße Mao Chu Lee. Um Himmels willen, retten Sie mich. Meine Mutter ist in Frankreich.»

Durch jedes Loch im Zaun strecken sich Hände, die mir Zettel hinhalten, Hunderte von Händen und Hunderte von Zetteln. Verzweifelt sehe ich mich um, denn ich bin auf meiner Liste bei Nummer 299 angelangt.

«Tun Sie etwas», fleht eine Frau vor mir. Ich ergreife also das Mikrophon, nehme alle Energie zusammen und verkünde laut:

«265. Kommen Sie näher, Mademoiselle. Ihr Name?»

«Sie irren sich», sagt der Soldat empört, «Sie waren bei 300.»

«Ich? Sie scherzen wohl?»

Ich gebe mich so sicher, daß er zögert.

«Wenn Sie nicht sicher sind, schauen Sie in die Busse und zählen Sie nach.»

Als er wiederkommt, unsicher in seiner Rechnung, weil schon über 1000 Personen in den Bussen sind, bin ich bei 297, und es wird schon hell. Ende des Waffenstillstands. Auf einmal springen die Motoren der Busse an, Soldaten klettern in ihre Jeeps, und zwei aufgeregte Militärs laufen in alle Richtungen und befehlen uns abzufahren.

Ich stelle mich taub und bleibe stehen, unerschütterlich. Mir fehlen noch drei Personen, nur drei. Vorher werde ich nicht abfahren. 298!

In diesem Augenblick bittet mich ein kleiner Mann, der nahe bei mir hinter dem Zaun steht, mit leiser Stimme, ihnen zur Flucht zu verhelfen, ihm und seinen beiden Brüdern. Sie wissen, wo sie sich verstecken können. Um mich zu überzeugen, fügt er hinzu: «Das ist leicht. Hinter Ihnen steht ja nur eine einzige Wache.» Ich öffne das Tor ein wenig und lasse mich mit gespieltem Stöhnen in die Arme des Soldaten fallen. Als ich aus meiner falschen Ohnmacht erwache, ist er äußerst angespannt und will mich loswerden. Aber der kleine Mann ist verschwunden, und ich nehme mir die Zeit, die beiden letzten Personen aufzurufen, Madame Chan und ihre Tochter Bopha. Bopha ist zehn Jahre alt. Ehe sie in den Bus steigt, dreht sie sich um, lächelt und verbeugt sich. Sie ähnelt Manou.

Die Erregung der Soldaten ist auf dem Höhepunkt. Sie sind in die Pagode eingedrungen und stoßen die Unglücklichen mit Gewehrkolben vor sich her. Nach und nach füllen sich die Busse und fahren ab, und wir sehen ihnen nach, ohnmächtig, bestürzt und tief beschämt, ohne etwas zu tun. Ich will ihnen folgen. Lionel hindert mich daran. Wir müssen die «Flüchtlinge» beschützen, sie bis nach Bangkok begleiten. Wir sprechen kurz miteinander und stellen fest, daß wir 1296 statt 1200 Personen ausgewählt haben. Alle haben bei den Zahlen gemogelt, aber das ist ein schwacher Trost.

Wie lange noch werden mich die vorwurfsvollen Blicke jener verfolgen, denen ich nicht geholfen habe?

Ich spüre einen Drang in mir, die Dinge zu ändern, niemals mehr passiv vor der Grausamkeit der einen und dem Unglück der anderen zu stehen. Ich möchte versuchen, irgendwo auf der Welt die Harmonie wiederherzustellen. Aber nicht hier. Nicht in Asien. Ich glaube nicht mehr daran.

14. Juni

Narac ist erschüttert, als er von den Ereignissen in Wat Ko erfährt. Seiner Ansicht nach haben die Unglücklichen nur geringe Chancen davonzukommen. Zum erstenmal nehmen wir uns die

Zeit, etwas ausführlicher miteinander zu sprechen, und endlich kann ich die Fragen stellen, die ich bis jetzt nicht auszusprechen wagte.

«Was ist aus Keo Sath geworden?»

«Tot...»

«Und Mea Prat?»

«Tot.»

«Ranavit?»

Statt einer Antwort schüttelt er traurig den Kopf.

«Sie sind also alle tot, alle unsere Freunde? Auch Samnang?»

«Ja... auch der Vater deiner Tochter.»

Mein Herz klopft heftiger.

«Weiß man Einzelheiten?» Ich spreche ruhig, als könne mich nach all diesen Hiobsbotschaften nichts mehr treffen.

«Sie haben ihm mit einer Machete den Kopf abgeschlagen. Er litt zu der Zeit unter Ödemen und konnte nur noch mühsam gehen. Khéo, der Krankenpfleger, war Zeuge. Nein, du kannst nicht mit ihm sprechen, er ist auch gestorben, kurz danach, er ist verhungert...»

Doktor, dieses Bild werde ich nie mehr los: Du mit gesenktem Kopf und sie, die mit Machetenschlägen deinen Nacken durchtrennen. Hast du geschrien? Sei getrost, ich werde für dich schreien.

Dein Tod läßt mich verwaist zurück, und auch deine Tochter ist nun verwaist, obwohl sie nie einen Vater hatte. Wirst du uns vergeben, daß wir es nicht verstanden haben, dich zu lieben?

Zwischen Suan Plu und dem Büro besuche ich Madame Chan und ihre Tochter Bopha, die letzten auf meiner Liste von Wat Ko. Ich mag sie gern, aber Madame Chan bringt mich mit ihrem Überschwang in Verlegenheit. Sie kniet vor mir nieder, küßt meine Hände und den Saum meines Kleides und wiederholt unablässig: «Der liebe Gott hat Sie geschickt; Sie haben uns das Leben gerettet.» Buddhisten, die kürzlich zum Christentum übergetreten sind, verursachen mir Unbehagen. Sie machen den Eindruck, ein Kleidungsstück, das ihnen gut paßte, für ein zu enges aufgegeben zu haben.

15. Juni

Leng, Thong, Chu und Ming kennen als Nahrung nur weißen Reis und lehnen alle anderen Speisen strikt ab. Vergeblich bereite ich für sie Eier, Fisch, Gemüse und Früchte zu. Sie weigern sich, davon zu kosten, und sagen nur: «Das kennen wir nicht.» Statt zu spielen, verbringen sie ihre Zeit damit, alle möglichen Tiere zu fangen, Eidechsen, Kröten, Küchenschaben. Dann wollen sie, daß ich sie für sie koche. Ich habe sie im Verdacht, daß sie sie außerhalb der Mahlzeiten heimlich roh verschlingen.

16. Juni

Bopha ist in der Morgendämmerung gestorben. Eine Virusenzephalitis hat sie dahingerafft. Madame Chan, ihre Mutter, hat mich zu sich gebeten. Ich habe den ganzen Tag an der Seite der Leiche die Hand der Kleinen gehalten. Der Tod ist so unannehmbar, daß ich den Eindruck hatte, außerhalb meiner selbst Ereignissen beizuwohnen, die zu groß für mich waren. Am Abend hat Madame Chan mich fortgejagt, plötzlich von wildem Zorn ergriffen. Sie hat mich beschuldigt, für den Tod des Kindes verantwortlich zu sein. Ohne mich wären sie beide in Kambodscha, das schon, aber *lebendig*. Ich habe sie verlassen, ohne etwas sagen zu können.

Arme Madame Chan, ich kann nicht Ihre Tränen weinen... ich fühle mich nicht verantwortlich für den Tod Ihrer Tochter, aber das ändert nichts an Ihrem Schmerz und meinem Schmerz...

Bophas Tod ist eine schreckliche Lektion in Bescheidenheit. Man rettet niemandes Leben. Niemals. Man lebt, das ist alles.

17. Juni

Es gibt kein Geheimnis in Thailand, und sei es noch so wohlgehütet, das nicht schließlich Herrn Quang zu Ohren kommt, dem Reishändler und Nachrichtenagent von Pater Jean. Sein Laden in Aranyaprathet ist überhaupt nichts Besonderes, und er selbst sieht durchschnittlich aus, aber er ist ein Mann, den man fürchten muß, denn er weiß alles.

Sollten seine riesigen Ohren aus hundert Kilometer Entfernung die unvorsichtigen Worte eines indiskreten Militärs vernommen haben? Ich vermute das, denn er hat mir heute morgen ein Zeichen gegeben... wenn man ihm glaubt, birgt Kantaralak für ihn keine Geheimnisse mehr.

18. Juni

Gespräch mit Quang. Es ist entsetzlich, was er über die 42 000 Flüchtlinge erfahren hat.

Sie wurden nach Kambodscha zurückgebracht, und zwar nach Preah Vihear, einige Kilometer von Kantaralak entfernt. Beim Aussteigen aus den Bussen haben sie einander schweigend angesehen. Man hat sie gedrängt, zu Fuß weiterzugehen, einen Weg zu nehmen, der in den Dschungel führt. Sie rührten sich nicht von der Stelle, denn sie hatten den Geruch der Leichenhaufen noch in der Nase. Instinktiv wußten sie, was sie erwartete, und weigerten sich, weiterzugehen. «Wenn man ihre Angst hätte sehen können, wäre sie ein so dichter Nebel gewesen, daß man nichts mehr hätte erkennen können», hat ein Zeuge gesagt. «Sie waren alle wie gelähmt.»

Da sie sich wehrten, wandte der Leiter der Operation sich an die Forces Spéciales von Lop Buri, die mutigste und barbarischste Truppe. Stunden vergingen. Es begann zu regnen, mit ohrenbetäubendem Lärm prasselten die Wassermassen auf die Menschen und den Wald. Die Zeit verrann. Die Mütter versuchten, ihre Kinder abzuschirmen, die Männer begannen wieder zu hoffen. Wenn es eine Aufforderung oder einen Befehl gab, so hat ihn wegen des Regens niemand gehört. Die Männer von Lop Buri waren gekommen und schossen aufs Geratewohl in die Menge. Man ließ den Leuten nicht einmal die Zeit, die Verwundeten wegzubringen oder ihre Toten zu verbrennen. In ihrer Panik haben sie die wenigen persönlichen Habseligkeiten, die sie aus Kambodscha hatten retten können, und den vom Roten Kreuz empfangenen Proviant einfach zurückgelassen.

Ehe sie wieder abfuhren, haben die Soldaten alles mitgehen lassen.

19. Juni

Empört über soviel Grausamkeit, alarmiere ich die ganze Stadt: Händler, Bankiers, Anwälte, Reeder. Sie hören mir zu, die Thais sind immer höflich, aber ich errate ihre Gedanken: Sie sollte sich besser um ihre eigenen Angelegenheiten kümmern.

Es war nicht realistisch von mir, auf ihre Unterstützung zu hoffen, sie werden keinen Finger rühren.

Könnte ich die Franzosen aufrütteln, wenn an der spanischen Grenze vierzigtausend Menschen aus dem Maghreb sterben würden?

20. Juni

Sie sind an der Grenze zwischen Thailand und Kambodscha auf einer verminten Hochebene. Sie haben nichts zu trinken, nichts zu essen, und der Rückweg nach Thailand ist durch bewaffnete Männer versperrt, teilt mir heute morgen Pater Jean mit. Erschüttert fügt er hinzu: «Ich werde dem Papst schreiben.»

Ich bin weit davon entfernt, sein Vertrauen in den Papst zu teilen; als praktische Frau eile ich zum Büro des Internationalen Roten Kreuzes. Mit den finanziellen Mitteln und der enormen Macht, die es in Bangkok besitzt, kann es uns vielleicht helfen. Gemessenen Schrittes betrete ich die Räume unserer schweizerischen Freunde. Diese Spezialisten für dringende Fälle mögen keine Hast, sie würden mich als Dilettantin oder überspannt betrachten, wenn sie mich laufen sähen... Der Direktor empfängt mich, hinter seinem Schreibtisch sitzend, offiziell, ordentlich. Die Farbe seiner Krawatte paßt zu der der Vorhänge. Ruhig schildere ich ihm die Situation, obwohl ich jetzt schon Lust hätte, ihn zu schubsen. Meine Worte bringen einen Eisberg zum Schmelzen: Sensibilität, Gefühl, Menschenrechte, humanitäre Prinzipien, alles kommt zur Sprache. Ich versuche, ihm meine Begeisterung mitzuteilen, aber er bleibt sitzen und denkt nach. Ich beharre auf Dringlichkeit: Wir haben keine Minute zu verlieren. Da sagt er mir doch tatsächlich ins Gesicht: «Aufgrund unserer Konventionen können wir nur in den Ländern tätig werden, in denen wir einen Vertreter haben; wir haben aber kein Büro in Phnom Penh.»

Und er kramt in seinen Schubladen, um... die Konventionen zu suchen!

Das ist unmöglich, wir leben nicht in derselben Welt... wir haben nicht den gleichen Traum. Ich begreife durchaus, daß dem Handeln seiner Organisation Grenzen gesetzt sind, aber sich so hinter seiner Konvention zu verstecken... Kann er nicht versuchen, einen Dialog in Gang zu bringen, damit es zu einer Lösung kommt? Fürchtet er, von seinem Vorgesetzten in Genf getadelt zu werden, wenn er sich außerhalb der Konvention in eine humanitäre Aktion einmischt? Ich verlasse ihn grußlos.

Die Organisation mag mächtig sein, aber sie ist nichts wert, wenn der Mann an ihrer Spitze weder Ideale noch Mut hat. Ich würde jeden Respekt vor mir selbst verlieren, wenn ich mich jemals von Regeln einschränken ließe, während an meiner Seite jemand leidet oder stirbt.

Das Flüchtlings-Hochkommissariat ist meine zweite Anlaufstelle. Ich mache mich eilig auf den Weg dorthin und vergeude zwei Stunden im Stau. Ich fluche auf diese verschmutzte Stadt. Die Antwort des Verantwortlichen ist ein perfektes Stereotyp: «Das Hochkommissariat hat kein Schutzrecht über die 42000 Flüchtlinge; außerdem befinden sie sich auf der Khmer-Seite der Grenze; das Problem fällt nicht in unseren Zuständigkeitsbereich.» Man spielt wirklich mit den Worten. Die Hochebene ist ein Niemandsland, ein Dschungel, in dem keiner mit dem Finger die Grenze aufzeigen könnte. Aber es ist unnötig, darauf zu beharren, das Hochkommissariat hat sein Urteil gesprochen. Nichts zu machen. Die Sache ist erledigt. Das war vorherzusehen. Sie interessieren sich mehr dafür, politische Lösungen zu finden, als dafür, das Leben der Flüchtlinge zu retten. Schweißüberströmt mache ich mich wieder auf den Weg. Es ist glühend heiß und schon bald Mittag. Ich muß unbedingt noch heute eine Lösung finden.

Ich suche alle humanitären Organisationen auf, berichte über die Situation und stoße an die gleichen Grenzen: «Ja, wir sind betroffen, ja, wir würden gern eingreifen, aber wir müssen uns an unsere Vorschriften oder Übereinkünfte mit der thailändischen Regierung halten.» Niemand will seinen Ruf riskieren, indem er darüber hinausgeht.

Ich komme nicht voran. Der Lärm in der Stadt ist infernalisch. Es ist zu warm, und die verdammte Klimaanlage funktioniert wieder einmal nicht. Ich hätte niemals einen Toyota kaufen dürfen. Schon Viertel nach sechs. In fünfzehn Minuten wird wie an jedem Abend des Jahres abrupt die Dunkelheit hereinbrechen, und ich werde mich nach den Jahreszeiten anderer Länder und den länger werdenden Tagen sehnen. Um diese Zeit beginnen alle Grillen im Chor zu zirpen, und man würde sich gern in eine ruhige Ecke zurückziehen und etwas Kaltes trinken... Zu Hause warten sicher alle auf mich.

Auf der Hochebene müssen sie denken, daß sie wahrscheinlich nicht mehr lange auf den Tod zu warten brauchen.

Jetzt ist es dunkel, und ich beginne meine hektische Rundfahrt zu den Wohnungen der Diplomaten. Ich gehe mit ihren Ehefrauen in die Zimmer schlafender Kinder, um besser von diesen anderen Kindern sprechen zu können; ich tue, was ich kann, um die Trägheit der Leute zu überwinden, jemanden zum Reagieren zu zwingen. «Versetzen Sie sich in ihre Lage... Stellen Sie sich vor, ihre eigenen Kinder könnten dort sein, ohne daß irgend jemand auf der Welt sich darum kümmert...»

«Aber in wessen Namen sprechen Sie eigentlich?» fragt mich einer. «In wessen Namen? In meinem eigenen, verflixt! Im Namen einer

Frau, einer Mutter, einfach eines Menschen. Im Namen eines Individuums, das sich dagegen auflehnt, daß man 42 000 Menschen sterben läßt, darunter mehr als 20 000 Kinder, für nichts als Worte, Begriffe, dumme Vorstellungen von Grenzen.»

Während ich das sage, wird mir klar, wie sehr es ein Akt der Freiheit ist, sich in seinem eigenen Namen für eine Sache zu engagieren. Für den, der für sich selbst nichts gewinnen will, gibt es keine Grenzen. Selbst wenn er keine mächtige Position innehat, kann er andere beeinflussen und die Welt verändern.

Unnütz, mir Illusionen zu machen. Den Mann, den ich suche, werde ich schwerlich im diplomatischen Corps finden.

Wohin soll ich mich jetzt wenden? Es ist schon so spät ... vielleicht an die chinesischen Verbände. Ich rufe ihren Vorsitzenden an. Verlorene Mühe. Die rotchinesische Botschaft hat ihm verboten, sich in diese Sache einzumischen.

Es ist nach Mitternacht, und ich bin entmutigt. Doch während ich noch nach einer neuen Idee suche, fällt mir Pater Jean und sein Brief an den Papst ein, und meine Energie kehrt zurück. Vielleicht hat er recht. Ich werde den Vertreter des Papstes aufsuchen. Schlafen die Thais überhaupt jemals? Ob es Mittag oder zwei Uhr nachts ist, immer sind die Straßen verstopft und die Restaurants überfüllt. Wenigstens ist es etwas kühler. Das Haus des Nuntius liegt in einem prächtigen Garten. Ehe ich eintrete, spreche ich ein kurzes Gebet, er möge einwilligen, an unserer Seite zu kämpfen. Wenigstens ein Mensch, ein einziger, möge an diesem langen Tag reagieren.

Sein Personal zu überreden, ihn um diese späte Stunde zu wecken, ist keine leichte Aufgabe, aber ich bin Spezialistin in solchen Dingen, und bald kommt er nach unten, in einen schönen seidenen Morgenrock gehüllt. Ich schildere ihm die Situation, fasse zusammen, was wir unternommen haben, und gestehe am Schluß: «Sie sind unsere letzte Chance.» Doch er, statt elektrisiert zu sein, hebt die Arme zum Himmel und fragt fassungslos: «Aber was soll ich denn tun?»

«Ich weiß nicht ... nehmen Sie das Telefon, rufen Sie Rom an, setzen Sie sich mit befreundeten Bischöfen in Verbindung, was auch immer ... Sie müssen das besser wissen als ich.»

«Mitten in der Nacht?» fragt er entrüstet.

«Mein Gott, es geht um das Leben von 42 000 Menschen, da werden Sie doch nicht zögern, nachts Leute aufzuwecken.»

Seine Unentschlossenheit bringt mich zur Verzweiflung. Ich bin am Ende meiner Geduld, schüttle ihn, vergesse jeden Respekt, fordere ihn so heftig auf, etwas zu tun, daß er zu zittern beginnt:

«Madame, Madame...» Auch seine Stimme zittert. «Beschuldigen Sie mich nicht. Wenn ich auf den Philippinen wäre, würde ich den Premierminister aufsuchen, das verspreche ich Ihnen. Aber hier, in einem Land mit nur 0,001 Prozent Katholiken, verstehen Sie... ich habe keine starke Position.»

Ja, wie die anderen. Es bringt nichts.

Ich gehe wieder, verzweifelt. Ich habe mich ihm gegenüber schrecklich benommen. Wieder in Thada Court, steige ich über die kleinen Schläfer hinweg, ohne sie aufzuwecken, und nehme eine Dusche, um mich zu erfrischen; doch das kalte Wasser ist zu warm, mein Kopf brennt, und meine Füße sind geschwollen. Ich bin sicher, daß weder Lionel noch Pater Jean schlafen werden... ich kann nicht mehr.

21. Juni

Zur großen Freude der Kinder stehen die Straßen heute morgen unter vierzig Zentimetern Wasser; es muß die ganze Nacht geregnet haben. Neben unserem Wagen schwimmen fröhlich Holzstückchen, Papiere und eine Viper. In der Regenzeit sind wir immer fröhlich, wenn wir morgens zur Schule aufbrechen. Wenn der Motor nicht mehr will, gehen wir manchmal zu Fuß weiter, das Wasser bis zu den Knien, und die Kinder sind hingerissen. Ich stelle mir oft zum Vergnügen dieselbe Situation in Paris vor. Schon sehe ich die Pariser wütend, ungeduldig, schimpfend, sehe die allgemeine schlechte Laune. Hier dagegen freut man sich. Nackte Kinder spielen in den Fluten, Bustaxis stehen bis zum Dach im Wasser, die Passagiere liegengebliebener Fahrzeuge waten durch das Wasser, rutschen aus, fallen, stehen wieder auf... und alle lachen. Dazwischen gleiten kleine Boote umher, von lächelnden Thais gesteuert; ein Chaos in einem Bad voll gutgelaunter Menschen.

Im Rückspiegel sehe ich meine kleine Manou, die immer hübscher wird und mir komplizenhafte Blicke zuwirft. Neben ihr der übernervöse Olivier, der nicht zu gestikulieren aufhört. Man braucht die Gelassenheit eines Dinosauriers, um nicht die Nerven zu verlieren, wenn man ihn ansieht. Die vier Kleinen haben schwimmen gelernt und verbringen unter Mengs Aufsicht ihre Zeit am Schwimmbecken.

Nur die Kinder von Madame Seng halten sich abseits, klammern sich an die Röcke ihrer Mutter, greinen und weinen.

Wird der amerikanische Druck für die 42 000 Flüchtlinge etwas bewirken? Thailand faßt die Verteilung von Lebensmitteln am Rand der Hochebene ins Auge. Sofort hat Pen Chan fünf Lastwagen gemietet, und wir haben mehrere Tonnen Reis und Fisch bestellt. Wir werden losfahren, sobald wir grünes Licht bekommen; in dieser Nacht schöpfe ich wieder Hoffnung.

22. Juni

Noch immer keine schriftliche Genehmigung, ich kann das Warten nicht mehr ertragen. Es ist Zeit, sich über Genehmigungen, Korrektheit, Legalität und Moral hinwegzusetzen. Man müßte die Soldaten bestechen, betrunken machen, unter Drogen setzen, Freudenmädchen auf den Hügeln tanzen lassen, um sie abzulenken, man müßte... irgend etwas. Was wird aus unseren Lastwagen?

Unser Onkel, so nennen wir einen alten Thai, schlägt vor, Schmuggler oder Khmer Serei einzusetzen, diese Handvoll Männer, die in Kambodscha für die Freiheit kämpfen; sie sollen die Nahrungsmittel mit Elefanten transportieren. Ich bitte ihn, sofort Verhandlungen aufzunehmen, und hinkend geht er davon... Unser Onkel ist mindestens 110 Jahre alt; eines Tages wird er im Flüchtlings-Hochkommissariat eine Bombe legen.

Abends kommen zwei Männer zu mir, die sagen, sie seien aus Preah Vihear entkommen. Sie weinen, reden unzusammenhängend und gleichzeitig, erinnern sich an nichts und zittern vor Angst, entdeckt zu werden. Ich spüre einen Zweifel – seit meiner Freundschaft mit David wimmelt die Welt von Spionen –, gebe ihnen zu essen und lasse sie im kleinen Schuppen schlafen, wage aber nicht, etwas von den Plänen unseres Onkels zu verraten. Am nächsten Morgen bringe ich einen der Männer zu Henry Kamm, einem Reporter der *New York Times,* damit er ihm Bericht erstatte.

24. Juni

Die *New York Times* veröffentlicht den Artikel von Henry Kamm auf der ersten Seite und lenkt zum erstenmal die Aufmerksamkeit der Öffentlichkeit auf diese Infamie.

Bei SUISINDO feiern wir heute Kurts dreiundfünfzigsten Geburtstag. Khun Vanida hat das Büro mit bunten Lampen dekoriert,

Som hat Rockmusik mitgebracht, Pen Chan Früchte und Kuchen. Kurt schickt sich an, seine Kerzen auszublasen, wir singen gerade *Happy birthday,* als sich die Tür öffnet und ein junger Kambodschaner hereinkommt, zwei Koffer in den Händen.

«Bin ich hier richtig bei Madame Yvette?»

Er heißt Hin To, kommt aus Paris und erzählt mit strahlendem Gesicht: Seine Mutter und seine kleinen Schwestern haben nach Thailand fliehen können. Als er das erfuhr, hat er sich gleich ins Flugzeug gesetzt, und hier steht er nun. Man hat ihm gesagt, ich könne ihm helfen, Verbindung mit ihnen aufzunehmen. Ganz außer sich vor Glück, nimmt er aus seinem Koffer Vitamintabletten und Schokolade, die er für seine Mutter mitgebracht hat.

«Sie können sich ja vorstellen, daß sie ganz erschöpft sein muß.»

Ich habe keine Wahl. Ich muß ihm sagen, daß seine Familie zurückgeschickt worden ist. Das ist schwierig, und ich tue es mit brutaler Offenheit. Er sieht mich an, kreidebleich, strengt sich ungeheuer an, seine Tränen zurückzuhalten, und bricht schließlich in meinen Armen zusammen. Nun kann ich zärtlich seinen Schmerz wiegen. Alles Gute zum Geburtstag, Kurt. Ich habe so viele Tragödien miterlebt, habe ständig Lachen und Weinen dicht beieinander gesehen, ich kann Glück und Unglück nicht mehr unterscheiden; das eine verbirgt sich hinter dem anderen.

Beruhige dich, Hin To, weine nicht mehr. Es ist besser, etwas zu tun. Ich verschaffe ihm einen Passierschein und schicke ihn an die Grenze, damit er beobachtet, was sich dort abspielt, und uns berichtet.

25. Juni

Die versprochene offizielle Genehmigung ist unterschrieben, wir werden sie morgen bekommen, das ist versprochen, beschworen. Die Militärs werden selbst die Verteilung vornehmen, denn das Terrain ist vermint.

26. Juni

Endlich sind wir im Besitz der langersehnten Genehmigung. Es sind zwei handgeschriebene Zeilen auf weißem Papier: «Hiermit wird bestätigt, daß 21 Tonnen Reis bei der Shell-Tankstelle von Prasath abzuliefern sind.» Darunter eine unleserliche Unterschrift. Prasath ist 150 km von Kantaralak entfernt. Man hat uns etwas vorgemacht. Aber das spielt keine Rolle, wir müssen dorthin. Die humanitäre Organisation Catholic Relief Services hat die Patenschaft für die Operation übernommen. Die Lastwagen fahren um Mitternacht ab, beladen mit Reis; obenauf haben wir Fisch, Nuoc-Mam und Medikamente gepackt.

27. Juni

Ich bin heute morgen nicht besonders in Form, weil ich nachts kein Auge zugetan habe.

Der Anblick von Tiou, die das Frühstück zubereitet, reißt mich aus meinen schwarzen Gedanken. Tiou, die seit zwei Jahren unablässig lächelt und guter Laune ist, führt perfekt ein Haus mit elf Personen, kauft ein, wäscht, bügelt, kocht die besten Mahlzeiten Bangkoks und findet noch Zeit, auf die Kinder aufzupassen und unser aller Leben zu organisieren, ohne jemals Anweisungen zu erhalten. Sie vermittelt uns den Eindruck, Gäste in «ihrem» Haus zu sein, die es sich nur angenehm machen und den Telefonhörer abnehmen dürfen.

Gerade läutet es. Ein mysteriöser Tok Tew, den Hin To rekrutiert hat, berichtet, unsere Lastwagen hätten Prasath erreicht, wo der Besitzer der Shell-Tankstelle den Reis in einem Schuppen gelagert hat. Das war alles. Wer ist dieser Tok Tew? Zu wie vielen sind sie, seine geliebten Angehörigen, die auf der anderen Seite verhungern? Wenn Philip oder meine Tochter in Preah Vihear wären, würde ich vor nichts zurückschrecken, um sie zu ernähren; wenn ihr Überleben von dem in Prasath gelagerten Reis abhinge, hätte ich den Besitzer der Shell-Tankstelle, der angeblich Hauptmann ist, schon dreimal umgebracht. Tok Tew aber hat bestimmt niemanden getötet, und überdies findet er noch die Kraft, freundlich und höflich zu sprechen.

Der schwedische Attaché des Roten Kreuzes in Malaysia, Olssen, ist auf der Durchreise in Bangkok und besucht uns am Nachmittag. Ich lasse ihm keine Zeit für eine Erfrischung, nehme ihn bei der Hand und schleppe ihn zu Lionel. Dort setzen wir beide ihn unter Druck: Seine Organisation, befreundet mit dem Regime von Hanoi, müßte dafür sorgen, daß Lebensmittel mit Hubschraubern abgeworfen werden, nicht nur auf der Hochebene – wir berichten ihm die Tatsachen –, sondern auch in Kambodscha, wo Tausende verhungern. Olssen zögert. Das Rote Kreuz ist bereits überlastet... und außerdem sind seine Leiter nicht da; sie halten sich in Genf bei der Liga des Roten Kreuzes auf, wo eine wichtige Debatte über das Unheil in aller Welt stattfindet. Ich lege ihm den Telefonhörer in die Hände:

«Los, Olssen, Millionen Hungernder, das ist doch ein Unheil, finden Sie nicht?»

In dem Augenblick, als Olssen sie anrief, hatten die Mitglieder der Delegation gerade Henry Kamms Artikel gelesen und fragten sich, wie sie eingreifen könnten.

Sie werden unseren Vorschlägen folgen und versuchen, von Hanoi und Phnom Penh die Genehmigung für das Abwerfen von Lebensmitteln mit Fallschirmen zu erhalten.

28. Juni
Der Reis liegt noch immer in dem Lagerschuppen. Um ihn nach Kantaralak zu transportieren, wartet man angeblich auf Befehle aus Bangkok. O nein!

29. Juni
Am frühen Morgen ruft mich Pater Jacques an, Missionar in Kantaralak. Die 42 000 sind verschwunden. Man weiß nicht, ob sie tot sind oder ob ihnen die Flucht gelungen ist.

30. Juni
Lionel und ich nehmen den Zug nach Nordosten, einen Zug, der in manchen Reiseführern als ebenso reizvoll wie der Orientexpreß beschrieben wird. Wirklich? Die Matratze ist hart, man wird durchgerüttelt, Reisende unterhalten sich in unserem Liegewagenabteil, und am frühen Morgen, nachdem ich schlecht geschlafen und Rückenschmerzen habe und meine Seele für einen Kaffee verkaufen würde, kommt jemand und bietet in Fett schwimmende Spiegeleier oder gebratenen Reis mit Schweinefleisch an. Aber die Thais sind hinreißend: Von Sonnenaufgang an beginnen sie, durch die Gänge zu lustwandeln, gehen von Waggon zu Waggon, knüpfen Gespräche an und teilen großzügig Proviant und Getränke. Whisky und Cognac fließen in Strömen. Kann mir denn wirklich niemand einen kleinen Kaffee beschaffen? Reisen ist hier eine öffentliche Angelegenheit. Jeder kümmert sich um die Belange des anderen, und am Ende findet

man immer einen Cousin, eine Tante oder Schwägerin eines Freundes oder Nachbarn, was ein weiterer Grund zum Feiern ist. Noch einen Cognac? Nein, danke. Sind Sie sicher, daß es nicht irgendwo einen kleinen Kaffee gibt?

Wir steigen in Ubon aus, von wo ein altersschwaches Taxi uns nach Kantaralak fährt. Kantaralak. Ich habe so oft daran gedacht, daß ich es mir schließlich als Stadt von der Größe New Yorks vorgestellt habe. In Wirklichkeit ist es eine traditionelle kleine Ansiedlung. Häuser aus Holz, die der Notabeln aus Hartholz, eine von Flamboyant-Bäumen gesäumte Straße, Sandwege. Wenig Autos; man bewegt sich zu Fuß, per Fahrrad oder auf den zu Minitaxis umgebauten amerikanischen Vespas, die sich überall durchschlängeln und jeden Augenblick umzukippen drohen.

Unser erster Besuch gilt Pater Jacques, einem Freund von Pater Jean, der am Ende eines schlammigen Weges in der Nähe der Schule wohnt. Zwei Nonnen blicken verächtlich, als sie unseren Wunsch hören, ihn zu sehen – als sei es ein Sakrileg, ohne Voranmeldung hier zu erscheinen, und bitten uns zu warten. Als er herunterkommt, mit dickem Bauch und hüpfenden Wangen, schließe ich ihn gleich ins Herz. Er ist ganz bewegt, als er erfährt, wer wir sind. Warum haben wir uns nicht angemeldet? Wir müssen doch müde sein, und sicher möchten wir eine Kleinigkeit zu uns nehmen. Mein «Mit Vergnügen» geht unter in dem «Nein, danke» von Lionel, der entschieden nicht zu leben versteht und unter dem Vorwand von Zeitmangel ablehnt. Wir sind gekommen, um Informationen über Preah Vihear einzuholen.

«Eine traurige Sache», sagt der Pater. «Auf der Ebene sind nur noch tausend Leute, und das unter grauenhaften Umständen. Nacheinander sterben sie an Hunger und Durst oder durch Minen oder werden von den Soldaten erschlagen, wenn sie versuchen, nach Thailand zurückzukehren. Die Armee ist unerbittlich. Unmöglich, auch nur ein Gramm Nahrung durchzubringen.»

Für weitere Informationen bringt er uns zu einem Freund, Dr. Suphap, der in seiner Klinik vier Kinder von Flüchtlingen versteckt. Wir finden einen aufgelösten Dr. Suphap: In der Nacht ist die Militärpolizei gekommen und hat alle Kinder mitgenommen. In diesem Augenblick tritt ein Mann mit fliehendem Kinn, kurzem Oberkörper und zwischen die Schultern gezogenem Kopf ein, den der Arzt uns als

Chef der Geheimdienste der Region vorstellt. «Ein echtes Schwein», fügt der Pater auf französisch hinzu.

Nachdem die Unterredung beendet ist, begeben wir uns zum Chef der Militärregion, von dem Lionel, der sich als belgischer Geschäftsmann ausgibt, eine Genehmigung erbittet, nach Kambodscha einzureisen, um Lebensmittel zu bringen. Sie wird ihm glatt verweigert. Lionel insistiert, spricht von Mitgefühl, einer humanitären Geste; nichts zu machen. Am Ende schickt uns der Kommandant entnervt mit den Worten weg:

«Sie auf die andere Seite lassen? Daran dürfen Sie gar nicht denken, das ganze Gebiet steckt voller Minen. Glauben Sie mir, verzichten Sie auf Ihre Idee. Kehren Sie nach Bangkok zurück, das ist besser für alle.»

Wir verlassen ihn, aber statt zum Bahnhof zurückzukehren, marschieren wir schnurstracks zum Haus des Gouverneurs. Es ist leicht zu erkennen, denn es ist das schönste. Der Gouverneur ist abwesend, und seine Frau, die im Garten ist, ruft, als sie uns sieht, schon von weitem:

«Wenn Sie kommen, um diese Leute zu ernähren, dann vergeuden Sie Ihre Zeit; alles liegt in der Hand der Militärs.»

Also ist drei Stunden nach unserer Ankunft der Zweck unserer Anwesenheit für niemanden mehr ein Geheimnis...

Wir kehren um und bemühen uns, nicht aufzufallen, aber es besteht kein Zweifel: Alle Augen sind auf uns gerichtet, vor allem die des «Schweins», das nicht die geringste Anstrengung macht, die Beschattung zu verheimlichen.

Nachdenklich gehen wir durch eine Gasse hinter dem Markt; es ist die heißeste Stunde des Tages. Bald wird die kleine Stadt schlafend und verlassen daliegen. Um der Hitze zu entfliehen, setzen wir uns einen Augenblick in den Schatten einer kleinen Mauer.

Die Provinz, in der wir uns befinden, gehörte früher zu Kambodscha; von den Khmer abstammende Thais müßten in der Lage sein, uns zu helfen. Aber wo sollen wir sie finden?

Plötzlich geht alles sehr schnell. Ein bärtiger Dreiradfahrer hält auf unserer Höhe an und stellt den Fuß auf die Mauer, ungefähr in Höhe meines Kopfes. Rasch zieht er einen Zettel aus seiner Socke, schiebt ihn Lionel in die Hand, steigt wieder auf sein Dreirad und verschwindet.

Das Ganze hat höchstens zehn Sekunden gedauert. Er hat uns nicht ein einziges Mal angesehen. Ich hatte gerade noch Zeit, ihn zu fragen, wo ich ihn treffen könnte. Er antwortete: «Halb drei, Hotel Wellcome.» Dann war er fort. Wir hatten Kambodschanisch gesprochen.

Das Papier ist ein SOS aus Preah Vihear. Am liebsten würde ich weinen.

Ich werde allein zum Wellcome gehen; die Möglichkeit einer Falle und eines eventuellen diplomatischen Skandals macht Lionel vorsichtig. Er wird in der Stadt auf mich warten und «das Schwein» ablenken, damit ich mich unbehelligt entfernen kann.

Das Hotel Wellcome mit dem weit offenen, verrosteten Tor ist ein Durchreisehotel, in Form eines U erbaut. Neun Zimmer zu ebener Erde gehen auf einen vernachlässigten Innenhof in der Mitte hinaus. Eine vertrocknete Palme, ein streunender Hund. Alles scheint verlassen. Ich setze mich mitten im Hof auf eine umgedrehte Mülltonne und warte. Damit ich etwas zu tun habe, verscheuche ich Fliegen und Mücken.

Bald gesellen sich ein, zwei, schließlich sechs Männer zu mir. Sie nähern sich, und ich stelle mich unnahbar und tue so, als säße ich rein zufällig auf dieser Mülltonne.

Nach der traditionellen Begrüßung mit unter dem Kinn gefalteten Händen hocken sie sich im Halbkreis um mich herum auf die Fersen und sagen nichts.

Es sind Bauern, arme, vom harten Leben verbrauchte Menschen. Sie sind ein wenig verwirrt und schüchtern und betrachten mich, versuchen, sich ein Bild von mir zu machen. Doch meine natürliche Art überwindet die Schranken bald, und sie sehen einander zufrieden an, als sie hören, daß ich gekommen bin, um ihnen zu helfen. Dann wenden sie sich an den ältesten unter ihnen und fordern ihn auf zu sprechen.

Er redet Kambodschanisch. Seine Worte kommen stockend und schwerfällig; er scheint sich zu schämen für das, was er zu sagen hat, und spricht bedauernd, als wolle er sich entschuldigen. Die anderen hören mit gesenkten Köpfen zu.

«Wir sind gekommen, um zu bezeugen, daß ganz in der Nähe unmenschliche und nicht hinnehmbare Taten begangen werden. Wir möchten, daß Sie der westlichen Welt davon berichten, und hoffen, daß diese gegen das Leid protestieren wird, das man unseren Brüdern auferlegt.»

Nach dieser vorbereitenden Rede erzählt jeder mit der gleichen Verlegenheit seine Geschichte. Einer hat neunzehn Personen aus der gleichen Familie sterben sehen; die einzige Überlebende, ein ganz junges Mädchen, regt sich seit zwei Tagen nicht mehr. Selbst wenn man Nahrung in ihre Reichweite stellt, hat sie nicht mehr die Kraft, danach zu greifen. Ein anderer hat gesehen, wie eine ganze Familie nach und nach verhungerte, und hat sich des einzigen Überlebenden, eines zehnjährigen Jungen, angenommen. Wieder ein anderer hat dreizehn Menschen sterben sehen. Die lange Liste der Schrecken nimmt kein Ende, vorgetragen ohne Haß, ohne Wut, nur voller Traurigkeit. Im Laufe des Gesprächs erfahre ich, daß der erste Mann eine Familie bei sich versteckt, der zweite zwölf Personen, ein anderer sechs Kinder . . .

Für diese Menschen ist das ein ungeheures finanzielles Opfer, aber auch eine ernste Gefahr. Sie riskieren jeden Augenblick Repressalien der Militärpolizei, was um so schwerwiegender ist, als sie weder über Beziehungen noch über Vermögen verfügen. All das errate ich, sie sagen nichts darüber. Ihre Sorge gilt den knapp tausend Menschen, die noch am Leben sind. Ihnen muß schnellstmöglich geholfen werden.

Die Männer verkörpern eine bewundernswerte Mischung aus Mut und Bescheidenheit und flößen mir ungeheuren Respekt ein.

Sie werden immer unruhiger, obwohl der Mann, der am Eingang für sie Wache steht, sie in regelmäßigen Abständen wissen läßt, daß alles in Ordnung ist. Sie haben eine große Gefahr auf sich genommen, indem sie gekommen sind. Auch ich bin inzwischen sehr nervös, aber ich beschwichtige sie: «In ein paar Tagen wird das Problem geregelt sein.» Seltsam, mein Mund redet, als sei mein Kopf nicht beteiligt, die Worte kommen ganz von allein. Doch nachdem ich sie ausgesprochen habe, gibt es keinen Zweifel mehr. Sie entsprechen der Wahrheit.

In angespannter Atmosphäre geht das Gespräch weiter, bis plötzlich etwas geschieht, das uns alle zusammenfahren läßt. Eine der Türen, die in den Hof führen, wird geöffnet, und ein elegant gekleideter, hochgewachsener Asiate eilt geradewegs auf uns zu. Er spricht mich mit fester Stimme auf englisch an und bittet mich, ihm in sein Zimmer zu folgen. Mir sinkt das Herz; die Männer um mich herum sind bleich. Um die Aufmerksamkeit nicht auf sie zu lenken, folge ich dem Mann widerstandslos. Er ist ein Geheimagent. Er wird mich in irgendeinem Kerker verschwinden lassen, und niemand wird meine Spur je finden... Mehr tot als lebendig und mit weichen Knien schreite ich forsch aus, um gleich zu zeigen, daß ich vor nichts Angst habe. Mit hochmütiger Miene betrete ich sein Zimmer. «Setzen Sie sich», befiehlt er und zeigt auf das Bett. Ich gehorche und befürchte das Schlimmste.

Er dreht den Schlüssel im Schloß um, steckt ihn in die Tasche und wendet sich nach mir um. In meiner Angst mobilisiere ich alle meine Energie. Ich werde ihn umbringen, bevor er Zeit hat, mich anzurühren. Er bleibt stehen und schaut mich an. Resolut erwidere ich seinen Blick, und plötzlich... was ist geschehen? Das ist nicht mehr derselbe Mann. Ich sehe, wie er die Fassung verliert und seine Miene stumpf wird, und ich höre: «*Knom mo pi Battambang.*» Ein Kambodschaner!

Mit gepreßter Stimme fährt er fort:

«Meine ganze Familie ist auf der anderen Seite. Ich habe einen thailändischen Paß gekauft. Ich habe niemanden, mit dem ich reden kann. Man läßt mich die Grenze passieren, ich gehe jeden Tag hinüber, aber ich darf keine Nahrungsmittel mitnehmen. Sie haben Hunger, Madame, sie sterben, alle. Sehen Sie, ich habe Nahrung für sie gekauft, ich kaufe dauernd welche, schauen Sie.»

Und nun sehe ich, nachdem ich eben vor Angst nichts wahrgenommen hatte, daß sein Zimmer überquillt von Kartons jeder Art, Paketen, Papiersäcken, Plastikbeuteln jeder Größe, die fast bis zur Decke gestapelt sind und die er nun auszupacken beginnt. Wie im Traum sehe ich ihn Kuchen, Früchte, Trockenfisch, Wasserflaschen und Konserven zutage fördern.

«Sehen Sie, Madame, sehen Sie... Sie sind alle dort, Madame, meine Brüder, meine Schwester, meine Eltern, ganz in der Nähe, nur ein paar Kilometer von hier. Ich kann nichts weiter tun, als meinen Passierschein bis zur Grenze zu bezahlen und zuzusehen, wie meine Familie stirbt, obwohl ich dieses riesige Vorratslager an Nahrungsmitteln in meinem Zimmer habe.»

Er kniet mit leerem Blick auf dem Fußboden und berührt mit den Fingern die Lebensmittel, streichelt sie, und angesichts seiner unglaublichen Ohnmacht bricht er plötzlich in Tränen aus.

Was ist auf einmal mit mir los? Sein Schmerz tut mir weh, als sei es mein eigener, und ich überlasse mich ihm. Um meine Fassung zurückzugewinnen, sage ich mir schnell vor: Dienstag, Cocktail in der deutschen Botschaft; Mittwoch abend, Tennismatch im Hotel Siam; Sonntag wird Ha anrufen, Montag werden wir mit Claudine im Segelclub essen. Das bin ich, Yvette; ich habe zwei Kinder in der französischen Schule und einen Philip im Herzen. Als es mir gelungen ist, mich zusammenzunehmen, hat sein Schluchzen nachgelassen, und er wirkt ruhiger. Wieder höre ich mich sprechen und ihn trösten: Man wird sie retten, seine Familie und die anderen. Sie werden leben. Alles wird gut werden.

Als ich ihn verlasse, ist er aufgestanden und hat seine Tränen getrocknet. Bin ich das, die durch die Straßen stolpert, ohne etwas zu sehen? Auf einmal steht Lionel vor mir. Er hat in meiner Abwesenheit Hunderte kleiner Zettel bekommen, Hilfeschreie aus Preah Vihear, überbracht von den Bewohnern Kantaralaks.

Wir steigen wieder in den Zug und erreichen die Hauptstadt, ohne auch nur ein einziges Wort zu wechseln.

Die kleinen Wunder

Die wenigen Überlebenden von Preah Vihear konnten gerettet werden. Zwei Tage später wurden die in Prasath gelagerten Nahrungsmittel an sie verteilt, und gleichzeitig garantierte ihnen ein Gnadenerlaß Zuflucht in Thailand. Zuvor mußten wir eine Liste ihrer Namen aufstellen und dem Premierminister überbringen. Als diese Nachricht mich erreichte, trat gerade Khaou Chuly in mein Büro. Er war Bauunternehmer in Phnom Penh, und ich hatte ihn ganz am Anfang durch Thai Hung kennengelernt. Seine Gegenwart rief mir gemeinsame Erinnerungen ins Gedächtnis zurück, aber wir sprachen von nichts anderem als von Preah Vihear. Khaou Chuly schaffte es, binnen einer Nacht hinzufahren und auf Khmer, Kambodschanisch und Latein die Liste der noch auf der Hochebene lebenden 922 Personen zu erstellen. Am nächsten Tag um neun Uhr lag sie auf dem Schreibtisch des amerikanischen Botschafters, um zehn auf dem des Premierministers. Drei lange Tage waren noch erforderlich, um die Region von Minen zu räumen, und zwei weitere Tage dauerten die Gespräche zwischen Ministern, Generälen und Botschaftern. Dann kamen die gleichen orangefarbenen Busse, die die Unglücklichen nach Kambodscha zurückgebracht hatten, und fuhren sie nach Bangkok. Wie Tausende anderer Kambodschaner auch, hat der junge Hin To seine Familie nicht wiedergefunden, und auch «unseren Onkel» fanden wir nicht. Der Mann mit den Vorräten im Hotel Wellcome hatte mehr Glück: Seine Familie hatte überlebt.

Gleich danach habe ich den Präsidenten der Liga vom Roten Kreuz in Genf und dann den Außenminister in Stockholm und das schwedische Rote Kreuz besucht. Die Idee des Fallschirmabwurfs von Lebensmitteln über Kambodscha wurde akzeptiert, nur fehlten eine humanitäre Organisation, die die Schirmherrschaft übernahm, und die nötigen Geldmittel. Zu dieser Zeit war Claude Malhuret Präsident der Médecins sans Frontières. Um zwei Uhr nachts setzte ich mich mit ihm in Verbindung. Eine Stunde später rief er zurück und gab seine Einwilligung. Doch trotz allen guten Willens ist das Projekt leider gescheitert. Die Khmer-Behörden und die vietnamesischen Behörden weigerten sich, ihm grünes Licht zu geben.

Wenn ich an diese Ereignisse zurückdenke, begreife ich, wie weise Lionel im Vergleich zu mir war, obwohl er zehn Jahre jünger ist als ich. Er hatte von Anfang an die Regeln des Spiels verstanden und wußte, welchen Platz man einnehmen mußte. Als Anwalt der Unterdrückten richtete er alle seine Anstrengungen darauf, die Inhaber der Macht zu beeinflussen und zu motivieren. Er wußte, daß die Lösung allein von ihnen kommen konnte, und war geschickt genug, mit dem Strom zu schwimmen, um für die einen zu kämpfen, ohne sich gegen die anderen zu stellen. Niemals rechnete er sich seine eigenen Taten zum Verdienst an. Ihm war es zu verdanken, daß sich das Flüchtlings-Hochkommissariat, das nichts getan hatte, nach dieser Operation für heldenhaft hielt, daß die thailändische Regierung sich großmütig fühlte und daß zahlreiche Individuen im amerikanischen Kongreß, die kanadische, australische und französische Regierung einander beglückwünschten. Im Vergleich zu ihm war ich recht jung, da ich die Welt revolutionieren oder mich gegen die Gesellschaft auflehnen wollte. Allein hätte ich nichts erreicht. Noch ein Schlag ins Wasser, eine Stimme in der Wüste. Aber ich bereue nichts. Meine Begeisterung von damals und der Wunsch, die Apathie zu besiegen, haben Wellen geschlagen, und vielleicht, wer weiß, werden diese Wellen eines Tages die Füße der Eingeschlafenen benetzen; denn nichts geht verloren.

Ab Mitte 1979 nehmen unsere Geschäfte einen beträchtlichen Umfang an, aber statt mich darüber zu freuen, bedaure ich das eher. Kurt jongliert mit Millionen Dollar. Wir haben weitere geräumige Büros, hier Lagerhallen, dort Hangars gemietet; wir besitzen neue Autos, Lastwagen, ein Haus ... Kurt spricht jetzt davon, ein Schiff zu kaufen. Um noch weiter zu expandieren, haben wir uns mit Koreanern assoziiert. Am liebsten würde ich rufen: «Halt! Spielt ohne mich weiter.» Das ist nicht mein Leben. Ich will diese Jagd nach dem Geld nicht, wenn sie mich des Lächelns meiner Kinder beraubt, wenn sie mir das nimmt, woran ich am meisten hänge: meine Zeit. Ich will nicht reich werden, wenn ich nicht mehr innehalten kann, um die Blumen zu bewundern oder in Ruhe umherzuspazieren. Ich nehme Schlaflosigkeit in Kauf, wenn mir eine gute Sache am Herzen liegt, aber nicht, um mich zu fragen, ob ich gut investiert habe, ob das Schiff rechtzeitig kommen wird oder ob die Bank meine Dokumente akzeptieren wird.

Kurt und unser Abkommen? Wir hatten uns geschworen, nur mit Leuten zu handeln, die wir mochten, und die Lebensqualität immer an die erste Stelle zu setzen. Tut mir leid, aber je weiter du dich von diesen Werten entfernst, desto mehr halte ich daran fest.

Du bist großzügig und forderst mich auf, mich um Flüchtlinge zu kümmern, Pater Jean auf seinen Rundfahrten zu begleiten, weitere Kinder aufzunehmen, aber das ist nicht das Problem. Es ist auch nicht die Tatsache, daß Geldhaben an sich angenehm ist. Nein, was mich stört, ist der Geist: Ich weigere mich, den ganzen Tag über Geschäfte zu tätigen und mich mit Koreanern oder Chinesen zusammenzutun, die einen Strich unter ihr Privatleben gemacht haben. Sie sind ohne Poesie, und sie sind sich alle ähnlich: ein dicker Bauch, ein Diplomatenkoffer und in den Augen der Blick eines alten Mannes. Mich geistig isolieren? Das ist schwierig, der Strom eurer Geschäfte zieht mich mit. Kurt, dieses Leben ist nichts für mich. Wenn ich könnte, würde ich auf der Stelle alles aufgeben, um mich einer humanitären Organisation an der Grenze anzuschließen. Ich sage dir, ohne meine Bindung an dich und die jungen Mädchen im Büro, ohne all diese Kinder zu Hause würde ich fortgehen.

Zu dieser Zeit übten die humanitären Organisationen einen großen Einfluß auf meine Vorstellungskraft aus. Ich bewunderte ihre Leiter und schrieb ihnen einen Edelmut zu, der mich begeisterte. Es war ein Traum, es ihnen nachzutun und meine Zeit ganz in den Dienst der anderen zu stellen. Wie hätte ich auch nicht davon träumen sollen? Seit meiner Zeit auf den Straßen von Paris fühlte ich mich zu denen hingezogen, die litten, und das nicht nur in meinem Herzen, sondern auch aufgrund äußerer Ereignisse. Ständig machte ich diese Feststellung: Wenn Menschen getrennt waren, wurde ich zur Brücke, durch die sie sich wiederfanden. Das Glück, das mir diese Wiedervereinigungen gewährten, war größer als alles andere, und im Vergleich dazu hatte ich beim Unterschreiben von An- und Verkaufsverträgen den Eindruck, meine Zeit zu vergeuden.

Wenn ich die Augen schließe, erinnere ich mich an eine Fülle von Szenen, die mich heute noch merkwürdig berühren.

Die erste fand im August an einem erstickend heißen Tag statt. Ich war schon sehr frühzeitig ins Büro gekommen, aber unser Team war bereits vollzählig versammelt: Pen Chan bereitete das Frühstück zu, Srisouk verpackte Medikamente, Som studierte die Telexbotschaften der Nacht, und Vanida erklärte unseren Neuankömmlingen, Tchim und Achara, die Regeln des Hauses. An diesem Morgen fordert eine verstellte Stimme am Telefon mich auf, in den Park Lumpini zu kommen, «an die übliche Stelle». Leng, einer der Führer des kambodschanischen Widerstandes. Ich gehe sofort, sehr beunruhigt wegen der Risiken, die wir eingehen: Thailand ist wie die Vereinten Nationen ins Lager der Roten Khmer übergelaufen, und die Geheimdienste verfolgen Widerständler gnadenlos.

Ich treffe ihn auf «unserer» Bank hinter dem Teich. Sein schüchternes Verhalten und seine scheinbare Zartheit bilden einen erstaunlichen Kontrast zu seinem Beinamen «Tiger» als furchterregender Dschungelkämpfer. Wie immer, wenn wir uns wiedersehen, bewahren wir für einen Augenblick Schweigen. Er scheint mir abgemagert, müde, aber sein Blick kündet noch von demselben Fieber. Er rührt mich unglaublich. Einerseits bewundere ich seine Qualitäten und seinen Mut, andererseits würde ich ihn am liebsten aus seinem Wald herausholen, ihn hätscheln und beschützen. Aber er ist ein Mann, auch wenn er viel jünger ist als ich, ein so starker und verletzlicher Mann, daß ich nie weiß, wie ich mit ihm reden soll. Außerdem kennen wir uns so wenig. Uns verbindet nur die verrückte Hoffnung, Kambodscha seine Autonomie und seinen Frieden wiederzugeben, und ein gegenseitiges blindes Vertrauen, weil wir dieselben Freunde hatten.

Wenn er das Risiko eingegangen ist, bis hierher zu kommen, dann muß er einen wichtigen Grund haben. Aber ich bin bestürzt, als ich höre, worum es sich handelt. Eine Epidemie sucht sein Lager heim, 500 seiner Männer sind krank, er braucht dringend einen Arzt. Um Medikamente sorgt er sich nicht, er hat einen beträchtlichen Vorrat.

Ich bin sehr traurig geworden. «Leng, Leng, das ist ganz einfach unmöglich. Wer käme an den Vietnamesen vorbei? Keinesfalls ein Weißer. Ein Thai? Ich kenne keinen, der bereit wäre, sein Leben für euch aufs Spiel zu setzen.»

«Du bist die einzige, die uns helfen kann», antwortet Leng ruhig. «Wir zählen auf dich.»

Und dann geht er abrupt fort, wie es seine Art ist. Unwillkürlich frage ich mich, ob ich ihn wiedersehen werde. Wenn einer seiner Männer stirbt, bleibt er bis zum letzten Augenblick bei ihm und hält seine Hand. Wer wird ihm die Hand halten, wenn er stirbt? Ich will ihm von ganzem Herzen helfen, aber in meinem Kopf ist eines klar: es ist verrückt, undenkbar, nicht zu verwirklichen. Ich kann nichts weiter tun, als nicht mehr daran denken und die Sache dem Schicksal überlassen.

Kaum bin ich ins Büro zurückgekehrt, hält Srisouk mir den Telefonhörer hin: «Ihre Köchin; Bô hat Fieber.» Bô, mein Liebling. Sofort lasse ich alles stehen und eile nach Hause, verwirrt bei dem Gedanken, daß ich, hätte es sich um Olivier oder Manou gehandelt, einfach eine Einreibung mit Tigerbalsam oder einen Kamillentee verordnet hätte.

Es stimmt, Bô hat Fieber. Ich setze ihn in meinen Wagen und fahre zum Krankenhaus Saint-Louis. Ich habe diese Wahl ganz instinktiv getroffen, aber warum? Wir sind Patienten des Nursing Home, dort kenne ich jeden, und es ist näher . . . Zu spät, wir haben das Saint-Louis schon erreicht.

Der Arzt ist nicht in seinem Zimmer, er soll sich in Gesellschaft des Direktors in den oberen Etagen aufhalten. Ohne Zeit zu verlieren, als könne Bô keinen Augenblick warten, nehme ich den Aufzug. Im ersten Stock steigt eine Nonne zu. Sie mustert mich, und zu meiner Überraschung fragt sie, ob ich vielleicht zufällig Madame Yvette sei.

«Ja, das bin ich.»

«Die, die den Khmer hilft?»

«Ein bißchen, nun ja, wenn man es so ausdrücken will . . .»

Sie nimmt meine Hand und zieht uns im zweiten Stock in ein kleines Büro, das sie hinter uns abschließt. «Ich suche Sie schon seit einer Woche. Ich kenne weder Ihren Familiennamen noch ihre Adresse, aber ich habe jeden Tag gebetet, Gott möge Sie mir über den Weg laufen lassen.» Aufgeregt fügt sie ganz leise hinzu: «Ich verstecke hier im Haus einen Khmer; im Reanimationsraum. Wenn die Militärs davon erfahren, werden sie uns Schwierigkeiten machen und ihn zurückschicken . . . er ist gerade aus Kambodscha geflohen. Sie sind die einzige, die uns helfen kann.»

«Schwester, der Augenblick ist schlecht gewählt. Wir haben keinerlei Quote, weder für Frankreich noch für Australien und Kanada, wo . . .»

Sie unterbricht mich: «Wer spricht denn vom Ausland? Er verlangt nichts weiter, als sich dem Widerstand anzuschließen und sich nützlich zu machen.»

Bei manchen Zufällen wird einem schwindlig; als ich die Schwester nach dem Beruf ihres Schützlings frage, habe ich ein bißchen Angst vor der Antwort. Aber der Mann ist Arzt, und ich zögere keinen Augenblick: «Wir dürfen keine Zeit verlieren; er wird erwartet; es gibt fünfhundert Kranke, er muß unverzüglich aufbrechen.»

Seit Lengs Fortgang war kaum eine halbe Stunde vergangen; um ein Haar hätte ich ihn noch einholen können.

Das Drolligste ist, daß Bô gar kein Fieber hatte. «Er muß sich beim Spielen erhitzt haben», versicherte der Arzt. «Der Kleine ist vollkommen gesund.»

Wenn ich sage, daß das Leben mich in eine Richtung stieß, dann entspricht das genau der Wahrheit. Ohne Bôs Fieber wäre ich nicht einer der Mittler gewesen, die den Kontakt zwischen dem Arzt und den Kranken herstellte. Die Sache erschien mir zu undurchführbar, ich hätte es nicht einmal versucht. Nachdem sie doch zustande kam, sagte mir eine innere Stimme: «Du darfst die Arme nicht mehr sinken lassen. Du siehst, alles ist möglich. Du mußt glauben.» Diese Zufälle haben mir den Weg eröffnet, der zu anderen führte. Nach und nach ist mir bewußt geworden, daß man weiter gehen kann; das hat mir Zuversicht und Kraft gegeben. Erinnern Sie sich an die Frau im Lager von Aranyaprathet, Pater Jean?

Es ist Sonntag, einer der Sonntage, auf die man anscheinend sein ganzes Leben lang gewartet hat. Endlich werde ich mein Gepäck abstellen und durchatmen. Ich habe unsere Ecke unter dem Sonnenschirm am Rand des Schwimmbeckens schon vorbereitet. Ich habe Bücher, Obstsäfte und Sonnencreme hingetragen, aber vielleicht werde ich gar nicht lesen, sondern den Tag dahinfließen lassen, ohne an etwas zu denken. Olivier und die vier Kleinen amüsieren sich auf der Schaukel, Meng und Manou tauchen um die Wette, die Kinder von Madame Seng sitzen ruhig neben mir. Ihre Mutter ist endlich einmal eingeschlafen. Heute wird mich nichts und niemand in Bewegung bringen. Gott sei Dank, ich kann mich ausruhen.

Plötzlich die schrille Stimme der blinden Telefonistin: «Madame Yveeett... Telefon!» Oh, nein!

«Ich fahre an die Grenze», sagt Pater Jean ohne Vorrede. «Kommst du mit?» Und meine Stimme, wieder diese Stimme, die spricht, ehe ich denken kann, sagt: «O. k., ich komme.» Ich bin wütend, widerstrebend und traurig, euch zu verlassen, meine Kinder, und ich nehme es mir selbst übel, aber ich gehe.

Der Pater hat Freunde, Kontakte – seine Geheimagenten, wie Lionel versichert – vom Norden bis zum Süden auf der ganzen Länge der Grenze. Wir fahren bei allen vorbei, zuerst bei Lim in Kap Choeng, zuletzt bei unserem Freund Quang aus Aranyaprathet, und holen bei jedem Informationen über die Flüchtlinge ein. Je nach Art der Probleme werden wir die Presse, eine humanitäre Organisation oder eine Botschaft benachrichtigen.

Bei der ersten Information wird mir fast schwindlig. «Eine junge Kambodschanerin ist in den Händen der Militärs», berichtet uns Lim. «Seit gestern. Sie wird beim Generalstab von Prasath festgehalten. Sie ist noch sehr jung, zwölf oder dreizehn.» Es ist ihm gelungen, ihren Namen in Erfahrung zu bringen: Ravana Sataya. An mich gewandt fügt er hinzu: «Madame, Sie müssen sich beeilen; in zwei oder drei Tagen ist sie in einem Bordell verschwunden, und dann ist es zu spät.»

Während ich den Namen auf ein Stück Papier schreibe, fröstelt mich. Sie ist im gleichen Alter wie Manou. Der Gedanke an meine Tochter in einer Kaserne, den Soldaten ausgeliefert, oder in einem Bordell ist zu grauenhaft. Ravana, ich verspreche dir, ich werde alles Nötige tun. Lionel wird mir helfen. Schon sprechen wir von einem anderen Fall, zwei Jugendliche, die adoptiert oder versklavt wurden, man weiß es nicht genau, das muß man nachprüfen, und dann kommt noch ein Fall und noch einer, aber ich kann nicht zuhören. Der Gedanke an Ravana geht mir nicht aus dem Sinn. Dann sage ich mir, daß das ungerecht ist. Ich stecke den Zettel in die Tasche und beschließe, sie bis zum nächsten Tag zu vergessen, um nicht zu traurig zu sein und mein Herz auch den anderen Bedürftigen zu öffnen, deren Namen auf neuen Zetteln sich in meiner Tasche zu dem Ravanas gesellen werden.

Wir setzen unsere Fahrt zu den verschiedenen Stationen fort. Von Zeit zu Zeit macht der Pater aus einer Laune heraus einen Umweg; einmal dringt er in den Wald ein und hält ganz gerührt vor einem blühenden Baum: «Schau, er blüht nach hundert Jahren ein einziges Mal und stirbt dann.» Oder er zeigt mir einen seltsam geformten

Felsen, eine Landschaft, die er liebt. Oft schweigt er für lange Zeit – das sind seine Monologe mit Gott – oder spricht von François, mit dem ihn eine alte Freundschaft verbindet.

Wir sind schon seit sechs Stunden unterwegs. Als er an dem alten Lager von Aranya vorbeikommt, zögert er einen Augenblick. «Wartest du zwei Minuten auf mich? Ich gehe nur einen Freund begrüßen und komme dann wieder.» Ich warte im Auto auf ihn: zwei Minuten, zehn Minuten, eine halbe Stunde. Die Patres sind wie die Hausfrauen, haben immer etwas zu klatschen. Ich ärgere mich, wir verlieren Zeit. Die Flüchtlinge, die hier im Durchgangslager sind, haben keine Probleme mehr. Ich bin das Warten leid und betrete ebenfalls das Lager.

Kaum bin ich eingetreten, werde ich von einer Gruppe von Kambodschanern umringt, und wir kommen ins Gespräch. Mechanisch wende ich mich an eine Frau, die vor mir steht, und bitte sie, mir ihre Geschichte zu erzählen.

Mit unbeteiligter und monotoner Stimme fängt sie an: «Wir sind aus Preh Veng. Meine ganze Familie ist tot bis auf meinen Mann, meinen Sohn und meine kleine Schwester...» Ich sehe es förmlich vor mir, die armen Menschen, in Lumpen, ausgehungert, und das Licht am Ende des Tunnels: die Grenze. Sie sind in Thailand, eine Frau gibt ihnen Reis, sie fassen wieder Hoffnung. Ein Militärlastwagen, bewaffnete Männer, die erbarmungslose Rückführung auf die andere Seite, diesmal weiter nördlich, auf einen Berg. Nichts zu trinken, nichts zu essen, aber ein Fluß auf dem Grund des Tales. Sie klammern sich an eine Liane, um hinunterzuklettern, sie zuerst, ihr Kind auf dem Arm. Das ist normal, das Kind ist gelähmt, sie muß es immer tragen; dann die kleine Schwester und ihr Mann. Leichen schwimmen im Fluß. Sie haben Angst vor Cholera, aber sie sind zu durstig. Sie trinken trotzdem, finden Wurzeln, die sie essen können, kommen wieder zu Kräften, setzen ihren Weg fort. Die kleine Schwester ist müde. Ihre Eltern haben sie ihnen anvertraut, ehe sie starben: Kümmere dich gut um sie, beschäftige dich mit ihr, als sei sie dein eigenes Kind. «Verstehen Sie, sie war die Kleinste, sie hingen so an ihr.» Sie wandern weiter und finden an der Grenze einen thailändischen Bauern, der ihnen Zuflucht gewährt. Es ist Erntezeit. Sie helfen ihm bei der Reisernte. Sie sind drei Wochen bei ihm, als der Bauer versucht... «er versucht, sich meiner kleinen Schwester zu nähern. Er hatte sie in die Arme genommen. Ich stürze auf ihn zu: Lassen Sie sie, sie ist noch ein Kind, kaum zwölf Jahre alt. Auch mein Mann hat eingegriffen, und der wütende Bauer ist fortgegangen und hat die Tür hinter sich zugeschlagen.»

Am Abend kam er wieder, begleitet von zwei Soldaten in einem Jeep. Die ganze Familie wurde verhaftet und ins Gefängnis gebracht, die ganze Familie bis auf die Kleine. Der Bauer hat sie behalten. Sechs Monate Gefängnis, dann werden sie entlassen, in ein Lager gesteckt, in ein anderes transportiert, und nun, ein Jahr später, warten sie auf die Ausreise in die Vereinigten Staaten. Am Dienstag werden sie aufbrechen.

Sie beendet ihren Bericht mit derselben monotonen Stimme: «Wir haben sie nie wiedergesehen; ich muß immer an sie denken. Mein ganzes Leben lang werde ich an sie denken.»

Was für eine dumme Idee, sie nach ihrer Geschichte zu fragen. Jetzt bin ich in Tränen aufgelöst, ich weine vor einer Frau, die diese Schreckensgeschichte so taktvoll berichtet, als sei sie nicht betroffen. Ich senke den Kopf und krame in meiner Tasche, um mich zu fassen, und überlege verzweifelt, was ich sagen könnte, um die Frau zu trösten. Nein, mir fällt nichts ein. Doch ein kleiner Zettel bleibt an meinen Fingern hängen, auf dem ich lese. Ravana Sataya. Ich fühle mich besser, weil ich jetzt ein Thema habe. Ich spreche zu der Frau über Vertrauen, über Hoffnung, über das, was möglich ist, wenn alles aus zu sein scheint, und erwähne als Beispiel den Fall eines jungen Mädchens, von dessen Anwesenheit in Prasath ich vorhin erfuhr. «Stellen Sie sich vor, die Freude ihrer Eltern, wenn sie davon hören...» Um ihr zu zeigen, daß das die Wahrheit ist, lese ich den Namen vor: Ravana Sataya. Die Frau fällt in Ohnmacht.

Am Montag hat Lionel seinen Botschafter eingeschaltet, um Ravana zu befreien; dienstags ist die Familie wie vorgesehen abgereist. Ich hatte vorgehabt, die beiden Schwestern vor der Abreise zu besuchen, aber an diesem Tag wurde ich durch eine andere Angelegenheit daran gehindert: Man hatte die Eltern von Bi und Bô gefunden. Sie waren in Kalifornien, hatten alle Organisationen der Welt kontaktiert, um ihre Kinder zu suchen, und das Internationale Rote Kreuz hatte davon erfahren und mich soeben benachrichtigt. So starke Emotionen kann ich immer nur einzeln verdauen. Ich bin nicht zum Flughafen gefahren.

Was habe ich für Wiedersehen miterlebt! Selbst die Toten entstiegen ihren Gräbern, um zu ihrer Familie zurückzukehren. Eines Tages reiste die verwitwete Madame Seng in die Vereinigten Staaten. Sie war sich ihrer Witwenschaft vollkommen sicher gewesen, obwohl sie den Leichnam des Verstorbenen nie gefunden hatte; sie war allerdings überzeugt, daß aus einem solchen Gewehrfeuer niemand lebendig herauskommt.

Ich sehe sie noch vor mir, wie sie sich in der unpersönlichen amerikanischen Botschaft auf Sofas gegenübersitzen. Sie schaut aus dem Fenster, er starrt auf den Fußboden. Wenn er den Kopf hebt, senkt sie ihren. Die Kinder bestaunen mit offenen Mündern schweigend das Porträt von Jimmy Carter.

Der Mann ist grau, matt, ohne Ausdruck und alterslos und sitzt mit gespreizten Beinen zusammengesunken auf dem Sofa.

Sie ist europäisch gekleidet. Um ihr in der städtischen Umgebung Mut zu machen, habe ich ihr eines meiner Kleider gegeben; niemand würde sie in dieser Aufmachung erkennen: «Haben Sie Vertrauen, Madame Seng, Ihnen wird nichts passieren.»

Zwei Fremde sitzen da, einen Meter voneinander entfernt, zwei Kambodschaner, und wir sind hinter der Tür versteckt, um sie zu beobachten. Sie ignorieren sich weiterhin. Seit mehr als einer Viertelstunde sitzen sie so da, als sich plötzlich blitzschnell ihre Blicke begegnen, ehe sie sich ebenso schnell wieder abwenden. Er senkt wieder den Kopf, und sie betrachtet seine Hände, die sie zu faszinieren scheinen und die ihr Blick nicht wieder losläßt. Minuten vergehen. Die Kinder rutschen auf ihren Sitzen herum. Plötzlich spricht er; mit leiser Stimme und ohne sie anzusehen sagt er: «Ich habe fünf Finger.»

Bei diesen Worten wirft sie sich ihm aufgeregt zu Füßen, streichelt und küßt sie. Dann, die Hände wie zum Gebet gefaltet, schaut sie zu ihm auf und fragt zur Verblüffung ihrer Kinder flehend: «Monsieur, Monsieur, sind Sie es wirklich?» Hinter der Tür sagt Kampoth: «Nimm ihn in die Arme, Idiotin, er ist dein Mann.»

Wir hatten heimlich alles in die Wege geleitet. Mey Kampoth, der Übersetzer von Lionel, hatte in einem Lager einen gewissen Monsieur Seng gefunden, dessen Frau und zwei Kinder an dem Tag verschwunden waren, an dem Madame Seng ihren Mann verlor. Seng ist ein häufiger Name, aber man weiß ja nie. Wir haben ein Zusammentreffen arrangiert, ohne ihnen vorher Bescheid zu sagen, und vor unseren Augen umarmt sich nun die weinende Familie. Am schönsten aber und am rührendsten ist das Gesicht des Ehemannes: Man sieht, wie es jünger wird, ruhiger, strahlend, leuchtend; binnen weniger Augenblicke fallen wie durch Zauberhand zehn Jahre von ihm ab.

Arme Madame Seng. Sie hatte ihn sofort erkannt, aber für einen Wiedergänger gehalten; deshalb hatte sie seine Hände so unverwandt angesehen: Geister haben an der linken Hand nur vier Finger. Sie zählte und zählte wieder, aber in ihrer Erregung verzählte sie sich dauernd; ohne ihn hätte sie es nie geschafft.

Ich werde Philip von dieser Szene erzählen, wenn er wiederkommt; sie wird ihm Freude machen. Ich sammle solche kleinen Glücksfälle und hebe sie sorgfältig für ihn auf. Er schenkt mir Schmuckstücke, seltene Bücher, antike Nippsachen, und ich bringe ihm schöne Geschichten mit, denn sie stehen ihm zu. Er ist der Teil meines Lebens, der an Wunder glaubt; ohne ihn würden sie nicht passieren.

Philip, der Mann, der mich beglückt und manchmal zur Verzweiflung bringt... Er hatte mir versprochen – ich habe das nicht geträumt, er hatte es geschrieben, sein Brief liegt vor mir – er hatte versprochen, nach Thailand zu kommen und dort zu leben. Ich hatte am Kanalufer ein Haus für uns gefunden, ein hübsches Holzhaus im Stil von Jim Thompson. Ich wartete auf ihn, wochenlang, monatelang, ein Jahr. Er hatte es vergessen. Das habe ich hinterher erraten. Ein Mann wie er muß vier oder fünf Leben gleichzeitig leben. Ich verdächtige ihn, in Afrika mit einer Bäuerin verheiratet zu sein, die ihn unter einem Affenbrotbaum erwartet, in Amerika mit einer Modefotografin, mit der er elegante Cocktailbars besucht, und im Nahen Osten mit einer verschleierten Revolutionärin, die er diskret und in einer Verkleidung aufsucht. Und es würde mich nicht wundern, wenn er zutiefst davon überzeugt wäre, ein treuer Ehemann zu sein. Um mich zu trösten, sage ich mir, daß ich über all dem stehe. Und das stimmt auch: Wenn er wirklich käme, wer weiß, ob ich dann nicht versucht wäre zu fliehen?

Statt mit ihm in einem romantischen Haus am Kanal zu sitzen, bleibe ich daheim in meiner Bleibe, die sich langsam leert. Meng ist als erster gegangen, adoptiert von Franzosen aus Bangkok. Als sie ihre Papiere erhalten hatten, haben sie mir telefonisch aufgetragen, ihnen das Kind zu übergeben, haben meine Einladung zum Abendessen ausgeschlagen und sich nicht die Mühe gemacht, uns kennenzulernen. «Je schneller Meng Sie vergißt, desto besser.» Meng hatte mehr als sechs Monate bei uns zugebracht, er betrachtete mich als seine Tante und die Kinder als seine Cousins. Die Adoptiveltern haben nicht begriffen, daß Liebe sich summiert. Je mehr man liebt, desto liebesfähiger wird man. Sie hatten Angst. Sie sind nach Frankreich zurückgefahren, ohne ihm zu gestatten, uns wiederzusehen. Sie tun mir leid, aber zu Meng habe ich Vertrauen. Eines Tages wird er sich zwischen Jesus und Buddha zurechtfinden.

Auch Ming ist adoptiert worden, von einer deutschen Familie aus Bangkok. Meine und ihre große Sorge war gewesen, ihn nicht zu brutal von seinen drei Freunden zu trennen. Wir gingen behutsam vor: Sie würden ihn zwei Tage bei sich behalten, dann würden wir kommen und den Tag bei ihnen verbringen; in der folgenden Woche sollten sie unsere Gäste sein. Doch als wir am übernächsten Tag kamen, gab es eine Überraschung: Ming weigert sich, uns zu begrüßen, und flüchtet sich in die Röcke seiner Mutter. Chu und Leng gehen zu ihm, wollen mit ihm reden, mit ihm spielen. Nichts zu machen, er wirkt verwirrt. Nun versuche ich es. Ich frage ihn, ob er in seinem neuen Zuhause glücklich ist. Da hebt Ming die Arme zum Himmel und wendet sich an seine Adoptiveltern. In entnervtem Ton fragt er auf kambodschanisch: «Mama, Papa, wer sind diese Leute eigentlich? Ich kenne sie nicht, ich habe sie nie gesehen. Welche Sprache sprechen sie? Ich verstehe kein Wort von dem, was sie sagen.»

Wir gehen wieder. Leng, Chu und Thong sind bestürzt, ich bin entzückt. Sein Verhalten entspricht dem Instinkt, etwas zu bewahren, und das ist die gesündeste Reaktion, die es gibt. Er hat der Vergangenheit den Rücken zugedreht.

Chu und Thong werden Brüder bleiben. Sie leben in derselben Familie. Was Leng betrifft, so wird er Schweizer werden, Sohn eines Apothekers aus Sion.

Er war der einzige, der nicht gehen wollte, der mich anflehte, seine Mutter zu sein, er wolle keine andere, ich solle ihn behalten. Zwei Wochen vor seiner Abreise hatte er damit angefangen und weinte Tag und Nacht: «Behalte mich hier, ich hasse die Schweiz, ich werde nicht hingehen.» Ich hielt ihm entgegen: «Du hast die besten Eltern der Welt, du weißt nicht, wovon du redest. Ob sie dich lieben? Sie haben schon angefangen, dich zu lieben, als sie dich noch gar nicht kannten.» Und nach ihrer Akte zu urteilen, mußte das die Wahrheit sein.

Der Flug war ein Alptraum. Keine Minute hörte er auf zu schreien: «Ich will nicht. Ich will nicht. Lieber will ich sofort sterben, keiner hat mich lieb, ich bin nur ein Waisenkind.» Zwölf Stunden lang machte er mir das Leben zur Hölle, schrie, fluchte und tobte. Einmal hat dieser kleine Teufel sich sogar in die Arme des links neben ihm sitzenden Passagiers geworfen und gestöhnt: «Und Sie, lieber Monsieur, haben Sie kein Mitleid mit mir?» Er drückte sich an ihn, ein bedauernswerter kleiner Junge von sechs Jahren, der sich nach Liebe sehnte. Einen Augenblick lang war ich gerührt. Als er wieder auf seinem Platz saß, fiel mir auf, daß er Banknoten in der Hand hielt; er hatte seinen Nachbarn bestohlen. Dieser Nachbar war ein sympathischer Mann. Wir machten uns bekannt: «Jacques Beckert, Journalist; ich bin Belgier.» Jacques war, wie ich später erfuhr, auch Musikwissenschaftler, Dichter und ein Mann mit einem guten Herzen. Wir haben den Kontakt aufrechterhalten.

Als Leng auf dem Flughafen in Genf das sympathische Paar sah, das auf uns zukam, und begriff, daß das seine Eltern waren, wandte er sich zu mir, erschöpft von seinem Getobe während der Nacht, und sagte ganz ruhig: «Sie gefallen mir. Du kannst jetzt gehen.» Er war ein einziges Lächeln. Die Familie bestand darauf, mich nach Sion einzuladen, sie fürchteten eine zu abrupte Trennung und wollten einen sanften Übergang. Ich erinnere mich noch an das Gespräch im Auto zwischen Genf und Sion. Leng warnte sie: «Eure Wälder sind schrecklich gefährlich; sie müssen voll Roter Khmer sein. Ihr tätet gut daran, euch zu verbarrikadieren, Minen zu legen, euch wirksamer zu schützen; dieses Terrain bietet keinerlei Sicherheit.» Er drückte sich aus wie ein alter Krieger, der jahrelange Erfahrung darin hat, wie man sich verteidigt. Dann haben die Eltern von ihrem Haus gesprochen, von seinem Haus, und er hat gefragt: «Laßt ihr mir ein eigenes Häuschen hinten im Garten bauen?»

«Warum», fragte der Apotheker erstaunt, «willst du nicht bei uns leben?»

«Doch, das möchte ich schon, aber ich bin nur ein armes Waisenkind. Wer wird sich schon mit mir belasten?»

Als ich ihn am nächsten Tag verließ, hatte er sein Zimmer, seine

Zahnbürste, seinen Hund und sein Fahrrad, und in dem Haus in Sion war er König.

Kürzlich habe ich von ihm gehört: Er ist der beste Schüler seiner Klasse und hat sich großartig entwickelt. Tatsächlich ist es den meisten dieser adoptierten Kinder gut ergangen, trotz der Befürchtungen der Mitarbeiter der Vereinten Nationen, die immer betonten, wie schlimm es sei, ein Kind zu entwurzeln, in eine andere Kultur zu versetzen... Ich habe nie vergessen, daß die Liebe einer Familie, selbst wenn sie unbeholfen ist, einem Waisenhaus vorzuziehen ist.

Meine einzigen Vorbehalte betreffen Eltern, die glauben, eine Adoption sei die Lösung ihrer Eheprobleme oder der Leere ihres Lebens. Das ist ein Irrtum. Sie versuchen eine Wunde mit den falschen Mitteln zu heilen und wundern sich dann, daß sie nicht wirken. Für ein Kind ist das eine bittere Erfahrung.

Wie auch immer, damals hatten wir keine Wahl. Die Lager für Waisenkinder waren eine Schande, ein Ort, wo die Roten Khmer ihren Nachwuchs rekrutierten, und selbst eine schlechte Familie war besser als die Gesellschaft dieser Mörder.

Nach und nach wurde es ruhig bei uns. Es war Wahnsinn, so viele Menschen im Haus zu haben, ich vernachlässigte darüber meine eigenen Kinder. Diese lächerliche Szene vorige Woche zwischen Manou und mir war eine Ungeschicklichkeit meinerseits. Aber es war wirklich ein Schock, als ich merkte, daß es in allen Modezeitschriften Fotos von ihr gab, auf denen sie geschminkt und frisiert war wie eine Erwachsene, und daß sie auf der Straße keinen Schritt mehr tun konnte, ohne fürchten zu müssen, erkannt zu werden. Ich habe mich aufgeregt. Ich sah sie schon eitel, oberflächlich und egozentrisch werden, als sei sie von einem Tag auf den anderen ein anderer Mensch geworden. Dabei war in Wirklichkeit ich diejenige, die es nicht verstanden hatte, ihr nahe zu bleiben. Wütend habe ich der Sache ein abruptes Ende gemacht. Ich habe ihr verboten, jemals wieder für Mode- oder Werbeaufnahmen zu posieren, sich zu schminken, diese angeblich modischen, tatsächlich aber lächerlichen Kleider zu tragen. Nur noch Schule und Ballett, basta. Die übrige Zeit hatte sie zu Hause zu bleiben. Sie ging auf ihr Zimmer, schloß sich ein und blieb drei Tage darin, ohne zu sprechen oder zu essen. Sie trat in einen Hungerstreik, und das bestürzte mich so, daß ich selbst auch nichts essen konnte. Es war ein solches Drama, daß ich mich an François wandte. Er kam mit der nächsten Maschine, kletterte an der Hauswand hoch, und es gelang ihm, das Fenster ihres Zimmers zu erreichen und zu öffnen. Gott sei Dank!

«Wem willst du am meisten weh tun? Deiner Mutter oder dir selbst?» Was sie sonst noch sprachen, weiß ich nicht. Ich wartete voller Angst. Dann kam er wieder nach unten, und kurz darauf sahen wir modische Fähnchen, Schmuckstücke und Schminkutensilien aus dem Fenster fliegen; eines nach dem anderen landeten all die Symbole ihres vergangenen Ruhms im Teich. Nach einer Weile kam sie würdevoll herunter, um mit uns zu Abend zu essen. Nach dem Essen hat François uns zur Einweihungszeremonie eines jungen Bonzen mitgenommen; nach der Rückkehr spät in der Nacht haben wir uns unterhalten über Initiation und die Schwierigkeiten der Jugend, ihren Platz in der Gesellschaft zu finden. Manou hielt meine Hand.

Dieser Vorfall ließ in mir eine Alarmglocke läuten. Manou brauchte mich, ich mußte aufhören, mich zu verzetteln, und mich auf sie konzentrieren. All die Jahre über hatte ich bedauert, ihr nicht mehr Zeit widmen zu können. Mein schlechtes Gewissen hatte mich gequält, aber ich hatte mir gesagt, daß sie geliebt werde und gesund sei und daß im Vergleich zu ihr andere Kinder die Aufmerksamkeit tausendmal nötiger hätten. Von diesem Tag an verringerte ich die Anzahl der Flüchtlinge, die im Haus wohnten, und gab mir Mühe, mehr Zeit mit meinen eigenen Kindern zu verbringen.

Als wir viele Jahre später von der Zeit sprachen, in der ich sie vernachlässigt hatte, gestand Manou, sie habe darunter gelitten. Das sei um so schlimmer gewesen, fügte sie hinzu, als ihre Schulnoten ausgezeichnet waren und ich gar nicht an ihrer Seite sein mußte. Und als ich ihr sagte, wie leid mir das tue, schloß sie lachend:

«Wenn dich das tröstet, Mütterchen, dann will ich dir sagen, daß ich nicht daran zurückdenken kann, ohne schrecklich stolz auf dich zu sein.»

Wenn ich mich zurückerinnere, dann sehe ich sie wieder im Glanz ihrer Jugend. Sie ist froh, wieder der Mittelpunkt meiner Aufmerksamkeit zu sein, und zeigt mir das, indem sie mir ihre Freunde vorstellt oder mir die großen Sorgen anvertraut, die sie quälen: ihre Karriere als Tänzerin, ihre Bewunderung für ein Mädchen aus ihrer Klasse und die Liebesgeschichten unseres Chauffeurs. Sie liest liebend gern, und ich mache mir ein Vergnügen daraus, ihr die Bücher zu schenken, die mich in ihrem Alter begeisterten, froh, sie auf diese Weise selbst auch noch einmal neu zu entdecken. Sehr bald wird unsere Beziehung wieder besser und gelassener.

Auch Olivier hat sich verändert, und zwar radikal. Dabei hatte er vor noch gar nicht langer Zeit versucht, im Schwimmbad zwei kleine Kinder zu ertränken, indem er ihre Köpfe unter Wasser drückte, jeden mit einer Hand. Als Kind mußte ich zahllose vierblättrige Kleeblätter schlucken, wenn wir auf der Wiese spielten, um soviel Glück zu haben . . . denn der Vater ist rechtzeitig gekommen und hat die Kinder gerettet.

Am nächsten Tag erwürgte Olivier unsere Eichhörnchen, eine reizende Familie, die in dem Flamboyant-Baum im Garten wohnte und uns jeden Morgen aus der Hand fraß. Er gab sich nicht mit dieser Tat zufrieden, sondern brüstete sich auch noch stolz damit, und ich, die ich bei dem Ertränkungsversuch die Ruhe hatte bewahren können, verlor nun meine Kaltblütigkeit und gab ihm ein paar kräftige Ohrfeigen. Das hätte ich nicht tun sollen, denn genau das wollte er: sich mit dem Gedanken trösten, daß er nicht geliebt wird, um noch mehr Gründe zu haben, uns zu verabscheuen.

Aber er hat sich verändert, ich erinnere mich genau, wann das begann. Wir hatten alle diese Kinder im Haus: Bi, Bô, Leng, Chu, Thong und Ming und Meng. Ich ging aus, und statt wie üblich Meng und Manou die Verantwortung für die Jüngsten zu übertragen, habe ich mich an Olivier gewandt. Natürlich hatte ich nichts von diesem Abend, obwohl ich Streichhölzer und Messer versteckt hatte, und bin früh nach Hause gegangen. Sie waren alle noch am Leben, Gott sei Dank, und schliefen. Selig habe ich mich auf mein Bett gelegt und wollte ebenfalls schlafen, als Bô zu weinen begann. Zum ersten Mal hatte ich nicht den Mut aufzustehen. Nach einer Weile veranlaßte ein leises Rascheln im Zimmer mich, die Augen aufzumachen: Leise schlich mein Sohn zu Bô. Ich wollte mich schon aufrichten, um den Kleinen zu verteidigen, als ich sah, wie Olivier ihn vorsichtig aufhob, in die Arme nahm, in sein eigenes Bett führte und ihm freundliche Worte ins Ohr murmelte. Am Morgen fand ich sie im Schlaf umarmt, und Bôs Köpfchen ruhte friedlich an Oliviers Schulter.

Seither macht er Riesenfortschritte; seine Verantwortung hat ihn verwandelt. Eines Tages wird dieser wilde Haß zwischen Manou und ihm verschwinden, und wir werden eine geeinte Familie sein.

Denn alles geht vorbei, die Liebe wie der Haß. Kurt weiß das. Er leidet entsetzlich, seit Chantana sich in einen Chinesen verliebt hat, einen jungen Mann, mit dem sie jeden Abend tanzen oder in ein Restaurant geht. Sie behauptet, er sei nur ein Freund und außerdem homosexuell. Sie hat ihren fünfzigjährigen Liebhaber abgeschoben, er ist nur noch eine Art wohlwollender Onkel, auf den sie nicht verzichten will; er ist zu großzügig und auch so nett. Er wird niemals böse. Sein Schmerz bringt uns einander wieder näher, aber um diesen Preis macht mir das keine Freude. Ich würde das junge Mädchen gern überreden, ihn wieder zu lieben wie früher, und ihn, von Leidenschaft verzehrt, stundenlang allein in seinem Büro eingeschlossen sehen, um nur an sie zu denken, unruhig, eifersüchtig, leidend, aber glücklich in seinem Unglück.

Kurt wird ihr keinerlei Vorwürfe machen. Würde ich ihn nicht so gut kennen, ich würde schwören, daß die neue Liebschaft der jungen Dame ihn gleichgültig läßt. Aber schauen Sie ihn nur an: Er geht langsamer, gerät leicht außer Atem und lacht nie mehr wie früher. Außerdem schläft er nicht mehr, trinkt wie ein Matrose und raucht mindestens drei Schachteln Zigaretten am Tag. Neulich hat jemand gesagt: «Kurt sollte aufpassen; wer so lebt, handelt sich einen Herzinfarkt ein.»

Ich habe gelacht: «Kurt? Er ist unsterblich. Ein Typ wie er wird uns noch alle begraben!»

Das FBI in Aktion

Gegen Ende 1979 strömen Hunderttausende von Kambodschanern, geplagt von Mücken und Fieber, ausgehungert und entkräftet über die Grenze, als kämen sie geradewegs aus der Hölle.

Die Kinder weinen neben den Leichen ihrer Eltern vor Hunger, die Mütter sterben vor den Augen ihrer Kinder.

Die Menschen sterben an Hunger, Krankheit und Angst. Sie sterben auf den Feldern, einer nach dem andern, wie Tiere, schweigend. Die Nacht senkt sich über grauenhafte Szenen, und der Morgen erhellt Agonie und Verzweiflung.

In meinen Armen sind kleine Kinder gestorben, deren Augenlider von Fliegen wimmelten, und ich habe Sterbende getragen, die mich «Mama» nannten.

Auf einen Leichenhaufen habe ich den Leichnam eines kleinen Mädchens gelegt. Sie hatte die Orange, die ich ihr geschenkt hatte, noch in der Hand. Und ich habe gesehen, wie einige bis auf die Knochen abgemagerte Kinder sich auf den Leichen um die Orange schlugen. Wohin man auch sah – Entsetzen.

Das Lager von Sakeo ist eingerichtet worden.

Die Médecins sans Frontières, die als allererste zur Stelle sind, arbeiten rund um die Uhr. Sie sind ernsthaft, tüchtig und hingebungsvoll. Aber am Anfang sind sie nur drei Ärzte für dreißigtausend Sterbende.

Ich habe Stunden totaler Entmutigung und Stunden schwarzer Wut erlebt, in denen ich, allen Soldaten und Waffen zum Trotz, mehrmals meinen Wagen voll todgeweihter Kinder zu einem Krankenhaus der Hauptstadt fuhr.

Dreißig wurden gerettet, und doch, wenn ich daran zurückdenke, empfinde ich nur Reue. Denn ich hätte mehr tun müssen und können. Statt dreißig Kindern hätte ich versuchen müssen, dreihundert zu retten.

Ich sehe noch, wie ich aus dem Lager kam und die auf mich gerichteten Waffen der Soldaten beiseite stieß; in meiner Wut wäre ich zu allem fähig gewesen. Die Flüchtlinge durften das Lager nicht verlassen, aber ich fälschte eine Genehmigung und warnte die Militärs: Wer mich aufhalten sollte, und sei es nur für eine Sekunde, würde aus der Armee verstoßen. Das war ein Bluff, aber sie glaubten mir. In diesem Lager in Sakeo geschahen grauenhafte Dinge. Man sah Menschen, die bis zum Hals eingegraben waren, in der Sonne schmoren. Andere waren an Ästen aufgehängt, wieder anderen wurde jede Nahrung verweigert. Hier nämlich bestimmten die Roten Khmer das Gesetz, und das Flüchtlings-Hochkommissariat hatte ihnen das Feld überlassen, ihnen die Verteilung der Nahrungsmittel anvertraut und so Menschen geopfert, die ein Recht auf seinen Schutz hatten. Schlimmer noch: einer ihrer Hauptverantwortlichen, der die traditionelle Schärpe der Roten Khmer und Ho-Tschi-Minh-Sandalen trug, ging an der Grenze spazieren, und wenn die Flüchtlinge erfuhren, wer er war, weiteten sich ihre Augen vor Entsetzen.

Ich hätte protestieren und die Presse alarmieren müssen. Ich bedaure, daß ich es nicht getan habe. Was mir im Weg stand, war eine Frage der Persönlichkeit. Ich fühlte mich unwohl in meiner Haut als Geschäftsfrau, und oft hielt mich der Gedanke zurück, man könne meine Absichten mißverstehen. Denn man redete über mich. Es gab Gerüchte, denen zufolge ich Babys verkaufte, und statt ihnen zu trotzen, verschwendete ich meine Energie damit, herumzulaufen und zu erklären, daß das nicht stimmte.

Diese dunklen Tage von Sakeo kommen mir oft wieder in den Sinn. Ich habe humanitäre Organisationen gesehen, die vorbildliche Arbeit leisteten, und andere, die einen Fehler nach dem anderen machten. In beiden Lagern gab es fabelhafte Leute und Opportunisten. Ich habe bewundernswerte Menschen kennengelernt, Robert und Mylène Bougrain-Dubourg, Rony Brauman, Claude Malhuret, Xavier Emmanueli und viele andere, die für immer meine Freunde bleiben werden.

Mittlerweile ist George gekommen. George, internationaler Beamter, wohlgenährt, bei guter Gesundheit, gut bezahlt; nicht schlimmer als die anderen, aber er hatte das Pech, im falschen Moment zu erscheinen.

Er leitete USAID in Bangkok und arbeitete mit dem Programme Alimentaire Mondial zusammen, um Nahrungsmittel für die Flüchtlinge zu beschaffen.

Ich sehe ihn noch mit wiegenden Schultern in Kurts Büro treten und eine vertrauliche Unterredung verlangen. Kurt sagte später, Georges Stimme habe gezittert; ich erinnere mich eher an eine metallische und autoritäre Stimme, die folgenden Plan darlegte: Er würde uns den Ankauf von mehreren tausend Tonnen Reis anvertrauen, im Austausch dafür verlange er eine Kommision von zehn Prozent.

Kurt hat mich angesehen und in festem Ton geantwortet: «Nein, George. Das können wir nicht machen.» Und das stimmte. Nicht auf dem Rücken der Flüchtlinge.

So gern Kurt die Korruption bei unterbezahlten Leuten entschuldigte, so sehr verabscheute er sie auf hoher Ebene, vor allem bei Weißen.

«Ich gebe Ihnen zwei Tage, um darüber nachzudenken», antwortete George, und ich bin sicher, daß sein Ton eisig war.

«Da gibt es nichts nachzudenken.»

Er beharrte darauf. «Denken Sie nach; sonst wäre es mir ein leichtes, bei einer Zusammenkunft von Regierungsmitgliedern Ihren Ruf zu schädigen. Dann wäre es aus mit Ihnen und SUISINDO.» Mit diesen Worten ging er.

Da sah ich Kurt zum ersten Mal wirklich zornig; er war still und sehr blaß und vollkommen schockiert.

Ich habe den Vorschlag gemacht, Lionel einzuweihen und um Rat zu bitten. Lionel hat uns geraten, den Botschafter zu unterrichten, und der Botschafter hat entschieden; aber zuerst habe ich mir ein Versprechen geben lassen. «Wir wollen nicht in eine Untersuchung verwickelt werden und auch nicht Richter spielen; versprechen Sie uns, daß unser Gespräch unter dem Siegel der Verschwiegenheit bleibt.» Er akzeptierte; niemand würde die Quelle seiner Informationen kennenlernen.

Der nächste Flug von Washington nach Bangkok brachte ein ganzes Bataillon von Inpektoren, die damit beauftragt waren, den Schuldigen zu finden, ehe Maßnahmen ergriffen wurden. Einer nach dem anderen erschien und verlangte unsere Aussage über den Korruptionsfall; da man uns zugesagt hatte, uns nicht in die Sache zu verwikkeln, taten wir so, als wüßten wir von nichts. Dann trat eine gewitztere Persönlichkeit auf den Plan, ein sympathischer Mann, der bewegend über den Sieg der Guten über die Bösen sprach. Mit ihm haben wir sympathisiert, und um ihm zu helfen, haben wir ihm schließlich dummerweise alles erzählt.

Auch er schwor uns, daß die Sache nicht bekannt würde. «Keiner wird es erfahren; spielen Sie das Spiel mit, geben Sie George seine zehn Prozent und halten Sie mich auf dem laufenden. Meine Leute werden ihn verhaften, wenn er Ihre Büros verläßt.»

Doch an diesem Tag hatten seine Leute den Durchsuchungsbefehl vergessen, und die Sache wurde verschoben.

Bei der zweiten Gelegenheit hat die lokale Polizei ihnen das Recht abgesprochen, auf thailändischem Boden eine Verhaftung vorzunehmen.

Bei dritten Mal kamen sie zu spät. George hatte seine Dollar bereits in Sicherheit gebracht.

Sechs Monate später waren wir immer noch am gleichen Punkt, aber Kurt und ich waren angewidert und entschlossen, uns nicht mehr herumkommandieren zu lassen, weder von George noch von den Inspektoren der amerikanischen Entwicklungsbehörde.

Dann trat das FBI auf den Plan: Eine Verhaftung in Thailand erwies sich als zu kompliziert; sie würden sich in den USA darum kümmern, wohin George sich im folgenden Monat begeben wollte. Man würde ihm eine Falle stellen. Natürlich müßten Kurt oder ich nach Washington kommen, wo unsere Anwesenheit unerläßlich war. «Kommt nicht in Frage», sagte Kurt, «wir haben immer wieder gesagt, daß das nicht unsere Sache ist. Ich bin Schweizer, Yvette ist Französin, wir haben mit der amerikanischen Justiz nichts zu tun. Wir haben Ihnen eine Information gegeben; machen Sie damit, was Sie wollen, und lassen Sie uns in Ruhe.»

«In diesem Fall», erwiderte der Agent des FBI, «werden wir Sie auf die schwarze Liste setzen, ihre Geschäfte behindern, ihre Visa für die USA annullieren und Sie in die Enge treiben...»

So war das also. Schlimmer als George, aber im Namen der Moral.

Kurt fand sich in einem Washingtoner Hotel wieder, das das FBI ausgewählt hatte. Man rasierte ihm die Brust, um ihn zu verkabeln und Mikrophone zu verstecken. In dem Zimmer, in das er George bitten sollte, damit er seine Dollar abholte, war in einem eingeschalteten Fernsehgerät eine Kamera versteckt. Alles war bereit. «Und falls George seine Tochter mitbringt?» sorgte sich Kurt. «Sie ist noch so jung, das wäre ein Schock für das Kind.» Später, als der Sturm vorüber war und er mir zum zehnten Mal die Geschichte erzählte, ahmte er das Lachen der Amerikaner nach:

«Ach, ihr Schweizer! Ihr versteht unsere Mentalität nicht. In den USA bringt ein Gauner zu einem Coup niemals sein Kind mit.»

Kurt war hartnäckig. «Entweder ergreifen Sie Vorsichtsmaßnahmen, oder ich weigere mich, Ihnen zu helfen.» Sie telefonierten mit ihrem Büro und ließen eine Frau kommen.

Kurt war unglücklich, wütend. «Stell dir das vor», sagte er, «ich, der ich überhaupt nicht lügen kann . . .» Im letzten Moment warnte er die Agenten noch: «Überprüfen Sie alles gut; vergewissern Sie sich, daß alles richtig angeschlossen ist.» Sie brachen in Gelächter aus. Jemand klopfte an die Tür, und Kurt öffnete. «*Good morning*», sagte das Kind, das George bei sich hatte.

Es kam zu einem nichtssagenden Gespräch. Dann warf die Kleine sich auf das Bett und drehte den Fernseher zu sich herum. «Sei nicht so egoistisch», murrte Kurt und veränderte den Blickwinkel der Kamera wieder, «das ist nämlich mein Lieblingsprogramm.» Später zählte er die Dollar auf den Tisch und sagte laut und deutlich:

«Also: zwölfhundertfünfzig Tonnen zu dreihundertsechzig Dollar macht insgesamt vierhundertfünfzigtausend Dollar; davon schulden wir dir zehn Prozent, nicht wahr, George? Zehn Prozent von vierhundertfünfzigtausend sind fünfundvierzigtausend. Ich habe sie dir in bar mitgebracht.»

George schaute nachdenklich in die andere Richtung und ignorierte das Geld. Kurt wurde nervös. Er fing an, im Zimmer auf und ab zu gehen. In diesem Augenblick läutete das Telefon: «Wir sind verloren», sagte eine Stimme am anderen Ende der Leitung. «Er hat das Geld in die Handtasche seiner Tochter gesteckt, und wir haben keine Genehmigung, das Kind zu durchsuchen. Versuchen Sie, uns zu helfen.»

«*Yes*», antwortete Kurt. «*I love you, too.*»

George lächelte. Kurt und seine Frauengeschichten . . .

Kurt setzte sich wieder hin. Diesmal hatte er wirklich genug. Inzwischen hatte sich die Kleine wieder zu ihnen gesellt. «Bitte, Papa, ich möchte eine Cola.» George nahm einen Dollar aus seinem Geldbeutel und gab ihn ihr.

«Was», staunte Kurt, «ein großes Mädchen wie du muß seinen Papa um Erlaubnis fragen, ehe es das Geld aus seiner Handtasche ausgibt?»

«Oh, nein», antwortete George prompt, «das ist nicht ihre Tasche, das ist meine. So etwas ist jetzt modern, man stellt Handtaschen für Männer her, und das ist recht praktisch. Man kann seinen Tabak, seine Schlüssel, sein Taschentuch darin aufbewahren...»

Zehn Minuten später führte eine freundliche Dame die Kleine hinaus. «Komm mit mir, dein Vater hat eine geschäftliche Besprechung.» Dann legte man George Handschellen an und führte ihn ab.

Ein schlecht informierter Journalist der *Washington Post* schrieb am nächsten Tag in großen Lettern: «Schweizer Geschäftsmann in Korruptionsaffäre von hohem amerikanischen Beamten angeschuldigt.» Die Nachricht ging um die Welt, und binnen weniger Stunden war unser Ruf ruiniert. Die schwedische Regierung entzog uns ihre Geschäfte, die Vereinten Nationen brachen alle Beziehungen ab, die Mitglieder des Internationalen Roten Kreuzes wandten den Kopf ab, wenn wir vorbeikamen; und Kurt, der sie so gern hatte... Er hatte ihnen kostenlos einen Hangar zur Verfügung gestellt, ihnen Sonderpreise eingeräumt, so viel für sie getan... Selbst seine Schweizer Freunde grüßten ihn nicht mehr. Auch die humanitären Organisationen schnitten uns bis auf drei, die von integren Leuten geleitet wurden. Ich werde sie nie vergessen: Rudy von Bernuth von Care, Reggie Reimer von World Relief und die Freunde von Médecins sans Frontières.

Ich war angewidert, Kurt niedergeschlagen. Sollten wir in der Presse eine Richtigstellung veröffentlichen? Das hätte bedeutet, sich in die Höhle des Löwen zu begeben und sich der Rache Georges oder seiner thailändischen Helfershelfer auszusetzen. In gewisser Weise hatte die Presse uns beschützt, indem sie uns zerstörte. Für einen dreimal geringeren Betrag werden in Thailand Kinder entführt oder Morde begangen; für hundert Franc kann man einen gedungenen Mörder kaufen... Am zweiten Tag nach Georges Verhaftung war Kurt noch in den USA. Das Welternährungsprogramm schickte mir aus Rom drei seiner Verantwortlichen, zwei Direktoren und einen Prüfer. Ich kannte und mochte die Leute; wir hatten lange gut zusammengearbeitet. Sie bestellten mich in ihr Hotel und befragten mich stundenlang, über unsere Arbeitsweise, unsere Gewinnspannen, unsere Buchführung. Anfangs antwortete ich ganz ruhig, wir hatten nichts zu verbergen, aber sie legten mir Dinge in den Mund und verdrehten meine Aussagen, trieben mich in die Enge und suggerierten, nicht alles sei so sauber ... kurz, sie verwirrten mich so, daß ich mich nach einer Weile zu fragen begann, ob ich nicht doch schuldig sei. Tatsächlich, es ist unglaublich, aber ich wußte nichts mehr sicher und war so weit, an mir selbst zu zweifeln. Von zwölf bis vierzehn Uhr, zur Mittagszeit, wurde das Verhör unterbrochen. Ich kehrte nach Thada Court zurück, ging sofort auf mein Zimmer und weinte haltlos. Manou hatte mich noch nie weinen sehen und war bestürzt. In meiner Verzweiflung erzählte ich ihr alles, und das kleine Persönchen machte mir mit drei Sätzen wieder Mut: «Und deshalb weinst du? Du, die du für uns Mutter und Vater zugleich bist? Lächerlich. Keiner kann dir etwas anhaben, weder die Vereinten Nationen noch die Regierungen, noch die öffentliche Meinung; geh zu ihnen, sag ihnen, daß du eine freie Frau bist und daß ich stolz auf dich bin.»

Bei meiner Rückkehr ins Hotel fragten die drei Herren, wen ich getroffen habe und was geschehen sei. «Nichts. Warum?» Sie fanden mein Verhalten verändert, selbst mein Gang sei anders. Ich habe ihnen gesagt, mir sei einfach klargeworden, daß ich noch immer jedem gerade in die Augen schauen könne. Aber sie, die versucht hätten, mich für Unregelmäßigkeiten verantwortlich zu machen, die einer ihrer Angestellten begangen hatte, um ihren Ruf zu wahren, sie täten mir leid, und ich möchte nicht an ihrer Stelle sein. Und ich habe hinzugefügt: «Ihre Geschäfte können Sie behalten, ich will sie nicht mehr. Suchen Sie sich einen anderen Partner. Kurt und ich werden genug ehrliche Leute finden, mit denen wir Geschäfte machen können.» Dann bin ich gegangen. Ich fühlte mich so tapfer wie in Paris, als ich den Mut aufgebracht hatte, eine Stelle aufzugeben, nachdem ich meinem Chef die Meinung gesagt hatte.

Am nächsten Morgen riefen sie mich an und erkundigten sich, ob ich gut geschlafen hätte. «Ich? Immer. Und Sie?» Sie hatten eine schlechte Nacht verbracht und wollten mich sehen.

Ich muß den Hut vor ihnen ziehen: Sie haben ihren lokalen Direktor entlassen, der im Verdacht stand, mit George gemeinsame Sache gemacht zu haben, und uns als Geschäftspartner behalten.

Daraufhin hat der amerikanische Justizminister dem amerikanischen Botschafter in Thailand einen Glückwunschbrief für uns gesandt. Wir waren Helden: Parias, mit denen keiner mehr etwas zu tun haben wollte, aber Helden. Bei «vertraulichen» Zusammenkünften mit Vertretern von Regierungen und internationalen Organisationen, mit denen wir handelten, hat der Botschafter das erklärt und die Wichtigkeit von Diskretion betont. Wenn gewisse Leute erfahren würden, daß wir mit der amerikanischen Justiz zusammengearbeitet hatten, wäre unser Leben in Gefahr. Danach schenkte man uns allgemein wieder Vertrauen, oder doch beinahe – das Internationale Rote Kreuz wollte nicht mehr mit uns arbeiten. Wir waren nicht diskret genug.

Aber wer kann heutzutage noch ein Geheimnis bewahren? Die Lokalpresse bekam Wind von der Sache, und die Nachricht verbreitete sich wie ein Lauffeuer. Es war verheerend. Meine Schwester in Metz nahm mir für unbegrenzte Zeit meine beiden Kinder ab, und Kurt und ich flohen, ohne unsere Forderungen einzutreiben. Er suchte in Zürich bei seinem Bruder Zuflucht, ich in der Nähe von Bern in einem Chalet, das David gehörte. Sechs Wochen hielten wir uns versteckt. Ich hatte furchtbare Angst. Meine Phantasie malte sich thailändische Gangster von internationalem Format aus, Mörder hinter jedem Baum, Fallen auf allen Wegen und absichtlich ausgelöste Lawinen. Selbst der Schornsteinfeger kam mir vor wie ein Verschwörer.

Ohne Davids Freundschaft wäre ich in eine schwere Depression gefallen. Er kam mich besuchen, und die Ruhe, mit der er sprach, und seine Worte trösteten mich. «Das ist jetzt eine unangenehme Zeit, die du durchstehen mußt, aber du wirst sehen, in sechs Monaten haben alle die Sache vergessen. Du hast dich so hineingesteigert, daß du der Situation eine ganz übertriebene Bedeutung beimißt.»

Um mir Gesellschaft zu leisten, schickte er Leute aus dem Dorf zu mir in das Chalet, und in deren Gegenwart fragte ich mich schließlich, ob er nicht recht hatte. Er besaß und besitzt, wie ich glaube, noch immer die Gabe, mich wieder in die Realität zurückzuführen. Doch hinter seinen Worten glaubte ich so etwas wie eine Verurteilung zu spüren. Das allzu lärmende Leben, das wir führten, mußte ihm verrückt erscheinen. Weil er immer taktvoll war, hatte er das nicht ausgesprochen. Er wartete darauf, daß ich es selbst merkte.

Einmal in der Woche rief Kurt mich an, und wir beratschlagten miteinander. Was tun? Auf den Philippinen, in Vietnam, in Korea einen neuen Anfang machen? Wohin wir auch gingen, «sie» würden uns finden; unter «sie» verstanden wir die thailändische Mafia, Georges Helfershelfer. Unser Verbrechen erforderte Rache, es würde nicht ungestraft bleiben. Da war es noch immer am besten, sich der Situation zu stellen, nach Thailand zurückzukehren und eine Lösung zu suchen. Dazu haben wir uns schließlich entschlossen.

Wir sind zurückgekehrt, und obwohl ich klein beigegeben hatte, war ich mit unserer Entscheidung zufrieden. Ich konnte das Leben im Versteck nicht mehr ertragen.

Kurt war mutig und wollte keinen Leibwächter. Die Amerikaner boten mir einen an, aber sie hatten mir genug Scherereien gemacht. Ich zog es vor, selbst jemanden zu engagieren, und suchte mir einen echten Profi, Khun Séri, der eine Lizenz zum Töten besaß. Wie ein Cowboy hantierte er mit Granaten, Revolvern und Messern. Vorher hatte ich Angst gehabt, aber mit ihm begann der eigentliche Alptraum. Er wich nicht von meiner Seite, bis an die Zähne bewaffnet, und wenn seine Mörderblicke meine kreuzten, las ich darin meine Verurteilung.

Ich war von seiner Unehrlichkeit überzeugt; wie sollte ein Mörder treu sein können? Unsere Feinde mußten ihn gekauft haben, und die wirkliche Gefahr würde von ihm kommen. Ich hatte mein Haus mit zusätzlichen Schlössern und anderen Sicherheitsvorkehrungen versehen lassen, aber er schlief in diesem Haus oder schlief vielmehr überhaupt nicht. Er verbrachte die Nacht wach im Korridor vor der Tür meines Schlafzimmers. Ich schob einen Schrank vor diese Tür und dahinter einen Tisch und das Bett, um sie zu verbarrikadieren. Ich schlief unter dem Bett. Manchmal wachte ich schweißgebadet auf und stellte mir vor, ich hätte mich geirrt. Der wirkliche Mörder würde durchs Fenster kommen, und mein treuer Leibwächter stieß von außen gegen die Tür und versuchte vergeblich, mich zu beschützen.

Ich dachte daran, das Haus mit einer Mauer zu umgeben, einem elektrischen Zaun, eine Zitadelle zu errichten, um mich darin einzuschließen, aber dann sagte ich mir, daß das nichts nützen würde, ebensowenig wie die zahlreichen Vorhängeschlösser, mit denen meine Türen gesichert waren. Die Angst war in meinem Kopf. Wenn ich sie loswerden wollte, mußte ich den Gedanken des Todes akzeptieren.

Ich hatte keine Wahl. Ich suchte Mut in Meditation und Gebet, und eines Morgens stand ich mit klarem Kopf auf. Ich machte mein

Testament, schickte den Leibwächter weg und ließ meine Kinder zurückkommen. Ha und Derek, ihr Mann, waren wieder in Bangkok. Sie hatten ein hübsches Haus, das nicht weit von der Schule entfernt war. Anfangs brachte ich Olivier und Manou dort unter; dann sind sie wieder zu mir nach Thada Court gekommen.

Drei Wochen waren vergangen, und ich fühlte mich viel wohler. Da erschien der Leibwächter wieder auf der Bildfläche. Er hatte erfahren, daß sich etwas gegen mich zusammenbraute, und bot mir seine Dienste kostenlos an. Ich hatte keine Lust, ihn wiederzusehen, aber ich wagte nicht, ihn abzuweisen. Er ist geblieben. Kurt war klüger gewesen, als er Bewachung abgelehnt hatte.

Khun Séri hielt sich an meine Kinder; er spielte die Rolle des Vaters. Ich verbarg meine Gefühle.

«Olivier, faß die Granaten von Monsieur nicht an, das sind keine Spielsachen.»

Und er, der lizenzierte Mörder:

«Er will in meine Fußstapfen treten...»

Ich lächelte und tat so, als fände ich seine Worte amüsant. Ich hatte solche Angst, ihn zu kränken...

Er entließ meinen Chauffeur, einen braven Mann, zu dem ich volles Vertrauen hatte, und beschloß, selbst zu fahren. Seine kleinen Augen blickten wachsam nach allen Seiten, überall witterte er Gefahr. Von neuem hatte ich Todesangst.

An einem Regentag, an dem ich die Kinder von der Schule abholte, bat mich unsere Nachbarin Madame Bertin, eine ruhige Lyonerin, sie mitzunehmen. Anfangs beachtete sie den Chauffeur nicht, doch als sie später sah, daß er einen Revolver in der einen und eine Granate in der anderen Hand hielt und mit den Knien lenkte, während er sie argwöhnisch beobachtete, wäre sie beinahe ohnmächtig geworden.

Inzwischen hatte Kurt über seine Kontakte gewisse Informationen erhalten. Derjenige, der George rächen wollte, war ein chinesischer Geschäftsmann, den wir kannten. Wir waren gerade im Begriff, einen wichtigen Handel mit Düngemitteln über dreißig Millionen Dollar abzuschließen. Wir suchten also den Chinesen auf und boten ihm an, das Geschäft an unserer Stelle zu machen. Das wußte er zu schätzen und ließ uns in Ruhe. Vielleicht war all das aber nur ein

Gerücht, und niemand hatte jemals die Absicht gehabt, uns umzubringen.

Was George betrifft, ging es folgendermaßen weiter: Die FBI-Agenten hatten in der Tat nicht alles richtig angeschlossen. Die Bilder waren klar, damit waren sie sehr zufrieden, aber von dem Gespräch war kein Wort zu verstehen. Sie luden die Blinden der Stadt ein, die ein feineres Gehör haben, und spielten ihnen die fernen, undeutlichen Laute vor, die sie aufgenommen hatten... vergeblich. Da sie somit keine Beweise gegen George besaßen, forderten sie ihn auf, seine Stellung zu kündigen. Später habe ich gehört, er sei nach Chile ausgewandert, aber ich würde mich nicht wundern, wenn er eines Tages wieder auf der internationalen Szene erschiene.

Der Mörder hat uns noch oft besucht, manchmal mit seiner Frau und seinem Baby. Eines Tages hat er mir eine Pflanze aus seinem Garten mitgebracht, ein anderes Mal Rosen. Ein feinfühliger Mann. Zwei Wochen, nachdem er mich verlassen hatte, kam er und führte uns seinen nagelneuen weißen Mercedes vor. Ein einziger Schuß, sein letzter Kontrakt. Er sprach mit Stolz davon wie ein gewissenhafter Mensch, der seinen Beruf liebt.

Und alles beginnt von vorne

Mit dem Leben ist es wie mit allem anderen. Man muß geglaubt haben, es zu verlieren, um es ganz auszukosten. Für mich erwachte die Lebensfreude neu und machtvoller als je zuvor an dem Tag, an dem keine Gefahr mehr bestand, ermordet zu werden. Ich hatte den Eindruck, alles zum ersten Mal zu entdecken und mich in einem Universum zu bewegen, in dem die Grenzen zwischen mir und dem Rest der Welt aufgehoben waren. Pflanzen-, Tier- und Menschenwelt waren vereint, und ich gehörte dazu. Ich empfand eine neue Zusammengehörigkeit, fühlte mich gleichzeitig sinnlicher und losgelöster.

Ha kam zurück und kochte vietnamesische Rindfleischsuppe, und unsere Häuser fanden die Atmosphäre der Festtage wieder. Wir entwickelten eine «Pflanzen»-Manie und drückten die Preise, um überall Grünpflanzen und Blumen aufzustellen; unsere «Tennis»-Manie ließ uns Tag und Nacht Tennis spielen; wir richteten unsere Wohnungen neu ein, kauften Bücher, Parfüms, Kleider. Ich nahm wieder am Leben teil und nahm auch meine Fahrten an die Grenze wieder auf, wo sich mehr als eine Million Flüchtlinge drängte.

Gott sei Dank, es ging nicht mehr darum sie zu ernähren oder zu betreuen. Die internationale Gemeinschaft war aktiv geworden, und zahlreiche humanitäre Organisationen brachten Hilfe. Es waren sogar zu viele. Die Bewohner der nahegelegenen thailändischen Dörfer murrten, weil die Ausländer auf ihrem Boden zu viele Vorteile genossen. Sie ignorierten absichtlich den Stacheldraht rund um die Lager, das Arbeitsverbot, die daraus folgende Langeweile und vor allem einen entscheidenden Punkt: Wir hatten den Flüchtlingen das Überleben ermöglicht, jetzt mußten sie in sich selbst die Kraft zum Leben finden. Sie durften sich nicht mehr sagen: «Wozu leben, für wen? Meine Familie ist tot, mein Vaterland existiert nicht mehr, selbst der Name meines Landes schmerzt mich auf der Zunge. Wo werde ich enden? In der Fremde, wo keiner mich kennt? Wer wird sich dort noch an die Geschichte unseres Volkes, unseren Glauben, unsere Bräuche erinnern? Ich werde Wege gehen, die meine Vorfahren nicht kannten, und den vertrauten Klang meiner Muttersprache, unserer Volkslieder, unserer Grillen werde ich nie wieder hören. Wer wird meine Verzweiflung teilen? Meine Welt ist düster geworden; ich habe zu sehr gelitten, ich habe nichts mehr zu erhoffen.»

Glückliche Erinnerungen teilen, von gemeinsamen Freunden reden, kambodschanisch sprechen und wieder ein Lächeln auf die Gesichter zaubern – das konnte keine humanitäre Organisation leisten. Das war meine Aufgabe: in dunklen Zonen wieder ein paar Lichtpunkte zu setzen. Auch befaßte ich mich mit kleinen Dingen: dieser brauchte Geld für eine Briefmarke, jener bat mich, seine Familie im Ausland anzurufen. Dieser wünschte sich ein Buch, jener wollte sich mit seinem Bruder in Verbindung setzen. Jedem konnte man einen kleinen Dienst erweisen.

Unser Büro war der Treffpunkt für Flüchtlingsfamilien, die aus dem Ausland kamen; wir nutzten unsere guten Beziehungen zu den Militärs, um ihnen Passierscheine zu verschaffen, ihnen zu helfen, die Lager zu besuchen, und oft brachten wir sie auch unter. Über SUIS-INDO liefen Pakete, Post und Geld. Allein dieser Postdienst kostete ungeheuer viel Zeit.

Ha begann in der Zeit Yoga zu praktizieren, Olivier begeisterte sich für Baseball, und Manou lebte nur noch für ihre Parties.

Das war im Mai 1980. Ich flog nach Europa, um einige Flüchtlingsprobleme zu regeln, und konnte es mir nicht versagen, auch Frankreich zu besuchen und nach einem Haus Ausschau zu halten. Natürlich in Uzès. Ich war mehrmals zu verschiedenen Jahreszeiten dorthin zurückgekehrt, und nirgends in der Welt hatte ich einen so harmonischen Ort gefunden. Die Luft ist trocken, die Heidevegetation tut den Augen wohl und duftet angenehm, und die Platanenalleen, die romanischen Kirchen, alles hatte es mir angetan. Ich hatte viele Häuser besichtigt, ohne daß sich Liebe auf den ersten Blick eingestellt hätte, und jedesmal war ich traurig wieder abgereist. Auch diesmal kam ich unverrichteter Dinge zurück.

Man braucht SUISINDO nur eine Woche zu verlassen, damit einem bei der Rückkehr alles über den Kopf wächst. Post und Telexe häufen sich auf dem Schreibtisch, die halbe Welt hat angerufen, die Lehrer haben um einen Besuch gebeten, man wird an der Grenze, im Transitzentrum, im Krankenhaus, im Gefängnis verlangt. Fast könnte man sich für unentbehrlich halten.

Nur mit der Ruhe. Zuerst ein Überblick über die Post: Eine Bestellung von Büstenhaltern für Guinea, Damenbinden für die Armee von Birma, eine Einladung aus Hanoi, Briefe von Flüchtlingen, eine Postkarte aus Moskau, um alles andere wird Vanida sich kümmern. Philip hat nicht geschrieben, von ihm höre ich in letzter Zeit wenig; das ist auch besser so. Wenn er ein Lebenszeichen gibt, gerate ich in solche Euphorie, daß es mir schwerfällt, mein normales Leben weiterzuführen.

Mein Schreibtisch ist leer, aber meine Ordnungsliebe ist noch nicht befriedigt, und eine nach der anderen ziehe ich meine Schubladen auf, um sie aufzuräumen. Ich bin bei der zweiten Schublade, und das muß das zehnte Papier sein, das ich herausziehe, um es entweder abzuheften oder wegzuwerfen. Ich habe keine Zeit, es mir anzusehen. Gerade ist der Briefträger gekommen und bringt ein Telegramm, ein Telegramm aus Frankreich, das lautet:

«Habe soeben Ihr Traumhaus Nähe Uzès entdeckt. Stop. Kommen Sie schnell. Gruß. COAT IMMOBILIEN.»

Schade. Gerade bin ich zurückgekommen, unmöglich, noch einmal nach Frankreich zu reisen. Ich lege das Telegramm mit leisem Bedauern in den Korb und mache mich wieder ans Aufräumen. Ich denke an Coat und daran, daß ich vergessen hatte, ihn aufzusuchen. Das nächste Dokument, das Papier, das ich in der Hand halte – was für ein Zufall! Es ist vor zwei Jahren geschrieben worden, und zwar nach dem Besuch eines Bonzen: «Kauf eines Hauses. Ort: im Süden Frankreichs; günstiges Datum: 20. Mai 1980. Heute.

Ich hole das Telegramm wieder hervor, rufe Robert Bougrain-Dubourg an und bitte ihn, rasch hinzugehen und einen Blick auf das Haus zu werfen. Er lebt in Mondragon in der Nähe von Orange; es ist nicht weit. Außerdem kennt Robert meinen Geschmack gut, wir haben so oft über Häuser, Wohnungen, Schlösser gesprochen. Zusammen haben wir Dutzende davon besichtigt, er kennt meine Vorliebe für alte Steine, Deckenbalken und Kamine im Stil unserer Großmütter, für Häuser, die eine Seele haben. Roberts Leidenschaft ist das Restaurieren von antiken Skulpturen und Bildern. Er hat eine besondere Beziehung zu Orten und Gegenständen und ist für diesen Auftrag perfekt geeignet.

Drei Stunden später ruft Robert mich zurück: Es ist wirklich das Haus, das ich suchte, und er beschreibt es mir, aber meine Phantasie gewinnt die Oberhand, und seine Worte führen mich irre. Ich höre Garten und verstehe Park mit hundertjährigen Bäumen, er sagt Brunnen und ich denke an Bach oder Fluß, er spricht von Balken, und ich sehe die Zimmerdecke eines alten französischen Hauses. «Danke, Robert, danke. Ich liebe dich.»

Ich habe das Haus per Brief gekauft; der Preis sei vernünftig, hatte Robert mir versichert. Ein hundertfünfzig Jahre altes Haus am Rand eines von Heide umgebenen Dorfes, ein paar Kilometer von Uzès entfernt, und ein Ort namens «Calle Biou», das genügte, um mich zu entflammen.

Als ich mein Haus sechs Monate später sah, hatte ich den Eindruck, es sei eigens für uns gebaut worden. Seine harmonischen Proportionen, der verschwiegene Garten und die friedliche Atmosphäre, die es ausstrahlte, entsprachen genau dem, was ich gesucht hatte.

Seither kehre ich regelmäßig dorthin zurück. Es hat auf mich eine beruhigende Wirkung wie die alten Abteien, bei deren Betreten man Frieden über sich kommen fühlt. Ich gehe dorthin, um mich auszuruhen und aufzutanken. In diesem Haus schreibe ich, von hier aus denke ich an all die Kinder, die mir im Leben begegnet sind...

Ich sehe ein kleines Mädchen auf einem Bahnsteig in Bangkok weinen und fragen, ob sie in Paris sei.

Sie heißt Hoang. Ihr Vater ist tot, ihre Mutter ist tot, ihre kleinen Brüder und Schwestern sind verhungert. Wong, ihr älterer Bruder, hatte Kambodscha vor langer Zeit verlassen, um im Ausland zu studieren. Sie weiß nicht, in welchem Land er sich befindet: in Frankreich vielleicht, oder in den Vereinigten Staaten? Oder vielleicht in Kanada?

Sie wäre auch tot, wenn die Roten Khmer sie nicht als Köchin angeheuert hätten. Sie kochte ihren Reis, bestahl sie und lebte in Angst. Doch eines Tages, als sie aufwachte, hatten sie sich davongemacht; vietnamesische Panzer kamen. Die Leute flohen. Es war der Untergang, und sie floh mit ihnen. Sie marschierten nachts und versteckten sich tagsüber. Sie hatten Hunger, sie hatten Angst, sie hofften, und endlich erreichten sie die Grenze. Dort verfrachtete man sie in Militärlastwagen und schickte sie nach Kambodscha zurück. Sie fanden sich auf der verminten Ebene wieder.

Eine chinesische Familie, in deren Nähe sie geschlafen hatte, empfand Sympathie für sie; zusammmen stiegen sie vom Berg hinunter, wichen den Minen aus, bahnten sich einen Weg durch den Dschungel und hatten tagelang nichts zu essen. Das Glück lief ihnen über den Weg, und zwar in Gestalt eines Chinesen aus Thailand, der in einem Dorf an der Grenze ein Restaurant hatte; gegen einen Passierschein erbot er sich, sie nach Bangkok zu bringen. Die Adoptivfamilie hatte nicht die Mittel, für Hoang zu bezahlen, oder wollte dies nicht; sie blieb. Sie blieb, und ein Jahr lang hat sie gearbeitet, den Haushalt geführt, gewaschen und gekocht, ist im Morgengrauen aufgestanden und hat bis in die Nacht geschuftet. Man redete nur mit ihr, um ihr Befehle zu geben, ihre einzige Nahrung waren die Reste von den Tellern. Dabei sprachen diese Leute ihre Sprache und hatten zwei Kinder, zwei Mädchen in ihrem Alter, die sie zärtlich liebten.

Wenn man Hoang hörte, hätte man glauben können, das Märchen von Aschenputtel zu hören; doch es gab keinen Prinzen am Horizont, sondern nur Erschöpfung und den Gedanken an ihre Eltern, und spät in der Nacht gab es einen Eisenbahnzug. Der Chef des Restaurants läßt sie im Morgengrauen auf dem Trottoir einer großen, unbekannten Stadt stehen und fährt wortlos davon. Ist das vielleicht Paris?

Hoang gefällt es bei uns, und sie faßt eine Leidenschaft für Manou. Sie möchte die gleichen Kleider, die gleichen Schuhe, die gleiche Frisur. Sie läßt ihre Hand nicht mehr los. Entzückt, so bewundert zu werden, gibt Manou ihr die Zuneigung zurück, und Hoang entfaltet sich schnell. Am Anfang war ihre einzige Sorge, uns zu entschädigen; sie redete nur von Dankbarkeit, Schuld, Vergeltung; ihr Bedürfnis, ihre Dankbarkeit zu zeigen, war unersättlich. Sie arbeitete eine Zeitlang für SUISINDO. Kurt gab ihr Stapel von Papieren, auf die sie alle möglichen Stempel drücken sollte. Später schickten wir sie auf die kleine französische Schule, und sie fing an, Französisch und Thailändisch zu sprechen. Sie war fast ein Jahr bei uns. Ich war klug genug gewesen, mich nicht allzuviel mit ihr zu beschäftigen, und Manou und sie schlossen eine schöne Freundschaft.

Während der großen Ferien kam François' Tochter Hélène zu ihrem Vater auf Besuch, und sie verbrachte auch ein paar Tage bei uns.

War das eine Freude! Wir gingen ins Restaurant, an den Strand, ins Kino. Manchmal fuhr François uns alle in seinem Landrover spazieren, und wir hatten viel Spaß. Sein Boxer Avi ließ wie früher den Kopf aus dem Fenster hängen, bellte aus Leibeskräften und erschreckte alle Passanten.

Eines Tages erfuhr François, daß Choeung, Hélènes Mutter, noch am Leben war. Angeblich befand sie sich in einem Dorf in der Nähe von Battambang. Er setzte sich mit der Widerstandsbewegung in Verbindung, um sie nach Thailand bringen zu lassen, und eines schönen Tages kam die Nachricht, daß sie im Lager Khao I Dang sei. Sofort fuhr François hin.

Als er zurückkam, sah er traurig und niedergeschlagen aus. Stundenlang ging er im Salon auf und ab, ohne etwas zu sagen. Dann schlug seine Traurigkeit in Wut um. Nach einer Weile war er wieder traurig und fragte mich:

«Erinnerst du dich? Erinnerst du dich an sie?»

«Ja.»

«Erinnerst du dich an ihre schmale Figur und ihren anmutigen Hals und ihr Haar, das bis zu den Hüften reichte? Ihre Weiblichkeit, das Klingeln ihrer Ohrringe, wenn sie den Kopf bewegte, ihre zarte Haut und ihre Fußknöchel mit den Goldkettchen?»

Dann ging er wieder lange Zeit auf und ab und sagte schließlich mit erloschener Stimme:

«Sie hat keine Zähne mehr. Sie ist aufgedunsen. Der Hunger, verstehst du? Sie haben ihr den Kopf geschoren.»

Wieder schwieg er eine Weile und hielt den Kopf gesenkt. Als er ihn hob, sah ich, daß er weinte.

«Ich habe eine häßliche, unförmige, alte Frau gefunden . . . und nie ist sie mir so schön erschienen. Ich habe begriffen, daß ich sie liebe.»

Drei Wochen später haben wir in der französischen Botschaft ihre Hochzeit gefeiert. Pater Jean und ich waren die Trauzeugen.

In der gleichen Zeit rief eines Abends spät ein Monsieur Wong aus Dijon an. Hoang hatte ihren Bruder wiedergefunden! Ich hatte nicht nach ihm gesucht, sondern nur mit vier oder fünf Leuten von ihm gesprochen, doch irgendwie hatte die Information ihn erreicht. Der arme Bruder; ich erriet seine Fragen durch Hoangs Antworten am Telefon und weinte für ihn, als ich sie hörte: «Tot... tot... tot», sagte die Kleine. «Ja, Mama auch, verhungert. Tot. Ja, ja. Sie sind auch tot.»

Hoang nahm das gleiche Flugzeug wie Choeung und François. Die Abreise fiel ihr schwer, sie wollte nicht mehr fort, und wir hätten sie bei uns behalten können... Aber ihr Platz war an der Seite ihres Bruders.

In Pouru hat Hélène, die insgeheim täglich um ein Wiedersehen mit ihrer Mutter gebetet hatte, Choeung nicht wiedererkannt. Fünf Jahre waren vergangen, und diese Bäuerin, die die Hühner ins Wohnzimmer ließ und nach dem Räuspern ausspuckte, hatte nichts gemeinsam mit ihren Erinnerungen oder dem Foto, das sie so oft liebkost hatte. Choeung ihrerseits war über Hélène schockiert: ein junges Mädchen, das hohe Absätze trug, sich schminkte, rauchte und abends mit Jungen ausging. Enttäuschung, Kulturschock, Kommunikationsschwierigkeiten. Hélène hatte die kambodschanische Sprache verlernt, und ihre Mutter sprach kein Französisch.

Mit der Zeit werden die Unterschiede sich verwischen; Hélène wird reifer werden, Choeung altern. Dann werden sie sich wiederfinden.

François hat Choeung in den Ardennen untergebracht. Er hat ihr ein Haus, eine Nähmaschine, ein Fahrrad und Hühner gekauft. Dann ist er nach Chieng Mai zurückgekommen. Choeung wird in Frankreich bleiben, bis sie sich angepaßt, die Sprache gelernt, wieder eine Beziehung zu ihrer Tochter aufgebaut hat und einen französischen Paß besitzt; danach wird man weitersehen...

Die Jahreszeit des Todes

Meine kleine Manou, die sich nicht mehr vor mir auszieht, gluckst albern, wenn sie Jungen ansieht, und trägt schamhaft ihre kleinen Brüste und den runden Po ihrer fünfzehn Jahre spazieren. Ein temperamentvolles Mädchen, zurückgehalten von einer Art orientalischer Weisheit oder lothringischer Vernunft; allerdings versteht sie es, ihren Willen durchzusetzen. Sie ist einzelgängerisch und verschwiegen geworden, unabhängiger denn je, und verbringt Stunden in ihrem Zimmer, wo sie über einem Unglück brütet, von dem ich nichts weiß, oder traurige Romane liest, die sie zum Weinen bringen.

Ihre Pubertätskrise hat mit einer Heftigkeit begonnen, die bei einem so leidenschaftlichen Kind nicht überraschend ist. Sie schämt sich meiner und kritisiert mich unablässig; meine Handlungen und Worte reizen sie, meine Art zu sein bringt sie zur Verzweiflung, sie kann mich nicht mehr ertragen. Ich leide für sie, ich setze auf die Zeit, es tut mir weh, sie so voller Haß zu sehen, aber ich kann ihr nicht helfen.

War ich zu streng? Vielleicht war es nicht recht, ihr das Ausgehen und die Parties ihrer Freunde zu verbieten... Aber die Drogenprobleme sind hier so schlimm, ich wollte sie beschützen. Aber trotzdem. Ich hätte sie besser stärken statt behüten sollen.

Sie will mich verlassen, nach Frankreich gehen, ganztags eine Ballettschule besuchen, weit von mir entfernt leben. Aber sie ist erst fünfzehn Jahre alt, gerade erst geboren, und ich soll mich schon von ihr trennen? Die Zeit vergeht, die Situation wird immer unangenehmer, und ich bete zu Gott, daß er mir die Kraft geben möge, ohne sie zu leben... Wenn ich nur wüßte, wohin ich sie schicken soll...

Die Bougrain-Dubourgs haben mich gerettet. Anfangs hatte ich mit Robert Freundschaft geschlossen. Dann habe ich seine Frau Mylène kennengelernt und war hingerissen. Schon an der Grenze war sie mir aufgefallen. Sie war die fröhlichste des ganzen Ärzteteams, herzlich zu ihren Patienten, fähig, Tag und Nacht zu arbeiten, ohne müde zu werden. In ihrem Haus in der Provence hat sie mich noch mehr beeindruckt. Sie besitzt eine erstaunliche Vitalität, ungewöhnlichen Altruismus und eine natürliche Neigung, Freude um sich zu verbreiten. Sie ist eine der Ärztinnen, die mehr den Patienten behandeln als die Krankheit. Sie findet das westliche System zu eng, vertieft sich in andere Kulturen, andere Behandlungsmethoden. Sie ist immer neugierig auf Neues und interessiert sich für Pflanzen, Träume, Trancezustände, besucht zahllose Seminare, sammelt Kenntnisse über Kenntnisse und schöpft aus diesem Potpourri ihre Maßstäbe, eine Medizin, die sich auf Wissenschaft, Menschenkenntnis und einen Sinn für das Göttliche stützt.

Robert und Mylène haben zwei Kinder, drei Katzen, einen großen Bernhardiner und zahllose Freunde. Sie schlagen vor, Manou aufzunehmen, sie für eine Zeitlang zu adoptieren. Für mich sind sie die ideale Familie. Auch Manou ist selig: sie wird eine Ballettakademie besuchen und auf das Gymnasium von Avignon gehen.

Der Gedanke an die Trennung schien mir schwer und unannehmbar. Lange habe ich nach der Kraft gesucht, ihn ins Auge zu fassen. Die Antwort bekam ich bei einer Geschäftsreise nach Korea auf einem heiligen Berg, auf dessen Gipfel ich meditierte. Als ich meinen Kummer aus der Entfernung betrachtete und erkannte, daß er mehr meiner Angst entsprang, wie ich ohne Manou leiden würde, als dem Gefühl, sie könnte unglücklich sein, wurde ihr Fortgehen weniger problematisch für mich.

Doch kaum hatte sie mich verlassen, brach eine Katastrophe nach der anderen über mich herein, schicksalhaft wie die Schläge einer diabolischen Uhr, die man nicht anhalten konnte.

Die Regenzeit des Jahres 1981 ging ihrem Ende zu. Kurt war seit einem Monat in Amerika, und wir erwarteten jeden Tag seine Rückkehr. Während seiner Abwesenheit hatte ich viel über den Sinn meines Lebens nachgedacht und beschlossen, das Geschäftsleben aufzugeben. Ich würde ihm das sagen, wenn er wieder da war, und er würde mich verstehen. Nicht sofort, ich wollte mir ein Jahr Zeit lassen, um mich neu zu organisieren und unsere jungen Mädchen anzulernen; danach wollte ich mit den Einkünften aus meinen Aktien von SUISINDO Assistentin von Lionel oder Pater Jean werden, eine kleine humanitäre Organisation ins Leben rufen und mich ganztägig dem widmen, was ich schon jetzt in meiner freien Zeit tat.

Vor dem Rückflug nach Bangkok rief Kurt mich von Zürich aus an. Er wollte wissen, was ich mir wünschte, Bücher oder Schokolade. Wir sprachen über dies und das, und ehe er auflegte, sagte er: «Ich habe es eilig, nach Bangkok zurückzukommen. Chantana fehlt mir, Thailand fehlt mir, und vor allem du fehlst mir. Wenn du wüßtest, was ich dir alles zu erzählen habe, du würdest es nicht glauben.» Das klang wie früher, in der Zeit unserer ersten Freundschaft, den seligen Tagen unserer Treffen im Hotel Royal. Ich war überwältigt.

In dieser Nacht hatte ich einen seltsamen Traum. Ich träumte, ich liefe durch Bangkok und suchte Kurt. Im Verlauf meiner Suche kam ich zu einem riesigen Restaurant am Ende einer unbekannten Gasse; ich trat ein. Innen waren viele Menschen, teils stehend, teils an weißgedeckten Tischen sitzend. Kurt war da und unterhielt sich ruhig mit seinen Nachbarn. Kellner in Weiß servierten die Speisen, und niemand bemerkte meine Anwesenheit. Ich wollte zu Kurt gehen, aber unsichtbare Schranken hinderten mich daran. Ich überlegte: Wo sind wir? Was ist das für ein mysteriöses Restaurant? Denn wir befanden uns weder in der Schweiz noch in Thailand, noch in sonst einem mir bekannten Land, und der Gedanke, daß Kurt Orte und Menschen für sich behielt, machte mich traurig, als ob das geheime Leben, bei dem ich ihn ertappte, unsere Freundschaft verkleinere.

Ein Mann ohne Gesicht kam zu mir: «Sie können hier nicht herein. Noch nicht. Wenn Sie an der Reihe sind, wird man Sie rufen.» Er brachte mich zur Tür, und ich wachte auf.

An diesem Tag hat Kurt uns verlassen. Er erlitt bei der Landung in Bangkok an Bord einer Swissair-Maschine einen Herzinfarkt.

Das war der Tod, den er sich gewünscht hatte, ein schöner Tod hoch oben in der Luft. Das Flugzeug schwankte, schwankte wie ein Schiff, und Kurt schwankte auch. Mir ist übel. Bin ich auf der Brücke? Noch immer auf dem Meer? Ich dachte doch, ich hätte es verlassen. Schon zwanzig Jahre segle ich hin und her zwischen Burgos und Manaus, Amsterdam und Djakarta... Ich dachte, ich hätte einen Hafen gefunden, ein schönes Land in Asien... ein Mädchen wartete auf mich... Chantana? Ich muß geträumt haben.

Die Leute von Swissair sagten, sie hätten nichts mehr tun können. Der Infarkt war tödlich. Das Flugzeug hatte schon zur Landung angesetzt.

Mein Schmerz war wild und verzweifelt. Tagelang war ich blind für alles, was um mich herum geschah.

Der Anblick der weinenden Chantana löste meine Starre. Sie liebte ihn! Auch sie hatte ihn geliebt, und ihr Schmerz wirkte echt. Die Erkenntnis, daß sie wegen eines Ereignisses litt, das ich nur auf mich bezogen hatte, war ein Schock für mich. Der Gedanke an sie, an Kurts Familie, an unseren gemeinsamen Schmerz linderte meinen Kummer, und ich wußte, daß ich ihn überleben würde. Doch wie bei manchen Menschen, die nach dem Aufwachen aus einem Koma eine andere Persönlichkeit haben, hat etwas in mir geklickt, und ich habe mich verändert.

David eilte auf mein Telegramm hin herbei und versuchte, Worte zu finden, um meinen Schmerz zu lindern.

«Kurt war deine Universität, deine Familie, dein Wertmaßstab; indem du ihn verlierst, bist du erwachsen. Du mußt jetzt nachdenken und sehen, wohin du gehen willst.»

Er hielt meine Hand und ließ mich weinen. Ich erinnere mich, daß er noch hinzufügte:

«Hör auf, ihm böse zu sein, weil er uns verlassen hat. Manche Menschen entscheiden sich in dem Augenblick zu gehen, in dem sie erkennen, daß ihre Lebensweise niemals ihren Träumen entsprechen wird; Kurt war einer von ihnen.»

Davids sichere und klare Zärtlichkeit hat es mir ermöglicht, vom einen Ufer ans andere zu gelangen, aber vor allem verdanke ich ihm meine eigenen Fortschritte.

Ich habe Kurt zu sehr als meinen Zwillingsbruder betrachtet; so lange er gelebt hätte, wäre ich an seiner Seite geblieben, aus Gewohnheit, aus Angst vor dem Alleinsein, aber auch, weil ich ihn mochte, aus all den Gründen also, aus denen man sich nicht scheiden läßt, auch wenn man kein gemeinsames Ziel mehr hat. Und dennoch, in der Welt der Geschäfte war ich nicht mit mir im reinen. Auf der einen Seite verbrachte ich einen guten Teil meiner Zeit damit, Flüchtlingen zu helfen, auf der anderen verdiente ich auf ihrem Rücken Geld, indem ich Geschäfte mit den humanitären Organisationen machte. Auf der einen Seite halfen Kurt und ich zahlreichen armen Menschen in Thailand, auf der anderen trug unsere Rolle als Zwischenhändler auf den Märkten dazu bei, die Preise zu erhöhen und so die Armut zu vergrößern. Mein Beruf befriedigte mich nicht mehr, und meine humanitären Aktionen taten das auch nicht.

Von Lionel und Pater Jean angestachelt, hatte ich hier und da gewisse Dienste geleistet, doch ohne mich wirklich zu engagieren. Ich habe mich geprüft und die Leistungen, auf die ich stolz war, auf ihr wirkliches Niveau zurückgeschraubt; es hätte nicht viel gefehlt, und ich hätte mich geschämt: In meinem Verhalten gab es nichts Heroisches oder Großes mehr. Mit einem Blick hatte ich alles begriffen.

Die Pest, das kleine Mädchen, das vom Leben gepeinigt war und auf Fotos nicht gut zur Geltung kam, hat eines Tages beschlossen, genug gelitten zu haben und sich von nichts mehr beeindrucken zu lassen. Sie erfindet sich einen starken Charakter, der sie unverwundbar und den anderen überlegen macht; dadurch kann sie auf andere zugehen und ihnen alles geben, was sie besitzt. Sie wird immer zurechtkommen. Ihre verdeckten Emotionen versuchen durchaus, sich bemerkbar zu machen, doch jedesmal verdrängt sie sie nur desto gründlicher, um sich zu bestätigen, daß sie über allem Leid steht; sie muß immer stärker werden.

Also kümmert sie sich um andere, hilft ihnen, verteidigt sie. Sie läßt sich durch Arbeit herausfordern, erzieht ihre Kinder allein, schreitet voran, gewinnt immer mehr Zuversicht und zahllose Freunde. Ihr Glaube an ihre Überlegenheit verleiht ihr neue Fähigkeiten; zusammen mit dem, was sie Glück nennt, sammelt sie Leistungen an und schreitet von Erfolg zu Erfolg.

Ihr Kompagnon stirbt, und sie öffnet die Augen.

Sie erkennt, daß sie unbewußt nie anders gehandelt hat, als sich mit dem Gedanken ihrer Immunität zu trösten; dabei wollte sie die Zustimmung der anderen finden. Sie erkennt plötzlich den Graben zwischen dem Bild, das ihre Handlungen widerspiegeln, und ihrem wirklichen Sein. Sie gesteht sich ein, daß sie weder über dem Leiden steht noch anders ist als andere, und das verschafft ihr eine gewisse Erleichterung.

Das ist Kurts Erbe:

«Deine Kraft ist verkleidete Schwäche. Hör auf, danach zu handeln oder darauf zu reagieren; versuche nicht mehr, dich selbst zu verblüffen, denn du gleichst allen anderen und bist weder stärker noch schwächer. Akzeptiere dich, so wie du bist, und gehe aus Liebe auf die anderen zu, weil sie dir gleichen. Nur dann wirst du dein Herz öffnen und das Mitgefühl begreifen.»

Rechtes Handeln, das mußte es sein. Helfen um der Hilfe willen, ohne Hintergedanken. Die ganze Tragweite dessen zu begreifen, war wie die Entdeckung eines Schlüssels zum Verständnis eines Ideals, dessen Bedeutung mir teilweise entgangen war.

Doch dieser neue Seelenzustand bereitete mich schlecht auf die Prüfungen vor, die mir bevorstanden. Ich kehrte ins Büro zurück, begann, unsere Kundschaft zu beruhigen, und übernahm Kurts Geschäfte. Ich hatte die Absicht, nach einiger Zeit einen Manager einzustellen und mich aus dem Geschäft zurückzuziehen. Die Profite, wenn es sie gäbe, würden zwischen Kurts Familie und mir geteilt. Der Erwerb meiner finanziellen Unabhängigkeit war vordringlich, denn ich wollte nicht gegen Bezahlung humanitäre Arbeit leisten.

Doch ich hatte die Rechnung ohne Personen unserer Umgebung gemacht, deren Ideale, um es gelinde auszudrücken, andere waren. Damals erforderte das Gesetz in Thailand, daß mindestens einundfünfzig Prozent der Aktien einer Gesellschaft einem Bürger Thailands gehörten. Man konnte dieses Gesetz umgehen, indem man einen Strohmann benutzte, und das hatten wir getan. Unser Strohmann war ein Schweizer, der seit vielen Jahren in Thailand lebte und eine doppelte Staatsbürgerschaft besaß. Kurt hatte großen Respekt vor ihm; mir gefiel er weniger, aber ich dachte nicht groß darüber nach, sondern vertraute auf Kurts Urteil.

Kaum war Kurt entschlafen, wachte dieser stille Teilhaber auf. Plötzlich gehörte ihm die Hälfte des Geschäfts, es lebe die Legalität! Und er wollte es führen, wie es ihm paßte. An seiner Seite erhob sich ein ehrgeiziger, machtgieriger Angestellter von Kurt. Kurt hatte ihn zu sehr verwöhnt, sowohl mit Vertrauen als auch mit Geld. Khun Yai besaß die Schlüssel zum Safe und kannte all unsere Geheimnisse, und seine Macht war ihm zu Kopf gestiegen. Er war ewig unzufrieden und verlangte ein größeres Büro, einen Ledersessel, einen behandschuhten Chauffeur . . . Die einzige Mauer, an der er sich stieß, die einzige, die ihn nicht ernst nahm, war ich. Und da ich eine Frau war und obendrein noch Ausländerin, haßte er mich. Diese beiden Gauner taten sich zusammen, benutzten Gewalt und Erpressung und ließen bewaffnete Polizisten kommen, damit ich auf meine Firma verzichtete. So geht man in Thailand oft vor. Ich war nicht die erste, selbst die Leute von Rhône-Poulenc sollen ein ähnliches Abenteuer erlebt haben. Ich habe versucht, mich zu wehren, einen Anwalt zu nehmen, doch ohne Erfolg. Sie erpreßten meine Unterschrift, mit der ich meine Anteile abgab, ohne mir einen einzigen Dollar zu zahlen; was Kurts Aktien angeht, so schlossen sie eine Übereinkunft mit der amerikanischen Ehefrau, und da sie zufrieden schien, habe ich mich nicht mehr darum gekümmert.

Mit dem Verlust von SUISINDO verlor ich alles. Keinerlei Ersparnisse; alles war in die Hilfe für die Flüchtlinge geflossen.

Zwei Tage lang habe ich mich gefragt, was ich jetzt machen sollte, allein mit zwei Kindern und wieder ohne Geld; verflogen waren meine humanitären Träume; ich hatte zu viele eigene Sorgen.

Dann haben die Wolken sich verzogen, und unsere jungen Mädchen, in der Farbe des Tages gekleidet, kamen eines Abends zu mir nach Hause.

Som brachte Reis und Huhn, Srisouk rotes Schweinefleisch und glasierte Ente, Pen Chan Eis und Vanida Blumen. Cherry folgte ihnen eingeschüchtert. Sie wirkten wie eine Gruppe fröhlicher Verschwörer, und ich betrachtete sie verblüfft. Nach den Dramen, die uns erschüttert hatten, erschien ihre Fröhlichkeit zumindest unangebracht.

Trällernd deckten sie den Tisch und servierten das Essen, und erst beim Champagner enthüllten sie mir ihren Plan. «Wir fangen von vorne an, Madame Yvette. Machen Sie sich nichts daraus.»

Ich, die ich nichts mehr hatte und mich fragte, wie ich den nächsten Tag überstehen sollte, hörte schweigend zu.

Sie hatten alle zusammen bei SUISINDO gekündigt und boten mir ihre Mitarbeit bei der Schaffung einer neuen Firma an. Jede hatte sich arrangiert, diese mit ihrem Mann, jene mit ihrem Bruder oder Vater, um zwischen sechs Monaten und einem Jahr ohne Gehalt zu arbeiten, damit ich Zeit hatte, wieder auf die Beine zu kommen. Das Gesetz räumte uns drei Monate ein, um unser Kapital zu deponieren; bis dahin hätten wir es zusammen. Die Anfangseinlage? Unser Anwalt würde dafür sorgen, er hatte vorgeschlagen, das Geld aus seiner eigenen Tasche vorzustrecken. Sie hatten auf alles eine Antwort, und nach und nach überkam mich Euphorie, das Gefühl von

Neuanfang und Hoffnung wie . . . wann war das noch? Erst kürzlich hatten sie mir den gleichen Eindruck vermittelt. Ach ja, neulich in der Pagode. Nach der Einäscherung war plötzlich Wind aufgekommen und hatte ihre schwarzen und weißen Schleier wie Schmetterlingsflügel wehen lassen; sie waren aufgesprungen und hatten gerufen: «Der Wind ist gekommen, um seine Seele zu holen, er geht. Auf Wiedersehen, auf Wiedersehen, Monsieur Kurt.» Und bei diesen Worten machten sie reizende kleine Abschiedsgesten zum Himmel.

Daß ich meine neue Firma INDOSWISS genannt habe, geschah nicht, um Khun Yai eins auszuwischen, sondern weil ich noch zu sehr an den Erinnerungen von Swiss und Indo hing, um sie aufzugeben.

Ein bewunderndes Leuchten trat in die Augen des Besitzers von Dusit Thani Office Building, als ich ihn fragte, ob es in seinen Etagen nicht ein preiswertes Büro zu mieten gäbe. Er sagte: «*Madame is expanding again.*» Madame lächelte, ohne zu antworten; was die Miete betraf, so würde er natürlich einige Monate warten, bei dem Ruf von Madame . . .

Unser Büro war bereit, es fehlten nur noch die Möbel. Wir machten uns auf den Weg, jede für sich.

Die Botschaften gaben uns Papier und Aktenordner, die Post schenkte uns Kugelschreiber, die Banken Büromaterial. Ha lieferte Tische und Schreibtische, jedes junge Mädchen brachte einen Stuhl mit, ich gab Grünpflanzen und einen Auslegeteppich dazu. Opération Handicap, denen wir in ihrer Anfangszeit eine Schreibmaschine geschenkt hatten, gab uns diese zurück, ein Kunde lieh uns einen Fotokopierer, ein anderer dreißigtausend Dollar. Niemand kam mehr vorbei, ohne uns ein Geschenk mitzubringen; es war, als sei INDOSWISS zum Geschäft der ganzen Stadt geworden.

Wir eröffneten mit großem Pomp. Unsere Bankiers und unsere Kunden waren eingeladen. Erstere versprachen uns Kredite, letztere eine Vorauszahlung bei der Bestellung.

Unser Eifer und die Freude der Herausforderung linderten unsere Trauer etwas.

Nach dem ersten Monat erhielt jede von uns ihr Gehalt, und drei Monate später begannen wir, unsere Profite zu zählen.

Das war die Zeit, als David Puttnam in Bangkok «Schreiendes Land» *(The Killing Fields)* drehte. Olivier war für eine kleine Rolle engagiert worden, doch die verschaffte ihm binnen kurzer Zeit beträchtliche Selbstsicherheit; er verteilte Autogramme an alle Welt und lud die Unglücklichen über Weihnachten zu uns ein. Ich hatte mich mit dem ganzen Filmteam angefreundet und sie nach Kanada und San Diego begleitet, wo einige Szenen gedreht wurden. Drei Wochen ohne Gespräche über Käufe und Verkäufe, Gewinne und Kreditbriefe taten mir ungeheuer gut. Ich, die ich mich nie zum Kino hingezogen gefühlt hatte und Gary Cooper nicht von Belmondo unterscheiden konnte, entdeckte zum ersten Mal eine Kunst, aber gleichzeitig auch Menschen, deren Beruf eine Leidenschaft war. Ich sagte mir: «Man kann nach seinen Wünschen leben; man braucht nur das Ufer zu wechseln.»

Ich mochte zwar von einem anderen Leben träumen, doch ich hatte die Verantwortung für fünf junge Mädchen, ich war verpflichtet, für ihre und damit auch für meine Zukunft zu sorgen.

Das war Ende 1982. Seit der Schaffung von INDOSWISS war ein Jahr vergangen. Wir hatten die meisten unserer alten Kunden wieder bei uns, und die Zukunft ließ sich gut an. Das gesamte Kapital war einbezahlt, und um es zu erhöhen, hatte ich einen Chinesen, Schweizer und einen Amerikaner aufgefordert, sich mir anzuschließen.

Bald würde ich daran denken können, einen Ersatz für mich zu finden. In unserem Büro wurde wieder gelacht. Das Leben hatte von neuem begonnen.

Einen Augenblick später lag ich nackt in einem fremden Krankenhausbett. Was war passiert? Warum nackt? Ach ja, das Gesetz untersagte die Verhaftung einer unbekleideten Person, das war mein Schutz. Die Polizei war hinter mir her, weil ich ... was hatte ich noch verbrochen? Meine Gedanken verschwimmen. Ich fange besser am Anfang an.

Es war nach der Rückkehr aus Kanada, an einem Tag, als François in Bangkok war. Wir waren einen Kaffee trinken gegangen und hatten, wie ich mich erinnere, von der Unbeständigkeit gesprochen, dem Meditationsthema von Kurts Einäscherungszeremonie. So ging es immer mit François; entweder redete man über Titten und Bordelle oder über große philosophische oder spirituelle Themen. Bei meiner Rückkehr ins Büro fand ich Srisouk besorgt vor. Zwei Polizisten seien gekommen, ich hätte ihnen begegnen müssen; sie waren gerade gegangen. Sie suchten mich, um ... Srisouk war ganz bleich ... um mich zu verhaften. Ich lachte. «Nur keine Sorge, Srisouk. Das muß ein Irrtum sein ...» Und dann vergaß ich den Vorfall.

Ungefähr eine Woche nach diesem geheimnisvollen Besuch erschienen dieselben Männer wieder. Ich erriet ihre Identität aufgrund des erschreckten Ausdrucks, der plötzlich auf den Gesichtern erschien. Meine erste Regung war, auf die zuzugehen, aber fünf auf mich gerichtete Augenpaare hinderten mich daran. Pen Chan und Srisouk boten den Männern Kuchen und Tee an, und diese Zeremonie verschaffte mir genügend Zeit, Soms schweigender Aufforderung zu folgen und durch einen Notausgang zu verschwinden. Gleich darauf lief ich über die Dächer des elften Stocks, die Schuhe in der Hand, erschrocken, aber auch lachend, weil ich mich innerlich mit James Bond verglich. Später rief ich aus einer Telefonzelle im Büro an und erreichte die entgeisterte Vanida: «Halten Sie sich versteckt, Madame Yvette, halten Sie sich unbedingt versteckt. Gehen Sie nicht zu sich nach Hause. Der Anwalt prüft Ihren Fall. Rufen Sie heute abend noch einmal an.»

Der Anwalt war verstört zurückgekommen. Man hatte gegen mich Klage eingereicht. Wer? Warum? Keine Ahnung. Er hatte meine Akte nicht einsehen dürfen; die Kriminalabteilung der Polizei hatte ihm nur gesagt, ich solle sofort wegen einer ernsten Angelegenheit dort erscheinen. Mein erster Reflex war, dieser Aufforderung zu folgen und die Situation sofort aufzuklären, aber das wollte er nicht.

«Auf keinen Fall, das ist zu gefährlich. Es gibt zu viele Intrigen in meinem Land. Vergessen Sie nicht, daß man hier so lange als schuldig gilt, bis man seine Unschuld bewiesen hat. Glauben Sie mir, Madame Yvette, halten Sie sich versteckt, wir werden versuchen, eine Lösung zu finden.»

Er sagte, die Sache sei nicht klar; ich hätte mit Sicherheit einen Feind und laufe Gefahr, jahrelang im Gefängnis zu sitzen, ehe ich wegen eines erfundenen Verbrechens verurteilt würde.

Was war es, das mich gerade in diesem Augenblick in Ohnmacht fallen ließ? Das passierte mir doch sonst nie ... «Herzprobleme», erklärte ein Passant. «Fahren Sie sie ins Bangkok General Hospital», meinte ein anderer, «dort haben sie Herzchirurgen.» So kam ich, ohne es zu wollen, zu einem Versteck; dabei war ich völlig überzeugt, bei bester Gesundheit zu sein.

Der Kardiologe war anderer Meinung: «Erstickungsgefühl wie eine Hand um den Hals, ein Gewicht unter der linken Brust? Angina pectoris. Wir halten Sie unter Aufsicht, und vor allem dürfen Sie sich keinem Streß aussetzen.»

Keinen Streß! Wie wäre ihm wohl an meiner Stelle zumute gewesen? Die Polizei rückte meine Akte nicht heraus, man wußte nicht, wessen ich beschuldigt wurde, Männer in Zivil überwachten die Eingänge zum Büro, und ich lief Gefahr, verhaftet zu werden. Kein Streß. Allmählich geriet ich in Panik.

Srisouk meinte, Khun Yai, eifersüchtig auf unseren Erfolg, benutze seinen Onkel bei der Kriminalpolizei, um sich zu rächen.

Dann hat unser treuer Anwalt und Freund, Monsieur Thong, den Trick gefunden: solange ich nackt wäre, könne man mich nicht verhaften, das Gesetz untersage das. Doch Nacktheit in einem Land, in dem selbst junge Eheleute sich völlig bekleidet in der Dunkelheit unter einem Laken lieben, war eine schwierige Angelegenheit. Das Volk ist prüde, wenn auch der Markt der käuflichen Liebe auf das Gegenteil hinzudeuten scheint. Thong hatte hinzugefügt, ich brauche einen Spezialisten, um die Sache zu regeln; er als Anwalt für Zivilrecht sei dazu nicht in der Lage.

Damit begann der Reigen der Anwälte. Der erste war schlecht, der zweite ein Gauner, der dritte schüchtern, der vierte zu teuer. Lionel hatte ihn mir aus Amerika empfohlen, wohin man ihn versetzt hatte. Um meine Chancen zu verbessern, engagierte ich alle vier, und erst da begriff ich, was das Wort Verwirrung bedeutet. Alle waren sie verschiedener Meinung. Der eine meinte, ich solle mich stellen, der andere schrie: «Niemals! Sie werden in ihren Gefängnissen verfaulen, und wir werden Sie nicht herausholen können.» Der dritte riet mir, aus dem Land zu fliehen, der vierte, eine Bankkaution von einer Million Bath zu stellen – fünfzigtausend Dollar –, um vorläufig meine Freiheit zu behalten; ich würde trotzdem überwacht werden und bis zum Prozeß das Land nicht verlassen dürfen. Doch was für ein Prozeß? Das Ganze war eine Farce; aber wie eine Fliege im Spinnennetz verhedderte ich mich immer mehr, je mehr ich mich wehrte. Man hatte beim Premierminister und beim Justizminister ein gutes Wort für mich eingelegt. Das FBI hatte sich eingeschaltet, das amerikanische Justizministerium, wichtige Persönlichkeiten aus mehreren Ländern und Botschafter in Bangkok, doch statt die Dinge zu vereinfachen, war es, als hätten sie Öl ins Feuer gegossen. Der Polizeichef sei wütend, sagte der unehrliche Anwalt; selbst wenn ich meine Kaution bezahle, werde er mich verhaften lassen; ich müsse ein ziemlich dicker Fisch sein, daß diese Leute für mich sprächen, und er werde vielleicht meine Kaution erhöhen.

All das setzte mir sehr zu. Ich war nervös, abgemagert und konnte nicht mehr schlafen oder hatte Alpträume, in denen ich unweigerlich zu Tode kam; am Ende glaubte ich, mein Leben werde mit dem Jahr zu Ende gehen.

Drei Monate waren vergangen, ich lag noch immer im Krankenhaus. Es war schon Mitte Dezember, und ich sehnte mich nach einem richtigen Weihnachtsfest mit Schnee und Tannenduft.

Erinnerst du dich an unsere Weihnachten in Phnom Penh, Kurt? Im letzten Moment sammelten wir alle Einsamen, im Krankenhaus, auf der Straße, in den Hotels, und unsere Feste waren immer die schönsten... Ich dürfte nicht an dich denken, noch nicht. Deine Abwesenheit schmerzt mich zu sehr.

Bald Weihnachten. Manou kommt bald, und ich will weder ihr noch Olivier das Familienfest nehmen, das vielleicht das letzte sein könnte. Sie müssen eine wunderbare Erinnerung daran behalten.

Die Missionspatres in Thailand organisierten in diesem Jahr eine Mitternachtsmesse in ihrem Garten; ich wollte sie keinesfalls versäumen. In meinem Kopf nahm dieses Ereignis plötzlich eine größere Bedeutung an als alles andere, und ich konnte an nichts anderes mehr denken. Ich mußte für die Weihnachtsmesse frei sein.

Ich wandte mich an den amerikanischen Anwalt und bat ihn um Rat. Er schickte mir seine Assistentin, eine kühle Engländerin mit einem so traurigen Gesicht, daß ich bei ihrem Eintreten gleich den Mut verlor. Sie hörte mir zehn Minuten lang zu und verließ mich dann eilig. Später sagte ihr Chef mir gereizt am Telefon: «Es tut mir sehr leid, Madame, aber ich fürchte, wir können nichts für Sie tun. Sie sind eine Träumerin, eine Unglückliche, die noch an Wunder glaubt. Vergessen Sie die Mitternachtsmesse, das ist unmöglich, verstehen Sie, UNMÖGLICH. Entweder bezahlen Sie die geforderte Kaution von fünfzigtausend Dollar, oder Sie bleiben versteckt. Es gibt keine Alternative.» Dann legte er auf.

Ich hätte weinen mögen. Eine Träumerin, ich, die praktische und rationale Geschäftsfrau, die mit den Japanern konkurrierte? Was auch immer... Eine Unglückliche, die an Wunder glaubt... natürlich glaube ich daran, das ist normal, mein Leben ist voll davon. Und dann dachte ich an einen kleinen Jungen, den ich am Tag vor meiner

Einlieferung ins Krankenhaus getroffen hatte. Ohne ersichtlichen Grund hatte ich in einer der befahrensten Straßen der Stadt vor einem Taxifahrer angehalten, der neben seinem Wagen saß, einen Knirps von zwei Jahren auf den Knien, und ihn gefragt, ob das sein Kind sei. Er hatte mir entnervt geantwortet: «Nein, ich habe das Kind gefunden, und jetzt laufe ich schon zwei Stunden mit ihm herum und weiß nicht, was ich tun und wo ich hingehen soll; die Polizei wird mich festhalten und sagen, ich hätte das Kind gestohlen. Bitte, helfen Sie mir.» Ich nahm das Kind und setzte es hinten in meinen Wagen neben Olivier, und das Taxi war verschwunden, ehe ich die Identität des Fahrers oder die Autonummer feststellen konnte.

Jetzt saß ich in der Falle. Was sollte ich mit diesem Baby anfangen? Es war noch zu klein, um zu sprechen. Leng, mehr sagte es nicht. Seinen Vornamen. Wie sollte ich in einer Stadt mit zwei Millionen Einwohnern seine Familie finden?

Ich fuhr einfach umher, ganz in meine Gedanken versunken, und bat Olivier ab und zu, den Kleinen zu trösten, der sich gegen die Tür drückte und vor Angst zitterte. «Keine Sorge», sagte Olivier mit ernster Stimme. «Meine Mutter wird deine Mutter finden.»

Ich fuhr weiter und wußte nicht, wohin, fragte mich, ob es besser sei, Srisouk oder Vanida anzurufen, eine Annonce in die Zeitung zu setzen oder eine Durchsage im Radio machen zu lassen; zur Polizei wollte ich auf keinen Fall. Sie würden mir meine Geschichte niemals glauben. Ich fuhr eine halbe Stunde oder eine Stunde und erreichte das Viertel von Suan Plu. Als ich an dem überfüllten Markt vorbeikam, schrie der Kleine auf einmal: «Ma!» Sofort hielt ich an.

«Du bildest dir doch wohl nicht ein, daß er seine Mutter wiedergefunden hat?» fragte Olivier.

«Doch, warum nicht?»

Der kleine Leng bahnte sich einen Weg durch die Menge, und gleich darauf schrie eine Frauenstimme: «Leng!» Er wurde in die Arme genommen, geküßt, geohrfeigt und wieder geküßt, und ich nahm Olivier bei der Hand. «Gehen wir, er hat seine Mutter wiedergefunden.»

Mein amerikanischer Anwalt mit seinem kartesianischen Geist hatte mich auf eine Idee gebracht: ein Wunder, ich brauchte ein Wunder. Aber wie sollte ich das bewerkstelligen? Über die Kirche? Vielleicht. Ich rief Pater Jean an und fragte ihn, ob er gleichzeitig eine Messe für mich lesen und mir ein Wunder verschaffen könne.

Er fuhr mich an, heutzutage geschähen so leicht keine Wunder, und was ich denn noch wolle.

Zur Mitternachtsmesse gehen, ohne Verkleidung, mit meinen Kindern. Er beleidigte mich fast: «Du bist verrückt, vollkommen verrückt. Ich will gern eine Messe lesen und es versuchen, aber bei all den Polizisten, die aufgeboten sind, um dich zu verhaften, solltest du besser in deinem Versteck bleiben.»

Ich wurde wütend. «Ihr Patres seid nichts als Ungläubige.»

Da die Kirche sich mir versagte, wandte ich mich an die Bonzen; mein Glaube an Gott ist zwar stark, aber ich bin nicht überzeugt, «die» Wahrheit in einer bestimmten Religion oder einem Ritual zu finden, und ich lenke meine Spiritualität in verschiedene Richtungen, ohne mich deshalb als Dilettantin oder als religiös inkonsequent zu empfinden.

Die Bonzen kamen zu neunt in mein Zimmer, verteilten Kerzen und Opfergaben, stellten Kissen, Spucknapf und Bronzevasen auf und begannen zu singen. Auf die Gebete folgte die Erstellung von «Seimas» und einem Segen, und danach verkündete der Führer der Bonzen mir ruhig: «Es ist in Ordnung. Gehen Sie getrost zur Mitternachtsmesse, alles ist gerichtet.»

Fünf Minuten nach ihrem Weggang läutete das Telefon.

«Erinnern Sie sich an mich, Madame Yvette? Ich bin Pongsac...»

Der Name sagte mir nichts, ich konnte mich nicht erinnern, aber anscheinend hatte ich vor Jahren ihm und seiner Schwester geholfen. Er hatte seither kein Lebenszeichen mehr von sich gegeben, aber den Kontakt zu Srisouk bewahrt, und durch sie hörte er regelmäßig von mir. Er sprach respektvoll und bescheiden:

«Madame, Sie wissen ja, daß wir sehr arm sind, ich kann nicht an Ihrer Stelle die Kaution aufbringen, aber ich kann Ihnen trotzdem helfen...»

Einer seiner Freunde war bei der Kriminalpolizei angestellt, ach, auf einem sehr einfachen Posten, als Stenograph, aber er hatte gehört, daß gar kein Haftbefehl gegen mich vorlag. Allerdings gab es eine Klage, ich hätte über Singapur oder Hongkong Geschäfte abgewickelt, was illegal war, obwohl fast alle Händler das taten. Ich müsse vorsichtig sein, jeden Augenblick könne ein Haftbefehl gegen mich erlassen werden. Dann fuhr mein Anrufer schüchtern fort:

«Sie können in Frieden Weihnachten feiern, mein Freund hat Ihre Akte versteckt. Er wird sie wieder an ihren Platz stellen, wenn Ihre Tochter am zweiten Januar abreist. Ohne die Akte werden sie nichts unternehmen, das steht fest.»

Meine Erleichterung war ebenso groß wie das Glück, von einem bescheidenen Menschen unterstützt worden zu sein, einem Unbekannten, den ich eines Tages auf der Straße bemerkt haben mußte und an den ich mich nicht einmal erinnerte. Das war es, das Wunder.

Wir kamen zu spät zur Messe, die Predigt hatte schon begonnen. Bei unserem Eintritt drehten sich alle nach uns um, der Pater unterbrach seine Predigt, doch dann fuhr er mit fester Stimme fort: «Habt Vertrauen, meine Brüder, denn Gott in seiner Herrlichkeit wirkt Wunder. Glaubt, und ihr werdet erhört werden.» Bei diesen Worten sah er uns triumphierend an.

Von da an überstürzten sich die Ereignisse, als wolle alles mein Ende beschleunigen.

Wie ich schon sagte, machte ich mir in jungen Jahren überhaupt keine Gedanken über Krankheit, und ich blieb gesund, obwohl der Streß mich hektisch werden ließ. Die Alpträume vom Tod, verbunden mit dem Gedanken an eine Angina pectoris, bewirkten aber mit der Zeit, daß ich wirklich krank wurde. Ich war sehr schwach und hatte ständig Schwindel- und Übelkeitsgefühle, was wohl hauptsächlich Angst war. Die Aussicht auf eine Haft erschreckte mich, aber mehr noch der Gedanke, Haß und Bosheit ausgeliefert zu sein, offiziell einem Rachewunsch geopfert zu werden, und zwar ohne jede Gerechtigkeit; darüber hinaus setzte mir die Vorstellung zu, daß in jedem von uns ein Verräter steckt, daß wir lügen, stehlen, töten und Millionen Juden oder Kambodschaner vernichten und dennoch Menschen sein können. Wenn man wie in den amerikanischen Filmen die Guten von den Bösen unterscheiden könnte, wäre alles einfacher. Unser Strohmann mit seinen verkniffenen Zügen, dem schmalen Mund und den stählernen Augen wäre leicht einzuordnen, obwohl . . . Wenn ich mir die Mühe gemacht hätte, ihn kennenzulernen, zu ihm zu gehen, hätte ich vielleicht einen Menschen entdeckt, der Schubert oder Brahms liebt, Ronsard liest und für seine Tochter zärtliche Geschichten erfindet.

Das ist im Grund das Schreckliche an diesen Menschen: daß sie wie wir sind.

Nacheinander durchlief ich Phasen der Hoffnung und der Verzweiflung und glaubte mich bald dem Tod nahe, bald klammerte ich mich ans Leben. Am zweiten Januar nahm ich all meine Energie zusammen und handelte meine vorläufige Freiheit aus.

Ich war daheim, umgeben von Ha, Jane und den Kindern. Jane war über die Feiertage aus London gekommen, eine Engländerin, die ihre Zeit den Flüchtlingen widmen wollte; ich weiß nicht mehr, wer sie zu mir schickte. Sobald sie angekommen war, entschied sie, wenn jemand Pflege brauche, dann sei ich das, und sie nahm sofort meinen Haushalt in die Hand, kümmerte sich um die Kinder, empfing Besucher und regelte unsere häuslichen Probleme, als habe sie nie etwas anderes getan.

Ich freute mich, wieder zu Hause zu sein. Die Spannung zwischen meiner Tochter und mir hatte sich gelegt, und ich spürte, daß wir uns bald ganz wiederfinden würden. Der Tag war fröhlich, friedlich und sonnig. Wir waren im Salon, machten Pläne und sprachen über Ferien. Olivier unterhielt sich in einiger Entfernung in der Ecke. Plötzlich läutete das Telefon.

Ich nahm den Hörer ab und hörte wie in einem Alptraum:

«Bleiben Sie keine Minute länger hier. Fliehen Sie, schnell, verlassen Sie das Land, reisen Sie ab, solange Sie noch können.»

Zwei Minuten später verkündete mir mein Anwalt am Telefon:

«Man hat Ihre fünfzigtausend Dollar zurückgewiesen; sie verlangen jetzt zweihundertfünfzigtausend, bar, und zwar bis heute abend.»

Ohne nachzudenken, nahm Ha ihren Ehering ab und steckte ihn mir auf den Finger.

«Hier, das ist alles, was ich habe. Fahre nach Malaysia, schnell. Vermeide die Grenzposten, sie müssen deinen Steckbrief haben.»

Bedauernd ahmte Manou sie nach und bot mir ihre Plastikringe an, «um im Wald Reis zu kaufen». Jane leerte ihr Portemonnaie in meine Hände. Es enthielt sechshundert Pfund.

Glücklicherweise hatten wir einen Fluchtplan ausgearbeitet. In aller Eile, ohne irgend etwas mitzunehmen oder einen letzten Blick auf das Haus zu werfen, verließen wir es. Manou machte den Anfang und lenkte den Wächter von Thada Court ab, den lästigen Zeugen all unserer Bewegungen. Dann ist Ha auf einer Seite mit einem Wagen weggefahren, danach Jane auf der anderen mit meinem Auto; ich lag im Kofferraum. Sie hatten sich in einer ruhigen Straße verabredet, wo niemand wohnt und man selten jemanden trifft. Niemand war ihnen gefolgt. In dreißig Sekunden bin ich aus meinem Kofferraum in den von Ha umgestiegen, und eine Stunde später fand ich mich in einer Garage wieder. Wir waren bei Neil Davis, unserem australischen Journalistenfreund. Thong versprach mir am Telefon, mich am nächsten Tag mit dem Wagen abzuholen. Er würde mich in den Süden Thailands bringen und mir helfen, auf einem Schmugglerpfad über die Grenze zu kommen.

Wille, Mut, Hoffnung, nichts hielt mehr stand; ich wurde wie in einer Spirale in die Leere gerissen. Es war schrecklich. Ich konnte mich nicht mit dem Gedanken abfinden, Thailand so zu verlassen. Ich wollte mit erhobenem Kopf abreisen, die gegen mich erhobene Klage aufgeklärt wissen und INDOSWISS in die Hände eines Managers legen, den meine Angestellten akzeptierten.

Ich war verzweifelt, wußte nicht, wohin ich mich wenden sollte, und rief David an. Ich brauchte den Rat eines Außenstehenden, eines weisen und intelligenten Menschen; er war beides und außerdem wohlwollend. Ich höre noch seine ernste Stimme:

«Dieses Land ist zu warm, meine Liebe, es bekommt deiner Gesundheit nicht. Schick deine Kinder getrennt fort und reise sofort ab; ohne Rückfahrkarte, verstehst du?»

Und als ich ihm weinend sagte, außer Geschäften wisse ich nichts mit mir anzufangen, rückte er meine Gedanken wieder zurecht:

«Verwirkliche deinen Traum von einer humanitären Arbeit, es ist an der Zeit; ich bin sicher, daß du Erfolg haben wirst.»

Wieder diese Fähigkeit, meine Gedanken zu lesen. Kurz darauf kam Thong. Er hatte nachgedacht; die Grenze zu Fuß zu überschreiten, sei doch zu gefährlich. In diesem Gebiet gab es Banditen und Rebellen. Außerdem fürchtete er, die Aufregung zusammen mit der Erschöpfung einer langen Reise werde meiner angeschlagenen Gesundheit abträglich sein. Alles in allem war es noch das geringste Risiko, auf dem Flughafen von einem ehrlichen Beamten aufgehalten zu werden. Er schlug vor, ich solle per Flugzeug abreisen.

Ha kam zum Flughafen, zusammen mit Dominique, der Frau des ersten Rates unserer Botschaft. Manou war schon abgereist, Jane bereitete Oliviers Fortgang vor. Alle Flugzeuge waren ausgebucht bis auf das, das nach London ging. Es gab noch einen einzigen Platz, den letzten. Die wirkliche Gefahr war der Ausreiseschalter. Niemand sprach ein Wort. Ich hatte das Gefühl, an einem Abgrund zu stehen. Wenn man mich anhielte, würde ich einen goldenen Ehering oder sechshundert Pfund für meine Freiheit anbieten. Als ich nachschaute, ob ich sie noch hatte, stellte ich fest, daß ich sie verloren hatte. Beinahe wäre ich ohnmächtig geworden. Ich ging an den Schalter und zeigte meinen Paß, dann wartete ich mit gesenktem Kopf. Ich wagte niemanden mehr anzusehen. Ich wartete. Die Zeit verging, endlos, bis ich jede Hoffnung verlor. Der Beamte mußte auf die schwarze Liste geschaut und meinen Namen entdeckt haben. Dann hatte er wohl Alarm gegeben. Auch er wartete; bald würde ich sie kommen sehen. Zwei oder drei Polizisten würden mir Handschellen anlegen und mich abführen. Ich konnte nichts tun. Nichts. Ich hatte die Augen geschlossen. Meine Beine waren wacklig, meine Ohren dröhnten, jede Faser meines Körpers spannte sich. Da hörte ich auf einmal ein Trommeln, das den Lärm von Stimmen, Lautsprechern und Flugzeugmotoren übertönte; es erfüllte den ganzen Flughafen, und entsetzt erkannte ich plötzlich, daß es von mir ausging. Noch nie hatte ich mein Herz so heftig schlagen hören, jeder mußte es mitbekommen, sich fragen ... Die Zeit stand still. Ich hielt den Atem an und wartete.

War das das Geräusch eines Stempels? Oder bildete ich mir das nur ein? Ich hob den Kopf. Der Beamte hielt mir lächelnd meinen Paß hin: «Gute Reise, Madame Yvette.»

VIERTER TEIL

Abuela

Eine unbeglichene Schuld

Den Beinamen Abuela habe ich an einem regnerischen Abend in Guatemala bekommen. Das war Anfang 1985. In einem übel beleumundeten Viertel der Hauptstadt hatte ich einen kleinen Straßenjungen, der sich unter Kartons und alten Papieren verkrochen hatte, aufgefordert, mir etwas über Fußball und Kino zu erzählen, zwei Gebiete, auf denen er sich nicht bedroht fühlen mußte. Wir hatten uns über dies und jenes unterhalten, ich verabschiedete mich traurig von ihm, und dann rief er mir nach: «Auf Wiedersehen, *Abuela*. Wirst du wiederkommen? Ich heiße Sergio.»

Er hatte den ersten Schritt getan, das war ein Sieg gewesen, aber... *Abuela*? Er hatte mich Großmutter genannt. Das Wort rührte und schockierte mich gleichzeitig. Ich gehörte nicht zu denen, die jeden Tag stundenlang in den Spiegel schauen, und meinen Falten und ersten grauen Haaren hatte ich keine Beachtung geschenkt. Ich war gesund, voller Energie und Enthusiasmus und fühlte mich jung. Das Alter konnte mir nichts anhaben. Dieses Wort «Großmutter» weckte mich auf: ich war fünfundvierzig Jahre alt. Schon. Plötzlich wurden mir tausend Nichtigkeiten bewußt, die ich gestern nicht beachtet hatte und die nun auf einmal bedeutsam waren. Ich konnte nur noch schwer ohne Brille lesen, nicht mehr vierundzwanzig Stunden an einem Stück wach bleiben, die Männer drehten sich nicht mehr nach mir um, Philip hatte mir gerade wollene Hausschuhe geschenkt... Mit einem Wort, Sergio hatte mich in das reife Alter eintreten lassen. Wenn ich für möglichst viele Straßenkinder diejenige sein wollte, die ich gern auf den Straßen meiner Kindheit getroffen hätte, dann mußte ich mich beeilen. Ich hatte vielleicht noch zwanzig oder dreißig Jahre, das würde von meiner Gesundheit abhängen. Aber in diesem Alter vergeht die Zeit schnell.

An diesem Tag ist *Abuela* geboren. Seither haben alle Straßenkinder Guatemalas mich Großmutter oder, zärtlicher, *Abuelita* – kleine Großmutter – genannt.

Ich hatte Guatemala nicht im Gedanken an diese Kinder gewählt. Ihr Schicksal war mir zwar immer nahegegangen, aber das Wenige, was ich über sie wußte, Drogen, Gewalt, Prostitution, erschreckte mich zu sehr, als daß ich zu hoffen gewagt hätte, darauf Einfluß nehmen zu können. Nein, ich war gekommen, um meinen Beitrag zu leisten, angetrieben von der alarmierenden Information, daß der Bürgerkrieg hunderttausend Waisen hinterlassen hatte und es dem Land an allem fehlte. Die Wahl Guatemalas hatte sich aus einer zufälligen Begegnung ergeben (wenn man einmal davon absieht, daß es keine Zufälle gibt).

Vorher hatte ich monatelang in Ungewißheit und Schmerz gelebt und mir endlich die Zeit genommen, Kurt zu beweinen. Asien fehlte mir, und diese Veränderung meines Lebens, die ich mir so lange gewünscht hatte, wurde auf einmal zu einer harten Prüfung. Unser Haus in Uzès, wo ich gestrandet war, bot mir keine Hilfe. Ich drehte mich dort im Kreis und stellte mir tausend Fragen, deren Beantwortung mich nicht befriedigte. Der Anblick von Olivier, der noch verstörter war als ich, sich in Frankreich wiederzufinden, steigerte mein Unbehagen nur. Er hatte seine Freunde Hals über Kopf verlassen, ohne sich von ihnen verabschieden zu können; er weinte und verfluchte die Burschen aus unserem Dorf, die ihn verächtlich «Araber» nannten und mit Steinen nach ihm warfen.

Olivier, kränklich und fiebernd, ängstlich, aber von wunderbarer Großzügigkeit, brannte darauf, sich für etwas einzusetzen, Verantwortung zu übernehmen. Wenn er von Kleineren umgeben war, sie beschützen, ihnen Ratschläge geben und Spiele organisieren konnte, bei denen er sich die Rolle des Anführers vorbehielt, war er in Hochform. Mir gegenüber war er schüchtern und gehemmt und zu sehr darum besorgt, nicht zu mißfallen, um sich frei zu äußern. Eine Trennung schien unumgänglich, wenn ich ihn ermutigen wollte, unabhängig zu werden und seine Schüchternheit abzulegen. Choeung, François' Ehefrau, war bereit, sich seiner anzunehmen. Er würde auf die Schule von Sedan gehen und Hélène Gesellschaft leisten.

Meine Gesundheit war wiederhergestellt, und dennoch . . . ich war ähnlich wie eine Lokomotive, die man von den Schienen genommen hat, eine Lokomotive, die vor Energie vibriert und bereit ist, zahlreiche Wagen zu ziehen, aber nicht mehr weiß, in welche Richtung sie fahren soll.

Wie er es an allen Wendepunkten meines Lebens getan hatte, kam David mir zu Hilfe. Werden wir je das uralte Bedürfnis überwinden, geliebt, getröstet und ermutigt zu werden von den Menschen, die wir bewundern? Seine geistige Offenheit, seine Großzügigkeit und seine extreme Sensibilität machen ihn zu einem wunderbaren Freund, zumindest, wenn er gerade zwischen zwei Romanen steht, was glücklicherweise der Fall war. In seinen schöpferischen Perioden kann man seine angestrengten Bemühungen, uns zuzuhören, und sein gezwungenes Lächeln kaum mit ansehen: dann ist es besser, ihn in Ruhe zu lassen. Da, wo ich den Boden unter den Füßen verlor, gab er mir wieder Grund, brachte mich auf die humanitäre Vision zurück. Er besprach alle Aspekte, ermutigte mich, meinem Herzen zu folgen, und versprach, für eine finanzielle Unterstützung einige Freunde zusammenzutrommeln. Nach seinem Besuch war ich bereit, die Welt neu zu erschaffen.

Ehe er mich verließ, hatte er mich nach meiner Motivation gefragt, und seine Frage hatte mich verblüfft. Motivation? Auf andere zugehen, das erschien mir so natürlich wie atmen. Heute weiß ich, daß er mich mit dieser Frage zum Nachdenken zwingen wollte. Damals hatte ich ihm von einer Dankesschuld gegenüber den Kambodschanern und allen Menschen erzählt, die mir geholfen hatten. Oder etwa von unglücklichen Kindheitserinnerungen, die ich auslöschen wollte? Ja, all das, vermischt mit dem starken inneren Antrieb, der mich drängte und noch immer drängt, und zwar in eine Richtung, außerhalb derer ich mich nicht vorbehaltlos einsetzen kann. Doch bestand die tiefste Motivation vielleicht darin, Freude daraus zu beziehen? Das Glück des Teilens ist so groß... David war irritiert gewesen und hatte mich egozentrisch genannt. Pardon, David, ich sagte das nur im Gegensatz zu jenen, die davon reden, «die Welt zu retten», wo wir doch alle wissen, daß sie sich selbst retten wollen.

Mein Wunsch war klar: Ich wollte meine Zeit in den Dienst eines humanitären Anliegens stellen, aber ich hatte keine Ahnung, was ich tun sollte, wo und wie. Ich hätte mich mit derselben Überzeugung Kriegsopfern, Witwen, Waisen oder Hungernden widmen und auf der Stelle nach Äthiopien, Pakistan oder dem Sudan aufbrechen können.

Ich hatte praktisch keine Erfahrung und mußte mich daher auch nicht aufgrund meines Wissens eingeschränkt fühlen. Was mein Herz betraf, waren alle Anliegen gut. Um zu wissen, wohin ich gehen sollte, brauchte ich ein Zeichen. Ich betete darum, aber die Zeichen tauchten nicht aus dem Chaos auf. Sie erfordern Ordnung und Stille, und die Unordnung, die mein Leben erfüllte, entsprach großem Lärm.

Da war vor allem Olivier. Ich konnte Choeungs Gastfreundschaft nicht zu lange in Anspruch nehmen; außerdem kam Olivier in ein Alter, in dem die Freunde wichtiger sind als die Eltern und das Fehlen eines Vaters sich gravierend bemerkbar macht. Ihn mitzunehmen, würde das Problem nicht lösen. Ein Internat? Zu meiner Überraschung hat er fröhlich zugestimmt. Psychologen empfahlen das Institut Oiseau Bleu in Savoyen, wo viel Sport getrieben wurde. Dorthin schickte ich meinen Sohn für ein Jahr. Beim Abschied war ich diejenige, die weinte.

Manou träumte davon, ihre Tanzausbildung an der Ecole des Ballets Jazz in Montreal fortzusetzen. Ich sehe sie noch, wie sie mich umschmeichelt und mit Arabesken auf offener Straße zu überreden versucht: «Ach, wenn du einverstanden wärst, wäre es der schönste Tag meines Lebens.» Wie alle kleinen Mädchen verstand sie sich auf Küßchen und Zärtlichkeiten, um ihr Ziel zu erreichen. Es kam nicht in Frage, daß sie etwas anderes machen würde. Der Tanz war ihr Ausdrucksmittel, ihre Zuflucht, ihre Berufung. Wir haben einen Brief geschrieben und um ihre Einschreibung gebeten, und dann brachte die Post uns die Nachricht, daß Manou ein Stipendium bekommen würde; sie war angenommen.

Dann bin ich nach Metz gefahren, habe jeden Groll aus meinem Herzen verbannt und meine Mutter nach Uzès eingeladen. Sie ist acht Tage geblieben. Ich habe mit ihr die Höhlen in den Cévennen, die Camargue, Saintes-Maries-de-la-Mer, dessen Name allein schon zauberhaft ist, und die schönsten Dörfer der Provence besucht. Ich habe sie nach Kräften verwöhnt, und wenn sie sich auch gleich geblieben ist, nämlich kalt und distanziert, so hatte ich doch wenigstens das Gefühl, ihr eine Freude bereitet zu haben. Wichtiger noch, ich hatte ihr verziehen und fühlte mich erleichtert.

Ich hatte vier Brüder, die ich mit dem Haß meiner Jugend kollektiv abgelehnt hatte. Zwei waren schon verstorben. Mit den beiden anderen habe ich wieder Kontakt aufgenommen, und sie haben mich freundlich empfangen, als hätten wir immer miteinander verkehrt. Auch das tat mir wohl.

Blieben noch die Angelegenheiten von INDOSWISS zu regeln. Srisouk und Vanida hatten mein Angebot abgelehnt, die Firma selbst zu leiten, obwohl sie das seit meiner Abreise in beispielhafter Weise getan hatten. Auf der Suche nach einem Manager habe ich Vicky kennengelernt, eine Engländerin, deren eckiges Kinn und dicke getönte Brillengläser mich an Kurt erinnerten. Meine Kompagnons gaben ihre Zustimmung, und wir haben sie eingestellt.

Vicky war in Bangkok, Olivier in Savoyen, Manou in Montreal. Blieb nur noch ich. In meinem Kopf war alles geordnet, mein Herz war friedlich. Weder Haß noch Groll auf Khun Yai oder unseren Strohmann, im Gegenteil. Das Schicksal in seiner Fülle hatte es für gut gehalten, sie zu benutzen, um mich zur Aufgabe der Geschäfte zu zwingen. Ohne sie hätte ich vielleicht weiterhin nach Vorwänden gesucht, um meine Abreise hinauszuzögern. Aber das Zeichen, auf dessen Erscheinen ich vergeblich wartete, das Zeichen, das mir den Weg weisen würde, trat noch immer nicht ein.

Um meinem Geist die Ruhe zu geben, die er brauchte, und in Frieden zu meditieren, habe ich in einem Kloster Einkehr gehalten und mir fest vorgenommen, erst zu gehen, wenn ich eine Antwort hätte; ich habe Le Bec-Hellouin gewählt wegen seiner gregorianischen Gesänge und seiner Lage, deren große Schönheit man mir gerühmt hatte.

Ich bin also im Kloster Bec-Hellouin, einer neun Jahrhunderte alten Abtei, und meditiere in der Stille meines Zimmers. Schwester Pförtnerin und Sie, die Botin, hört gut zu: Als ich noch sehr jung war, habt ihr mir Prüfungen geschickt, um mich zu stärken, damit ich danach das Leben besser schätzen konnte. Ihr habt mir Unglückliche über den Weg geschickt und mir gestattet, sie zu trösten; ihr habt mich zu dem Kanal gemacht, durch den getrennte Menschen einander wiederfinden konnten. In meinem Herzen habt ihr die Berufung verstärkt, auf der Seite der Leidenden zu stehen. Wenn dies mein Weg ist, will ich ihn gehen. Aber schickt mir ein Zeichen, sagt mir, wohin ich gehen soll; mit dem Rest werde ich schon fertig.

Bin ich zu anspruchsvoll? Schon in der ersten Nacht hatte ich auf einen Traum in Form einer mit Kreide beschriebenen Wandtafel gehofft. Obenauf sollte der Name des Landes stehen und darunter, in

Kapitel aufgeteilt, Informationen über: a) die Bevölkerung, b) ihre Bedürfnisse, c) die Art der Intervention.

Seit drei Tagen bete ich; nicht nur der Traum ist ausgeblieben, sondern es hat sich auch keine innere Stimme erhoben, und ich bin enttäuscht, schon müde und bereit, mich von Ungeduld übermannen zu lassen. Drei Tage, was für ein Zeitverlust! In diesem Augenblick unterbricht das Läuten einer Glocke meine Meditation. Ich öffne die Augen; ein Sonnenstrahl fällt durch das Fenster und erhellt das Porträt der Jungfrau mit dem Kind, den einzigen Schmuck des Raumes. Meine Uhr zeigt die Mittagsstunde. Ich verzichte auf meine Absicht zu fasten, gehe in den Speiseraum für Besucher und verspreche mir, das für meine Meditation notwendige Schweigen zu wahren.

«Willkommen», hatte mir die Nonne am Tag meiner Ankunft beim Eintreten gesagt. «Hier wird Sie niemand nach dem Grund Ihres Besuches bei uns fragen; bleiben Sie, so lange Sie wollen. Hier ist Ihr Zimmer, hier die Bibliothek, da das Speisezimmer. Sie brauchen an den Gottesdiensten nicht teilzunehmen, aber wenn Sie es möchten, die Kirche ist da hinten, sehen Sie, hinter diesem kleinen Park. Und wenn Sie Interesse an spirituellen Gesprächen haben, werden die Patres Sie empfangen; ihr Kloster ist nur drei Kilometer entfernt.»

Dieselbe Nonne legte das Gedeck auf und stellte Butter, Brot und Cidre auf den Tisch. «Heute wird etwas später serviert», sagte sie in ihrer ruhigen Art, «Schwester Catherine hat im Wald jemanden getroffen und eingeladen, mit uns zu essen.»

Bald öffnete sich die Tür, und ein noch junger, gebräunter Mann mit hellem Lächeln und schönen weißen Zähnen tritt ein; seine Ankunft vertreibt wie durch einen Zauber meine Gedanken und meinen Wunsch zu meditieren: Adieu, dritte Welt, Hungersnöte, mißachtete Menschenrechte. Guten Tag, Monsieur. Auf dem Tisch eine Suppe, frisches Gemüse und ein Braten mit Pilzen, dazu Cidre und Weißwein. Ein Ehepaar ist anwesend, Franzosen aus Dijon; er, Tiziano, kommt aus dem Süden, ein Italiener mit ansteckendem Lachen, der uns im Gespräch um die Welt führt und sich über Literatur, Architektur, Haustiere und Orchideen unterhält.

Bedauernd sehe ich, daß das Mittagsmahl zu Ende geht. «Wenn man dich von deinen Abenteuern reden hört, Tiziano, dann fragt man sich, welchen Beruf du ausübst. Bist du vielleicht Ethnologe?»

Lachend antwortet er: «Nein, ich bin nichts, nichts als ein bescheidener Missionar, der bereit ist, auf Mission nach Guatemala zu gehen.»

Und ich, als hätte mich eine Wespe gestochen: «Guatemala? Warum? Kannst du mir davon erzählen?»

Er entwirft mit wenigen Worten ein Bild, das mich schmerzlich an Kambodscha erinnert. Ein grausames Regime durch einen Evangelisten mit Visionen, Bürgerkrieg, Ausrottung der Indios. Wenige oder keine humanitäre Organisationen – die Militärs haben sie vertrieben –, großes Elend und fast 100 000 Waisenkinder.

Mein Herz pocht wild, während in mir die so lange erwartete Stimme sagt: «Du wolltest ein Zeichen? Da ist es.»

«Und du, Yvette?» fragte Tiziano. «Was tust du im Leben?»

«Ich?» Mein Entschluß steht auf der Stelle fest. «Ich reise nächste Woche nach Guatemala. Ich werde versuchen, mich um die Bedürfnisse einiger Waisenkinder zu kümmern.»

Da steht er auf, geht um den Tisch herum, kommt zu mir, nimmt mich in die Arme und gibt mir einen Kuß, während er sagt:

«Gott schickt dich. Ich habe die ganze Nacht gebetet, jemand möge sich dieser Kinder annehmen.» Dann fügt er hinzu: «Komm mit mir; wir werden in den Norden gehen. Wir werden eine große Kirche bauen, du wirst sehen, wie schön sie wird.»

«Verzeihung, Tiziano, aber unsere Wege sind nicht die gleichen. Ich will weder Kirchen bauen noch wie eine Nonne leben. Ich werde ganz allein meinen Weg gehen.»

Wenn ich auch nur eine vage Vorstellung von dem Berg von Schwierigkeiten gehabt hätte, die auf mich zukommen sollten, hätte ich vielleicht nicht den Mut gehabt, mich ihnen zu stellen; aber ich kann so gut mit geschlossenen Augen dahinsegeln, daß ich nicht nur unbesorgt abgereist bin, sondern sogar mit unbegrenztem Glauben an den Erfolg.

Ich war zwar eine Anfängerin auf humanitärem Gebiet, aber das Beobachten der Organisationen, die an der kambodschanischen Grenze gearbeitet hatten, war wertvoll gewesen. Sie leisteten Bewundernswertes, indem sie eine Million Menschen unter oft schwierigen Bedingungen schützten, ernährten, pflegten und einkleideten. Ihr Wirken hat wesentlich zur Verbesserung des Loses Tausender Unglücklicher beigetragen, doch da nichts vollkommen ist und meine

Liebe zu den Kambodschanern meinen kritischen Sinn schärfte, fielen mir Schwachpunkte bei dieser Hilfe auf, und ich nahm mir vor, sie zu vermeiden, wenn ich eines Tages eine ähnliche Arbeit leisten sollte.

Zunächst einmal habe ich gesehen, wie sich die internationalen Organisationen ein echtes Rennen gegen die Uhr lieferten, bei dem es wichtig war, als erster anzukommen, nicht wegen der Wirksamkeit für die Empfänger, wie man glauben könnte, sondern wegen der Publizität. Man würde am nächsten Tag davon in der Zeitung lesen oder, noch besser, im Fernsehen darüber reden, und die Veröffentlichung der Heldentat würde es der Organisation leichter machen, Mittel aufzutreiben. Jeder handelte heimlich, überraschte die anderen, verschleierte Fakten und erfand Kriegslisten, um «seine» Flüchtlinge, «sein» Gebiet und «sein» Projekt zu behalten, und das ging so weit, daß jeder, hätte er eine neu eingetroffene Gruppe ausgehungerter Flüchtlinge gefunden, sich gehütet hätte, die anderen zu benachrichtigen, aus Angst, ein schnellerer Konkurrent könne sie als erster versorgen.

Das war schrecklich und schockierend. Im Vergleich dazu verhielten wir uns bei unseren Geschäften humaner. Wir tauschten Informationen mit unseren Konkurrenten aus und unterhielten freundliche Beziehungen. Es war sogar üblich, von Zeit zu Zeit den kleineren Firmen oder weniger erfolgreichen Händlern zu helfen, Geschäfte an Land zu ziehen; jeder von uns war überzeugt, daß es nützlich ist, teilen zu können. Zweifellos gingen manche anders vor, aber in unseren Kreisen, wo es unter anderem die alten chinesischen Familien gab, die das Monopol auf Reis hatten, spielte es sich eben so ab. Ich war perplex: Sollten die Geschäftsleute menschlicher sein als die humanitären Organisationen?

Eine seltsame Fauna waren diese Organisationen ohne Gewinnstreben, in denen die Verweigerung der Kommunikation vorherrschte. Später nahm ihre Zahl zu, und sie waren gezwungen, in Verbänden zusammenzuarbeiten, in denen die Bedürfnisse der Flüchtlinge diskutiert wurden. Es gab dort Europäer und Amerikaner, Laien und Geistliche, apolitische und fanatische Leute; alle waren voll guten Willens, aber nicht mit der Kultur der Khmer vertraut. Am ungewöhnlichsten ist, daß sie ihre Entscheidungen trafen, ohne die Betroffenen zu konsultieren. Bei ihren Zusammenkünften sah man nur

Weiße, niemals einen direkt betroffenen Asiaten. Die Irrtümer, die sich daraus ergaben, hätte man leicht vermeiden können. Am Anfang schickte man aus reiner Unwissenheit den Kambodschanern hundertprozentigen Reisbruch, dieselbe Qualität, mit der man in Kambodscha Schweine füttert; daraufhin dachten die Khmer, die internationale Gemeinschaft «behandele sie wie Schweine»; oder die Frauen erhielten Sarongs mit Mustern und Farben, die traditionell den Männern oder den Muslimen vorbehalten waren, und sie wagten nicht, sie zu tragen. Das war ein wenig so, als würden wir Franzosen uns in die Schweiz flüchten und bei unserer Ankunft von amerikanischen Experten mit Baströckchen oder arabischen Gewändern ausgestattet. Ich spreche gar nicht von der Verteilung von Käse oder anderen Lebensmitteln, die den Ernährungsgewohnheiten vollkommen fremd waren, und auch nicht von Bräunungscremes oder anderen lächerlichen Artikeln, die an der Grenze landeten, geschickt von Leuten, die es gut meinten.

Noch ein anderer Punkt war mir aufgefallen: Nur zu oft wurden die Lager von allen möglichen Delegationen besucht; man hat sogar japanische Touristen gesehen, die in ihrem klimatisierten Bus durch Sakeo fuhren und schamlos die Menschen fotografierten, die mit dem Tode kämpften. Die Mitglieder der Delegationen machten ihre Runde, schauten und fuhren im allgemeinen wieder ab, ohne den Bewohnern der Lager den Grund ihres Besuches zu erklären, was letzteren den unangenehmen Eindruck vermittelte, wie sich Tiere hinter den Gitterstäben eines Zoos fühlen.

Und noch ein letztes: Unter den Kambodschanern gab es Verwaltungsfachleute, Krankenschwestern, Ingenieure, wirklich kompetente Professoren, die sich zu Tode langweilten; sie wären entzückt gewesen, ihre Dienste anzubieten. Wie viele Vereinigungen habe ich ausländische, bezahlte Kräfte importieren sehen, wo doch diese kostenlosen einheimischen Fachleute zur Verfügung standen! Man konnte sich fragen, wem das Projekt eigentlich nützen sollte, den Flüchtlingen oder den Ausländern.

Meine Beobachtungen haben mich darüber nachdenken lassen, wie wichtig es ist, zuhören zu können. Auch die bescheidensten Bewohner dieser Erde haben uns etwas beizubringen. Indem wir für sie entscheiden, ohne sie zu fragen, oder an ihrer Stelle denken, halten wir sie in einem Zustand von Minderwertigkeit und Abhängigkeit, der ihrer Entwicklung entgegensteht, und üben einen Machtwillen aus, der mit einer humanitären Sichtweise unvereinbar ist. Da müssen wir aufpassen, denn Menschen, die leiden, sind schrecklich verletzlich; ich habe Kambodschaner gesehen, die zerbrechlich wurden wie Kinder. Man hilft ihnen, indem man ihnen ihre Kraft und Unabhängigkeit zurückgibt, aber ohne sich selbst zu wichtig zu nehmen, sondern nur das Resultat im Sinn zu haben; denn ohne den Respekt vor anderen, ohne das ständige Bemühen, den Stolz jener zu schonen, denen wir zu helfen vorgeben, laufen wir Gefahr, sie zu verletzen.

Ja, wer sind wir, uns für besser zu halten und Lösungen aufzuzwingen? Ohne äußerste Bescheidenheit dürfte man nicht auf dem Gebiet der Hilfe für andere tätig werden.

Die Maismänner

Zaculeu, magischer Name, gestern warst du für mich nur ein anonymer Punkt auf der Landkarte von Guatemala. Heute erinnerst du mich an das Lied von Matteus und an das Klimpern seiner Gitarre, an ein Baby, das blaue Maiskolben anlächelt, an den geblümten *huypil* von Magdalena und den Mut von Don Pedro. Heute erzählst du mir von einem zerstörten Dorf, von Trauerkleidung und Hunderten elternloser Kinder; du bist «mein» Dorf geworden.

Es kommt mir so vor, als lebte ich seit Jahren hier, dabei bin ich gerade erst angekommen... Ich muß sofort alles niederschreiben, ehe ich es vergesse.

Guatemala Ciudad, eine Stadt mit tragischem Gesicht unter der Drohung ihrer Vulkane; Quadrate bildende Straßen ohne Charme, mit Nummern bezeichnet, Bauwerke, die größtenteils modern und häßlich sind, und eine anonyme Bevölkerung in europäischer Kleidung. Das Klima ist mild, und die tropische Vegetation scheint hier fehl am Platz; in Asien hatte ich mich daran gewöhnt, darunter lächelnde Menschen zu sehen.

Vorige Woche bin ich angekommen, mit leichtem Gepäck, unruhig, aber von einer geheimen Freude belebt.

Ich treffe bald schon mit dem Leiter einer örtlichen Organisation zusammen, einem reizenden Mann, der mir vorschlägt, ihn auf einer Rundfahrt durch die Dörfer bis zur mexikanischen Grenze zu begleiten. Das Land ist von seltener Schönheit. Zitronen- und Orangenbäume, Kaffeeplantagen, die kurvenreiche Straße windet sich in die Berge. Manchmal berühren wir den Himmel und fahren durch Wolken, über hagelgepeitschte Ebenen, wo riesige Herden schwarzer Schafe weiden, dann fahren wir in Täler hinunter, und im nächsten Augenblick passieren wir unter leuchtenden Hibiskussträuchern und

Bougainvilleen Indiodörfer. Die Einwohner mit ihren Apfelbäckchen und leicht schrägstehenden Augen tragen mittels eines Stirnriemens Lasten, die größer sind als sie selbst. Die Frauen gehen hinterher, ihr Kind auf dem Rücken und Stapel von Körben auf dem Kopf; diese kleine Welt mit den bunten, bestickten Kleidern scheint aus der Tiefe der Zeit zu kommen. Sie messen Entfernungen in Tagesmärschen, sagt mein Gefährte, ehe er wieder auf die Unsicherheit zu sprechen kommt.

«Der Bürgerkrieg ist zu Ende, aber die Situation bleibt gespannt und äußerst verwirrend. Bewaffnete Banden sind unterwegs, als Guerilleros verkleidete Militärs, ausgehungerte Guerilleros und Räuber, die an der Bevölkerung alle möglichen Verbrechen begehen, vorzugsweise Entführungen gegen Lösegeld... und bewaffnete Überfälle, Morde und Folterungen. Auf den Wegen finden Sie Leichen, deren Augen noch offen sind und denen man die Hoden in den Mund gestopft hat...» Ich habe nicht mehr zugehört, sondern den Flug eines großen blauen Vogels beobachtet, eine Art mythischer Vogel von hellem, leuchtendem Blau. Ich habe mich gefragt, ob dies der Quetzal sei, das Symbol der Freiheit der Mayas. Aber nein, der Quetzal hat lange, intensiv grüne Federn und versteckt sich im Dschungel im Norden des Landes. Beim Kampf zwischen dem Eroberer Alvarado und dem König Quiche Tecun Uman hat sich ein Quetzal auf die Schulter des jungen Königs gesetzt, sagt die Legende. Er soll erst aufgeflogen sein, als Tecun Uman tödlich verwundet wurde. Danach, sagen die Indios, sei der Quetzal verschwunden; er werde erst an dem Tag wiederkommen, an dem sie ihre Freiheit wiedergefunden hätten...

«Können Sie sich das vorstellen?» fragt mein Gefährte, als ich mich wieder dem Gespräch zuwende.

Ich murmele: «Ja, das ist schrecklich», ohne zu wissen, was er meint, und höre ihm wieder zu.

«Die Indios sprechen dreiundzwanzig Eingeborenensprachen, der Schulunterricht wird auf spanisch abgehalten. Sie werden die Schulen sehen, sie sind miserabel; oft gibt es weder Stühle noch Tische, kein Dach, kein Lehrmaterial, und die meiste Zeit erscheinen die Lehrer gar nicht... Die Ladinos oder Abkömmlinge der Spanier betrachten die Indios als Wilde, als Menschen ohne Seele. Dabei sind es prachtvolle Leute, ehrlich, arbeitsam. Traditionsgemäß lassen sie die Kinder niemals im Stich. Doch bei diesem furchtbaren Elend... Bedauerlich. Junge Indios werden sehr bald die Waisenhäuser der Hauptstadt füllen.»

Genau in diesem Augenblick wurde mein Projekt geboren.

Ich würde einem ganzen Dorf beim Wiederaufbau helfen, und die Dörfler würden, wenn sie wieder eine wirtschaftliche Stabilität erreicht hatten, die Waisen in ihr Zuhause aufnehmen. Nachdem ich in die Hauptstadt zurückgekehrt war, habe ich mich mit den Vereinten Nationen und mit meinem Botschafter in Verbindung gesetzt und habe meinen Plan vorgetragen. Sie haben mich als ahnungslose Utopistin bezeichnet. Dasselbe geschah bei den humanitären Organisationen, deren Vertretern ich abends bei einem Cocktail begegnete, zu dem Care mich eingeladen hatte. Man fragte mich: «Sprechen Sie Spanisch?» – «Nein.» – «Indiodialekte?» – «Nein.» – «Haben Sie Erfahrung, sind Sie Ärztin, Sozialarbeiterin, kennen Sie das Land, die Kultur, haben Sie Mittel?» – «Nein, nein, nein, auch das nicht.» Darauf meine Gesprächspartner: «Dann nehmen Sie einen guten Rat an. *Verzichten Sie.* Sie werden das niemals schaffen. Die Indios sind eine Bevölkerung für sich. Es ist extrem schwierig, mit ihnen zu arbeiten, sie werden Ihnen niemals vertrauen.»

Es liegt mir fern, mich anderen überlegen zu halten, im Gegenteil, und diese Leute wußten besser als ich, wovon sie redeten, aber... meine Intuition schrie, ich bewege mich in die richtige Richtung.

Ich bin besessen von der Idee eines Dorfes, so sehr, daß ich darüber meine Familie, meine Lieben und Asien vergesse.

Schnell trage ich Statistiken zusammen über die vom Krieg am schlimmsten betroffenen Dörfer und die mit den meisten Waisenkindern. Dann streiche ich die unzugänglichen, zu weit entfernten Orte und behalte eine Liste mit sechs Dörfern von tausend Einwohnern, die ich besichtigen will. Ein Dolmetscher für Cakchiquel und Spanisch begleitet mich.

Wir reisen stehend, im Autobus, eingezwängt zwischen unförmigen Frauen, Körben mit Geflügel, hochroten Kindern und schlaffen Männern. Wir fahren in übelkeiterregendem Gestank dahin, alle Fenster sind geschlossen, und ich bemühe mich, mich nicht stören zu lassen, wenn völlig betrunkene Indios mich anpinkeln oder über mich erbrechen oder beides gleichzeitig.

Ich bin seit einer Woche in Guatemala und fange an, mich auf spanisch radebrechend zu verständigen.

Zaculeu ist der vierte Ort auf meiner Liste, ein Dorf, das von Cakchiquel-Indios bewohnt wird. Die drei ersten Dörfer waren interessant, aber an ihnen fiel mir nichts Besonderes auf; wie überall flohen die Menschen bei unserer Ankunft, um sich zu verstecken, in diesem Stadium ist es noch zu früh, sich mit der Bevölkerung zu unterhalten.

Der Autobus ist seit fast zwei Stunden unterwegs, die Musik aus dem Radio zerreißt uns fast das Trommelfell, und die Gerüche... reden wir nicht davon; wenn wir wenigstens ein Fenster öffnen könnten!

«Hier steigen wir aus!» ruft plötzlich Seraphin, mein Dolmetscher. Eine verlassene Straße mitten in den Bergen, und, soweit das Auge reicht, Wälder aus Eichen und Pinien. Nach etwa hundert Metern erreichen wir einen Weg nach rechts, und mein Herz bleibt stehen. Denn vom Berg steigt eine gespenstische Gruppe herab, ungefähr fünfzig Frauen und Kinder mit nackten Füßen, aneinandergedrängt, die auf uns zukommen. Rebellen? Wir bleiben stehen. Jetzt sind sie ganz nahe. Bewegt denke ich an Manou, an meinen Olivier, an mich selbst, ganz schwach vor Angst. Die Gruppe bleibt vor uns stehen; ihr Schweigen ist schreckenerregend. Seraphin tritt zwei Schritte vor und beginnt ein Gespräch. Eine alte Frau antwortet ihm. Darauf folgt ein Dialog in der rauhen und gutturalen Sprache der Cakchiquels, und ich merke mit großer Unruhe, daß alle Augen auf mich gerichtet sind.

Endlich erlöst mich Seraphins Stimme: *«Señora»*, übersetzt er, «das sind Witwen aus Zaculeu, begleitet von einigen Waisenkindern. Sie haben von einer Französin gehört, die ihnen helfen möchte, und sind gekommen, um Sie zu empfangen. Sie erwarten Sie schon seit Tagen.»

Tränen stiegen mir in die Augen; lange habe ich nichts gesagt, meine Kehle war eng, und dann habe ich mich bedankt und gebeten, das Dorf zu sehen.

Ein Weg führt zwischen den Pinien empor. Schweigend gehen wir ihn im Gänsemarsch hinauf. Nach einer Weile beginnt die Temperatur zu sinken, eine abrupte Veränderung, wie es in den Bergen vorkommt, und ich lege mir glücklich meinen Pullover über die Schultern, einen sehr weichen Mohairpullover... Philip hat ihn mir geschenkt... Philip... Er wird herkommen. Als ich François telefonisch meine Abreise mitteilte, hat er gesagt: «Meine arme Yvette, das sind keine Länder für dich, komm zurück nach Asien.» David war klüger und riet: «Folge deinem Herzen.» Und Philip hat versprochen: «Ich komme dich besuchen.»

Wenn das Dorf denen gleicht, die ich schon besucht habe, dann hat es eine weiße Kirche, einen hübschen Marktplatz und einen Bach mit klarem Wasser, in dem die Frauen sich das Haar waschen.

Nach weniger als einer Stunde erreichen wir ein Waldstück, wo uns eine kleine Abordnung erwartet, während etwa hundert Kinder in alle Richtungen erschreckt davonstieben. Wir sind angekommen.

Was soll ich über Zaculeu sagen? Ich liebe es schon jetzt. Ich liebe seinen zentralen Platz aus gestampfter Erde, ganz nackt, ohne Kirche; die verkohlten Holztrümmer, Reste verbrannter Häuser, die hastig in den vergangenen Tagen errichteten Hütten. Es gibt weder Wasser noch Strom, das Dorf ist kein Dorf mehr. Ich stelle mir vor, wie es war und wieder sein wird, und schon fasziniert mich der Zwischenraum zwischen diesen beiden Zuständen, aus dem wie ein ungeheurer Herzschlag die HOFFNUNG zu keimen scheint.

Wenn ich Zweifel an meiner Fähigkeit hatte, ein humanitäres Projekt in Gang zu setzen, so verschwanden sie in dem Augenblick, in dem ich mich mit den Augen der Dorfbewohner so sah, wie sie mich sahen, eine Frau, der sie zu vertrauen beschlossen hatten. Das reichte, um mich zu elektrisieren. Mit so vollem Herzen, als wohnten alle Einwohner Zaculeus darin, bin ich nach Europa zurückgekehrt, habe zusammen mit Robert und Mylène eine humanitäre Organisation gegründet, in Paris Mittel gesammelt, meine Reise in Richtung Vereinigte Staaten fortgesetzt und all meinen Bekannten und Freunden versichert: «Es ist nicht so, wie ihr glaubt. Es gibt keinen klassischen Kampf zwischen Proletariern und Kapitalisten, man löscht die Indios aus. Wir müssen etwas unternehmen.» Sie waren gerührt, versprachen Hilfe. In Hollywood wurde für Zaculeu ein Cocktail organisiert, und die Gaben begannen zu fließen. Projekt *Tomorrow,* diesen Namen hatte David vorgeschlagen, verfügte plötzlich über dreißigtausend Dollar, ein Feuerwehrauto und einen Container mit Nahrungsmitteln, Kleidern und Medikamenten für die Waisen und etwas, das so kostbar war wie Goldbarren, nämlich ein Stromerzeugungsaggregat. Die Bewohner würden glücklich sein, und diesen Erfolg verdankten sie allein sich selbst, ihrem Mut, ihrer Aufrichtigkeit, all ihren Qualitäten.

Ich sehe noch unsere allererste Ankunft in Zaculeu vor mir, Seraphin und ich, eskortiert von der Gruppe der Witwen, die uns entgegengekommen waren. Die Abordnung der Weisen erwartete uns, fünf ernste alte Männer, sparsam mit Gesten und Worten, unter ihnen das Oberhaupt des Dorfes, Don Pablo: ein Meter fünfundvierzig groß, barfuß und mit wohlwollender Miene. Don Pablo konnte lesen, schreiben und Spanisch sprechen, wie auch vier oder fünf weitere Bewohner des Dorfes, darunter eine Frau. Er hatte mir gegenüber die schrecklichen Ereignisse nicht erwähnt, die sie gezwungen hatten zu fliehen, sich jahrelang zu verstecken, aber er hatte mir die Reste des Dorfes gezeigt, das, was sie bei ihrer Rückkehr vorgefunden hatten: die Mauern der Schule, Spuren von Häusern, Ruinen. Alles war in Brand gesteckt worden.

Bald hatten sich uns Hunderte von Dorfbewohnern angeschlossen. Bläuliche Wangen, aufgesprungene Lippen... alle zitterten vor Kälte. Wie ich mich erinnere, drehte sich das Gespräch zuerst um Agua Escondida, ein Fünfhundert-Seelen-Dorf in drei Kilometern Entfernung, mit dem sie alles zu teilen gewohnt waren. Dann war von den Waisenkindern und den Kranken die Rede und von der Bürde, die sie darstellten.

Wenn ich Hilfe brächte, schlug Don Pablo schüchtern vor, könnten sie Zaculeu und Agua Escondida wieder aufbauen; ach, sie brauchten nicht viel. Die Häuser würden sie selbst bauen. Die Schule und das Gesundheitszentrum könnte man reparieren. Nahrungsmittel würde man dem Boden abgewinnen. «Wir haben unsere Arme, Señora.» Die kleine Gruppe alter Männer oder sehr junger Knaben, die die männliche Bevölkerung darstellte, nickte ernst und zustimmend mit dem Kopf.

Nach einstündiger Diskussion mitten im Wind, nachdem sie mir gesagt hatten, sie bräuchten praktisch gar nichts und würden mit Gottes Hilfe schon zurechtkommen, wußte ich bereits, daß ich alles für sie tun würde, aber als sie mich nach meiner Meinung fragten, wagte ich nicht, sie zu äußern. Ich habe nur erklärt:

«Ich kann nichts versprechen. Ich werde nach Europa reisen, versuchen, Geld zusammenzutragen, aber ich habe das noch nie getan, verlaßt euch nicht auf mich, und wenn ich in drei Monaten nicht wieder da bin, vergeßt mich.»

Dann, da es immer kälter wurde und ich die einzige war, die anständig bekleidet war, sich abends vor eine Mahlzeit setzen und im

Warmen schlafen würde, kamen mir die Tränen, und ich mußte mich anstrengen, um hinzuzufügen:

«Ich werde mein Möglichstes tun.»

Da trat eine Witwe vor, eine alte Frau, die ganz steif war. Sie war rot vor Scham und hatte die Augen gesenkt, und mit vor Scheu erstickter Stimme murmelte sie: «Danke, *madre*.» Einer nach dem anderen zogen sie an mir vorbei, reichten mir die Hand, bedankten sich, und ich schämte mich furchtbar. Ganz am Ende, als Seraphin zum Aufbruch drängte, sahen wir von weitem Matteus herbeilaufen, einen kleinen Jungen an der Hand. Er trug eine lustige Jacke aus besticktem Schaffell und schwenkte seine Gitarre wie eine Fackel. Als er uns erreichte, begann er zu spielen und zu singen, ein nostalgisches und sehr schönes Indio-Lied, das von Liebe und Hoffnung handeln mußte. Dann begleitete er uns singend zum Bus. Hinter uns ging der Zug der Witwen, Tränen in den Augen, gefolgt von einem sehr alten Mann und der Gruppe der Waisenkinder. Man hätte glauben können, die Schlußszene eines lächerlich sentimentalen Films zu betrachten.

Mythen und Traditionen

«Eine Vielzahl von phantastischen Wesen, obskuren Kräften und unerklärlichen Phänomenen stellen für das Leben der Indios eine ständige Bedrohung dar. Jeder Vulkan hat seinen Herrn, der sich manchmal an verirrten Wanderern vergreift und sich vom Fleisch der Einwohner eines Dorfes ernähren kann; ein Wirbelwind kann die Gestalt eines Mannes mit zerzaustem Haar annehmen, der in seiner Gewalttätigkeit die Ernten zerstört; der Richter der Nacht, die kleinen Teufel, die listigen Geister, die Phantomwagen oder Tiere mit roten Augen, die nachts über Friedhöfe schleichen, sind lauter extrem gefährliche Fallen. Einem Indio in die Augen zu sehen, ist wie eine Vergewaltigung; bestimmte Menschen können mit einem einzigen Anschauen den bösen Blick übertragen und so Krankheit oder Tod bringen...»

Das also lehrt mich meine Lektüre über die Indios Zentralamerikas, und es macht mich ganz verrückt; ich weiß nichts über diese Völker. Was nützen meine Anstrengungen, wenn mein Blick eines Morgens als böses Schicksal aufgefaßt wird, wenn sie in dem Generator eine Büchse der Pandora und in unseren Medikamenten einen Verstoß gegen die Tradition sehen? Je mehr ich darüber nachdenke, desto mehr verwirren mich diese Tatsachen.

«...Der Indio sieht alles: kein Detail entgeht ihm. Schweigend bildet er sich eine Meinung, und sein Urteil über andere ist unwiderruflich. Eine ungeschickte Geste, ein Wort zuviel können unangenehme Konsequenzen haben, denn er ist extrem empfindlich...»

Hin und her gerissen zwischen meinem Wunsch, nützlich zu sein, und der Angst, einen Fauxpas zu begehen, zögere ich und verbringe die Nacht damit, in mich zu gehen. Jacques Soustelle, ein Spezialist für indianische Zivilisationen, den ich vor meiner Abreise aus Frankreich um Rat fragte, hatte mir empfohlen: «Lassen Sie diese Leute in

Ruhe, das ist das Beste, was Sie für sie tun können.» Vielleicht hat er recht, aber was ist der Respekt vor Kulturen und Traditionen wert, wenn die Menschen verhungern? Wie soll man wirksam handeln und dabei vermeiden, Schaden anzurichten? Am nächsten Morgen fallen mir glücklicherweise wieder meine berühmten goldenen Regeln ein: zuhören können, nicht anstelle der anderen denken oder handeln ... Himmel! Ich dachte mir bereits alle möglichen Pläne aus und hätte beinahe meine Prinzipien vergessen. Ihr Organisationen an der thailändischen Grenze, euch ist verziehen.

Ich habe Guatemala Ciudad verlassen, um mich in Antigua niederzulassen, einer mittelalterlichen Stadt am Fuße des Vulkans Agua. Vulkanausbrüche und unablässige Erdbeben haben die kleine Stadt mehrfach zerstört, aber die prächtigen Ruinen von Klöstern und Kirchen zeugen noch von ihrer bedeutenden kulturellen Vergangenheit. Heute geben ihr die fast verlassenen Gassen, die rosa und weißen Häuser und die Patios mit den hübschen Brunnen neben den schlafenden Ruinen etwas fast Unwirkliches. Man lebt hier in der Ruhe eines langsamen, zeremoniellen Rhythmus. Die Indio-Frauen, die aus ihren fernen Provinzen gekommen sind, sitzen in ihren bunten Kleidern auf der Erde und bewachen ihre ausgestellten Stoffe. Auf dem Markt, wo die Menge der angebotenen Waren so gering ist, daß man sich auf einem Puppenmarkt glaubt, wird eher in Centimes gerechnet als in Quetzals. Dieser stille Markt, auf dem es keine Konkurrenz gibt, ist ein seltsamer Ort. Man braucht nur bei einer Verkäuferin stehenzubleiben, schon lassen die anderen die Arme sinken und fordern den Kunden sogar auf, bei ihrer Nachbarin zu kaufen.

Antigua liegt auf halbem Wege zwischen der Hauptstadt und den Dörfern Zaculeu und Agua Escondida. Ein kürzlich erworbener gebrauchter Jeep erleichtert mir die Fortbewegung, aber dennoch ist es nicht ratsam, abends das Haus zu verlassen. Schon tagsüber ist das Land nicht sehr sicher, und nachts verwandelt es sich in eine echte Räuberhöhle; niemand wagt es, sich draußen blicken zu lassen.

Ich habe mir als Unterkunft ein altes Kloster gemietet, wo ich allein und nicht immer ohne Angst lebe. Wenn ich abends die Kerzen anzünde und das Licht auf die düsteren spanischen Wandmalereien von heiligen Märtyrern oder die Skulpturen von Christus am Kreuz fällt, habe ich den Eindruck, von den Leiden der Menschheit erdrückt zu werden. Wenn in manchen Nächten der entfesselte Wind zu heulen und die Erde zu beben beginnt, glaube ich aus der Tiefe die Klagen der zwölf Nonnen zu hören, die seit hundert Jahren dort eingemauert sind, und ich würde alles darum geben, in Bangkok in einem Haus voller Kinderlärm zu sein. Die Leute hier sind nicht fröhlich: eine kleine Kolonie von Reichen, die sich hinter hohen Mauern verstecken, und eine große Mehrheit von Armen, Landarbeitern und Kaffeepflanzern. Armut, Ungerechtigkeit und Gewalt – das Land ist nicht inspirierend. Selbst die Nahrung hat etwas Monotones; die schwarzen Bohnen und die ewigen Tortillas deprimieren mich... und ich fühle mich so allein. Wenn Asien mich zu sehr schmerzt, rufe ich Ha an, und ihr frohes, helles Lachen am anderen Ende der Leitung wärmt mir wieder das Herz. Ha ist unglaublich; endlich ist ihre ganze Familie aus Vietnam heraus und befaßt sich damit, die fünf Kontinente zu kolonisieren, und Ha betreibt zwischen China und Bangkok einen Antiquitätenhandel.

Ihre Mutter und ihre beiden Schwestern leben in Montreal und haben Manou mit offenen Armen aufgenommen; dank ihnen erfahre ich etwas über den Seelenzustand der jungen Dame, ihre Zweifel, ihre Hoffnungen, ihr ganzes Leben. Das geht bis zu den Einzelheiten ihres Abendessens am gestrigen Tag. Meine Tochter schreibt nämlich nicht oft... Olivier dagegen überschüttet mich mit Briefen, doch die machen mich rasend, denn sie sind von den Lehrern diktiert und rühmen zwar auf bewundernswerte Weise die Schönheiten der Natur, berichten aber nie etwas von ihm selbst.

Was mir hier seit meiner Rückkehr aus Europa am meisten auf der Seele liegt, ist nicht so sehr die Einsamkeit als vielmehr die Furcht, den Hoffnungen von Zaculeu nicht zu genügen. Ich habe zwar einen Krankenwagen, einen bis an den Rand gefüllten Container und dreißigtausend Dollar, aber es ist noch unendlich viel zu tun, und ich muß vor allem vermeiden, Schaden anzurichten.

In diesem Zusammenhang sind die Ratschläge der anderen Organisationen ungeheuer wertvoll. Auf ihre Empfehlung hin suche ich die verschiedenen Behörden auf und erhalte hier die Versicherung, unsere Importe zollfrei einführen zu dürfen, dort Milch für die Kinder, Werkzeuge, Saatgut, Medikamente und die Dienste eines Arztes, der einmal im Monat in das Dorf kommen wird. Die Sache schreitet voran, doch ich mache mir noch immer Sorgen um die

Dauerhaftigkeit des Projekts. Meine Hilfe wird nur ein Anstoß sein, den ich auf eine kurze Zeitspanne begrenzen möchte, höchstens ein Jahr. Was wird anschließend werden, wenn eine neue Krise das Land in eine Rezession stürzt? Werden die Dorfbewohner die Kinder im Stich lassen? Der größeren Sicherheit wegen wende ich mich an den Christian Children Fund, eine Organisation, die die Patenschaft für Kinder übernimmt und deren Direktor, Rolando, mein Freund geworden ist. Er erklärt sich bereit, an meine Stelle zu treten. Nach meiner Abreise werden die Waisenkinder in den Patenschaftsplan seiner Organisation aufgenommen werden, was dem Dorf pro Kind und Monat für die Dauer von zehn Jahren fünfzehn Dollar einbringen wird.

Dann ist da noch die Armee. Meine Botschaft behauptet, die Militärs hielten mich für eine Kommunistin, und sie würden uns umbringen, die Nutznießer des Projekts und mich. Ähnliches ist schon mehrfach vorgekommen, und man nennt mir die Daten, die Orte und die Namen der Missionare, die «Gutes zu tun glaubten». Wieder schlaflose Nächte. Don Pedro und der Rat der Weisen, denen ich davon berichte, scheinen nicht beunruhigt; vielleicht sind sie aber auch so fatalistisch, daß sie nicht daran denken wollen. Auch hier spielt Rolando eine wichtige Rolle, indem er mich den Militärbehörden der Region vorstellt. Ein Abend in der Bar . . . zwischen Rum und Tequila interessiert sich der Hauptmann für Zaculeu. Noch eine Margarita, ein kleines Glas Mescal: der General gibt uns seinen Segen . . . Das ist fein, denn die Guerilleros ihrerseits wissen um meine Neutralität.

Der Wiederaufbau von Zaculeu erweist sich als mühelos, denn in der traditionellen Cakchiquel-Gesellschaft bauen die Männer Mais an, und die Frauen kochen, weben und haben die Verantwortung für die Kinder; darüber hinaus leistet jeder Einwohner gewisse kostenlose Arbeiten für die Gemeinschaft – Straßenreinigung, Wasserholen, Einkauf von Kerzen für die Gebete, Empfang von Gästen und andere Aufgaben fallen auch in die Zuständigkeit von Frauen und Kindern. Ein ungeheurer Unterschied zu den absolut individualistischen Kambodschanern. Ähnlich sind sie sich dagegen im sehr höflichen Umgang miteinander und in einer bemerkenswerten Ehrlichkeit. Der Indio ist überzeugt, daß es eine Verbindung zwischen dem Geist des Gegenstandes und seinem Besitzer gibt, und Stehlen widerstrebt ihm.

Im Dorf habe ich nicht nur bei Don Pedro und dem Komitee der

Weisen Rat eingeholt, sondern auch beim spirituellen Führer und beim Curandero, die für die körperliche und seelische Gesundheit der Bewohner zuständig sind; es wäre undenkbar, einen Gesundheitsdienst einzurichten, ohne ihn zu konsultieren. Aus der Sicht der Curanderos oder Kräuterkundigen haben Krankheiten natürliche Ursachen, sind Unfälle oder organische Störungen; andere werden von bösen Geistern ausgelöst, sind Strafen der Götter oder Folgen eines schlechten Gewissens; daher ist es notwendig, zuerst eine Beichte abzulegen. Der Curandero erkundigt sich nach dem Gesundheitszustand des Patienten, indem er einen Geist befragt, der in seiner eigenen Brust wohnt und mit dem er sich mittels Trance verständigt; dann greift er zu Pflanzen und mineralischen Substanzen, die er in Form von Infusionen, Verbänden oder Salben verabreicht. Der Gebrauch des Temascal oder Dampfbades ist im Dorf weit verbreitet; man praktiziert ihn in winzigen Steinhäuschen mit Strohdach, deren Eingang so niedrig ist, daß man niederknien muß, um hineinzukommen. Die Bauern scheinen eine besondere Beziehung zu ihrem Temascal zu haben und schreiben ihm viele Tugenden zu, unter anderem Hilfe bei Erschöpfung und Fieber.

Der Curandero ist ein ernsthafter, tugendhafter Mann, ein feiner Psychologe und ausgezeichneter Kenner der Natur; er weiß um die Unzulänglichkeiten der traditionellen Medizin, vor allem in einer Zeit, in der die Unterernährung der Bevölkerung zusetzt, und billigt die Einrichtung eines Gesundheitszentrums.

Weniger als drei Monate nach meinem ersten Aufenthalt bin ich nach Zaculeu zurückgekehrt und habe Lebensmittel, Vitamine, Decken und warme Kleidung mitgebracht und den Männern vorgeschlagen, eine Verbindungsstraße zwischen ihrem Dorf und der Hauptstraße zu bauen; dafür würden sie Lebensmittel erhalten, die das Welternährungsprogramm verteilte. Das Gesundheitszentrum würde eingerichtet werden können, sobald der Bau wiederhergestellt sei. Ich sehe noch die Menschen vor mir mit den bunten, mit Vögeln und Blumen bestickten Kleidern, die Frauen mit kleinen Zöpfchen, die schwarzen, ängstlichen Augen der Kinder und die Männer mit den Macheten in der Hand . . . Ihr Händeklatschen und ihre lauten Freudenschreie klingen mir noch in den Ohren, und während ich dies schreibe, empfinde ich wieder das ganze Ausmaß meines Glücks. Neben ihnen wirkte ich mit meiner Größe von einem Meter neunundfünfzig wie eine Riesin. Doch so klein sie auch waren, sie arbeiteten hart; während meiner Abwesenheit hatten die Männer das Schulhaus repariert und für jede Familie ein strohgedecktes Holzhaus errichtet. Einige Bewohner hatten sich Mais verschafft und mit den anderen geteilt. Es gab weder Früchte noch Gemüse, noch Fleisch oder Fisch: nur Mais, genug zum Überleben.

Im Verlauf einer der improvisierten Zusammenkünfte unter freiem Himmel habe ich der Gemeinde zehntausend Dollar übergeben und angekündigt, weitere zwanzigtausend Dollar würden in Form von rückzahlbaren kürzer- oder längerfristigen Darlehen zur Verfügung gestellt, und zwar für Gemeindeprojekte, die die Einwohner bestimmen sollten; die zurückgezahlten Summen würden wieder in neue Projekte investiert.

Ich hatte damit gerechnet, die zehntausend Dollar würden sogleich ausgegeben, aber ich irrte mich. Das ganze Dorf versammelte sich zunächst mehrere Male, ehe es vier Vertreter wählte, zwei Männer und zwei Frauen. Diese konsultierten einen Notar, ehe sie ein Bankkonto eröffneten und das Geld darauf einzahlten. Das dauerte drei Wochen und umfaßte vier Besuche beim Notar und drei bei der Bank, also etwa dreihundert Wegkilometer zu Fuß.

Nachdem das Geld sicher auf der Bank lag, geschah gar nichts mehr. Dabei hatten sie ein Scheckbuch, und die gemeinsame Unterschrift von Don Pedro und Don Mario ermöglichte die Abhebung jeder Summe bis zu zehntausend Dollar. Aber niemand rührte das Geld an. Zehntausend Dollar, fünfundzwanzigtausend Quetzal... Zehntausend Dollar... Fieber hatte die Gehirne erfaßt, ließ die Menschen die Köpfe heben, schneller gehen, mitten im Gespräch innehalten. Zehntausend Dollar. Zunächst hatten sie sich alle geeinigt: Möbel und Lehrmittel für die Schule, Wellblech und Zement, um das Gesundheitszentrum herzurichten, und dann eine motorgetriebene Pumpe, um Wasser aus dem Bohrloch der Japaner zu schöpfen... Ja, und dann Farbe, Nägel auch, und einen Stift und ein Heft für Don Mario, der die Buchführung übernehmen würde. Alle waren so aufgeregt, daß die Versammlung vertagt werden mußte. Beim nächsten Mal verkündete Mario, seiner Meinung nach könne man alles kaufen, und es würden noch zwischen zwei- und dreitausend Quetzal übrigbleiben. Daraufhin hatten sich die Geister erhitzt:

«Einen Verstärker und einen Lautsprecher», hatte Matteus gerufen, «dann können wir ein Orchester gründen und Feste feiern.»

Schon hatte er seine Gitarre in der Hand, spielte aus Leibeskräften, und die Dorfbewohner lachten entzückt und wischten sich die Stirn, erschöpft vom vielen Tanzen.

«Bauen wir eine Kirche», hatte Antonio, der frisch Bekehrte, vorgeschlagen.

Doch die aufgeregte Stimme Magdalenas übertönte ihn:

«Hühner!» schrie sie, und man hörte förmlich einen Hahn krähen.

Alle Frauen hatten einander angesehen, waren wie auf Verabredung gleichzeitig aufgestanden und hatten gerufen: «Hühner, Hühner!» Schon liebkosten ihre Hände die frischen Eier, rupften die Hühner und zerschnitten die Flügel, und in ihrer Aufregung schwenkten sie die bestickten Ärmel ihrer Huypils nach allen Seiten und wiederholten: «Hühner!» Auf ihren Rücken wackelten die kleinen Köpfe ihrer Kinder, und die Männer betrachteten sie mit stolzen Blicken.

Kate

Damals in Antigua war meine Zeit voll ausgefüllt. Ein weiterer Monat war vergangen, und das Gefühl von Einsamkeit, das am Anfang so auf mir gelastet hatte, war gewichen. Wenn ich abends allein zu Hause war, erlebte ich noch einmal die Emotionen des Tages, las oder beantwortete meine Post. Ich fühlte mich friedvoll. Ich hatte meine alte Fröhlichkeit wiedergefunden und mir sogar eine kleine Ecke Asien geschaffen in Gestalt einer Vietnamesin und ihres Mannes, eines ehemaligen Laoten. Sie luden mich sonntags in das chinesische Restaurant ein, und manchmal spielten wir Tennis.

Meine Skrupel in bezug auf die humanitäre Hilfe setzten mir noch immer zu, vor allem die Gefahr, Abhängigkeitssituationen zu schaffen, die leider unvermeidlich waren. Wenn das Komitee von Zaculeu, bestehend aus geschwächten, unzulänglich ernährten Menschen, seine acht Stunden Fußmarsch auf sich nahm, um den Notar oder den Bankier zu konsultieren, fiel es mir schwer, die Prozedur nicht abzukürzen; ich hätte sie leicht im Jeep hinfahren können. Doch das hätte ihren Rhythmus gestört und sie vor allem an ein Fortbewegungsmittel gewöhnt, das zu benutzen ihre wirtschaftliche Situation ihnen nicht erlaubte. Meine Befürchtungen waren also nicht geschwunden, aber sie beeinträchtigten mein Handeln nicht mehr, und meine Aktivitäten gaben mir das Gefühl, wieder durchatmen zu können.

Diesen Augenblick wählte das Schicksal, um mir eine neue Familie zu schenken.

Eines Samstags war ich in Antigua geblieben und ging zwischen den Ruinen spazieren, als...

«Yvette! Na so was! Erinnerst du dich? Care, Phnom Penh, 1972?»

Jimmy? Unglaublich. Wir umarmen uns, er will mich zu seinem Hotel mitnehmen, und während wir untergehakt dahinspazieren, berichtet er von seinem Leben. Ja, er ist immer noch Junggeselle. Er arbeitet jetzt für USAID. Warum er in Antigua ist? Er lernt Spanisch, eine sehr gute Schule, in einem Monat wird er sich auf spanisch verständigen können. Antigua ist sympathisch, ja, er hat dort Freunde gefunden. Ich werde sie übrigens kennenlernen, er hat sie auf ein Glas in sein Hotel eingeladen. Es waren vier Personen, die uns erwarteten. Drei davon, Amerikaner, glaube ich, sind meinem Gedächtnis entschwunden. Die vierte war Kate.

Fünfunddreißig Jahre alt, mit Rüschenrock, Pferdeschwanz und einem ansteckenden Lachen. Sie war sehr schlank und hatte die linkischen Bewegungen eines jungen Mädchens.

Sie stammt aus Schottland, heiratet jung, verläßt ihre heimatliche Insel und läßt sich mit ihrem Mann in der Karibik nieder; doch die Ehe ist ein Fiasko. Enttäuschung, Scheidung. Er geht nach Europa zurück, sie bleibt. Tagsüber ist sie Lehrerin, nachts Reggaefan; sie betäubt sich mit Musik, Tanz und Freiheit, bis ihre Gedanken über den Sinn ihres Lebens einen bitteren Nachgeschmack hinterlassen. Daraufhin verläßt sie alles: ihren Beruf, ihr Haus, ihre Freunde auf Cayman Island. Mexiko zieht sie an, sie reist hin und leistet in einem Pueblo der Provinz Guadalajara fast ein Jahr lang «Sozialarbeit». Dann setzt sie ihre Reise fort, überschreitet eine Grenze und trifft auf ihrer Suche nach dem Absoluten eines Tages in Guatemala ein.

Wir haben über dies und jenes gesprochen, über den Gentleman-Räuber, der sich auf den Abhängen des Vulkans Agua herumtreibt und Spaziergänger ausraubt und sich dabei herzlich für die Unannehmlichkeit entschuldigt, über die letzte Entführung, über die Kirche von Chichicastenango, wo heidnische und christliche Heilige harmonisch koexistieren, und über Maximon, den Antichrist, einen Heiligen im Cowboyanzug, der Zigarren raucht, den Rum liebt und zu dessen Füßen Frauen, die Rache wollen, schwarze Kerzen anzünden... Kate lachte. Dann fragte Jim mich, was ich hier in Antigua täte, und ich habe erzählt. Ich habe von den vom Krieg gebeutelten, unterernährten Kindern berichtet; ich habe von Diego gesprochen, dem kleinen Blinden, von Miguel, Angelo, Gomez, Ramon, Martha, der Kälte der Nacht und den Lungenkrankheiten. Lange und leidenschaftlich habe ich den außerordentlichen Mut der Bevölkerung beschrieben und die Herausforderung, das Dorf wieder aufzubauen. Kate hörte andächtig zu.

«Und du bist allein?» unterbrach Jim mich erstaunt.

Da sah ich Kate an, denn in meinem Herzen war sie schon meine Schwester, und gab zur Antwort:

«Nicht allein. Kate wird mir helfen, aber sie weiß es noch nicht.»

Jahre später vertraute sie mir an, sie habe nie verstanden, wie es kam, daß sie sich am Tag nach unserer Begegnung anbot, drei Stunden pro Woche ehrenamtlich zu arbeiten, und sich dann bei zwölf Stunden ununterbrochener Arbeit am Tag wiederfand. Sie war in der Hoffnung nach Guatemala gekommen, sich einer humanitären Organisation anschließen zu können, zweifelte aber daran, ob man sie nehmen würde, unerfahren, wie sie war. Die bescheidenen Zinsen von Anlagen, die sie oder ihr Vater vorgenommen hatten, reichten ihr, um das karge Leben zu führen, das sie gewählt hatte; sie wollte ehrenamtlich tätig sein, denn ein Gehalt dafür zu nehmen, daß sie den Armen half, das fand sie unmoralisch.

Von diesem Tag an ist alles, was man über die Leistungen von *Tomorrow* sagen oder lesen kann, das Werk von Kate. Ich reise durch die Welt auf der Suche nach Geldmitteln, verhandle mit Beamten, ermutige die Bauern und verbreite überall Hoffnung, doch die wirkliche Arbeit, gründlich und gewissenhaft, leistet Kate.

Sie beginnt mit einer Zählung der Einwohner von Zaculeu und Agua Escondida, besucht jede Familie, erfaßt die Waisenkinder und erstellt einen ausführlichen Bericht über Erziehung, Unterernährung, Kindersterblichkeitsrate, die Anzahl der schwangeren Frauen, deren Namen und Situation und die Zahl und den Ort der Todesfälle bei der Entbindung. In Zusammenarbeit mit der Bevölkerung schlägt sie für jedes Problem Lösungen vor; dann hilft sie den Witwen, eine Wegkooperative auf die Beine zu stellen, organisiert Schulmahlzeiten für die Kinder und überredet die Verwaltung in der Hauptstadt, Trinkwasser verfügbar zu machen.

Schließlich beharrt sie auf der Notwendigkeit, eine Vollzeitkrankenschwester einzustellen und Latrinen zu bauen.

Die Teamarbeit ist eine Freude, und wir ergänzen uns bestens. Sie ist so geduldig und ruhig wie ich ungestüm, und sie tut alles gern, was mir widerstrebt; dazu gehört auch die Erledigung der Korrespondenz auf englisch. Ich sprach schon von dem Respekt und der Rücksichtnahme auf die Bevölkerung, aber ihre volle Bedeutung wurde mir erst bewußt, als ich Kate bei der Arbeit sah. Ihre Worte und Handlungen sind von einem beständigen Gerechtigkeitsgefühl geprägt, und sie besitzt die Gabe, sich in andere hineinzuversetzen, ihren Standpunkt zu verstehen und ihnen beizustehen, ohne ihre eigenen Überzeugungen aufzugeben.

Von Anfang an richtet sie sich bei mir im Kloster ein, und unsere kleine Gemeinschaft gewinnt Gestalt. Daraus zu schließen, daß wir das Leben von Nonnen führten, wäre übertrieben.

Sie beklagt sich über meine Energie, doch was soll ich über ihre sagen? Gut, ich singe um fünf Uhr morgens lauthals, aber wer spielt die ganze Nacht mit Abenteurern Karten oder kommt um vier Uhr morgens leicht beschwipst nach Hause? Kate. Sie bringt ebensoviel Energie für ihr Amüsement auf wie Inbrunst für ihre Arbeit. Sie kennt jeden in Antigua, und unser Haus, das früher so still war, erlebt einen Strom der verschiedenartigsten Besucher. Vor Kate sah ich außer dem «bugman», einem Original, das sich leidenschaftlich für das Leben der Fledermäuse interessiert, und der Schatzsucherin, einer dicken Deutschen, die wie ein Mann gebaut ist und behauptet, eine Jademine entdeckt zu haben, praktisch niemanden. Jetzt bekommen wir zu jeder Stunde Besuch: Lehrer, Sozialarbeiter, Erzieher, Landwirte, Ärzte; wie einst SUISINDO ist unser Haus der letzte Salon, in dem man plaudert, aber unsere Gespräche drehen sich um ein einziges Problem: wie man die Indios schützen soll.

Bald darauf tritt Anna Maria in unser Leben, eine belgische Krankenschwester in Kates Alter. Das Team von MSF Guatemala, bei der sie beschäftigt war, hatte gerade die Ausweisungspapiere erhalten, und sie war verzweifelt, das Land verlassen zu müssen, an dem sie mittlerweile hing. Am Vorabend ihrer Abreise besuchte sie Zaculeu und verliebte sich buchstäblich in das Dorf. Nach ihrer Rückkehr nach Europa ließ sie mir keine Atempause mehr. Sie brannte darauf, engagiert zu werden, und wir stellten sie ein.

Inzwischen haben wir das Kloster türenschlagend verlassen, oder vielmehr, unser Vermieter hat die Tür hinter uns zugeschlagen, nachdem er uns wegen einer schwerwiegenden, ja unverzeihlichen Tat hinausgeworfen hatte: Wir hatten Indios ins Haus gelassen. Dieser niederträchtige Gringo war eines Tages hereingestürmt, bewaffnet mit Papier und Stift. Mit geblähten Nüstern war er von Raum zu Raum gegangen und hatte ein Inventar seiner Bilder, Kruzifixe,

Kerzenleuchter und Kunstgegenstände aufgestellt, ehe er sich auf einen Stuhl fallen ließ und seufzte: «Sie haben Glück.» Dann hatte er voller Wut gesagt: «Verstehen Sie, Sie können in meinem Haus empfangen, wen immer Sie wollen, aber nicht ‹das da›.» Dieses «das da» kam ihm über die Lippen wie Gift.

«Das da» war, einige Minuten zuvor, ein Überraschungsbesuch von Don Mario und Don Pedro aus den Bergen in ihren Festtagskleidern und großen Sombreros gewesen. Sie waren am Vorabend aufgebrochen, hatten fünfzig Kilometer zu Fuß zurückgelegt und in Antigua drei Stunden nach uns gesucht; sie lachten etwas scheu und waren überglücklich, uns gefunden zu haben.

Don Mario hielt etwas hinter dem Rücken versteckt. «Wir haben Ihnen etwas mitgebracht . . .» begann er, doch Don Pedro fiel ihm ins Wort: «Und zwar nicht von den zehntausend Dollar.» Die Augen der beiden Männer glänzten vor ungewohnter Freude, und sie machten sich gegenseitig das Wort streitig.

«Jede Familie des Dorfes wollte etwas beisteuern . . .»

«Einen Centime, zwei Centimes . . .»

«Je nach ihren Möglichkeiten . . .»

«Und es war genug für . . .»

(Sie waren rot vor Aufregung.)

«Für ein Geschenk für Sie . . .»

Und sie hielten mir einen Hahn hin. Einen lebendigen, versteht sich.

Ich war überwältigt, hatte sie hereingebeten und ihnen Whisky angeboten, einen ihnen unbekannten Alkohol. Sie hatten die Flasche entkorkt und im Nu geleert. Gleich danach stellte Mario die leere Flasche auf den Tisch und erkundigte sich arglos: «Das war doch kein alkoholisches Getränk, oder?»

Wir haben unsere Bücher, ein paar Kleider und unseren Hahn gepackt und sind in ein anderes, bescheideneres Haus gezogen, das Kates Stil besser entsprach. Doch der Hahn krähte die ganze Nacht über und hinderte uns am Schlafen. Sollten wir ihn töten? Dazu fehlte uns der Mut. Eines Morgens ging Kate müde zu einem Jungen auf der Straße und bot ihm einen Quetzal an, um das Tier zu töten. Der Kleine, er hieß Juan und war fünfzehn Jahre alt, nahm das Geld und den Hahn mit, um ihn zu schlachten, und versprach uns, ihn am nächsten Tag zurückzubringen. Eine Woche später erschien er wieder, gab Kate den Quetzal zurück und mir . . . den lebenden Hahn. Er hatte ihn ins Herz geschlossen und es nicht über sich gebracht, ihn zu töten. Sollten wir ihn seinen Eltern geben? Er hatte keine Familie. Wollte er ihn bei sich behalten? Er hatte kein Haus, er wohnte auf der Straße, und da würde der Hahn gestohlen werden ... Der Hahn blieb also, und bald darauf blieb auch Juan bei uns.

Anna Maria wohnt ebenfalls bei uns. In Zaculeu, in einem liebevoll von Don Pablo und seinen Männern wiederaufgebauten Haus, hat sie ihr Gesundheitszentrum eingerichtet und behandelt die Bevölkerung mit nie nachlassender Hingabe. Sie kontrolliert Größe und Gewicht der Kinder, gibt Kurse in Kinderpflege, Hygiene, Ernährung; sie sorgt für den Transport von Verletzten oder Schwerkranken ins Krankenhaus, entbindet, bildet Hilfskräfte aus und ist überall; wenn sie total überfordert ist – da der von der Regierung versprochene Arzt durch Abwesenheit glänzt –, bittet sie ihre Mediziner- und Dentistenfreunde um kostenlose Behandlungen in Zaculeu. Am Steuer des Krankenwagens, den zu verzollen unmöglich war, und der Scharen von Polizisten anzieht, verläßt sie das Haus gegen vier Uhr morgens und kommt erschöpft und zu den unmöglichsten Zeiten zurück. Wir sehen sie praktisch nie.

Mir persönlich wäre es lieber, wenn sie sich ausruhen, sich amüsieren und abends Dummheiten machen würde, statt sich so aufzuopfern, daß sie darüber ihr Privatleben vergißt; sie könnte, hübsch wie sie ist, einen Freund oder Ehemann haben, aber ich kann sie noch so oft auffordern, ein wenig an sich zu denken und sich etwas Zeit zum Leben zu nehmen, sie will nicht auf mich hören.

Dann setzt uns unsere neue Hausbesitzerin, Doña Maria, ebenfalls und aus den gleichen Gründen vor die Tür.

Juan macht eine Mechanikerlehre, Kate überwacht in Zaculeu die Impfung des Geflügels und die Rückerstattung der Kredite für Düngemittel, und man kommt aus fünfzig Kilometer Umkreis, um sich in der Klinik von Anna Maria behandeln zu lassen.

Das Schuljahr ist zu Ende, ich reise nach Frankreich, um meinen Olivier abzuholen; er hat seine Lehrer und alle Franzosen gründlich satt. Dann beziehen wir ein Kolonialhaus oder vielmehr das, was das letzte Erdbeben davon übriggelassen hat; ringsum, zwischen Ruinen und Lianen, die einen alten Brunnen umschlingen, habe ich Blumen in allen Farben gepflanzt. Der Garten hat viel Charme.

Ein Universum Dickensscher Art

Juan hatte nicht ganz die Wahrheit gesagt, als er behauptete, er habe keine Familie. Seine Mutter war im vergangenen Jahr gestorben, das stimmte, aber er hatte einen Vater, der Wächter einer *finca* war und in einer Art Rattenloch lebte, sowie mehrere Onkel, Bauern, die zu sehr mit ihrem eigenen Elend beschäftigt waren, um sich um seines zu kümmern. So war er sich selbst überlassen und schlief einmal hier, einmal da, meist auf der Straße, um niemandem zur Last zu fallen. Anfänglich hatte eine Art Scham ihn gehindert, uns davon zu erzählen. Als er den Hahn mitnahm, hatte er zwar gesagt, er habe weder Haus noch Familie, doch in einem so leichten Ton, daß wir es für einen Scherz gehalten hatten; wenn er uns zur Schlafenszeit verließ, dachten wir natürlich, er kehre zu seinen Eltern zurück. Dann, eines Winterabends, als es in Strömen regnete, kamen Kate und ich aus dem Kino zurück und entdeckten ihn zusammengerollt in einem Hauseingang. Schockiert begriffen wir, daß er nicht gescherzt hatte.

Wir brachten ihn im hinteren Zimmer unter, und noch lange habe ich mir Vorwürfe gemacht, daß ich wochenlang an seiner Seite lebte, ohne etwas zu erraten.

Am folgenden Tag sind wir zu seinem Vater gegangen. Ich habe den großen Besitz gesehen, wo er angestellt war, und seine Unterkunft, eine schwarze, so enge Kammer, daß ich nicht gewagt hätte, darin ein Huhn oder einen Hasen zu halten. Ich hatte zwar über die Lebensbedingungen auf den Kaffee- und Baumwollplantagen gelesen, doch die direkte Konfrontation verlieh der Sache eine fast unerträgliche Realität. Auf dem Rückweg gab ich mir Mühe, weder Wut noch Mitleid zu zeigen, und versuchte, Juan zu rühmen und ihn zu ermutigen, einen Beruf zu erlernen, damit er später seinem Vater helfen könne. Ich wußte, er litt darunter, daß er ihn nicht bewundern konnte; daher wiederholte ich mehrfach: «Bewundernswert. Dein

Vater ist ein bewundernswerter Mann.» Dies aus meinem Mund zu hören, rüttelte ihn auf, denn er schätzte Kate und mich hoch; wir wußten nicht genau, ob er das wegen unserer Qualitäten tat oder wegen etwas, das er bei uns als Zeichen märchenhaften Reichtums betrachtete: den Krankenwagen *und* den Jeep.

Seither war meine große Sorge, ob es in Antigua noch weitere Kinder in der gleichen Situation gab. In Antigua nicht, hatte Juan versichert, aber in der Hauptstadt gebe es viele, hundert, vielleicht tausend; Mädchen und Jungen, manche noch sehr jung. Er verkehrte nicht mit ihnen, denn sie seien alle Diebe, Streithähne und schlechte Burschen, aber er wußte, wo man sie finden konnte. Ihr Treffpunkt war Calle 17 in Zona Una, zwischen der 8. und der 9. Avenue, die heißeste Ecke der Stadt.

Die folgende Szene werde ich nie vergessen.

Zona Una, Calle 17, ein Uhr morgens. Straße des Elends und der Unzufriedenheit, wo sich Strandgut sammelt. Bordelle zu einem halben Dollar pro Nummer, Bars, in denen man sich betrinkt, um sich auf dem Trottoir zu übergeben. Durch den Schatten wanken stolpernde Gestalten im Poncho, angetrunkene Skelette, zerlumpte Kinder, eine obszöne Alte. In der Ferne beschimpfen sich Stimmen mit heftigen Worten, jemand prügelt einen Hund, der jault, und inmitten dieser bedrückenden Atmosphäre ertönt aus einer Musikbox ein Liebeslied, das von Unendlichkeit und Sternen erzählt. Am Himmel ist ein bleicher Mond aufgegangen, eine schmale, silberne Sichel über dem Vulkan.

Hand in Hand kommen zwei kleine Jungen und hocken sich gegenüber in einen Hauseingang; dann erscheint ein Schlingel, der ihnen im Vorbeigehen die Füße wegzieht und lachend flieht; der Kopf des Kleinen ist auf das Pflaster aufgeschlgen. Er weint, aber tonlos, leise, wie es Kinder tun, die niemanden haben, der ihnen Trost gibt. Daraufhin zieht der Größere ihn an seine Schulter und wiegt ihn zärtlich: «Weine nicht mehr, ich hab dich lieb», sagt seine kindliche Stimme. Ach, wie gern möchte ich eingreifen. Aber nein. Nur beobachten. Heute abend muß ich nur beobachten und darf nichts tun, weil ich sonst alles verderben könnte.

Die Glocke der Kathedrale schlägt halb zwei, der geprügelte Hund ist verstummt. Die Kinder gegenüber, eng aneinandergedrängt, sind beide eingeschlafen.

Weitere barfüßige Kinder kommen vorbei, streitsüchtig oder verstört, dann ein furchterregender Vagabund. Sie gehen vorbei, die Straße ist wieder leer.

Plötzlich erscheinen zwei Mädchen, noch ganz jung, die auf einem Bein hüpfen und die Straße mit ihrem Lachen füllen, zwei Kinder, zu schön und zu fröhlich, um verlassen zu sein. Aber wo ist die Mutter? Sie betrachten mich verstohlen, dann ergreifen sie Besitz vom Gehsteig, ziehen lange Kreidestriche und beginnen unter meinen verdutzten Blicken ein Hüpfspiel – in der finstersten Straße der Stadt um zwei Uhr morgens. Ich habe Zeit, sie in aller Ruhe anzuschauen. Sie sind schmächtig, haben matte Haut und Ringe unter den Augen; ihre Kleider sind ihnen viel zu groß, aber erstaunlicherweise wirken sie glücklich und vollkommen sorglos. Lange spielen sie vor meinen Augen, vielleicht für mich; sie sind sich meines Interesses bewußt. Von Zeit zu Zeit flüstern sie sich etwas ins Ohr, werfen mir flüchtige Blicke zu, brechen in Lachen aus und kehren zu ihrem Spiel zurück. Manchmal schaut ein aus einer Bar kommender Nachtschwärmer sie eigenartig an. Dann halten sie abrupt inne, und erst ein paar Minuten nach seinem Fortgang finden sie ihre Unbekümmertheit wieder.

Eine halbe Stunde vergeht, vielleicht eine Stunde. Die Kleinere verläßt ihre Freundin, kommt auf mich zu und bleibt vor mir stehen. Sie betrachtet mich einen Augenblick und fragt dann schüchtern: «Darf ich dich um einen Gefallen bitten?»

Aus der Nähe gesehen ist sie noch hübscher; sie dürfte nicht älter sein als sechs Jahre. Nachdem ich gesagt habe, sie könne alles haben, was sie wolle, fährt sie fort:

«Bitte, könntest du mir einen Kuß geben?»

Mir bleibt das Herz stehen. Ich beuge mich zu ihr, um sie auf die Stirn zu küssen, doch mit einer Geste hält sie mich auf.

«O nein, nicht so. Du mußt mich in die Arme nehmen und mir einen Kuß geben, als ob du meine Mama wärst.»

Ich habe sie in die Arme genommen, als sei sie mein Kind, und ich habe sie lange gehalten. Sie lag ganz schlaff in meiner Umarmung und schnurrte wie eine Katze. Kühner geworden, näherte das andere Mädchen sich ebenfalls, zog an meinem Rocksaum und forderte: «Jetzt bin ich dran.» Einen guten Teil der Nacht habe ich die beiden abwechselnd in den Armen gehalten. Zwischen zwei Küssen haben sie mir gesagt, daß sie Maria und Tina hießen und auf der Straße lebten, seit wann, wußten sie nicht. Tina hatte eine Mutter, Maria einen großen Bruder von acht Jahren. Mehr haben sie an diesem Abend nicht erzählt. Nachdem sie genügend Küsse auf Vorrat gesammelt hatten, verschwanden sie lachend und trugen ihre Geheimnisse mit sich.

Plötzlich wurde mir sehr kalt. Der Mond war hinter den Wolken verschwunden. Im Hauseingang gegenüber lagen die beiden Jungen eng beieinander in tiefem Schlaf.

Die fünfzig Kilometer zurück nach Antigua legte ich fast wie in Trance zurück. Als ich das Haus betrat, rief ich: «Wach auf, Kate. Wir starten ein Projekt für die Kinder der Straße.» Arme Kate. Mit ruhiger Stimme hat sie ja gesagt, ohne zu ahnen, daß damit auf Jahre hinaus ihre Ruhe dahin war.

Der Wiederaufbau von Zaculeu erfolgte im langsamen Rhythmus der Bauern, doch eine Lösung für das Problem der Straßenkinder zu finden, duldete, wie mir schien, keine Minute Aufschub. Mein Leben hätte keinen Sinn mehr, wenn ich nicht ganz schnell all die Tinas und Marias der Stadt in Sicherheit bringen könnte. Wir nehmen uns nur gerade Zeit für drei Tassen Kaffee, dann sitzen wir wieder im Jeep und sind auf dem Weg in die Hauptstadt.

Wir machen systematisch die Runde und suchen Regierungs- und private Stellen auf, zuerst Unicef, doch das Ergebnis ist betrüblich. Bis auf einen Mann namens Patrick, der in einem Luxuswaisenhaus lebt und die Absicht hat, «sich demnächst mit dem Problem zu befassen», weiß und tut niemand etwas für die Kinder der Straße.

Zu einer abendlichen Zusammenkunft erscheinen mehrere «Fachleute» für Kinder, darunter Patrick, der die Anzahl der verlassenen und auf der Straße lebenden Kinder auf fünfhundert schätzt. Wir haben den Rat dieser Experten verzweifelt nötig und hören ihnen aufmerksam zu, aber... Auf der einen Seite bewundere ich ihren professionellen Ansatz und ihre gelehrten Theorien, auf der anderen sage ich mir, daß sie monatelang Untersuchungen ins Auge fassen, bevor sie zur Tat schreiten, und daß keiner von ihnen so reden würde, wenn es sich um seine eigenen Kinder handeln würde. Ohne übermäßig sentimental zu werden, könnte man doch ein Minimum von Herz in das investieren, was man tut, denn sonst... Schon bin ich aufgebracht.

Trotzdem, wenn heute jemand käme und mich um Rat fragte, würde ich ebenfalls Geduld predigen, die Inbrunst des Anfängers zu beruhigen suchen und vorherige gründliche Untersuchungen empfehlen ... was beweist, daß man seinem Instinkt folgen soll. Denn ohne meinen damaligen Enthusiasmus wäre Maria vielleicht nicht adoptiert worden, hätte Angel nicht ihre Großmutter wiedergefunden, hätte Carlos ... Aber ich will nichts vorwegnehmen.

Im Laufe der Diskussion habe ich begriffen, was mich in der Art, ein Konzept für eine humanitäre Aktion zu entwerfen, von den anderen unterschied. Sie halten es für unerläßlich, zuerst Ideen, Personal, Material und Mittel zusammenzutragen, lauter äußere Elemente, die für die Realisierung notwendig sind; in meinem Kopf laufen die Dinge genau umgekehrt. Ich sehe ein Projekt wie einen Keim oder vielmehr wie ein Ei, das den Keim enthält, aus dem es sich entwickeln wird. Die Entwicklung muß von selbst erfolgen, nach und nach, von innen nach außen, und die Beiträge müssen allmählich geleistet werden, wie sie erforderlich sind, was wieder von Wachstum und Orientierung des Projekts abhängt. Die Idee, vorher entscheiden zu müssen, wie die Dinge abzulaufen haben, um ein festgelegtes Ziel zu erreichen, erscheint mir widernatürlich. Meines Erachtens ist man logischer, wenn man in ständiger Flexibilität anpaßt, ausarbeitet und improvisiert.

Noch etwas: Niemand würde im Traum daran denken, eine Aktion zu starten, selbst wenn sie äußerst dringend wäre, ohne daß die Finanzierung gesichert ist. Ich dagegen, und das ist vielleicht meine allgemeine Einstellung zum Leben, habe den festen Glauben, daß das Geld genau in dem Augenblick kommen wird, in dem es nötig ist.

Für mich wäre es überhaupt kein Problem gewesen, wenn ich allein gearbeitet hätte. Doch ich hatte die Absicht, mich so schnell wie möglich zurückzuziehen und die Verantwortung für die Arbeit einem kompetenten und geschulten örtlichen Team zu überlassen, beaufsichtigt von einem guatemaltekischen Verwaltungsrat. Zwei Jahre später waren die Mitglieder dieses Führungsbüros entsetzt, als sie entdeckten, über wie wenig Geld wir verfügten. Sie hätten gern Reserven für ein oder zwei Jahre im voraus gehabt. Sie gerieten in Panik und forderten mich auf, mich auf die finanziellen Probleme zu konzentrieren. Andernfalls wollten sie zurücktreten. Als ich Guatemala verließ, hatten wir Rücklagen für drei Jahre; ich hatte ihr Spiel mitspielen und sie beruhigen müssen. Dennoch haben sie bei der ersten Gelegenheit meinen Namen von der Liste der Verwaltungsratsmitglieder gestrichen; ich muß ihnen wie eine völlig inkonsequente Frau vorgekommen sein, und das ist schade. Ich hätte maßvoller sein müssen.

Um meine Ungeduld zu beschwichtigen, habe ich bei dieser Zusammenkunft resümiert:

«Geld, Fahrzeug, Räumlichkeiten, Personal, das ist kein Problem. Die Methode? Die wird von den Reaktionen der Kinder bestimmt. Die Aktivitäten werden ihren Bedürfnissen entsprechend ablaufen. Jetzt einmal konkret: Wenn man ein solches Projekt realisieren will, womit muß man anfangen?»

«Man sollte jemanden engagieren, der die Problematik der Straßenkinder kennt, und ihn eine Untersuchung ihrer Situation durchführen lassen», schlägt Rolando vor. «Man muß ihre Identität feststellen, die Gründe, warum sie auf der Straße sind, was sie sich wünschen und so weiter. Am Resultat können Sie Ihre Aktion ausrichten.»

«Und wer kann uns eine solche Person empfehlen?»

«Niemand», antwortete Rolando. «Meines Wissens gibt es keine.»

Leicht enerviert bin ich aufgestanden und habe behauptet:

«Keine Sorge. Wir werden sie finden.»

Am gleichen Abend klopfte jemand an die Tür unseres Hauses in Antigua, und zwar zwei Minuten nach unserer Rückkehr. Es war Marc. Der «bugman» hatte ihm von uns, zwei tatkräftigen Frauen, erzählt, die sich für die Kinder der Straße interessierten, und er wollte uns sagen, wie ihn das bewege. Es wäre wunderbar, wenn wir den Kindern helfen könnten, und er könne dazu einen Beitrag leisten, denn er kenne sie alle. Ein Jahr lang habe er auf der Straße mit ihnen geredet und ihre Wehwehchen behandelt; wenn wir irgend etwas bräuchten, könnten wir uns an ihn wenden. Er könne zum Beispiel zunächst einmal eine Studie über die Kinder anfertigen, ihre Zahl feststellen, ihre Wünsche, ihr... Wortwörtlich das, was Rolando vor einer Stunde gesagt hatte. Marc hatte noch drei Wochen, ehe er an die Universität von New Orleans zurückkehren mußte, wo er die öffentliche Gesundheit untersuchte. Er schlug vor, bis dahin, von nächster Woche an... zu spät? Von morgen an... auch zu spät? Also dann ab sofort. Noch in der gleichen Nacht wollte er mit seiner Untersuchung beginnen.

La Novena

12. Februar 1985.

«Philip, *mi amor*,

mach einen Augenblick die Augen zu und stell Dir folgendes vor: Stell Dir einen Hof der Wunder vor, wo sich lärmend Hunderte von Kindern drängen, Mädchen und Jungen von drei bis siebzehn Jahren, voller Flöhe und Filzläuse, in schmutzigen Lumpen, nach Urin, Schweiß und Benzin stinkend. Stell Dir diese Tagediebe mit heiseren Stimmen und brutalen Lebensgewohnheiten vor, bewaffnet mit Rasierklingen und Messern, die sich mit Drogen umbringen und für ein Stück Brot gegenseitig töten, dann hast Du unsere Zufluchtsstätte ‹La Novena›, benannt nach der Straße, in der sie liegt.

La Novena, ein zweistöckiger gelber Bau, liegt leider direkt gegenüber dem Busbahnhof von Tikal. Die männlichen Passagiere verrichten nach dem Aussteigen systematisch ihre Notdurft an unserer Hausfassade, und trotz unserer Proteste und Reinigungsaktionen stinkt das Haus durchdringend nach Urin. Dazu kommt noch der Pestilenzgestank des ganzen Viertels... Gegenüber ein trauriges kleines Bordell, in das man nicht selten ein Kind von zwölf Jahren in Begleitung einer alten Hure eintreten sieht; auf allen Seiten düstere Kramläden oder erbärmliche Bars. Unsere Straße hat den Nachteil, eine der schmutzigsten und lautesten zu sein; täglich erlebt sie Diebstähle und Verbrechen, aber wir haben sie gewählt, um im Mittelpunkt des Geschehens zu sein, denn sie ist der Treffpunkt der meisten Kinder. Am ersten Tag sind vier oder fünf erschienen, am zweiten zwanzig, am dritten fünfzig, und jetzt, nach nur zwei Wochen, sind es schon Hunderte.

Unter ihnen habe ich Maria wiedergefunden, die Kleine, die eines Nachts einen Kuß von mir wollte, und Tina, die von ihrer Mutter an Männer verkauft wird, damit sie ein bißchen Geld verdient. Einige aus dieser gleichzeitig traurigen und drolligen Schar sind mir bereits vertraut: der Weinerliche, ein Junge von sieben oder acht Jahren, der am ganzen Körper zittert, mager und ausgehungert, er ist erst vor kurzem verlassen worden; Elvia, ein Mädchen von vierzehn Jahren, schwanger und schon mit den Allüren einer Erwachsenen; Axel, Syphilitiker im letzten Stadium; und dann noch der Ausgehungerte, der Kämpfer, El Diablo, das Huhn, das Kleine Schwein, alle mit ihren Straßennamen, ausgewählt von ihnen oder ihren Freunden, die die neue Persönlichkeit des ‹frei› (oder aus der Gesellschaft ausgeschlossen) gewordenen Kindes symbolisieren. Die meisten wollen sich nicht an ihren richtigen Namen erinnern. Wenn man sie danach fragt, erfinden sie einen. Da haben wir Carlos, einen Jungen, dessen undurchdringliches Gesicht und beunruhigende Augen mich nicht einen Augenblick loslassen; Sergio, den Großartigen, der mich als erster *abuela* nannte, und schließlich Hugo, das Vorbild aller, Anführer der Diebe, vor dem sogar die Polizei Angst hat. Hugo ist größer als wir alle und unheimlich stark; ohne seinen Segen wäre unser Projekt kaum durchführbar. Gestern hat er sich zwei Stunden lang vor einem Blatt Papier abgemüht, wobei er wie ein Schüler die Zunge vorstreckte, und hat schließlich eine kindliche Zeichnung fertiggebracht, auf der eine rosa Familie vor einem grauen Haus steht. In großen, unregelmäßigen Buchstaben stand darunter: *Gracias por esta casa.*

Freude und Staunen über ‹ihr› Haus sind unbeschreiblich.

Anfänglich hatten wir daran gedacht, höchstens ein oder zwei Personen einzustellen, doch bei diesem Strom von Kindern brauchten wir mehr Leute. Unser Team würde Dir sehr gefallen: Carolina, eine reizende junge Frau, die viel Erfahrung mit verlassenen Kindern hat, leitet das Projekt, und ihr unterstellt sind Elisabeth, dreiunddreißig Jahre alt, eine positive, fröhliche kleine Brünette, Sozialarbeiterin; Ramiro, Sänger, Gitarrist und Psychologe, ein schöner Mann, der oft im Fernsehen auftritt und den die Kinder zu ihrem Idol gemacht haben; Allan, Verwalter und Buchhalter, streng, ernsthaft – er hat auch die Koordination mit der Polizei, dem Jugendgericht und den verschiedenen Regierungsstellen übernommen; Carlos, mein ehemaliger Chauffeur, befördert zum Sicherheitswächter, der eingreift, wenn zu gewalttätige Jugendliche über die Stränge schlagen, und schließlich Sandra aus Antigua, eine mittelmäßige Köchin, die mit Sauberkeit und Hygiene nicht viel im Sinn hat, deren Anwesenheit in der Küche aber ein wunderbares Element ist: eine einfache, freundliche und beruhigende Frau, eine Mutterfigur (da lasse ich meinen eigenen Phantasien freien Lauf, vor allem, wenn sie Kuchen backt).

Kate, Marc und ich bewegen uns zwischen Personal und Kindern hin und her, sprechen mit allen, beruhigen die Geister, vermeiden Dramen und versuchen uns den Tag vorzustellen, an dem diese Halbungeheuer ihre Wildheit verlieren werden... Jede Minute des Tages ist eine übermenschliche Anstrengung. Der hartnäckige Geruch nach Azeton und Benzin, der Stoffe, mit denen sie sich berauschen, löst schreckliche Kopfschmerzen aus; der Lärmpegel martert uns, und das ständige Verlangen nach Aufmerksamkeit, verbunden mit dem praktisch permanenten Risiko, umgebracht zu werden, ist sowohl physisch als auch moralisch unvorstellbar anstrengend. Kate, die ohnehin schon mager war, hat Kilos verloren; weit vor Mittag haben wir Mühe, uns auf den Beinen zu halten, sind todmüde und müssen gähnen wie mitten in der Nacht. Im Wagen, der uns abends nach Antigua zurückbringt, haben wir nicht einmal mehr die Kraft, miteinander zu sprechen, und manchmal wage ich es nicht, sie anzusehen, weil der Wahnsinn dieses Unternehmens mich niederdrückt.

Laß Dir eine Szene aus der vergangenen Woche beschreiben – da habe ich geglaubt, das Projekt werde nicht überleben. Binnen eines Augenblicks haben wir die Kontrolle über die Situation verloren. Das Haus war ein einziges riesiges Durcheinander, die Scheiben zerbrochen, die Möbel zertrümmert, die weißen Wände beschmiert mit Kot und Blut, und dann dieser alptraumhafte Anblick: zwei Jungen mit aus den Höhlen tretenden Augen hielten den Wächter am Boden, während ein dritter mit einem Rasiermesser seinen Hals streichelte; gleich daneben drei Große von sechzehn oder siebzehn Jahren mit heruntergelassenen Hosen, die ihren Penis stolz der Köchin darboten; diese, rot vor Scham, tat so, als sähe sie sie nicht, und scheuerte wild ihre Töpfe; rechts davon zwei Paare mitten in der Kopulation, während ein Kleiner boshaft versuchte, mich auszuziehen, und zehn weitere Jugendliche drangen total high durch das Dach ein; vor der Tür standen die Polizei und alle Huren des Viertels, weil ein kleiner Dieb, den sie verfolgten, sich nach La Novena geflüchtet hatte.

Binnen eines Augenblicks brachen all meine Träume zusammen; das Personal würde kündigen; Allan schwitzte und lief nutzlos hin und her. Kate und Elisabeth versuchten, sich von Kindern freizumachen, die sie umklammerten. Carolina wischte sich ängstlich die Stirn ab, und der arme Carlos sah den Moment seines Todes heranrücken. Da durchquerte Ramiro den großen Saal, vollkommen gelassen, seine Gitarre in der Hand. Mit seiner angenehmen Stimme verkündete er: ‹Jetzt werden wir singen.› Wie in einem Zeitlupenfilm wurde auf einmal alles wieder normal. Die Jungen, die den Wächter umbringen wollten, sahen Ramiro an, standen langsam auf und folgten ihm; die, die vor der Köchin exhibierten, zogen sich wieder an. Die Aggressivität, die in der Luft lag, wich, und einen Augenblick später waren alle, Polizisten und Huren eingeschlossen, um Ramiro versammelt und sangen im Chor den Refrain des letzten Schlagererfolges: *Volveré*.

Diese Kinder sind Experten in der Kunst, Schrecken zu verbreiten. Die sofortige Befriedigung ihrer Ur-Instinkte ist ihre einzige Sorge. Du müßtest sehen, wie sie sich zur Essenszeit auf die Nahrung stürzen: wilde Tiere, denen man sich kaum zu nähern wagt.

Wir wollten eine Zufluchtsstätte, wo sie sich zu Hause fühlen sollten, doch es war notwendig, die Küche zu verbarrikadieren und einen Wächter davorzustellen; sonst hätten sie alles verschlungen einschließlich der Küchengeräte.

Am ersten Tag glänzte das Haus vor Sauberkeit. Wir hatten es gründlich geputzt, desinfiziert und eigenhändig frisch gestrichen, eine Riesenarbeit. Heute ist es in erbärmlichem Zustand: Wasserspülung, Toilettenbecken, Duschrohre, alles herausgerissen; die Wände sind verschmiert, die Scheiben zerbrochen. Reparaturen sind nutzlos. Sie warten nur darauf, um von vorn anzufangen.

Seltsame Kinder. Nur ihr unersättlicher Hunger nach Liebe kommt ihrer Gier gleich. ‹Ein Kuß, ein Kuß, *abuela*; noch ein Kuß.›

Sandra, Carolina, Elisabeth und Kate werden ‹Mammy› genannt, Allan und Ramiro ‹Pappy› (nur Carlos, der die undankbare Rolle des Polizisten innehat, ist aus der Familie ausgeschlossen), und auch sie müssen die Kinder den ganzen Tag in die Arme nehmen und küssen. Doch alle fordern sie jeden Augenblick ungeteilte Aufmerksamkeit, und da es sich um fünfhundert Kinder handelt, ist das nicht möglich. Also wenden sie sich in Wutanfällen gegen uns, fluchen, beschimpfen uns und gehen unter der Drohung, sie würden uns zusammenschlagen und nie wieder einen Fuß ‹in dieses verdammte Bordell von Novena setzen, wo keiner sie liebt›.

Am nächsten Tag ab fünf Uhr morgens sind sie wieder da, wenn sie nicht die ganze Nacht vor der Tür kampiert haben, und dazu noch zwanzig andere; sie erwarten uns, empfangen uns mit fröhlichem Lärm und stürzen sich in unsere Arme: ‹Ich hab dich lieb, *abuela*. Entschuldigung. Nie wieder werde ich dich beschimpfen.› Zwei Stunden später sind sie wieder bereit, uns allen die Kehle durchzuschneiden.

Wenn man den ganzen Tag Liebesbeteuerungen ausspricht und Küsse verteilt, merkt man nicht, wie die Zeit vergeht; abends haben wir das Gefühl, nichts geschafft zu haben. Vorher, in den Nächten, die wir damit zubrachten, uns mit den Kindern anzufreunden, ihr Vertrauen zu gewinnen, sie zu zähmen und herauszufinden, was sie mit ihrem Leben machen würden, wenn sie es ändern könnten, da hatten wir wenigstens den Eindruck voranzukommen. Heute bemühen wir uns, viel zu leere Herzen und Bäuche zu füllen, aber wir erreichen damit nur, daß wir ihre Läuse und Flöhe teilen und langsam auch von ihrer Verzweiflung übermannt werden.

Jeden Augenblick tauchen unerwartete Schwierigkeiten auf: Drohungen der Unterwelt, wechselhafte Beziehungen zur Gemeinde und Ambivalenz zwischen der Notwendigkeit, schnell zu handeln, und der, ständig größte Vorsicht walten zu lassen.

Nimm den Fall von Maria. Mein erster Gedanke war, sie unverzüglich in Sicherheit zu bringen; das Waisenhaus Antiguas schlug vor, sie einer Familie anzuvertrauen und ihren Bruder Carlocito in ein Heim zu geben, doch dagegen wehrte er sich wild. Er ist achteinhalb Jahre alt, und seit einem Jahr, seit sie beide allein auf der Straße leben, wacht er wie ein Vater über Maria. Worüber sie sich übrigens bitter beklagt. Keine Freiheit, er sei zu streng; sie könne ihm nur entkommen, wenn er schläft. Dann macht sie sich auf die Suche nach Tina, die zwischen zwei Kunden ihrer Leidenschaft, dem Hüpfspiel, frönt, und sie spielen zusammen. Carlocito hat gegenüber seiner kleinen Schwester ein ungewöhnlich stark ausgeprägtes Verantwortungsgefühl entwickelt. Er ist ein richtiger Familienvater. Ihn zu etwas zu zwingen, was er nicht will, wäre psychologisch ein großer Fehler.

Auch etwas Unvorhergesehenes wollte ich Dir berichten. Im Gegensatz zu unseren Erwartungen gefällt es den Kindern auf der Straße, sie sind freiwillig dort. Die meisten von ihnen sind nicht im Stich gelassen worden, sondern haben ihre Eltern aus eigenem Willen verlassen und auf der Straße in der Gesellschaft anderer Kinder die Liebe einer neuen Familie gefunden. Sie ziehen die Straße bei weitem einem Heim vor, in dem sie sich unverstanden fühlen, und vor allem einer Familie, die für sie Gleichgültigkeit, Ablehnung und Liebesmangel bedeutet, wenn es sich nicht um Vergewaltigung, Schläge, Hunger, Kälte und eine Mutter handelt, die sich vor ihren Augen prostituiert ...

Aura Marina, die Jugendrichterin, die sie zärtlich ‹la Marcucci› nennen, hat uns bestätigt, daß sie systematisch aus allen Institutionen fliehen. Warum hat man in allen Ländern, einschließlich Europas, noch keine anderen Lösungen gefunden? Mir scheint, man müßte der Gesellschaft helfen, sich des Problems bewußt zu werden, und ihr die Verantwortung dafür überlassen.

Glaube nur nicht, diese kleine barfüßige Welt lebte in Traurigkeit. Das ist gerade das Paradoxe: Sie besitzen unglaubliche Reserven an Freude. Den ganzen Tag siehst Du sie lachen, Scherze machen und sich amüsieren.

Vielleicht habe ich unrecht, wenn ich pessimistisch bin. Sie lieben Ramiros Musik, essen sich satt, duschen sich (selten) und organisieren eine Fußballmannschaft. Minifortschritte? Ein hiesiger Arzt kommt kostenlos dreimal in der Woche, und dann wird das Schreckliche offenbar; fünfzig Prozent der Kinder leiden an sexuell übertragbaren Krankheiten, die meisten haben Atemprobleme, Zahnschmerzen und Hautinfektionen. Neulich hat der Arzt nach einem Vortrag über Parasiten und körperliche Hygiene Schwarzen Hund, einen kleinen Jungen von sieben Jahren, gefragt: ‹Hast du verstanden, mein Kind? Ja? Dann erkläre deinen Kameraden das beste Mittel, seine Flöhe loszuwerden.› – ‹Das ist ganz einfach›, hat Schwarzer Hund mit seiner überlegenen Miene gesagt, ‹man nimmt einen Floh, malt ihn blau an, setzt ihn sich wieder auf den Kopf, und die anderen, die glauben, das sei die Polizei, ergreifen die Flucht.› Es würde ihnen schwerfallen, ohne Humor zu überleben, und uns auch.

Zwischen ihren ungebärdigen Reaktionen und ihren zärtlichen Momenten sprechen sie und hören uns zu. Es kommt natürlich nicht in Frage, daß wir ihnen Moralpredigten halten. Wir begnügen uns damit, freundliche Stimmen zu sein, die wärmen, trösten, beleben. Mehr kann man kaum tun.

Manchmal entmutigt uns die Größe unserer Aufgabe, ich fühle mich am Rand des Abgrunds, dem Aufgeben nahe. Dann muß ich an

Deine Zärtlichkeit denken, und es ist... Philip, es ist, als würde es wieder Morgen. Alles wird wieder hell, mein Glaube an das unbegrenzte Schöne erwacht, und ich habe wieder die Kraft, die Welt mit frischen Augen zu sehen und zu glauben.

Paß gut auf Dich auf.

Abuela»

Ich liebe Dich, Philip. Selbst wenn wir uns nicht so oft sehen, wie ich das möchte, selbst wenn unsere Liebe sich zu Freundschaft zu wandeln beginnt, so tut es mir doch wohl, mir vorzustellen, wie Du irgendwo auf der Welt meinen Brief liest. Ehe die Welle über mir zusammenbricht, bist immer Du derjenige, an den ich mich wende, und dann spielt die Entfernung keine Rolle. In der Minute, in der ich die Hand auf das Telefon lege, um Dich anzurufen, wird es läuten, und Du wirst am Apparat sein; in dem Moment, in dem ich verzweifeln will, weil ich kein Geld mehr habe, und bedaure, Dir nichts davon gesagt zu haben, wird mit der Post ein Scheck von Dir eintreffen.

Was wäre aus unserer Beziehung geworden, wenn wir zusammengelebt hätten? Vielleicht hätte der Alltag sie getötet.

Ich fühle mich stärker an Dich gebunden, als wenn wir verheiratet wären. Eine seltsame Ehe ist das, mehr in meinem Kopf als in der Realität, aber ihre Schönheit beglückt mich. Weißt Du, Philip, Du bist in meine Ewigkeit eingegangen.

Seit der Einrichtung von La Novena, das jetzt schon sechs Monate besteht, schwanke ich zwischen Gewißheit und Zweifel, erlebe Augenblicke intensiven Glücks und Phasen tiefer Verzweiflung.

In meinen düsteren Momenten, wenn ich den ganzen Tag wie eine Verdammte zwischen dem Gefängnis, den Slums, dem Krankenhaus und den Bars herumlaufe, denke ich manchmal, daß alles sich gegen die Kinder verbündet; als sei das Unglück mit ihnen geboren und wolle sie nicht verlassen. Es wäre tröstlich für sie, wenn sie an die Reinkarnation glaubten und sich vorstellten, ihre vergangenen Handlungen hätten ihr Schicksal bestimmt; aber sie haben weder Glauben noch Gesetz, und seit meiner Verbindung mit ihnen fange ich allmählich an, mich zu fragen, woran ich bin...

Welche Anmaßung, anderen helfen zu wollen! Man ist selbst so zerbrechlich. Man müßte zuerst seine eigenen Probleme regeln, sein

Bewußtsein erweitern, innerlich klarer werden; auf jeden Fall kann man nichts anstelle anderer tun, weder weinen noch lachen, noch leiden, geboren werden oder sterben. Man kann sie lieben, ja, man kann versuchen, ihre schlummernden Motivationen wieder zu wekken, aber darüber hinaus muß die Lösung von ihnen kommen, von ihnen allein.

In meinen optimistischen Perioden, und die sind glücklicherweise zahlreich, sage ich mir, daß der Kontakt mit uns den Kindern nützen wird; vielleicht nicht sofort, aber wenn sie aufnahmebereit sind, werden sie sich eines Tages an unsere Worte erinnern und davon profitieren. Von dieser Überzeugung sage ich nichts, aber ich habe noch eine andere, die ich den Kindern um mich herum immer bereitwillig vermittle: *Die Macht, ihr Schicksal zu beeinflussen, liegt in ihren Händen.* «Erzähl, *abuela*, erzähl noch mehr . . .» Ich sage ihnen, wie bestimmend unsere innere Einstellung, unser Verhalten, unsere Gedanken sind. Die Möglichkeit, die Ereignisse anders einzuschätzen, je nachdem, welche Vorstellung man sich davon macht und wie man sie betrachtet, das ist mein Lieblingsthema, und auch die Schranken, die man sich schafft, und unsere Fähigkeit, sie zu beseitigen. «Man kann sein Leben selbst schaffen, es im Gefängnis zubringen oder auch nicht. Wir haben die Freiheit der Entscheidung.» Indem ich dieses Wort verwende, spreche ich ihre Sprache. Die Kinder glauben bedingungslos an die Freiheit und erwähnen sie bei jedem Argument. Sie verstehen zu wollen, ohne das zu berücksichtigen, wäre Zeitvergeudung.

Unsere Worte haben zwar Gewicht, aber was wären sie ohne die Geduld von Carolina, das Talent von Ramiro, die Freundlichkeit von Elisabeth? Ohne Kate, die Zeit findet, Haare und Fingernägel zu schneiden und Kleider zu flicken, ohne Sandra und ihre kleinen Gerichte, ohne die Zärtlichkeit dieser Menschen, allen voran Anna Marias, die, wenn man sie nicht zurückhielte, fähig wäre, fünfhundert Kinder auf einmal zu adoptieren.

Dennoch. Seit sechs Monaten verausgaben wir uns Tag und Nacht rückhaltlos, aber was haben wir erreicht? Die nächtlichen Straßen der Hauptstadt wimmeln noch immer von verirrten, geschlagenen, vergewaltigten, drogensüchtigen, sich prostituierenden Kindern. Haben wir unsere Mühe und Zeit vergeudet? Nein, versichert Kate. Das Niveau von Hygiene und Gesundheit ist gestiegen; die Kinder sind nicht mehr von Kopf bis Fuß mit Flöhen oder Filzläusen bedeckt.

Sie duschen, sie waschen ihre Kleider. Außerdem ist der Grad der Aggressivität beträchtlich gesunken und auch das Ausmaß von Alkoholismus und Drogensucht. Sie essen in Ruhe und lassen sich Zeit dabei. Streitigkeiten zwischen ihnen sind seltener geworden, unser Leben ist nicht mehr bedroht. Früher kamen sie nur, um sich vollzuessen, sich auszusprechen, gehätschelt zu werden. Jetzt nehmen sie an Gesellschaftsspielen teil, treiben Sport, machen Musik oder spielen Theater. Einige zeichnen, lernen lesen und schreiben. La Novena ist kein Zentrum mehr, das sie am liebsten in Brand setzen und zerstören würden; es ist ein Haus, das sie respektieren und lieben. Sie putzen es, pflegen es, reparieren es – nach ihrem Vermögen, aber der Wille ist da –, sie helfen in der Küche, organisieren sich untereinander, übernehmen Verantwortung, sprechen davon, zur Schule zu gehen oder einen Beruf zu erlernen.

Im Grunde sind sie, die das freie Leben so preisen, entzückt, daß man ihnen Grenzen setzt.

Ich hätte es gern gesehen, daß sich niemand mehr das Leben nimmt, daß man sich nicht mehr mit der Polizei herumschlagen muß, um unschuldige Kinder aus dem Gefängnis zu holen, und daß keine verschwundenen Kinder mehr zu beklagen wären. Ich hätte mir gewünscht, sie vor der Pädophilie, vor aktiven Rollen in Pornofilmen, vor dem Drogenhandel zu beschützen, der sie ins Gefängnis bringt... Aber man kann die Welt nicht verändern. Wir können einigen Kindern helfen, das ja. Ein Wassertropfen im Ozean; insgesamt sind sie vierzig Millionen. Ständig schlage ich mich mit derselben Frage herum: Sollen wir auf Qualität oder Quantität abzielen? Beides zugleich ist unmöglich. Wenn ich bei der EG Zahlen vorlege, sind sie zufrieden. Aber wenn ich vor mir selbst ehrlich sein will, sind es die Kleinigkeiten, die winzigen Fortschritte, die wirklich bedeutsam sind. Unsere amerikanischen Geldgeber haben gelächelt, als sie meinen letzten Bericht über die Entwicklung des Projekts lasen. Sie sind es gewohnt, Dokumente zu bekommen, in denen von Zehntausenden von Empfängern der Hilfe und gesteigerten Erfolgsraten die Rede ist. In meinen Unterlagen stand: «Bis heute haben zwei Kinder eine Lehre aufgenommen, eines hat eine Stellung gefunden, vier sind wieder mit ihrer Familie vereint, und drei haben lesen gelernt...»

Es stimmt schon, in Zahlen bedeutet das nichts, und dennoch hat unser Team bei jedem dieser «kleinen» Glücksfälle, abgesehen von allen anderen Fortschritten, gedacht, daß allein dieses Resultat all unsere Anstrengungen rechtfertigt. Die wirklichen Ergebnisse, bei denen uns warm ums Herz wird, sind nicht quantifizierbar. Sie liegen im Austausch eines Lächelns, in einem liebevollen Blick.

Unseren allerersten Erfolg verdanken wir Carlocito, der eines Tages ganz geknickt zu Carolina kam und ihr gestand, er nehme zweimal in der Woche Drogen und lasse dann seine kleine Schwester ohne Aufsicht. «Das könnte wieder passieren; ich bin nicht mehr verantwortlich. Ich bin damit einverstanden, daß Sie uns, Maria und mich, in ein Heim bringen.» Ich sehe noch, wie Kate und ich die beiden in das Waisenhaus von Antigua brachten, sehe noch unsere und ihre Ängste und dann, zwei Monate später, unseren ersten und letzten Besuch. Maria war in einer Familie und ihr Bruder in dieser wunderbaren Institution von Patrick mit Park, Springbrunnen, Schwimmbad, Reitstall . . . Sie besuchen die gleiche Schule, haben ein paar Kilo zugenommen und sind erstaunlich friedlich, wie unter dem Einfluß von Beruhigungsmitteln. Sie sind nicht mehr wiederzuerkennen, ihr Verhalten gleicht dem der frisch adoptierten kambodschanischen Kinder. Sie tun so, als erkennten sie uns nicht, und weigern sich, uns zu begrüßen. Und das ist der Beginn des Erfolgs.

Jedes Mitglied unseres Teams wird aufgrund einer natürlichen Auswahl von bestimmten Kindern bevorzugt. Mädchen oder Jungen, was unsere Aufgabe gleichzeitig kompliziert und vereinfacht. Mich umkreisen Elvia und Rosa, zwei junge Prostituierte, Billie, Rambo und Rocky II, Jugendliche, die völlig verloren sind, Angel, dessen Geschichte zum Verwechseln der vom Däumling gleicht, und Carlos, der so alt ist wie Olivier und dessen Gesicht hinter einer schwarzen Maske mich ständig verfolgt; sein Blick folgt mir überallhin. Ich kann seine Augen durch die Maske nicht ansehen, ohne zu frösteln oder ihm seltsame Gedanken zu unterstellen, denn sein Schweigen ist ebenso beunruhigend wie seine Maske. Doch nach und nach bietet er sich freiwillig an, um zu fegen, um für Ruhe zu sorgen , um mir eine zu schwere Last abzunehmen, um uns zu beschützen. Jeden Abend begleitet er Kate und mich zu unserem Jeep, pumpt die Reifen wieder auf, aus denen unsere Nachbarn regelmäßig die Luft herauslassen, und sorgt dafür, daß uns niemand angreift. Im Viertel sind wir nämlich verhaßt. Man verzeiht uns das Interesse für diese «Verbrecher» nicht, die «nur für die Gaskammer taugen». Mehrmals haben Anwohner Petitionen unterschrieben, in denen verlangt wurde, La

Novena zu schließen, und haben uns beschimpft und bedroht. Dabei hatten wir sie besucht, uns vorgestellt, das Ziel unseres Projekts erklärt und wenn schon nicht auf Mithilfe, so doch auf ein Minimum an Verständnis gehofft; verlorene Mühe. Zum Glück stehen zwei tüchtige Frauen auf unserer Seite: die Sozialministerin und die Jugendrichterin. Dennoch ist es ein ständiger Kampf.

Als ich eines Tages allein in der Küche von La Novena war, kam zu meiner Überraschung Carlos herein. Kürzlich hatte ich mich bei einem mit Messern ausgetragenen Streit zwischen ihn und einen anderen Jugendlichen geworfen, und ich fragte mich, ob er mir deswegen noch immer böse sei. Er schloß die Tür hinter sich ab, steckte den Schlüssel in die Tasche und kam näher, schweigend wie immer. Mein Herz schlug schneller. Einen Augenblick blieb er vor mir stehen, und dann hob er mit einer langsamen, fast zeremoniösen Bewegung die Hand an sein Gesicht und nahm die Maske ab. Ich senkte den Blick, um all meinen Mut zusammenzuraffen und ihn liebevoll ansehen zu können. Als ich wieder aufschaute, sah ich zu meiner Bestürzung ein schönes Kindergesicht, glatte und regelmäßige Züge, eine zarte Haut. «Aber du bist schön», rief ich unwillkürlich, «warum diese Maske?» Da sprach er zum ersten Mal mit mir. Er erzählte mir, wie er im Alter von zehn Jahren von seinen Eltern verlassen worden war und neun Jahre auf der Straße verbrachte, ohne daß ihm jemals jemand eine freundliche Hand reichte. Zuerst hat er gebettelt, um zu überleben, dann gestohlen, dann Drogen genommen, um die Einsamkeit und die Kälte zu bekämpfen, dann mit Drogen gehandelt, um beschäftigt zu sein. Bei einer Schlägerei hätte er eines Tages beinahe jemanden umgebracht. «Da habe ich mich so verachtet, *abuela*, daß mein Gesicht mir zuwider war; ich habe eine Maske gekauft und sie nie mehr abgenommen. Dann bist du gekommen, hast die Nacht auf den Straßen verbracht und uns mit deinen Grimassen zum Lachen gebracht, hast uns mit deinen Worten gewärmt und uns wie menschliche Wesen behandelt, und da sagte ich mir allmählich, wenn du mich liebst, bin ich vielleicht nicht so verabscheuungswürdig. Ich habe aufgehört zu stehlen, Benzin zu schnüffeln, mich schlecht zu benehmen. Heute, *abuela*, kann ich mir wieder ins Gesicht sehen. Ich werde die Maske nicht mehr tragen.»

Er hat eine Lehre begonnen – ich schreibe diese Worte mit frohem Herzen – und ist heute Kochlehrling im besten französischen Restaurant des Landes. Wenn ich ihn in seiner schönen weißen Tracht in der Küche sehe, kann niemand stolzer sein als ich.

Ich habe viele Glücksfälle erlebt, aber auch viele Dramen gesehen.

Elvia bekam ein Kind, ein kleines Mädchen, für dessen Taufe ich sorgte. Rosa wird in einem Heim, in dem sie sich unsäglich langweilt, zur Friseuse ausgebildet, und Malvina, ein junges Ding, das wir aus Zeitmangel vernachlässigt hatten, hat sich in unserer Gegenwart die Pulsadern aufgeschnitten und dabei geschrien, niemand hätte sie lieb.

César und Fettkloß sind verschwunden. Man spricht von einem Handel mit Transplantationsorganen für amerikanische Krankenhäuser. Ich glaube, das stimmt. Angel hat seine Großmutter wiedergefunden, Alfonso ist hinter Gittern, der Ausgehungerte ist zu seiner Familie zurückgekehrt, und der kleine César, erst acht Jahre alt, ist mit einem Fremden gegangen, einem freundlichen Mann, der ihm Spielzeug versprach, und ist vergewaltigt worden.

Olivier: Die Verwandlung

Unser lokales Team, das jetzt aus dreizehn Personen besteht, ist nicht so homogen, wie Kate und ich gehofft hatten. Einzeln sind alle sehr gut, aber in der Gruppe kommt es oft zu Reibereien, Rivalitäten, dem Zusammenstoß von Persönlichkeiten. Jeder hat seine Ansichten, wie die Kinder behandelt werden sollten, und obwohl wir uns regelmäßig zusammensetzen, unsere Gedanken austauschen und ein gemeinsames Vorgehen beschließen, kommt es immer wieder vor, daß zwei Kinder die gleiche Dummheit machen und dann eines bestraft wird, das andere nicht. Daraus ergeben sich wahre Revolutionen, bei denen man uns Ungerechtigkeit vorwirft, was aus dem Mund dieser Kinder die schwerste Anklage ist. Um gegen Ungerechtigkeit und den damit verbundenen Gedanken des Ausgeschlossenseins zu protestieren, sind sie sogar eines Mordes fähig. Bei fünfhundert Augenpaaren, die alle unsere Bewegungen verfolgen, fünfhundert Kindern, die uns ständig belauern, um uns bei einem Fehler zu ertappen, kann es nicht ausbleiben, daß Ungleichheiten vorkommen. Das ist ein notwendiges Übel. Wichtig ist, häufig mit den Kindern darüber zu diskutieren und ihnen das verständlich zu machen. Gestern hat Pedro, verrückt vor Wut, zwei Scheiben zerbrochen; er hatte gerade von der Verhaftung seines großen Bruders erfahren, weinte und verlor die Beherrschung. Ihm wurde verziehen. Am selben Abend hat Georgio, aus Spaß und um unsere Reaktion zu testen, dasselbe getan. Seine Strafe bestand darin, die Scheibe zu ersetzen. Aufruhr, Skandal, Generalversammlung. Sollten beide für die gleiche Tat gleich bestraft werden? «Ja», antworteten die Kinder im Chor, «man hätte allen beiden den Kopf abschneiden sollen.»

Zu keiner Zeit darf man sich selbst sein und nach seinem Herzen handeln. Man muß die Folgen jeder Handlung und jedes Wortes stets mit berücksichtigen. Nur zu oft wenden sich unsere Taten gegen uns.

Neulich habe ich für Carolinas Geburtstag einen Kuchen gekauft. Nachdem abends das letzte Kind gegangen war, zur gesegneten Stunde, in der wir zu atmen beginnen, haben wir ihn ihr geschenkt, das ganze Team zusammen, und haben uns zehn Minuten Ruhe gegönnt, um den Kuchen und den wiedergefundenen Frieden zu genießen. Doch leider hat ein kleiner Junge, der an der Regenrinne hochgeklettert war, uns gesehen.

Am Ausgang erwarteten mich sechs große Burschen, mit bösen Blicken und mit großen Steinen bewaffnet. Einer von ihnen stieß zwischen den Zähnen hervor: «Wenn wir deine Kinder wären, *abuela*, würdest du dann einen Geburtstag feiern, ohne uns einzuladen? Wie kannst du bloß behaupten, du liebtest uns?» Ich ging langsam auf sie zu, äußerlich ruhig, und erklärte, sie sollten nicht alles durcheinanderbringen. Ich sei nicht ihre Mutter, jeder hätte seine eigene Mutter, und das müßten sie akzeptieren. Daß ich Carolina nach einem anstrengenden Tag zehn Minuten Vergnügen geschenkt hätte, sei nicht Mangel an Liebe zu ihnen. Sie beruhigten sich, und das war ein Glück, denn die Auswirkungen hätten verheerend sein können.

Seither sind Kate, Anna Maria und ich nie mehr unbekümmert, selbst in der Zeit, die wir nicht in La Novena verbringen, und fragen uns ständig, was wir hätten tun oder nicht tun sollen, versuchen, uns zu merken, wie wir dieses oder jenes Kind verletzt haben, und überlegen, wie wir beim nächsten Mal vorgehen sollten.

Diese Probleme beschäftigen mich so sehr, daß ich darüber mittlerweile mein Privatleben und, was schlimmer ist, meinen Olivier vergesse. Der Beweis war neulich abends:

«Olivier, du solltest dich schämen; seit zwei Wochen hast du ewig dasselbe Hemd, dieselbe Hose und dieselben Sandalen an. Um Gottes willen, zieh dich um.»

Olivier entschuldigte sich freundlich: «Das ist nicht meine Schuld... du hast meine Sachen den Kindern von La Novena gegeben.» Tapferer Olivier! Er hat sich nicht nur ohne Protest seine Garderobe wegnehmen lassen, sondern auch ein Mittel gefunden, sich eine neue zu beschaffen. An den Wochenenden verkauft er Herrenkleidung und läßt sich dafür in Naturalien bezahlen... Als er mir davon berichtete, fügte er in dem ein wenig beschützenden Ton, den er mir gegenüber gern anschlägt, hinzu: «Behalten wir unser Geld für nützlichere Dinge.»

Es ist unglaublich, wie sehr seit dem Tag, an dem wir in die Hauptstadt umgezogen sind, kurz nach seiner Ankunft, sein Verantwortungsgefühl gewachsen ist. Wer würde in diesem Jungen mit dem zärtlichen Charme den nervösen kleinen Burschen wiedererkennen, der ständig von Gedanken an Hunger und Tod verfolgt wurde? Wer könnte sich vorstellen, daß er Lebensmittel im Garten vergraben und die ganze Menschheit mit wildem Haß bedacht hat? Unser Olivier ist ganz verwandelt. Er ist extrem tolerant und äußert niemals eine Kritik, einen Vorwurf oder ein Urteil über wen auch immer. Man schätzt ihn in seiner Schule, wie man ihn im Oiseau Bleu geschätzt hat, nicht wegen seines Intellekts oder seines Lerneifers, sondern wegen seiner Weisheit und seiner Geschicklichkeit, die Dramen anderer zu lösen – Selbstmordversuch, Drogenprobleme, Auflehnung oder Depression eines Schülers? Man wendet sich an Olivier, Olivier den Vermittler, Olivier den Gerechten.

Die Veränderung ist ganz allmählich vor sich gegangen seit dem Abend in Bangkok, an dem er Bi und Bô hütete. Seither hat er sich ständig weiterentwickelt, und in seinem dreizehnten Lebensjahr hat er einen Riesenschritt getan. Er, der sich niemals anfassen oder umarmen ließ, vor allem nicht von mir, hat mich eines Tages freiwillig berührt, und am nächsten Morgen...

Wir beide waren allein in unserem Haus in Uzès. Es war Frühling, kurz vor meiner Abreise nach Guatemala. Alles atmete Ruhe, die weiß gekalkten Mauern, die gewölbten Decken und die alten Balken; in den stillen Räumen erinnerten die riesigen Kamine an lange erloschene Holzfeuer. Olivier sprach gern von der Vergangenheit, und ich erfand für ihn Geschichten. Unser Salon war unter Louis-Philippe Ort geheimer Zusammenkünfte – Intellektuelle verschworen sich zugunsten des allgemeinen Wahlrechts, und ihre Damen wiegten in Weidenkörben spitzenbekleidete Babys; draußen rauschte der Mistral in den Platanen, derselbe Mistral, dieselben Platanen, und auf unserer kleinen Straße ritten die Truppen von Napoleon III.

Aus den umliegenden Feldern und Gärten hörte man das Blöken der Schafe, das Krähen der Hähne und Vogelgezwitscher, und durch das offene Fenster strömte der Duft von Geißblatt, Minze und Rosmarin. Es war so mild, daß man Lust hatte, in der Natur aufzugehen, Pflanze, Stein oder Baum zu werden und reglos zu verharren, staunend über das Glück des Daseins.

Ich saß am Küchentisch und richtete Frühlingsrollen auf einem Teller an. Olivier stand hinter mir und sah mir schweigend zu.

Plötzlich, ohne jede Vorwarnung, der Schock: mit einer schüchternen Geste legte er die Hand auf meine Schulter. Ich blieb ganz gerade auf meinem Stuhl sitzen, damit er nicht erschrak, die Flucht ergriff oder verschwand, wagte nicht, den Kopf zu drehen, mich zu rühren oder zu sprechen, hielt den Atem an und dachte an gar nichts. Auch er blieb unbeweglich hinter mir stehen. Ein langer Augenblick verging, dann nahm er sanft seine Hand weg und murmelte: «Meine liebe Mama.» Ein wunderbarer Moment. Langsam und ganz vorsichtig bin ich aufgestanden, habe mich zu ihm umgedreht, und plötzlich fielen wir uns in die Arme, lachend, weinend, hielten uns umarmt und waren glücklich wie zwei Verliebte an ihrem Hochzeitsabend.

Seither umgibt er mich mit einer Fülle zärtlicher Gesten, umarmt mich von morgens bis abends und hält auf der Straße meine Hand. Mein Herz fließt über.

Die Kinder von La Novena, eifersüchtig von Natur, sahen das nicht gern. Bei seinem ersten Besuch stießen sie ihm zwei junge Prostituierte in die Arme: «Da, nimm sie beide zusammen, hier vor unseren Augen.» – «Nein, danke», hat mein Sohn ruhig und ganz sanft geantwortet, «das trifft sich schlecht, heute habe ich keine Lust dazu.» Daraufhin zerschlug El Diablo, ein äußerst gewalttätiger Bursche von achtzehn Jahren, eine Flasche, packte den Flaschenhals mit der Hand und marschierte mit unheilverkündender Miene auf Olivier zu. Ich erschrak gewaltig und verlor den Kopf, warf mich zwischen die beiden und kämpfte an Oliviers Stelle. Dabei brach ich mir zwei Finger; meinem Sohn passierte nichts.

Danach war ich tagelang konsterniert über die Intensität meines Hasses auf El Diablo. Ich fand ihn häßlich und voller Fehler und machte mir Vorwürfe wegen meiner Unbeherrschtheit. Ich sagte mir: «Wie kannst du vorgeben, anderen zu helfen, wenn du nicht fähig bist, jeden von ihnen mit gleichen Augen zu sehen? Du bist ungerecht. Den anderen verzeihst du ihre Missetaten, diskutierst sie mit ihnen, verstehst sie. Bei El Diablo siehst du rot, weil er gewagt hat, sich an deinem Sohn zu vergreifen.

Als sie neulich zu dritt auf dem Gehsteig warteten, um einen Schüler zusammenzuschlagen, mit Rasiermessern zu schneiden und ihm seine neuen Schuhe abzunehmen, um damit ein Feuer zu machen, hast du ihnen geholfen, den Sinn ihrer Aktion zu verstehen: Sie rächten sich für ihre nackten Füße, aber einen Jungen aus guter Familie dafür zu bestrafen, würde ihr Problem nicht lösen: Sie müßten die Lösung in ihren Köpfen und nicht draußen finden. Dasselbe galt für Hugo, der eines Abends eine alte Frau überfiel. Ihr Geld interessierte ihn wenig; er wollte sie dafür bestrafen, daß sie seiner Großmutter ähnlich sah, der schrecklichen Frau, die ihn verlassen hatte. Auch El Diablo hat seine Gründe, aggressiv zu sein. Du müßtest versuchen, ihn zu verstehen.»

Indem ich mir vorstellte, ich hegte keinen Groll, wurde ich ruhiger, und da ich noch weiter gehen wollte, schlug ich El Diablo einen Besuch bei seiner Familie vor. Etwas überrascht nahm er an. Auf seiner Karteikarte stand: «Ohne Familie (?).»

Dreimal wollten wohlmeinende Leute mich zurückhalten, wollten verhindern, daß ich nach La Florida hinunterging, in das verwahrloste Elendsviertel, zu dem El Diablo mich führte. Ich nahm seinen Arm, versicherte ihn meines Vertrauens, und wir setzten unseren Weg fort. Wir gingen über die Planken, die man über Abflußrinnen gelegt hatte; Ratten schwammen zwischen den Abfällen.

Hütten aus Pappe oder Wellblech, Haß, Streitereien und Wut; bleiche Jugendliche mit bösem Lachen, räudige Hunde, nackte Kinder mit geschwollenen Bäuchen, übler Gestank; inmitten leerer Flaschen, Konservendosen und Papierabfällen eine schiefe Baracke, die im Wind schwankt und jeden Augenblick einzustürzen droht. El Diablo tritt als erster ein. Ein winziger, dunkler Raum, durchdringendes Kindergeschrei. Nachdem sich meine Augen an die Dunkelheit gewöhnt haben, erkenne ich zwei kleine Kinder von zwei und drei Jahren, die auf dem feuchten Boden liegen. Ich muß mich zusammennehmen, als ich höre, daß sie seit drei Tagen nichts gegessen haben. Etwas weiter weg eine unbewegliche Gestalt. Die Mutter, noch jung, die im Sterben liegt. Sie bewegt sich schon nicht mehr und spricht nicht mehr. Sie hat all ihre Kraft in den Augen gesammelt, wendet sie nacheinander den Kindern und mir zu, fleht mich an, sie nicht im Stich zu lassen. Wie es weiterging? Die Mutter starb, die Kleinen kamen in ein Heim, und El Diablo kehrte in die Hölle seines Lebens zurück. Banale Tatsachen, wie sie in La Novena täglich zehnmal vorkommen. Eine Zeitlang, vor seinem Verschwinden, wurde El Diablo mein Freund. Er erzählte mir, wie sein Vater bei der Geburt der kleinen Schwester die Flucht ergriff. Wie viele Kinder und Frauen haben die gleiche Erfahrung gemacht?

Ein junges Mädchen oder eine junge Frau setzt all ihre Hoffnungen in einen Mann. Ihre Misere hat ein Ende; ein Mann wird sie unterstützen, beschützen, trösten. Die Unglückliche. Wo sie das Ende ihrer Kümmernisse sieht, beginnt ihr wirkliches Elend: der Mann arbeitslos, betrunken, wütend. Neun Monate später ist sie schwanger, vier Jahre später hat sie fünf Kinder; immer mehr Sorgen, immer weniger Geld – bis zu dem Tag, an dem ihr Lebensgefährte, seiner Verantwortung müde, sie wegen einer Kinderlosen verläßt; ein Teufelskreis.

Oft höre ich Leute um mich herum, die sich wundern: «Die Frauen müßten doch Familienplanung praktizieren. Warum sich davon fernhalten?» So einfach liegen die Dinge nicht. In diesen überaus katholischen Ländern drohen die Priester ihren Pfarrkindern von der Kanzel, beim Gespräch oder bei der Beichte ständig mit dem Zorn des Himmels für den Fall, daß sie dieser Todsünde verfallen sollten. Wenn man ihnen glaubt, ist es ein Glück, ein Segen, viele Kinder zu haben. Und selbst wenn der Einfluß der Kirche ausgeschaltet würde... Präservative für die Männer? Sie trinken, um zu vergessen, trinken, um zu trinken und sich den sozialen Regeln anzupassen, und wenn sie abends völlig betrunken über eine Frau herfallen, ist auch das ein Mittel, um zu vergessen. Was die Mütter betrifft, die auf die Religion pfeifen und sich gern mit vier oder fünf Kindern begnügen würden – wie sollen sie das anstellen? Die Verhütungsmethoden, die existieren, sind für Länder der dritten Welt ungeeignet. Um sich die Pille zu beschaffen, muß man kostspielige Wege zurücklegen, und man muß sich das Medikament leisten können. Die Spirale? Hier gilt dasselbe. Die Knaus-Ogino-Methode? Erklären Sie einmal Ihrem Mann, wenn er kaum noch stehen kann... Und außerdem ist es überaus unanständig, von solchen Dingen zu sprechen; die Frauen würden das nie wagen – nein, wirklich, über keine Methode. Wenn selbst in Indien, wo die Regierung die Geburtenkontrolle befürwortet, ein Mißerfolg zu verzeichnen ist, wie soll man da in Guatemala Resultate erhoffen, wo die Regierung sich mit der Kirche verbündet, um sie zu verbieten? Ganz zu schweigen davon, daß wie in allen Ländern der dritten Welt mit hoher Kindersterblichkeit ein Minimum von vier oder fünf Kindern notwendig ist, damit drei oder vier überleben. Wer würde sich im Alter um die Eltern kümmern, wenn sie diese Kinder nicht hätten? Es gibt weder Rente noch Sozialversicherung noch irgendwelche sozialen Hilfen. Ohne Kinder verhungern die Alten.

Apropos Geburtenkontrolle: Kate hat sie bisher souverän verachtet. Ich würde mich nicht wundern, wenn sie insgeheim von Mutterschaft träumte. Sie spricht nicht darüber, sie macht sogar gern eine Unschuldsmiene, wenn ich darauf anspiele, aber es ist unübersehbar; man braucht nur ihren gerührten Blick zu sehen, wenn eine Mutter mit Kinderwagen vorbeigeht, und ihre feuchten Augen, wenn eines unserer Kinder sie «Mama» nennt.

Die Zeit liefert den Beweis. Eines Tages, in einem lila geblümten Rock und silbernen Sandalen, strahlt sie uns an, als scheine ihr die Sonne aus den Augen. Überglücklich teilt sie uns die Nachricht mit, und ihre Freude durchflutet das ganze Haus: Sie ist schwanger. Große Aufregung. Der Vater? «Ein Junge von den Inseln, er wird ein guter Vater sein.» Aber «wir» werden ihn nicht heiraten. Wie soll das Baby heißen? Michèle, André, Jean-Paul, Isabelle? Ich ziehe Philippe vor, Anna Maria plädiert für Corinne, aber Kate neigt zu Nicolas; sie weiß kaum um ihre Schwangerschaft, da vergeuden wir schon Stunden damit, unsere Vornamen zu verteidigen. Die Kinder von La Novena reden davon, sie wollten das Baby hüten, und Olivier anerbietet sich in strengem Ton, es «zu erziehen». Michèle, Philippe oder Nicolas, du siehst, wie wir für dich unsere Kargheitsregeln fahrenlassen. Schau, wie schön das Haus ist, frisch und weiß gestrichen; am Eingang stehen rote und weiße Rosen, und überall prangen Orchideensträuße. Ist das hübsch genug? Fliegende Händler verkaufen uns eine Truhe für deine Kleider, eine geschnitzte Wiege, Vögel aus Holz und einen großen Papagei. Um dich zu feiern, werden unsere täglichen Mahlzeiten zu Festessen. Anna Maria und ich wetteifern in Einfallsreichtum und bereiten die extravagantesten Gerichte zu. Schwarze Bohnen und Tortillas bleiben unsere Grundnahrungsmittel, aber geschmückt mit bunten Blüten, weißen Kieselsteinen, exotischen Muscheln und riesigen Blättern; wenn wir abends um den Tisch sitzen, nehmen wir uns Zeit, trinken einen zweiten Kaffee; uns fallen die Augen zu, aber wir zögern, in unsere Zimmer zu gehen, weil es so guttut, immer wieder von dir zu sprechen . . . Deine Mutter, gerötet vor Bewegung, hört zu und strickt dabei.

Zur gleichen Zeit kommt Manou für eine Woche zu uns, ehe sie nach New York weiterreist, wo sie ihre Ballettausbildung fortsetzen wird; der Tanz hat ihr Flügel verliehen, sie hat ungewöhnliche Courage und Sensibilität entwickelt, und zur Krönung des Ganzen fangen sie und ihr Bruder an, sich zu lieben. Die Atmosphäre ähnelt wieder der in Asien, sorglos, fröhlich, zärtlich... Wir erleben herrliche Tage.

Inzwischen in La Novena...

Eine Seidenschärpe dreimal umgewickelt, ein Hemd mit aufgestickten Sonnen am Leib und die Füße zum ersten Mal in Schuhen, ist soeben Don Pedro persönlich eingetreten. Überrascht und beunruhigt über das ungewohnte Schauspiel Hunderter von Kindern in Lumpen, hält er inne, schaut nach rechts und links, nickt ernst mit dem Kopf und betrachtet Kate und mich, als sähe er uns zum ersten Mal. Wir empfangen ihn im großen Saal im Erdgeschoß. Rührend, Don Pedro... er wirkt hier kleiner als in seinen Bergen... der Anblick seiner neuen Schuhe tut mir weh. Schüchtern bittet er um Erklärungen über das Projekt, stellt ein oder zwei Fragen, bleibt eine Viertelstunde bei uns. Dann stößt er einen tiefen Seufzer aus und verläßt uns hinkend. Unser Respekt vor ihm verwirrt unsere Kinder. Sie, die gewöhnlich die Indios verachten, verhalten sich diesmal still.

Eine Woche später kommt Don Pedro wieder, begleitet von Don Zaccheus und Don Mario. Sehr würdig in ihren traditionellen Kleidern, aber linkisch und schüchtern wie immer unterbreiten sie uns feierlich «einen Vorschlag». Auf einer Sonderversammlung vor wenigen Tagen hat Don Pedro den Bewohnern von Zaculeu von seinem Besuch bei Kate und der *Madre*, von La Novena und der Situation der Straßenkinder erzählt, und sie haben sich gefragt, wie sie sich beteiligen und diesen «Enterbten» (aus ihrem Mund hat dieses Wort ein ungewohntes Gewicht) helfen könnten. Am Schluß hat die Gemeinschaft vorgeschlagen, Gruppen von Kindern über die Wochenenden ins Dorf einzuladen.

Seither bietet sich ein wunderbares Schauspiel. Die Kinder lernen in Gesellschaft der Dorfbewohner die Namen der Bäume, hacken Holz, schöpfen Wasser, versorgen das Geflügel oder arbeiten auf den Feldern, aber vor allem machen sie tausend Dummheiten und verursachen mehr Ärger als ein Heuschreckenschwarm. Kate und ich zittern, daß Geld verschwinden oder die frechsten Jungen sich im Dickicht über die Tochter des Dorfoberhauptes hermachen könnten, aber alles geht gut. Die Indios vertrauen ihnen, und alle sind zufrieden. Unsere jungen Freunde schlafen abends, in Wolldecken gehüllt, neben einem Holzfeuer ein und erwachen vom Zwitschern der Vögel; sonntagsabends kehren sie nur widerwillig in die Hauptstadt zurück . . . die Straße gefällt ihnen nicht mehr. Bindungen entstehen. Aus eigenem Antrieb studieren die Kinder Aufführungen für die Dorfbewohner ein, und ihr unvergleichlicher Erfolg veranlaßt sie, Pläne zu schmieden. Sie sprechen davon, in Schulen, Krankenhäusern, im Nationaltheater zu spielen . . . letzteres allerdings ist übertrieben.

Der Dezember kommt näher. Das ganze Jahr über blieb die Temperatur in der Ebene um die zwanzig Grad, und das Wetter war herrlich. Kates Baby bewegt sich schon; oben in den Bergen webt eine alte Frau aus Zaculeu ihm eine schöne Schärpe.

Am 24. Dezember «explodiert» La Novena: Carlos, der Kochlehrling fährt als Weihnachtsmann verkleidet ins Dorf hinauf, begleitet von einem Dutzend Helfer in Perücken und langen Gewändern; ein Bus wurde eigens für diesen Anlaß gemietet. Anna Maria folgt, ihren Krankenwagen mit Kindern vollgepackt, und dahinter kommt unser Jeep, Kate am Steuer, Olivier und ich begraben unter Paketen mit Spielzeug. Bei der Ankunft hat sich die Zahl der Helfer verringert; drei haben während der Fahrt ihre Meinung geändert, einer hat «gekündigt», zwei sind fortgegangen, um Drogen zu nehmen, aber das Leben ist schön, wir haben Weihnachten.

Im Verlauf eines der üppigsten Feste, die man sich vorstellen kann, haben der Weihnachtsmann und seine Helfer an alle Kinder von Zaculeu Geschenke verteilt: Autos für die Jungen, Puppen für die Mädchen. Seither sieht man in Zaculeu und Agua Escondida die kleinen Mädchen ihre Puppen auf dem Rücken tragen, und dabei setzen sie dieselbe sorgenvolle Miene auf wie ihre Mütter.

Das Geld, ein ewiges Problem

Gemeinsam haben wir beschlossen, Kate jede Aufregung fernzuhalten. Sie soll keine Rundfahrten mehr zu den Waisenhäusern machen, die sie zum Weinen brachten, und nicht mehr die Familien verlassener Kinder besuchen. Von nun an ist es ihr verboten, Versuche zur Familienzusammenführung zu unternehmen. Sie soll die gequälten kleinen Gesichter nicht mehr sehen, wenn Kindern von sechs oder sieben Jahren, die davon geträumt hatten, zu Hause mit offenen Armen empfangen zu werden, die Tür vor der Nase zugeschlagen wird, wenn sie beschimpft oder ignoriert werden. Dieser Schmerz soll ihr erspart bleiben. Sie darf nur noch die Kinder betreuen, die auf dem Weg der Genesung sind, und ihnen beibringen, wie man Haß durch Freude ersetzt und sich für ein anderes Leben entscheidet.

Sie wird auch die Kontrolle über unsere Finanzen behalten, eine ruhige, erholsame Aufgabe. Bei diesen letzten Worten geht sie hoch: ruhig, die Finanzen von *Tomorrow*? Das verschlägt ihr den Atem. Erholsam? Und ihr Herzklopfen beim Eintreffen der Bankauszüge? Ich würde noch dafür sorgen, daß sie und ihr Baby an einem Herzinfarkt stürben, wenn ich keine rationelleren Methoden einführte, unsere Geldmittel zusammenzubringen. Es mache sie nervös, wie ich Ausgaben verteile, ohne mich um Geld zu sorgen, und noch nervöser, wie selbstverständlich ich es hinnähme, wenn die gewünschte Summe genau zur rechten Zeit vom Himmel fiele. Daran werde sie sich nie gewöhnen können. Gut, das wiederhole sich zwar unfehlbar, aber ich sei die einzige, die daran glaube und ruhig schlafen könne; sie gerate beim Herannahen der Fälligkeitsdaten in Panik.

Um Kate zu beruhigen, bat ich die EG um Subventionen; meine Bitte wurde akzeptiert. Das vereinfachte Kate das Leben, machte es aber für mich komplizierter. Die großen Organisationen wollen, wenn sie

Mittel bereitstellen, auf Jahre im voraus in allen Einzelheiten über Aktivitäten, Ausgaben und Bedürfnisse Bescheid wissen und verlangen, daß man sich an den Entwurf des Projekts hält. (Für mich ist das ein Irrtum; man spannt den Wagen vor die Ochsen. In meinem Schema bestimmt die Entwicklung die Mittel und nicht umgekehrt.) Das ist noch nicht alles. Die Ergebnisse müssen den Wünschen des Geldgebers entsprechen, selbst wenn die Empfänger andere Wünsche hätten. So gerät man in Zwänge und eine administrative Strenge, die die Entwicklung des Projekts hemmen oder es in eine Richtung lenken kann, die es sonst nicht eingeschlagen hätte. Das schlimmste für mich aber ist, daß ich es den Geldgebern recht machen muß. Gewisse Empfänger von Hilfsgeldern wenden dafür einen großen Teil ihrer Energie auf; das Image ihrer Vereinigung aufzupolieren, ist ihr wichtigstes Anliegen und tritt manchmal an die Stelle des eigentlichen Ziels, nämlich der Hilfe für die Bevölkerung.

Nein, dieses Spiel gefällt mir nicht. Ich folge lieber dem Naturgesetz und vertraue dem Leben; die Mittel, da bin ich sicher, werden in dem Augenblick kommen, in dem wir sie brauchen.

Man hat mich deshalb als ahnungslos und unüberlegt bezeichnet; das mag so sein, aber bei mir hat diese Methode noch nie versagt. Kate ist mein Zeuge. Ich möchte lachen, wenn ich wieder ihre Ängstlichkeit beim Herannahen der Fälligkeitstermine und ihre Verblüffung sehe, wenn uns Schenkungen genau in dem Augenblick zuflossen, in dem wir sie nötig hatten. Wer schickte sie uns? Eine Frau, die wir zufällig kennengelernt hatten, ein Priester, ein Unbekannter... oder jemand wie Mimi, ganz einfach.

Mimi. Wir haben uns über dem Atlantik kennengelernt. Später sagte sie, auf ihre Frage nach meiner Tätigkeit hätte ich drei Stunden lang geantwortet... Sie saß neben mir in einem überfüllten Flugzeug, und die Situation bot sich zu einem Gespräch an. Mimi konnte gut zuhören. Je mehr ich erzählte, desto mehr geriet sie in Feuer: die Motivationen der Kinder wecken, *yes*... sie nicht zwingen, die Straße zu verlassen, sondern abwarten, bis sie selbst... *yes*. Gesundheit, Bildung... *yes. Self-respect*, Würde... Es hielt sie nicht mehr auf ihrem Sitz. Sie fuhr sich mit der Hand durch das silberne Haar und wiederholte begeistert: «*Yes. Yes. Yes. Wonderful.*» Sie war fabelhaft. Durch ihre Augen nahm mein Projekt Gestalt an, die Passagiere der ersten Klasse, der Pilot, unser Premierminister, alle waren zu einer

Zeit ihres Lebens Kinder der Straße, denen jemand die Hand gereicht hatte.

Vor der Landung lud sie mich ein, zum Tee zu ihr nach Annapolis zu kommen. Ich dachte bei mir, das sei der teuerste Tee meines Lebens, aber ich nahm an.

Wenn Mimi meine Mutter, meine Schwester, meine beste Freundin gewesen wäre, hätte sie nicht mehr tun können. Sie stellte mich der ganzen Stadt vor, dem Gouverneur, den Priestern, dem Bürgermeister, den Marineoffizieren, den Journalisten, den Geschäftsleuten, ihrem Mann und ihren Kindern, und zu allen sagte sie: «She has a wonderful project. We must help.»

Ganz allein schaffte sie es, die Stadt zu mobilisieren. Die Priester luden mich ein, in ihren Kirchen zu sprechen, die Lehrer baten mich in die Schulen, und von überall bekamen wir Spenden; dann haben Gastwirte einen Teil ihrer Einnahmen gespendet, und Nan und Marie, Mimis Freundinnen, organisierten Galaabende, die weitere Dollar einbrachten. Entfesselt lief Mimi durch die Stadt und forderte die Einwohner auf, «den Kindern zu helfen». Später hat sie uns in Guatemala besucht, und sie wollte auch nach Bolivien kommen, aber da war sie schon leidend. Sie starb im Gedanken an all das, was für die Kinder der Straße noch zu tun war. Zwei Stunden vor ihrem Tod flehte sie mich am Telefon an, nicht zu ihrer Beerdigung zu kommen: «Spare das Reisegeld für die Kinder.»

Es gibt mehrere Mimis in meinem Leben, Männer und Frauen in allen Teilen der Welt; einige sind sehr bekannt. Allen bin ich auf die banalste Weise begegnet. Hätte ich sie absichtlich kennenlernen wollen, wäre mir das niemals gelungen.

Als Kate im achten Monat ihrer Schwangerschaft war, bin ich abgereist. Es war das Jahr der großen Trockenheit im Sahel. Kate, von Anna Maria und unseren Ärztefreunden behütet, sah ihrer Mutterschaft gelassen entgegen. La Novena funktionierte gut ohne mich. Besessen von der Hungersnot, wollte ich meine Dienste in Äthiopien anbieten. Nicolas wurde während meiner Abwesenheit geboren.

Als ich zwei Monate später zurückkam, ging jeder im Haus auf Zehenspitzen, Wollknäuel und feuchte Windeln lagen zwischen unseren Akten, und Kate wiegte selig ein schönes Baby.

Ein Jahr war seit der Eröffnung von La Novena vergangen, ein Jahr, in dem unserem Team durch unablässige Arbeit und die geschickte Handhabung von Belohnungen und Strafen eine Parforcetour gelungen war. Eine große Zahl von Kindern war bereit, die Straße zu verlassen. Sie hatten ihren guten Willen bewiesen, wollten in einem Zuhause schlafen, lernen und eine Berufsausbildung aufnehmen. Wir wollten gerade ein zweites Haus mieten, um diesen Plan auszuführen, als ein Priester aus New York kam und ganz in der Nähe von La Novena ein Privathaus kaufte. Er möblierte es elegant, stattete es modern aus, taufte es «El Refugio» und bot es den Kindern der Straße an. Sie fanden dort Zuflucht und Nahrung, sahen Filme nach «Rambo»-Art und amüsierten sich, wie sie wollten; die Tür war offen, man konnte frei kommen und gehen, vorausgesetzt, daß man nicht unter Drogen stand. Wie ein Mann stürzten alle Kinder dorthin, die Drogensüchtigen als erste. Sie spülten sich den Mund mit Menthol, und selbst wenn der Geruch nach Azeton noch in ihren Haaren und ihren Kleidern hing, merkte niemand etwas. Unsere jungen Freunde, die bereit gewesen waren, die Straße zu verlassen, konnten dem nicht widerstehen: Die Versuchung von El Refugio war stärker.

Seltsamerweise hatte dieser Pater Bruce, der amerikanische Priester, uns nicht einmal einen Besuch abgestattet; dabei ging es uns um dieselben Kinder, und er konnte unsere Anwesenheit nicht ignorieren, aber zu keiner Zeit ließ er den Wunsch nach Zusammenarbeit erkennen. Er ließ sich neben uns nieder wie ein Geschäftsmann neben einem Konkurrenten. Seine Organisation in den USA sammelte ungefähr vierzig Millionen Dollar pro Jahr, und sein Anliegen, so schien es, war weniger die Zukunft der Kinder als die Frage, wie er sein Geld ausgeben sollte. Ich bin zu ihm gegangen, und alle anderen Mitglieder unseres Teams auch, aber er hat uns empfangen wie arme Verwandte. Er wollte der einzige Herr an Bord sein.

Später änderte El Refugio seine Ausrichtung, unterstützte Schul- und Berufsausbildung. Pater Bruce, der Gegenstand eines Skandals war, wurde zurückgerufen. El Refugio änderte sich und hatte danach wirklichen Erfolg, aber für uns war sein Erscheinen eine Katastrophe; alle Anstrengungen eines ganzen Jahres wurden zunichte gemacht. Unsere Mahlzeiten waren einfach und bescheiden, und die Kinder mußten den Tisch decken, die Speisen reichen und abräumen. Im Refugio wurden sie wie Könige von Personal bedient. Bei uns mußten sie ihre Kleider selbst waschen, im Refugio wurden dafür Waschfrauen bezahlt. Es stimmt schon, hier liebt man uns, sagten die Kinder, wenn sie von La Novena sprachen, aber da drüben geben uns diese Gringos alles umsonst. Sie richteten es so ein, daß sie sich bei beiden etwas holten, eine Mahlzeit hier, die andere da, ein Film im Refugio, Lieder in La Novena; sie wanderten vom einen Haus zum anderen wie ein Mann von einer Geliebten zur anderen, zum reinen Vergnügen. Sie waren gut gepflegt und wohlgenährt und in bestmöglicher Verfassung, ihre Tage damit zu verbringen, sich zu amüsieren, zu stehlen und in aller Ruhe Drogen zu nehmen. Warum hätten sie den Wunsch haben sollen, ihre Stellung am Rande der Gesellschaft aufzugeben?

Um doppelten Aufwand zu vermeiden, haben wir es vorgezogen, La Novena zu schließen. *Tomorrow* war nicht reich, und der Gedanke, die Spenden, die man uns geschenkt hatte, zu vergeuden, stieß mich ab.

Zwei Monate später haben wir in einem Arbeiterviertel am Stadtrand ein neues Haus eröffnet. In seiner neuen Form hatte La Novena nur noch acht Angestellte und funktionierte nach dem gleichen Prinzip wie die Anonymen Alkoholiker: Zugang hatten nur motivierte Jugendliche. Unser Haus, das die Regierung uns überlassen hatte, war groß genug, um dreißig Jugendliche aufzunehmen. Es war eine Art Heim, in dem sie leben konnten, wenn sie die Schule besuchten oder eine Lehre machten; es war kein Gefängnis, die Türen waren nicht verschlossen, und sonntags durften sie ihre Kameraden oder ihre Freundin mitbringen. Am Anfang kamen drei, dann zehn, dann fünfzehn; Jugendliche, die es müde waren, von der Polizei verfolgt zu werden, im Gefängnis zu sitzen und ein leeres Leben zu führen. Sie waren selbst für die Disziplin, die Mahlzeiten, die Organisation des Hauses und der Freizeit verantwortlich. Wenn sie finanziell unabhängig geworden waren, ermutigten wir sie, sich in der Stadt ein Zimmer zu mieten, brachen aber den Kontakt zu ihnen nicht ab. Wir hatten gute Anfangserfolge. Dann sind Kate und ich gegangen, und nach einigen Jahren hat La Novena es vorgezogen, sich armen Kindern aus den Slums zu widmen. Warum nicht?

Ich hatte bei der Gründung nur den Plan, ein Samenkorn zu pflanzen; nach mir würden andere kommen, um es zu begießen, ihm Sonnenschein zu geben, sich darum zu kümmern. Mit genügend Liebe würde aus dem Samenkorn eines Tages ein schöner Baum werden, der Früchte trug.

In dem Augenblick, in dem ich dies schreibe, fünf Jahre später, ist das Problem der Kinder der Straße in Guatemala dramatischer denn je; man findet kleine Leichen auf den Gehsteigen, verstümmelte, gefolterte Kinderleichen. Inzwischen sind andere Projekte für die Kinder der Straße angelaufen, doch das Elend hat sie eingeholt. Inflation, Arbeitslosigkeit, steigende Lebenshaltungskosten, drückende Staatsverschuldung – jeden Tag ergießt sich aus den übervölkerten Elendsvierteln ein Strom unschuldiger Kinder in die Straßen der Hauptstadt, die binnen drei Monaten zu Räubern werden. Das ist nicht nur in der dritten Welt so: New York, London, Paris, wir haben alle das gleiche Problem. Die humanitären Organisationen werden es nicht bewältigen, sondern vielmehr die Pepsi-Verkäuferin, der Polizist, die Zeitungshändlerin und der Kaufmann an der Ecke, und zwar erst an dem Tag, an dem sie sich davon betroffen fühlen. Ich sage das traurig, denn die Situation wird sich so schnell nicht ändern. Inzwischen bilden alle diese Kinder, die unsere sein könnten, revoltierende Banden, leiden und bedrohen unsere Sicherheit.

Im Lande der Lamas

Die Geschichte von Qharuru ist schön. Sie soll mitten im Sommer bei Sonnenschein begonnen haben, aber bei den Aymara-Indios trägt jedes Wort sein Gegenteil in sich, und die Sommer sind Winter.

Die Geschichte beginnt also Ende 1986 bei Wind und Kälte unter den Regenfluten, die die Straßen in Ströme verwandeln und sich vom Alto in die tausend Meter tiefer gelegene Stadt ergießen.

La Paz, die höchstgelegene Hauptstadt der Welt. Die Armen leben oben, die Reichen unten, wir dazwischen. «Wir», das sind Kate, Nicolas, Olivier und ich. Anna Maria konnte sich nicht entschließen, Guatemala zu verlassen. Olivier macht ein düsteres Gesicht, Kate ist erschöpft von ihrem Baby und mir, ich bin trotz der Wohnbedingungen nicht unzufrieden. Wir leben zusammengedrängt in einer Wohnung ohne Komfort, winzig und sehr kalt. Die Höhe setzt uns zu, und wir fühlen uns sehr fremd. Wir werden uns an die Stadt und die Menschen gewöhnen müssen, uns mit den Göttern, dem Klima, den Märkten vertraut machen müssen ... also wieder bei Null anfangen und alles neu lernen.

Ich werde glücklicher sein, wenn Olivier sich über die Trennung von seiner Freundin hinweggetröstet hat und Kate wieder zu Kräften gekommen ist. Wenn nur der Wind nachlassen würde! Er heult so, daß er noch das Baby aufwecken wird.

Kate und Olivier sind enttäuscht, das sehe ich wohl. Ich habe ihnen zuviel von Bolivien vorgeschwärmt, seinem blauen Himmel, den wilden Gegenden und der Reinheit der Flötenklänge. Ich habe sie gelockt mit präkolumbianischen Wegen über menschenleere Gipfel, Mädchen, die die *Diablada* tanzen, und Indios in großen Ponchos, die überall *Charango* spielen. Sie haben zuviel erhofft.

Sie sind gekommen und haben nur die Kälte gesehen.

Dabei hatte ich nicht übertrieben. Die Entdeckung Boliviens, sechs Monate zuvor, hatte mich fasziniert. Damals war es schön. Neben einer weißen Kirche, auf einem Kasten mit Schuhcreme sitzend, hatte ich Fidel kennengelernt, einen Jungen von dreizehn Jahren. Er hatte mich bei der Hand genommen und durch seine Stadt geführt. Die Kirche San Francisco, die Casa Murillo, das Theater, die alten gepflasterten Straßen und die Museen, die Sagarnaga-Gasse, die Buden der Zauberinnen; er ließ mich den ganzen Tag umherlaufen und erzählte mir tausend Dinge. Mit seinen Augen gesehen, war die Politik nicht traurig, und er hatte auch keine schlechte Meinung über den Kokainhandel. Er erzählte mir von seiner kranken Mutter und seinen drei kleinen Geschwistern, die von ihm abhängig waren, von den geschlossenen Bergwerken und der Arbeitslosigkeit, von seinem Vater, den er anbetete und der sie verlassen hatte. Durch seine Worte hatte ich das Leben seiner Freunde kennengelernt, Schuhputzer, Busausrufer oder Wasserträger auf dem Friedhof, sehr junge und ältere Knaben; Tausende von Jugendlichen arbeiteten fünfzehn Stunden am Tag, um ihre Familien zu ernähren. Seinem Lächeln hatte ich die Bitterkeit angesehen, seiner Stimme den Mut angehört. Gegen Abend war Fidel romantischer geworden und hatte mir die märchenhaften Farben des Titicaca-Sees, die Sonnenpforte und seine letzte Pilgerfahrt nach Copacabana beschrieben, und am Ende hatte er mich gefragt, ob man auch bei mir zu Hause, in meinem Land, sage, daß Gott existiert.

Auf derselben Reise hatte ich Brucy getroffen, einen immer lächelnden Engländer, der die kleine Welt der Schuhputzer gut kannte und, damit ich sie kennenlernen konnte, einen Ausflug in das Tal des Mondes organisiert hatte, wo alle zusammenkommen sollten. Gemeinsam hatten wir die seltsame Landschaft entdeckt, den «Kaktusgarten» besucht und unter Eukalyptusbäumen und großen Pinien ein Picknick gehalten.

Mehr als hundert waren gekommen, doch an diesem Tag zählte für mich nur ein einziger: Francisco. Seither verfolgt mich sein Gesicht. Er war ein junger Indio mit vorstehenden Wangenknochen und traurigen Augen, nicht sehr groß, ein schüchterner und zurückhaltender Junge, der sich mühsam mit Hilfe von Krücken fortbewegte. Er hatte sich unter einen Baum gesetzt, allein mit einem Berg von Pullovern und Mützen, die die anderen ihm anvertraut hatten, um unbeschwerter spielen zu können, und er sah ihnen mit einer Art stillem Glück zu.

Ich setzte mich neben ihn. Ich weiß heute nicht mehr genau, ob er von seiner Großmutter aufgezogen worden war, ehe er verlassen wurde, jedenfalls war mir seine Situation im Vergleich zu all den Kindern auf der Straße, die ich kannte, unerträglich und unerhört erschienen. Ein kleiner Junge mit gelähmten Beinen lebte ganz allein und arbeitete, ja, er richtete sich auf den Gehsteigen ein und putzte Schuhe, um leben zu können, weil er nicht betteln wollte. Was sind wir für eine Gesellschaft, daß wir so etwas Schreckliches zulassen, dachte ich. Was für eine Erniedrigung! Diese Überlegungen sprengten mir fast den Kopf, während er mir freundlich und sanft von seinen Kunden, seiner Liebe zu Vögeln und seinen Reiseträumen erzählte. «Frankreich, sagtest du Frankreich? Da möchte ich eines Tages mit dir hingehen.» Er hatte gelächelt, seinen Arm um meine Schultern gelegt und gemurmelt: «Eines Tages werde ich gesund, und dann fahren wir zusammen hin, ja?»

Qharuru ist für Francisco entstanden. Wieder hatte ich mir gesagt, daß nichts unmöglich ist, daß man nicht das Recht hat, diesen Kindern eine Chance zu verweigern, und daß ich für Francisco alles tun würde.

Am gleichen Abend hatte ich mit den übrigen Kindern gesprochen und sie erstaunlich gefunden. Wen man auch fragte, was er sich wünsche, die Antwort kam unverzüglich: Lernen. Sie verabscheuten ihre Lage, schämten sich ihrer, und die Verachtung der Stadtbewohner für sie brachte sie auf. «Ein ehrenwertes Leben» wünschten sie sich: Mechaniker, Bäcker, Chauffeur, einen anständigen Beruf erlernen, der ihnen ermöglichen sollte, ihre Familie zu ernähren.

Sie sprachen mit einer Art Scham, als seien sie schon erwachsen. Diese Kinder der Straße waren keine Drogensüchtige oder Diebe, sondern respektable fleißige Burschen, von denen nur eine geringe Zahl auf der Straße lebte. Die anderen hatten eine Mutter, eine Großmutter, ältere Geschwister oder sonst eine schwache Familienbeziehung, die sie an die Gesellschaft band. Genau wie unsere Freunde in Guatemala hatten sie sich Namen oder Beinamen ausgesucht, darunter Gringo, Apache, Ente, Hahn, Huhn, Altes Taxi, Kleiner Clown, Heulsuse und Hungerleider. Nur einer war anders: Francisco. Er paßte in keine Kategorie. Vielleicht, weil er in seinem eigenen Kopf nicht oder kaum existierte.

Heute ist Brucy für mehrere Wochen verreist, die Stadt ist kalt, aber die kleinen Schuhputzer sind noch immer da, das Gesicht unter der Mütze verborgen, mit roten Wangen und einem Tropfen an der Nase. Ich werde ihnen Kate und Olivier vorstellen.

Wenn ich sehe, wie diese beiden sich im Kreis drehen und Sehnsucht nach Guatemala haben, habe ich fast ein schlechtes Gewissen. Ich bin ohne Bedauern fortgegangen. Ich bin weit vor ihnen davongeflogen, zumindest in Gedanken, und zwar seit dem Tag, an dem Paco uns besuchte. Paco repräsentierte in Kolumbien die Unicef. Ihm hatte La Novena gefallen, er hatte uns dazu gratuliert und bemerkt: «In La Paz, Bolivien, wäre ein solches Projekt notwendig.» Ich fühlte mich persönlich angesprochen. La Novena war in Betrieb, man konnte ohne Kate und mich auskommen. Unserem Team übergeordnet, hatte der örtliche Verwaltungsrat jetzt die Aufsicht übernommen und würde sich in Zukunft um das Sammeln von Spenden kümmern. Länger zu bleiben, bedeutete eine Abhängigkeitssituation schaffen, unter der alle leiden würden. Ich hörte Paco schon nicht mehr zu. Neue Kindergesichter standen mir vor Augen, ein neues Leben erwartete mich. Ich war schon fort.

Dabei hatten Kate und ich uns doch geschworen, uns nie mehr mit den Kindern der Straße zusammenzutun. Sie hatten uns ausgelaugt, erschöpft. Das, wovon wir träumten, war ein kleines humanitäres Projekt auf einer schönen Insel im Pazifik, ein normales Leben mit Nächten und Sonntagen, abends am Strand gegrillten Fischen und glücklichen Menschen um uns herum.

Warum konnte ich nicht widerstehen, als Paco von den bolivianischen Kindern sprach? Es wäre schade gewesen, nicht von unserer Erfahrung zu profitieren; und außerdem, wer weiß? Vielleicht hätten wir uns auf unserer Insel am Ende gelangweilt.

Qharuru

November 1986. Mittag. Es regnet in Strömen. La Paz ist überschwemmt, der Verkehr staut sich. In den Stoßstange an Stoßstange stehenden Fahrzeugen sitzen die Fahrer geduldig und resigniert. Auf beiden Seiten warten lange Schlangen von reglosen Bolivianern unter schwarzen Regenschirmen auf hypothetische Autobusse. Eine ganze Stadt versinkt in Ohnmacht und Unbeweglichkeit. Die COB, die Gewerkschaft, läßt aus einem in der Nähe des Theaters aufgehängten Lautsprecher rituelle Parolen ertönen. «Aufstand», «Revolution», «Aktion», die Worte kommen kraftvoll heraus, stoßen sich an der allgemeinen Apathie, werden schwach. Die Indios haben sie zu lange gehört, sie haben die Ohren verschlossen.

Ein Taxichauffeur dreht sein Radio bis zum Anschlag auf; die Nachrichten lassen die Menge kalt, genau wie die Worte der COB: «Wütende Lehrer, Hungerstreiks, wieder ein Bergwerk geschlossen; drei Bergleute lassen sich vor der Universität ans Kreuz schlagen.» Noch nie hatte ich solches Elend gesehen.

Wir haben wenigstens die Möglichkeit, Süßwasserfische und Gemüse aus den Yungas oder aus Chile zu kaufen; wir können uns, wenn wir nach Hause kommen, wenigstens umziehen, aber sie . . . ihre Kleider werden niemals trocknen, und heute abend zum Essen werden sie nichts als *chunas* haben, getrocknete Kartoffeln, die sich jahrelang halten und die den Kieselsteinen ihres Bodens ähneln.

Und dieser Regen, der nicht aufhört. Nichts geht voran.

Die einzige Aktivität findet auf dem Vorplatz der Kathedrale statt. Dort könnte man glauben, man sei im Reich von Schneewittchen und den sieben Zwergen, einem verzauberten Reich, in dem sich fünfzig Zwerge mit bunten Zipfelmützen tummeln; man sieht sie, Bretter auf der Schulter tragend, gehen, laufen, sich regen; einige sägen kraftvoll

Holz; andere führen kniend kraftvoll den Hammer. Wieder andere tragen Bilder und Pinsel, und all das geht unter Gelächter und Freude vor sich. Kate, mit Nicolas an der Brust, stellt eine Liste der Namen auf und notiert die Einzelheiten der zugesagten Kredite. Olivier, der ein wenig über der Sägearbeit steht, prüft nach, ob die Anzahl der berechneten Bretter mit der gelieferten Menge übereinstimmt.

Wer hat die Idee mit den Brücken gehabt? Archie vielleicht, oder Brucy? Wenn es in La Paz regnet, haben die kleinen Schuhputzer nichts zu tun; sie laufen herum und warten oder sehen zu, wie Fußgänger Stunden verlieren, ehe sie auf die andere Straßenseite gelangen können. Von jetzt an wird alles anders. Von jetzt an werden die Bewohner von La Paz die Straßen überqueren können, ohne nasse Füße zu bekommen, und die Kinder, bei zwanzig Centavos pro Kunden, werden reich werden.

Das Wunderbare an dieser Geschichte ist die natürliche Art, wie sie abläuft.

Kaum in Bolivien angekommen, ohne raffinierte Studien durchzuführen, ermutigen wir die Kinder, ihre Idee zu konkretisieren: den Bau von Laufplanken, zusammengenagelten Brettern, die stellenweise mit Malereien dekoriert sind. Als diese Kunstwerke gerade eben fertig sind, hört natürlich der Regen auf; vom Vorplatz der Kathedrale aus, wo wir gearbeitet hatten, betreten wir nun die Kirche, und fünfzig Jugendliche, Kate, Olivier und ich flehen die Jungfrau an, uns Wasser zu schicken.

Als der Regen endlich wiederkommt, Gott sei Dank, erregt dieser Durchgangsdienst für die Bevölkerung großes Aufsehen; die Presse berichtet darüber, dann das Fernsehen, und das kleine Geschäft – das doch so bescheiden ist – macht die Feuerwehrleute eifersüchtig. Arme Feuerwehrleute von La Paz, sie langweilen sich, das ist normal: niemals Feuer in dieser Höhe, es fehlt an Sauerstoff. Um sich nützlich zu machen, stehlen sie uns unsere Idee, und eine Woche später, bewaffnet mit solideren Planken als unseren, machen sie uns Konkurrenz, ja, verdrängen sie uns. Handgemenge in den Straßen, Streit zwischen unseren Jugendlichen und den Feuerwehrleuten. Die Presse mischt sich ein, die Kinder erklären ihr Anliegen, und in der Stadt beginnt man sich für ihr Wohl zu interessieren. Um seine Ruhe zu haben, verlangt der Bürgermeister von den Feuerwehrleuten, sich in ihr Viertel zurückzuziehen.

Wir haben noch keine Räumlichkeiten und arbeiten vom Platz Pérez Velasco aus, im Herzen der Altstadt, umgeben von einem einsamen Prediger, Feuerspuckern, Spielzeughändlern und Fotografen. Unter ihren warmen Wollmützen wienern unsere kleinen Freunde unermüdlich die Schuhe herablassender oder lächelnder Männer, und Francisco, ein Stückchen entfernt auf seine Krücken gelehnt, sieht traurig zu, wie sie ihm seine Kunden wegnehmen. Eines Morgens erscheinen zu unserer Überraschung drei Diplomatengattinnen und überreichen uns einen Beitrag von dreihundert Dollar. Sofort rufen Kate und ich unsere jungen Unternehmer zu einer Generalversammlung zusammen, um zu entscheiden, wie das Geld verwendet werden soll. Übereinstimmend beschließen sie den Kauf von gelben Regenmänteln, wie die Feuerwehrleute sie haben, und Gummistiefeln; man streitet ein wenig über die Farbe der Gummistiefel, und beinahe kommt es zu Handgreiflichkeiten: ebenfalls gelb – nein, rot, ein schönes, leuchtendes Rot – nein, schwarz, schwarze Stiefel sehen seriöser aus.

Das Vertrauen ist hergestellt, das Projekt in Gang. Wir taufen die Vereinigung Qharuru, und von da an kann man uns sehen, wie wir in unserem Jeep singend und lachend durch die Stadt fahren, immer eine Traube von Jungen an den Türen und auf dem Dach, und uns schöne Projekte ausdenken.

Sixto, Jesús, Francisco, meine Lieblinge . . . «Nein», sagt Olivier, «nein, das ist Archie; Francisco tut dir leid, aber es ist Archie, den du liebst; du hast ihn in dem Moment ins Herz geschlossen, in dem du ihn zuerst gesehen hast.»

Olivier hat einen guten Blick für solche Dinge, er weiß früher als ich, wer mich rühren wird, welches Kind mir den Schlaf rauben wird. Er weiß es, und da er der Vertraute der Kinder ist, hat er immer schon alle Antworten auf meine Fragen parat. Wenn ich mich erkundige, warum Monod gestern geweint hat, schlägt Olivier mir vor, seine Mutter im Krankenhaus zu besuchen. Wenn ich das Fieber von Gatto erwähne, hat Olivier schon drei Pullover für ihn bereitgelegt.

Olivier weiß viele Dinge von ihnen, Kate erfährt ihrerseits einiges, ich ebenfalls, und wenn wir diese Informationsbröckchen zusammensetzen, entdecken wir bittere Wirklichkeiten. Unsere kleinen Schuhputzer, Kinder des Elends, erleben die Morgendämmerung nicht als freudiges Versprechen. Keine freundlichen Worte in der Frühe, kein

Kuß, kein Frühstück. Sie erheben sich in der Kälte, nehmen ihre Kiste mit Schuhcremes und gehen zur Arbeit. Die Lehmhütten oder Höhlen, in denen sie leben, liegen am Ende der Welt, an ungesunden, unzugänglichen Orten; ein Stück Fels am Rand eines Abgrunds, unbebautes Gelände, vom Wind gepeitscht. Um in die Stadt zu gelangen, müssen sie stundenlang gehen, streunenden Hunden trotzen, Müllkippen passieren. In Nebel und Wind gleicht jede Gestalt, die sich bewegt, einem Phantom. Allein der Weg ist angsterregend. Abends, nur zu oft mit leerem Magen, müssen sie ihn in umgekehrter Richtung zurücklegen, die paar Centavos nach Hause tragen, die sie während des Tages verdient haben, fünf oder sechs Stunden schlafen und dann von neuem beginnen.

Francisco ist der einzige, der seinen Lohn behält; er verwendet ihn für Nahrung und Miete, da selbst eine dunkle Ecke am Ende eines Korridors bezahlt werden muß.

Von acht Uhr morgens an wimmelt der Platz Pérez Velasco von Kindern, die arbeiten; es sind mehr als zweihundert, und manche sind kaum sechs Jahre alt.

Die Väter sind fortgegangen, die Mütter krank oder nicht vorhanden, und so sind diese halb verlassenen Kinder alle für kleinere Brüder und Schwestern verantwortlich. Sie arbeiten oft fünfzehn Stunden am Tag, um sie zu ernähren, knabbern hier und da etwas, ohne jemals eine richtige Mahlzeit zu bekommen, hungern und frieren unablässig und träumen davon, Zeit zum Spielen zu haben.

Wer würde das ahnen, wenn er sie sieht? Sie ähneln unseren Kindern. Wenn man sie fragt, wie es ihnen geht, versichern sie, alles sei in Ordnung. Und dennoch...

Renato hat seine Eltern verloren, als er acht Jahre alt war. Heute ist er fünfzehn. Sieben Jahre schuften, um seine fünf Schwestern großzuziehen und dann auch noch das Baby derer, die vergewaltigt worden ist.

Césars Vater ist im Gefängnis, seine Mutter mit einem Liebhaber weggelaufen.

Raouls Mutter ist Alkoholikerin, Pollito hat kein Zuhause; der Vater von Altes Taxi liegt im Sterben, Monod trägt die Verantwortung für seine Brüder und Schwestern, Gringo kommt aus einer Familie von Drogensüchtigen... Jedes Gesicht verbirgt ein Drama: was für eine Lektion in Tapferkeit! Sie beklagen sich nie, sind immer sanft, höflich, lächeln. «*Una lustrada por favor?*» (Bitte, lassen Sie sich die Schuhe putzen.) Keine Zukunft, keine Freuden, keine Zeit, Kind zu sein.

Was sie am meisten brauchen, ist eine Zuflucht, ein Ort, an dem sie sich aufwärmen, sich ausruhen können; so viele Stunden auf der Straße, weit von zu Hause entfernt – sie fühlen sich verloren. So mieten wir drei Monate nach unserer Ankunft und dem Bau der Laufplanken ein Haus, ein großes Haus, das sie pompös als ihren «Gesellschaftssitz» bezeichnen. Ein Teil des bolivianischen Teams, das es nach unserer Abreise übernehmen wird, ist bereits eingestellt: Carola, die Leiterin, schön und noch begeisterter als ich, ein Arzt, ein Psychologe und eine Sozialhelferin.

Auch Olivier hat sich uns als ehrenamtlicher Mitarbeiter angeschlossen. Er hatte immer einen wilden Haß auf die Schule, und wenn er auch nicht wie in Bangkok systematisch seine Bücher und Hefte in den Teich warf, so blieb er doch unfähig, sich ins Schulsystem einzugliedern. Als er fünfzehn wurde, habe ich ihm geraten, die Schule zu verlassen, einen Beruf zu lernen, doch unbegreiflicherweise blieb er hartnäckig, verdoppelte und verdreifachte seine Anstrengungen, ohne jemals Fortschritte zu erzielen. Viel später gestand er mir: «Du hast nie etwas gesagt, aber im Grunde machte es dir solche Freude, mich zur Schule gehen zu sehen.»

Gerade haben wir das Haus in Besitz genommen. Eines Tages, wenn wir die Mittel dazu haben, werden wir es kaufen. Noch ist es leer bis auf einen Schreibtisch, auf dem meine Akten liegen.

Die Atmosphäre ist hektisch. Carola denkt mit glänzenden Augen daran, Mahlzeiten zu organisieren; man wird eine Köchin einstellen, das kostet nicht viel. Doch wir wollen nicht herablassend sein und den Jugendlichen ihre Würde bewahren. Keine Almosen; sie werden für ihre Mahlzeit bezahlen, einen symbolischen Preis natürlich. Der Arzt erklärt mir, was er an Material und Medikamenten brauchen wird. Die Kinder sind zu klein für ihr Alter, leiden an Unterernährung, Durchfall . . . Olivier spricht davon, eine Fußballmannschaft zu bilden, die Sozialhelferin will alle Familien besuchen, Kate macht sich Notizen, Nicolas spielt auf dem Fußboden.

In diesem Moment hat Archie, flankiert von César und Pollito, seinen Auftritt. Archie ist fünfzehn, trägt einen braunen, abgetragenen Pullover und eine Hose, die von seinem Großvater stammen muß. Es stimmt, daß ich eine Schwäche für ihn habe.

Respektvoll nimmt er seine Mütze ab, baut sich vor uns auf und fragt mit zitternder, aber entschlossener Stimme, ob in Qharuru zukünftig Mahlzeiten serviert werden. Nachdem wir dies bejaht haben, fährt er fort: «Weil ich nämlich (er steht gerade wie ein Soldat) mein ganzes Leben lang Bäcker gewesen bin; ich könnte das Brot backen.» Er schiebt César und Pollito vor und fügt in beschützendem Ton hinzu: «Diese beiden werden meine Helfer sein.» Nach diesen Worten schlägt er errötend die Augen nieder und wartet. Ich hatte das Brot eigentlich kaufen wollen, aber warum nicht? Carola übergibt ihm eine kleine Geldsumme und schickt ihn fort: «Also, zeig uns, was du kannst.»

Die drei stürmen davon und kommen eine Stunde später lachend zurück. Mit großer Geste wischt Archie meine Akten vom Schreibtisch und schüttet das Mehl darauf. Ein Helfer reicht ihm Wasser, der andere Hefe und Salz. Nachdem sie den Teig fertig haben, tragen sie ihn im Laufschritt weg, und wir fragen uns, ob wir sie jemals wiedersehen werden. Es wird schon dunkel, als sie zurückkommen, einen großen Weidenkorb voller Brot in den Armen. Hinter ihnen folgen schüchtern etwa zwanzig Kinder. Mit feierlicher Geste schreitet Archie zur Verteilung, ein Brot für jeden. Wir kosten es langsam und schweigend. Das Brot ist gut. Ich esse meines mit Respekt. Zwanzig Augenpaare fixieren mich ängstlich. Ein Moment für die Ewigkeit. Sie haben den Ofen einer Bäckerin an der Ecke gemietet und so lange gefeilscht, bis sie ihnen ihr Brot umsonst gebacken hat. Doch der Ofen taugte nichts. Bei einer besseren Backtemperatur, behauptet Archie, könne man die Qualität verbessern.

Schließlich entspreche ich der allgemeinen Erwartung und beglückwünsche Archie: «Eines Tages, mein Sohn, werden wir eine Bäckerei kaufen, und du wirst unser Bäcker.» Da beginnt dieser große, spöttische Junge unerwartet zu weinen und murmelt überrascht: *«Es como un sueño.»* Auch für uns ist es wie ein Traum. Carola lacht, um ihre Rührung zu verbergen, ich kann meine kaum verhehlen, und die zwanzig Umstehenden, die im Traum schon ungeheure Brotlaibe an sich vorbeiziehen sehen, reiben sich die Augen ... In Kates Blicken sehe ich etwas wie Bedauern; ich könnte schwören, daß sie an Geldfragen denkt.

Am gleichen Abend, als ich zu Fuß über den Prado zurückgehe und noch ganz damit beschäftigt bin, meine Gefühle zu ordnen, treffe ich die Gattin des schweizerischen Botschafters in Bolivien, Rita, eine reizende Frau. Sie ist beunruhigt über meinen besorgten Gesichtsausdruck, stellt Fragen, und als ich ihr den Traum des kleinen Bäkkers erzähle, steigen mir wieder Tränen in die Augen, Freudentränen. Auch sie ist bewegt, küßt mich auf die Wange und murmelt beim Abschied etwas von einer Überraschung. Wer weiß... vielleicht wird sie uns Schokolade schicken.

Am nächsten Morgen taucht statt dessen ein Lastwagen auf, und vor unseren verblüfften Augen werden ein großer Tisch, ein Ofen und alle möglichen Gerätschaften abgeladen. Kaum geträumt, materialisiert sich hier unsere Bäckerei. Schnell wird sie zum Ort, an dem sich das Leben der Jungen konzentriert. Hier ist es warm, es riecht verführerisch, und das Versprechen, für fast nichts Brot kaufen zu können, ist eine Wonne. Doch nicht alles ist so einfach, wie es schien. Am ersten Tag ist das Brot verbrannt, am zweiten streiten sich die Lehrlinge, und am dritten verhaftet die Polizei Archie wegen Landstreicherei. Von da an geht alles gut, wenn nicht gerade das Mehl gestohlen wurde, ein Fußballspiel unsere Bäcker am Aufwachen gehindert hat oder sie sonst eine gute Entschuldigung vorbringen, warum sie das Backen vergessen haben. Alles würde besser laufen, wenn Archie nicht so einen schwierigen Charakter hätte; seine Wutanfälle schlagen manchmal die Lehrlinge in die Flucht und halten alle von der Bäckerei fern; ich bin die einzige, die ihn beruhigen kann.

Zu Hause wächst Nicolas heran, Olivier entfaltet sich im Dienst an anderen, aber Kate kann die Höhe nicht gut vertragen, es fällt ihr schwer, ihre Vitalität wiederzufinden. Was mich betrifft, so beglückt mich die Möglichkeit, diesen jungen Bolivianern eine Zukunft zu geben. Ich möchte alles gleichzeitig tun, Etappen überspringen, aber ich muß mich beherrschen, vorsichtig vorgehen. Meine Position ist schwierig. Ich wäre gern diejenige, die den Impuls gibt, aber im Hintergrund bleibt und dem örtlichen Team, allen voran Carola, die Initiativen überläßt. Um keinen Preis will ich unentbehrlich werden.

Ich muß auch aufpassen, um nicht zu starke Gefühlsbindungen an die Kinder zu entwickeln, damit sie nicht leiden, wenn ich fortgehe. Kurz, ich muß anwesend sein und doch nicht anwesend, die anderen anleiten, ohne für sie zu entscheiden, in meinen Augen das beste Mittel, ihnen zu helfen. Doch Demokratie ist nicht immer meine Stärke; ich habe zuviel allein gelebt, mir angewöhnt, allein zu bestimmen, und manchmal schockiere ich Carola und die anderen, wenn ich mit der Hand auf den Tisch schlage und verkünde: «So muß das gemacht werden.» Dann greift Kate vermittelnd ein, beruhigt die Geister, und man hört auf, mich anzusehen, als sei ich Pinochet.

Wochen vergehen. Die Einstellung von Doña Rita, der Köchin, ermöglicht die Eröffnung einer Selbstbedienungskantine, in der die Mahlzeit zehn Centavos kostet und wo auch Bezahlung in Naturalien akzeptiert wird: Wer Doña Rita in der Küche hilft, Fenster oder Duschen putzt oder verschiedene Haushaltsaufgaben erledigt, bekommt einen Gutschein für die Kantine. Doña Rita hat sehr eigene Vorstellungen von Hygiene, und man kann ihr hundertmal den Unterschied zwischen Kühlschrank und Gefrierschrank erklären, sie begreift ihn noch immer nicht. Ihre Fleischviertel, die in vollem Sonnenschein am Fenster hängen, die schmutzigen Taschentücher, die sie anstelle von Wischlappen verwendet, die verschimmelten Brotreste in den Wandschränken... Oh, Doña Rita...

Kate wird ratlos, ich ungeduldig, aber die Kinder sind sehr zufrieden. Anfangs kommen sie Stunden zu früh und stellen sich an, verschlingen im Nu ihre Mahlzeit und stürzen los, um sich erneut in die Schlange einzureihen; manche essen dreimal hintereinander, obwohl die Portionen reichlich bemessen sind.

Mit der Zeit werden sie ruhiger, gönnen sich die Zeit, sich die Zähne zu putzen, und nehmen beim Abschied eine Frucht oder Brot für ihre Familie mit. Leider wird Francisco immer schüchterner; die anderen necken ihn, verstecken seine Krücken und spielen ihm lachend tausend böse Streiche, die ihn unglücklich machen. Deshalb bleibt er immer häufiger aus, und ich besuche ihn auf dem Gehsteig der Unterstadt, wo er arbeitet. Er leidet unter heftigen Kopfschmerzen, weigert sich aber kategorisch, ins Krankenhaus zu gehen. Mehrmals habe ich einen Termin bei einem Arzt vereinbart; wenn ich ihn hinbringen will, kann ich ihn nicht finden. Manchmal versteckt er sich für mehrere Tage. «Später», sagt er dann mit seinem mädchenhaften Lächeln. «Eines Tages wirst du mich hinbringen, sie werden mich operieren, und wenn ich laufen kann, werden wir Reisen machen.»

Nach und nach entwickelt sich Qharuru, und die Kinder, die nur leise zu sprechen wagten, fangen an, sich laut zu äußern. Sie hätten gern Spinde, einen Ort, wo sie ihre persönlichen Sachen deponieren können und abends vor dem Heimgehen ihre Schuhcremes und Bürsten sowie ihre Arbeitskleidung. Wenn sie die hätten, könnten sie morgens vom Alto herunterkommen, angezogen «wie Schüler». Sie würden sich in Qharuru umziehen und abends wieder heimgehen, ohne aufzufallen. «Das wäre so wichtig . . . wir bräuchten uns nicht mehr zu schämen, die Leute würden uns nicht mehr verachten.» Das ist also der Grund, warum sie sich die Mützen so tief ins Gesicht ziehen. Sie schämen sich, sie verstecken sich. Unsere erste Investition werden die Spinde sein, zweihundertfünfzig Spinde, zweihundertfünfzig Schlüssel. Aber das ist nicht genug. Man muß ihnen die Scham nehmen und gegen die Verachtung der Bevölkerung ankämpfen.

Am Weltkindertag helfen wir ihnen, in der Stadt eine Demonstration zu organisieren: zweihundertfünfzig Kinder, die Gesichter hinter Schals verborgen, ziehen über den Prado und tragen bunte Transparente, die sie selbst gemalt haben. Darauf steht: «Die Schuhputzer sind keine Bettler.» – «Wir haben ein Recht auf die Achtung der Bevölkerung.» Oder: «Wir sind keine Diebe, sondern Arbeiter.»

Es ist verrückt: Gerade sind wir auf die Straße gegangen, da erscheint ein Bataillon bis an die Zähne bewaffneter Polizisten und stürzt sich auf uns. Es gelingt Carola, sie zu beruhigen. Ich, die vorderste im Zug, lache gezwungen. «Nein, ich bin keine Freundin von Che Guevara. Lassen Sie uns in Ruhe demonstrieren.» Ein sintflutartiger Regen unterbricht unseren Marsch; Hals über Kopf kehren wir ins Haus zurück; die Transparente sind verschmiert, und unsere Schuhe schlammverkrustet, aber wir sind glücklich. Die Mutigsten duschen sich sofort, um sich umarmen zu lassen und unsere Komplimente zu hören, aber auch, um ihren Spind zu verdienen. Schmutzigen Kindern soll nämlich der Schlüssel entzogen werden.

Sonne auf der Straße

Wenn meine kleine Manou mir nicht verboten hätte, etwas über sie auszuplaudern – «schließlich handelt es sich um mein Privatleben, Mama», hätte ich viele schöne Seiten über sie schreiben können, über ihre Tiefe und ihren Ernst, das Lachen und die Freude, die jeden Augenblick aus ihren Augen strahlen, ihre Gesten, ihren Gang. Ich hätte von unserem wunderbaren Einverständnis sprechen können und davon, daß ich über Tausende von Kilometern hinweg intuitiv spüre, wenn sie etwas bedrückt. Ich hätte von meinen Blitzbesuchen in New York erzählen können, wenn sie sich allzu allein fühlt, und davon, daß ihr Beruf als Tänzerin ihr Leben nicht mehr erfüllt, von unseren Spaziergängen Hand in Hand, von meinem Stolz, bei ihr zu sein, und ihrem Stolz, wenn sie mich in die Museen führt und von jedem Gemälde so leidenschaftlich spricht, als hätte sie es selbst gemalt. Ich hätte von meinen Emotionen sprechen können, als ich sie verliebt sah, ihre Freunde kennenlernte, als ich erkannte, daß sie ihr Leben führte wie eine Erwachsene. Aber ich habe es dir versprochen, mein Liebes, ich werde nichts sagen. Sei beruhigt, ich kehre auf meine bolivianischen Hochebenen zurück.

Da die Menschen dort in der Kälte leben und sich so schlecht ernähren, leiden unsere Jungen an allen möglichen Krankheiten; außerdem bringen sie auch kranke kleine Brüder und Schwestern zu uns, sterbende Mütter oder Angehörige, die nie in ihrem Leben einen Arzt gesehen haben. Sie zu auswärtigen Konsultationen zu schicken, kostet uns ein Vermögen. Es gibt zwar ein Gratis-Krankenhaus, aber das verfügt über viel zu wenige Betten.

Um diese Schwierigkeiten zu lindern, läuft Carola durch die Krankenhäuser und Ministerien, schickt Kate Briefe in alle Welt, und versuche ich meinerseits, die Gemeinde zu mobilisieren.

Wir haben Glück, Stiftungen aus Frankreich und Holland, die wir um Subventionen gebeten hatten, schicken uns Spenden; Mylène kommt aus Frankreich und bringt hundert Kilo Medikamente mit; in zwei Räumen unserer Zufluchtsstätte eröffnen wir eine Zahnklinik und eine Krankenstation.

Unsere Zahnärztin ist eine dynamische junge Frau, die ich gern mag, weil sie den Kindern immer Verantwortung überträgt. Pablo, ein großer Lümmel von siebzehn Jahren, der ein wenig zur Faulheit neigt, hat Bewunderung für sie gefaßt und verbringt viel Zeit an ihrer Seite. Er reicht ihr die Instrumente, reinigt sie und erweist ihr viele kleine Dienste. Um ihm zu danken und Sicherheit zu geben, bezeichnet sie ihn als ihren Assistenten. Er gewinnt Geschmack an dem Spiel, kauft sich einen weißen Kittel, und es fehlt nicht viel, damit er sich auf der Straße «Doktor» nennen läßt. Wir sind entzückt: «Wenn er sich weiterhin so ernsthaft bemüht, könnte man ihn doch zum Zahntechniker ausbilden lassen.»

Ernsthaft, aber nur halb ernsthaft. Eines Sonntags trifft Pablo Huescar, der über seinem Schuhputzkasten vor Zahnschmerzen weint. Pablo bringt ihn in «seine» Praxis, setzt die Bohrmaschine in Gang, behandelt den kranken Zahn und verabreicht Huescar Medikamente... Nun gut, man beruhigt sich wieder, er hat niemanden umgebracht, und Huescar ist seine Zahnschmerzen los. «Aber hör gut zu, Pablo: Wenn du das je wieder tust, ist das das Ende deiner Karriere als Zahntechniker.» Das paßte ihm nicht. Wir haben ihn in Qharuru nicht wiedergesehen.

Zum Glück sind die Dinge nie so dramatisch, wie sie scheinen. Später habe ich erfahren, daß er es überwunden hat. Nur seine Selbstachtung hatte gelitten. Ähnlich war der Fall von Carlos, dem maskierten Jungen in La Novena. Unsere Abreise hatte in so verstört, daß er alles im Stich ließ, La Novena und das Restaurant, in dem er angestellt war; er landete wieder auf der Straße, mittellos wie am ersten Tag. Als ich das erfuhr, hätte ich meine humanitären Unternehmungen beinahe aufgegeben. Doch zwei Jahre später, als ich nach Mittelamerika zurückkehrte, fand ich in La Novena eine Nachricht von ihm vor. «Sagt *Abuela*, daß sie stolz auf mich sein kann. Ich habe ein Glücksspiel mit Kugeln und Würfeln erfunden, das bei Festen und Jahrmärkten jedermann spielen kann; ich verdiene damit ganz gut meinen Lebensunterhalt. Ich habe eine alte Tante wiedergefunden, eine arme Frau, die mit ihren zehn Kindern in einer Hütte aus Kartons lebt. Mit meinen Ersparnissen habe ich Bretter gekauft und werde ihr helfen, ein richtiges Haus zu bauen. Sagt *Abuela* all das, und sagt ihr auch, daß ich sie liebe.»

So ist das. Man bildet sich ein, Gutes zu tun, und bewirkt das Gegenteil. Umgekehrt ist es genauso. Carlos außer Gefahr zu wissen, gab mir eine neue Freiheit im Handeln und Denken und auch eine neue Bescheidenheit. Wie können wir wissen, welche Auswirkungen unser Wirken auf diejenigen hat, denen wir helfen möchten? All meine Anstrengungen können vergeblich sein, ein einziger Satz, den ich sage, kann eine ungeheure Bedeutung gewinnen... Man kann nicht mehr tun, als in jedem Augenblick nach bestem Wissen und Gewissen zu handeln. Der Rest steht nicht in unserer Macht.

Darüber führen Kate und ich abends lange Diskussionen, während Olivier sich sanft wie eine Mutter um Nicolas kümmert. Wir sprechen von Idealen, vom Sinn des Lebens und vor allem von der Zukunft der Kinder.

Tischler, Friseure, Schneider – wir geben uns alle Mühe, sie auf einen Beruf vorzubereiten; sogar Doña Rita, zur «Lehrerin» aufgestiegen, bildet kleine Küchenjungen aus.

Häufig wird über die Mahlzeiten geklagt: «Die Suppe schmeckt nicht, die Sauce ist versalzen, der Spinat, igitt... keiner mag ihn. Außerdem bevorzugt Rita ihren Sohn, das ist widerlich; immer bekommt er das größte Stück vom Huhn.» Bevor es unsere Kantine gab, hatten diese kleinen Gauner nie so gut gegessen, und schon beschweren sie sich. Wenn wir nicht aufpassen, sind sie im Nu verwöhnt. Nicht wahr, Archie?

Deshalb müssen wir behutsam vorgehen, ihnen nicht den Eindruck einer Leichtigkeit vermitteln, der die Realität verfälschen würde. Aber alle Kinder wollen uns auf die Probe stellen, wollen sehen, wie weit sie gehen können, und darin sind die *lustrabotas*, wie man sie in Südamerika nennt, Spezialisten. 1985, als ich an mehreren Fronten gleichzeitig tätig war, reiste ich für einige Wochen in die Sahelzone. Erstaunlich, wie die Kinder der Straße sich gleichen; das geht bis zu den Spitznamen, die sie sich ausdenken. In Addis Abeba oder in Dakar findet man wie in La Paz oder Guatemala Rambos, Teufel oder Schwarze Engel; alle sind von der Gesellschaft verraten worden, wandern wie Zugvögel von einem Land ins andere, begeistern sich für Fußball und träumen davon, geliebt zu werden.

Für alle lautet das Leitmotiv, einen Beruf zu erlernen und eine Zukunft zu haben, aber die Lehrzeit ist mit etlichen Problemen verbunden. Bei allem guten Willen sind sie wie kleine Wilde, denen man zuerst die Begriffe Moral und Zeit beibringen muß. Da sie seit frühester Kindheit daran gewöhnt sind, um ihr Überleben zu kämpfen, neigen sie dazu, mehr zu nehmen als zu geben, und das ist ganz normal. Sie machen nicht immer einen Unterschied zwischen nehmen, sich aneignen und stehlen. Wenn ich all die Goldketten, Ringe oder Handtaschen behalten hätte, die Kinder alten Damen gestohlen haben, um mir ihre Liebe zu beweisen, wäre ich heute reich. Den begabtesten Kindern schenken wir das Schulgeld. Wer bescheidenere Berufungen verspürt, zum Laufburschen oder Portier, wird in unseren Büros ausgebildet. Sie lernen, zur Post zu gehen, Einzahlungen vorzunehmen, Einkäufe zu machen oder Schreibmaschine zu schreiben. Olivier bringt sogar seinen Computer mit und versucht, ihnen die Handhabung beizubringen, aber sie schlagen wie wild auf die Tastatur ein, und nach zwei Tagen gibt der Computer den Geist auf. Das Experiment wird abgebrochen. Das hätte ich nicht zulassen dürfen. Ich hätte auf mehr Geduld bestehen, das überstürzte Aufgeben verhindern müssen. Werde ich jemals lernen, eine ruhige, gesetzte Person zu sein?

Unsere jungen Freunde verkünden lauthals, sie wollten Lesen und Schreiben lernen, aber . . . Ist es die Müdigkeit, die schlechte Ernährung oder die ungewohnte Tätigkeit? Es gelingt ihnen nicht, sich zu konzentrieren. Jorge, unser Lehrer, hat es schwer, aber er liebt seinen Beruf, glaubt an die Kinder, und nach vielen Mühen trägt sein Programm zum Aufholen schulischer Leistungen endlich Früchte; binnen weniger Monate kehren etwa fünfzehn Kinder in die Schule zurück.

Ich bin entschieden eine Optimistin; meine Tendenz, von den schönen Seiten des Lebens und von der Hoffnung zu sprechen, ist zu stark. Es fehlte nicht viel, und ich würde mich dem Vergnügen hingeben, lauter kleine Engel zu beschreiben, die wieder zur Schule gehen, und die gräßliche Realität verschweigen. Und doch . . .

Mehrmals im Monat begleite ich Rosario, die Sozialhelferin, auf ihrer Rundfahrt zu den Familien der Kinder. Olivier spielt eine Doppelrolle; er fährt den Jeep, und man muß schon Experte sein, um die Schluchten zu meistern, und tröstet seine Mutter, die manchmal zusammenklappt. In solchen Augenblicken nimmt er sie beiseite, schützt sie vor allen Blicken, läßt sie in seinen Armen weinen und sagt ihr liebe Worte. Wenn die Besuche beendet sind, hat auch Rosario oft rote Augen, doch keiner von uns dreien spricht über seine Gefühle; um uns auf andere Gedanken zu bringen, kaufe ich auf dem Markt schöne rote Äpfel oder kiloweise Kuchen und rede von fröhlichen Dingen.

Allein die Beschreibung der tragischen, unfaßbaren Geschichten, die wir bei unseren Besuchen in den Hütten auf den windgepeitschten Hochebenen zu hören bekommen, verursacht mir eine Gänsehaut.

Alfonso gehört zu den ältesten *lustrabotas*; er ist mindestens siebzehn Jahre alt, groß, kräftig und ruhig, verantwortungsvoll, immer lächelnd; er ist einer von denen, bei deren Anblick man denkt, er habe keine Probleme. Sicherlich hätte ich ihn niemals zu Hause besucht, wenn er mich nicht eines Tages persönlich eingeladen hätte. Es ist gar nicht so einfach, auf den Alto hinaufzukommen – mindestens eine Stunde im Jeep auf holprigen Wegen, und dann, wenn der Jeep nicht mehr weiterkommt, zu Fuß bergaufwärts auf Pfaden, auf denen mir schwindlig wird, mein Herz klopft und ich kaum noch Luft kriege; wir sind in viertausend Meter Höhe.

Bei Einbruch der Dunkelheit kommen wir bei Alfonso an. Er hat nie über seine Familie gesprochen. Sein «Haus» liegt allein an einem Felshang. Alfonso nimmt einen Schlüssel aus der Tasche, öffnet die Tür. Wir treten ein. Es ist dunkel, man sieht nichts. Ein Streichholz zischt, eine Kerze wird angezündet, und Alfonso dreht sich mit großer Geste zu uns um: «Willkommen in meinem Haus.» Eine Höhle von vier Quadratmetern, ein paar Küchenutensilien auf dem Boden neben einem Sack Reis, ein Stuhl, ein Radio und – mein Gott! – an der hinteren Wand ein Bett, ein Bett, auf dem zwei kleine Mädchen von zwei und acht Jahren sitzen, zwei kleine Mädchen, die Tag für Tag brav auf die Rückkehr ihres Bruders warten.

Aus seiner Tasche nimmt er Brot, Früchte, ein kleines Stück Fleisch: ihr Abendessen. Die drei lachen, umarmen sich liebevoll, und man spürt zwischen ihnen eine außergewöhnliche Zärtlichkeit. Im Gespräch erfahre ich, daß die kleinere der beiden Mädchen in Wirklichkeit die ältere ist; sie ist vierzehn Jahre alt, sehr lieb, sagt Alfonso, aber sie ist nie gewachsen. Ihre Schwester bleibt zu Hause, um auf sie aufzupassen, während er arbeiten geht. Ganz allein? Ja, ganz allein. «Ihnen kann nichts passieren, ich schließe die Tür ab, damit sie sicherer sind.» Die Eltern haben sie vor so langer Zeit verlassen, daß sie sich gar nicht mehr daran erinnern. Alfonso streichelt das Haar der Kleinen, zupft ihr das Kleid zurecht, dreht sich zu uns um und fügt lächelnd und zufrieden hinzu: «Es ist hübsch hier, nicht?»

Und die Geschichte von Hugo ... Auch sie ist schrecklich. Er ist etwa zehn Jahre alt, ein Bursche wie alle anderen, mit mandelförmigen Augen, sonnenverbrannten Wangen und ganz glatten schwarzen Haaren; auffallend ist nur der Ausdruck seiner Augen. Einmal ist sein Blick sanft und höflich, im nächsten Moment wird er fast brutal. Er kommt regelmäßig zu den Mahlzeiten und zum Unterricht, aber eines Tages erscheint er nicht mehr. «Etwas muß passiert sein», vermutet Rosario. «Gehen wir zu ihm.»

Die übliche Fahrt zum Alto, durch Schmutz, schlammige Wege und vorbei an Elendshütten, von denen es überall wimmelt. «Sie sind weg», sagt eine Frau, die uns ihre Tür öffnet. «Seit drei Tagen. Der Besitzer hat sie verjagt.» Rasch schließt sie die Tür wieder, als habe sie Angst, wir könnten ihr Vorwürfe machen. Wir finden Hugo einige hundert Meter weiter im Freien, wo er mit einem Stock im Müll wühlt. Er scheint sich zu genieren, als er uns sieht, und versteckt schnell die Hand hinter dem Rücken. Dann stellt er uns seine Großmutter vor, eine kleine, verschrumpelte Alte, die an einem enormen Kropf leidet, und seinen kleinen Bruder, einen Knirps von fünf bis sechs Jahren, der erbärmlich hustet.

Bruchstückweise erfahren wir seine Geschichte; Hugo hat keine Lust zu reden. Die Eltern sind beide in eine Schlucht gestürzt, als er achtjährig war. Die alte Frau war krank, sein kleiner Bruder erst drei. Hugo hat all seine Besitztümer verkauft, um sich Bürsten und Schuhcreme anzuschaffen, und ist hinunter zum Platz Pérez Velasco gegangen, um dort zu arbeiten. Seither hat er zwei Jahre lang jeden Tag etwas nach Hause gebracht, um die Großmutter und den Kleinen zu ernähren und die Miete zu bezahlen. Jeden Tag, nur letzte Woche nicht. Es war der 31. des Monats, es wurde schon dunkel, als er von der Arbeit kam. Zwei Schritte vor seinem Haus sprang auf einmal ein großer, wilder Hund von einem Müllhaufen und sprang ihn an, fiel über ihn her und biß ihm ... er beginnt zu weinen ... biß ihm ... einen Finger ab. Er zieht die Hand hinter dem Rücken hervor, schnieft und fährt fort: «Es blutete, und es tat weh, so weh. Ich bin zur Sanitätsstation gegangen. Der Arzt hat mir einen Verband gemacht. Der Preis, fünfzig Bolivianos, war das Geld für die Miete.»

Die Anzahl der Kinder, die hinter einer ruhigen Fassade ein entsetzliches Leben verbergen, ist beeindruckend. Es fällt mir sehr schwer, daran zu denken; lieber rufe ich mir fröhlichere Dinge in Erinnerung, wie zum Beispiel die Musik.

Ich erinnere mich an den nebligen Tag, an dem die Kinder mit eiskalten Händen zu mir kamen und mich anflehten: «Bitte, hilf uns, Musiker zu werden.» Sie durften Kurse für Panflöte besuchen, aber sehr bald verlangten sie andere Instrumente. Für Kate war die Sache klar: «Trommel! Gitarre? Kein Geld. Sollen sie schauen, wie sie zurechtkommen.»

Sie hielten eine Versammlung ab, und Gringo mit seiner farblosen Haarsträhne und seinem verwegenen Aussehen machte einen Vorschlag. Er erbot sich, ein Konzert zu geben, er, Kleines Huhn, El Negro und Rolando. Man würde fünfzig Personen einladen, alle müßten Krawatte tragen, und der Eintritt würde zehn Bolivianos kosten. Das war echt Gringo. Kaum kennt er drei Musiknoten, denkt er schon daran, ein Konzert zu organisieren... Aber die Idee war gut. Die Kinder zeichneten Einladungen, und wir schickten sie an etwa hundert Musikfreunde, Mäzene und gute Menschen. Etwa dreißig von ihnen kamen, Olivier organisierte ein Buffet, und der Abend war ein großer Erfolg. Eine Woche später gründeten sie das Qharuru-Orchester.

Und der Fußball! Gott weiß, wie wichtig er ist, und ich hätte beinahe vergessen, davon zu erzählen. Olivier hat sich große Verdienste erworben, indem er eine Mannschaft zusammenstellte. Das war eine mühselige Aufgabe. Kindern den Begriff gegenseitiger Hilfe beizubringen, die seit dem Alter von sechs Jahren in den anderen nur Konkurrenten sehen, ist gar nicht so einfach. Fußball dürfte eines der einfachsten Mittel sein, sie von Straftaten abzuhalten; es ist erstaunlich, wenn man das sieht. Sie spielen barfüßig, mit größter Leidenschaft, brüllen, stampfen, und wenn sie verlieren, weinen sie...

Ihre Mißerfolge haben nur einen einzigen Grund: Sie haben keine Mannschaftstrikots. Das erklärten sie mir mit dem größten Ernst der Welt und baten mich, ihnen zu helfen, im Fernsehen darüber zu sprechen. Und so sahen die Zuschauer eines Samstagabends auf ihren Bildschirmen Jesús, einen Knirps von sechs Jahren, der folgenden herzzerreißenden Appell verbreitete: «Fußball ist unsere Leidenschaft. Mit Mannschaftstrikots und Schuhen wären wir die besten Spieler Südamerikas. Helfen Sie uns. Schenken Sie uns Trikots und Schuhe. Danke.» Er sprach mit dem nötigen Gefühl, und keiner konnte widerstehen, weder die Hersteller von T-Shirts noch die von Shorts und schon gar nicht die von Schuhen.

Manchmal mieten wir sonntags große Lastwagen und machen alle zusammen einen Ausflug, Nicolas inbegriffen. Das ist eine Freude! Sie laufen, schwimmen, spielen den ganzen Tag, und Doña Rita mit all ihren Röcken sitzt auf dem Boden, ihre Töpfe rings um sich aufgestellt, und amüsiert sich genauso wie die Kleinen. Gegen Abend, vor der Heimfahrt, bringen die Kinder mir riesige Blumensträuße, die sie in den Bergen gepflückt haben; alle kommen, um mich zu umarmen, und ich bin ihnen unendlich dankbar.

In der übrigen Zeit langweilt Kate sich sonntags. Wohin soll sie mit einem Baby gehen? Der Titicaca-See ist zu kalt, und was unsere Spazierfahrten in den Yungas betrifft, so läßt der bloße Gedanke an die schmalen Wege dicht am Abgrund uns das Blut gefrieren. Olivier dagegen findet das Land herrlich. Er fährt Ski auf den Hängen des Chacaltaya in fünftausendsechshundert Metern Höhe, macht Ausflüge in die Canyons oder geht mit Freunden zum Tanzen. Ich selbst bin so müde, daß ich nirgends hingehen will. Ich bleibe in der Wohnung, spiele mit Nicolas, lese oder koche. Archie besucht mich manchmal, oder Fidel, oder Rolando, und wir sprechen über unsere Lieblingsthemen: die Existenz Gottes, die Gerechtigkeit und das Mitgefühl.

Oft frage ich mich, wie ein Kind, das seit seinem siebten Lebensjahr seine Geschwister ernähren muß, und zwar in einem Land, in dem fünfzig Prozent der Bevölkerung arbeitslos sind, an die Hoffnung glauben kann. Ich weiß es nicht. Vielleicht haben sie Ressourcen, die wir nicht haben, oder sie gehen nicht in die Tiefe, oder ihr Sinn für das Wunderbare dient ihnen als Richtstrahl. Eines ist sicher: Von den Erwachsenen erwarten sie *gar nichts*, und wenn sie an die Zukunft glauben, dann deshalb, weil sie meinen, sie verändern zu können. Wegen dieser Sichtweise haben sie all meinen Respekt.

Während ich gemütlich unter meinem Maulbeerbaum sitze und meine Memoiren schreibe, frage ich mich heute, welche Fehler wir begangen haben, die vermeidbar gewesen wären. Wir mögen uns unserer Erfolge rühmen, aber es ist das Erkennen unserer Irrtümer, das uns voranschreiten läßt. Eine meiner Schwächen war, daß ich mich zu sehr von Fachleuten beeinflussen ließ, beispielsweise den Psychologen, die die Kinder in den Rahmen einer Lehre pressen und die menschliche Dimension übersehen. Auch hätten wir die Kleinen besser beschützen, hätten ständig auf den Straßen anwesend sein müssen, und wir hätten stärker darum kämpfen sollen, Kinder aus den Gefängnissen für Erwachsene zu befreien, wo sie Gewalttaten und Vergewaltigungen ausgesetzt sind und für immer gezeichnet werden.

Und schließlich hätten wir stärker an die Bevölkerung appellieren müssen. Ein Land muß sich nämlich selbst in Bewegung setzen, um seine eigenen Probleme zu regeln.

Franciscos Geschenk

Ich war immer der Meinung, wenn ein Junge fähig sei, allein auf der Straße zurechtzukommen, habe er eine Führernatur und müsse auch in der Lage sein, ein eigenes Unternehmen auf die Beine zu stellen. Ich hatte recht.

Unsere Bäcker hatten eines Tages die Idee, Kuchen zu fabrizieren. Das Ergebnis war eher verwirrend: seltsamer Geschmack, Fingerspuren in der Creme, aber alle einigten sich darauf, es ausgezeichnet zu finden. Doch statt sich über diesen unverhofften Erfolg zu freuen, verlangen Archie und seine Lehrlinge plötzlich lauthals nach jemandem, der ihnen beibringt, Gebäck herzustellen. Nur Christoph kommt in Frage, der Besitzer eines französischen Restaurants, der mit Olivier befreundet ist, aber Christoph kennt sich nur mit Croissants aus. Daran soll es nicht liegen. Er gibt Unterricht, und binnen einer Woche lebt Qharuru nur noch für Croissants: Croissants mit Butter, Croissants mit Margarine, Croissants nach Art von Qharuru und französische Croissants. Sie sind köstlich, man verlangt sie immer wieder. Und wenn man sie öffentlich verkaufen würde? So entsteht unsere Croissantbäckerei, die erste in der Stadt. Sie hat schnell Erfolg. Die Medien verschaffen uns Publizität, die ganze Stadt ruft uns an. Der französische Botschafter wird unser bester Kunde, dann das gesamte Botschaftspersonal, dann die Japaner, die Holländer, eine Bank und Privatleute. Aufsässig sind nur die Amerikaner, die «französische Croissants mit Schinkenfüllung» verlangen... Nicht ernst zu nehmen, diese Amerikaner.

Sehr bald hilft Olivier mit und richtet einen Zustelldienst ein. Selbst wenn die Kleinen sich manchmal verirren oder nicht wagen, die schönen Häuser zu betreten, gewinnen die französischen Spezialitäten an Boden.

Nach den Croissants kommen die Crêpes. Eines Tages, als ich

Heimweh hatte, bat ich Christoph, uns welche zuzubereiten. Als er sie sah, schlug Kleiner Zwerg, der berüchtigte Pituffo, der uns allerhand bietet, sofort vor, eine Crêperie zu eröffnen und sogar ein eigenes Geschäft zu gründen, wenn wir ihm dabei helfen würden. Gesagt, getan. Seither kann man auf den Gehsteigen von La Paz Pituffo und andere Kinder hinter Ständen sehen, wo sie Crêpes Suzette und Croissants verkaufen; die Crêpes sind allerdings häufig mißlungen und die Croissants verbrannt.

In jedem Land entdeckt man rund um die Kinder der Straße bewundernswerte Menschen und geniale Ideen. Wenn ich auf Reisen bin, mache ich immer einen Umweg, um sie kennenzulernen und neue Ideen zu sammeln. Die Dinge, die mir am meisten auffielen, kamen immer von Einzelpersonen, von Leuten, von denen niemand spricht. Auf der anderen Seite trifft man noch immer viel Herablassung. David hatte recht, als er von Motivation sprach. Wenn man Zentren für verlassene Kinder einrichtet, um eine persönliche Gefühlsleere zu füllen, sein Gewissen zu erleichtern oder sich wichtig zu machen, dann lebt man nicht in der Wahrheit. Die wahre Liebe ist nicht die, von der man sich nährt, sondern die, die zu geben versteht.

Doch ich habe gut moralisieren, ich weiß am besten, wie schwierig es ist zu lieben. Zwischen dem Wunsch nach unendlicher Liebe und unseren traurigen Grenzen besteht ein ewiges Dilemma. Für mich wird die Frage der Liebe immer mit Francisco verbunden sein, einem Jungen, der mich liebte und für den ich nichts oder nicht genug getan habe. Sein Gesundheitszustand verschlechterte sich zusehends. Eines Tages zeigte er mir seine Hände: «Schau, ich kann sie nicht mehr bewegen.» Als ich blaß wurde, fügte er hinzu: «Mach dir nichts draus, ich kann meine Bürste ja noch mit den Handgelenken halten.»

Weil ich darauf bestand, erklärte er sich schließlich damit einverstanden, ins Krankenhaus zu gehen.

Nacheinander untersuchten ihn drei Spezialisten, schüttelten ernst den Kopf und verließen wortlos den Raum. «Sagen Sie es ihm selbst», flüsterte einer der Ärzte mir zu. «Es handelt sich um eine galoppierende paralysierende Myopathie. Dagegen kann man nichts tun.» Inzwischen hatte Francisco sich mühsam wieder angezogen und war mit seinen Krücken zu mir zurückgekommen. «Nichts zu machen?» Er stellte mir diese Frage mit zitternder, ungläubiger Stimme, und als ich nicht antworten und auch die Tränen nicht zurückhalten konnte, tröstete er mich. «Das ist nichts, weine nicht mehr, bitte, das ist wirklich nichts. Uns bleibt ja noch der Glaube.» Angesichts unserer Verzweiflung lud einer der Ärzte uns zu einem Eis ein. Francisco schaute gerade vor sich hin, ohne zu weinen.

Ich habe ihn zu Stephan gebracht, dem jungen Schweizer, der elf Kinder aufgenommen hat. Dort wird er von nun an leben. Er hat wohl geahnt, daß ich ihn nicht adoptieren wollte.

Ja, es steht mir nicht zu, von Liebe zu reden. Zweifellos habe ich vielen kleinen Bolivianern geholfen zurechtzukommen. Was hätte ich nicht getan, um meine Unfähigkeit zu wirklichem Engagement zu kompensieren! Um Francisco zu vergessen, bin ich bereit, stundenlang über die Erfolge von Qharuru zu erzählen, in allen Einzelheiten, diejenigen zu erwähnen, die eine Stelle gefunden haben, die die Universität besuchen, die krank waren und gesund geworden sind. Erfolge auf allen Ebenen: soziale Wiedereingliederung, Erziehung, Berufsausbildung, und das ist noch nicht alles. Da gibt es noch die ungewöhnliche, märchenhafte Geschichte, wie die Kinder selbst ihre eigenen Häuser gebaut haben.

Anfang 1988 legt die Regierung in La Paz ein Kreditprogramm für den Bau von Häusern für arbeitslose Bergleute auf; die Kredite sind für Personen bestimmt, die ein Grundstück besitzen, ihr Haus selbst errichten können und bereit sind, während zehn Jahren zwanzig Dollar monatlich zurückzuzahlen.

Als Carola davon erfährt, ist sie Feuer und Flamme. Die Bergarbeiter leben im Elend, ohne Arbeit und Unterkunft, das stimmt, aber was ist mit unseren Kindern? Sie beginnt zu phantasieren. Wenn sie nur ein Haus haben könnten... Nicht alle, aber mindestens fünfzig, die unter den schlimmsten Bedingungen dahinvegetieren, Jungen wie etwa der Alte Wolf, die zu zwölft in einer kleinen, düsteren, feuchten Höhle hausen... Zwanzig Dollar im Monat sparen, das könnten sie; und was den Bau betrifft, so könnte ihnen ein großer Bruder, ein Vater, ein Onkel helfen... Ja, das wäre realisierbar. Ein paar von uns eingestellte Zimmerleute könnten ihnen beistehen... Bleibt die Frage der Grundstücke. Könnte man sie ihnen schenken, Mittel dafür finden? Warum nicht? Aber machen wir uns nichts vor: Die Regierung wird niemals Kredite an Kinder vergeben. Obwohl... Man müßte sie dazu überreden. Qharuru in seiner Eigenschaft als Vormund wäre der Ansprechpartner; man würde den Empfängern die Besitztitel bei ihrer Volljährigkeit aushändigen. Doch es bleibt das große Problem, was wir tun würden, wenn die Jungen ihre Kredite nicht zurückzahlen? Es kommt nicht in Frage, daß wir die Verantwortung dafür übernehmen. Aber das Projekt ist zu ver¹okkend, reden wir mit der Regierung darüber!

Das Fabelhafte an Carola ist, daß sie überall Freunde oder Verwandte hat, in den Geschäften, den Banken und in allen Ministerien. Wir tragen unsere gute Sache Leuten vor, die mit uns sympathisieren, und ohne allzu große Anstrengungen gewähren sie alles, was wir erbitten. Die Transaktionen werden über die Caritas abgewickelt, und an Kinder, die nichts zurückzahlen können, werden keine Forderungen gestellt, aber das muß geheim bleiben.

In unseren Büros geben sich nun Greise und Kranke, ältere Brüder, die kaum größer sind als unsere Kinder, und Mütter mit Melonenhüten die Klinke in die Hand. Alle bieten ihre Mithilfe beim Bau an. Ihre Bescheidenheit überwältigt mich. Sie sprechen von diesen Häusern, als seien sie eine Art Paradies. Es ist zu bewegend; ich kann den Zusammenkünften nicht mehr beiwohnen. Am Ende erfüllen fünfundsechzig Kinder die Bedingungen der Caritas und verpflichten sich wie Erwachsene, ihren Kredit zurückzuzahlen. Dieses Engagement tröstet mich, es ist wie ein Anker in der Zukunft, ein Mittel für diese jungen Menschen, sich ans Leben zu klammern und daran zu glauben. In Qharuru ist das Wort «Ersparnisse» jetzt in aller Munde, und da man so oft davon hört, wollen es alle realisieren. Ein Bankdirektor, den wir zu Rate ziehen, erklärt sich nach langem Zögern bereit, hundert Konten für minimale Einlagen zu eröffnen. Er ahnt nicht, daß für seine neuen Kunden das Schwierigste nicht darin besteht, Geld auf die Seite zu legen, sondern darin... die Bank zu betreten. Oh, Himmel! Wir organisieren Kurse, die ihnen Mut machen sollen. Die Übungen finden in meinem Büro statt. Ich bin der Bankier, und das Training für die Kinder und ihre Angehörigen soll ihnen beibringen, erhobenen Hauptes einzutreten, geradewegs auf mich zuzugehen, mir die Hand zu reichen und mir dabei in die Augen zu sehen.

Ich brauche also dringend fünfundsechzig Baugrundstücke. Wenn man in diesem Land wartet, ändern die Regierungen ihre Meinung. Auf meine Bitten hin erklärt sich der Bürgermeister bereit, uns ein Terrain auf dem Alto zu überlassen. Ich verschweige die Tatsache, daß ich keinen Pfennig habe, kaufe, unterschreibe, und zur Feier dieser wichtigen Neuerung treffen wir uns am nächsten Morgen alle auf dem Gelände. Als wir ankommen, sind Presse, Rundfunk und Fernsehen schon da, ebenso die Verantwortlichen von Caritas. Unsere Kinder und ihre Familien, linkisch und im Sonntagsstaat, betasten die Erde, küssen den Boden oder stecken Brocken davon in die Tasche, und mir wird die Brust eng, denn wir befinden uns auf einer weiten, kahlen und verlassenen Ebene; kein Baum, eisiger Wind und als einziger Horizont die weißen, fast rosa schimmernden schneebedeckten Berggipfel. Trostlos. Wenn ich dort leben müßte, würde ich sterben.

Der Bürgermeister, der sich verirrt hatte, trifft endlich ein. Glückwünsche, gekünstelte Reden, Musik: die Künstler von Qharuru spielen auf ihren Flöten die Nationalhymne. Dann tut der Bürgermeister unter Applaus einen symbolischen Spatenstich, und da die Kinder jetzt eine mitreißende Weise spielen, wendet er sich mir zu und fordert mich zum Tanz auf. Ich Ärmste; in viertausend Metern Höhe fällt mir schon das Gehen schwer... Meine triumphierenden Blicke lassen Kate und Olivier kalt. Ich kann ihre Gedanken lesen: Wie kann sie es wagen, zu tanzen und zu lächeln, wo wir doch keine Mittel haben, um das Terrain zu bezahlen? Als der Tanz zu Ende ist und der Bürgermeister von Geld zu reden beginnt, antworte ich ihm ruhig: «Die Bezahlung? Ach, Herr Bürgermeister, das ist eine Kleinigkeit. Ich werde in den nächsten Tagen in Ihr Büro kommen.» Er wagt nicht, auf dem Thema zu beharren.

Am nächsten Tag verspreche ich ihm telefonisch, am 28. Oktober um elf Uhr zu erscheinen, ein willkürliches Datum. So bleibt mir ein Monat, in dem ich in den Kirchen von Annapolis sprechen, eine Stiftung in Paris kontaktieren und in einer holländischen Schule sprechen werde. Am 26. komme ich zurück. Ich habe nur die Hälfte der Summe zusammengetragen und bin erstaunt, aber durchaus nicht beunruhigt. Am 28. Oktober um zehn Uhr, kurz bevor ich zu meiner Verabredung aufbreche, kommen zwei Schecks mit der Post, zwei Schecks, deren Gesamtsumme genau dem fehlenden Betrag entspricht. Du siehst, Kate, daß man sich nicht immer Sorgen zu machen braucht.

Auf dem Alto regnet es und ist kalt, aber da, wo es bisher nur Schafe und Steine gab, sieht man jetzt Kinder mit leuchtenden Augen, die ihre Häuser bauen.

Wir schreiben Mai 1988. Das Leben der *lustrabotas* ist besser geworden. Die meisten von ihnen gehen zur Schule oder sind in einer Lehre, manche haben einen Beruf, alle sind bei guter Gesundheit. Kate hat soeben ein Baby adoptiert, eine kleine Anaï mit runden Wangen, auf die Nicolas rasend eifersüchtig ist. Carola hat geheiratet und erwartet ebenfalls ein Baby. Unser Arzt betreut fast tausend Patienten, die bolivianische Regierung bezeichnet Qharuru als beispielhaft, Doña Rita hat sich ein künstliches Gebiß anfertigen lassen, und auf dem Alto, wo fünfundsechzig Challas bevorstehen, reiben sich die Zauberer erfreut die Hände.

Unser Team ist eingeübt und kann auf uns verzichten, auch wenn alle das Gegenteil behaupten. Es ist nun an der Zeit, es zu verlassen.

Wir haben zu viele Qualen und Kümmernisse angesammelt, ich habe den Eindruck, hundert Jahre alt zu sein. Ich kann den Lärm, die Kälte, die Menschen nicht mehr ertragen und bin vollkommen erschöpft. Kate leidet an einer Virushepatitis, Nicolas bekommt eine Bronchitis nach der anderen. Olivier hat sechs Kilo abgenommen. Ich brauche Abstand von dem, was wir durchlebt haben. Ich werde es aufschreiben und zu begreifen versuchen.

Die Geschichte Franciscos verfolgt mich. Als ich ihn zu Stephan fuhr, war er in Tränen aufgelöst. Doch kein Vorwurf in seinen Augen, nicht der Hauch einer Schuldzuweisung: nichts als schlichte, tiefe Liebe und immer dasselbe unerschütterliche Vertrauen.

Was kann ich für dich tun, Francisco? Nichts. Ich werde dich nicht adoptieren. Zwanzig Jahre lang habe ich mich für sehr stark gehalten. Meine humanitären Aktionen wärmten mir das Herz, ich bildete mir ein, eine überdurchschnittliche Liebesfähigkeit zu besitzen, mein gutes Gewissen war echt. Dann habe ich dich getroffen, und ich habe begriffen, daß Liebe ein totales Engagement erfordert, und gemerkt, daß ich dem nicht gewachsen war. Ich habe dich im Stich gelassen, Francisco, und doch hast du mich mit der gleichen Unschuld weiterhin geliebt.

Du siehst, ich lasse die Arme sinken, ohnmächtig, Gefangene meiner Grenzen.

Was tun? Nichts, wenn nicht leben und diese Lektion in Demut, die mir fehlte, ganz ausschöpfen.

Ich hatte immer die schöne Rolle, die leichteste: zu geben. Du lehrst mich, weiter zu gehen. Diesmal habe ich nichts zu geben, sondern kann empfangen. Deine Gegenwart, Francisco, und das Geschenk von Liebe und Verzeihung, das du mir machst, sind eine königliche Gabe. Ich nehme sie an. Sie wird mein Leben verändern. Ich nehme sie an und danke dir dafür.

Die Farbe des Himmels verändern

«Geh, wohin dein Herz dich führt», hatte David mir geraten. Mein Herz hat mich nach Asien zurückgeführt.

Sie waren alle da, Ha, Som, Srisouk, Pen Chan, Cherry und Vanida. In der Halle des Flughafens verschwanden sie hinter den Blumensträußen, die sie mitgebracht hatten. Als ich sie in die Arme schloß, merkte ich, wie sehr sie mir in all den Jahren gefehlt hatten. Sie hatten sich verändert, waren ein bißchen weniger fröhlich, und an die Stelle ihrer ewigen Sorglosigkeit war ein Ernst getreten, doch ihre Züge verrieten noch immer die gleiche Grazie, diese glatte Schönheit der Asiaten, die die Heiterkeit in sich tragen.

Auch Bangkok war anders, stärker bebaut, dichter bevölkert, mehr verschmutzt. «Du bist im richtigen Moment abgereist», versicherte Ha in dem Wagen, der uns in die Stadt brachte. «Der Charme von einst ist verschwunden. Siehst du, sogar den Leuten auf der Straße fällt das Lächeln schwer.» Sie sprachen alle gleichzeitig auf thailändisch, englisch und französisch und wurden von Vanida ermahnt, die mich als alte Dame behandelte und verlangte, man solle mich nicht ermüden. Keiner hörte auf sie, sie waren viel zu aufgeregt und fuhren fort, mir Hals über Kopf die letzten Neuigkeiten mitzuteilen: die Gesundheit Ihrer Majestät der Königin, die große Liebe Soms zu einem Japaner, die Besuche im Büro von François. «Wußten Sie das nicht? Er lebt mit einer Weißen... und die Kriminalpolizei... haben Sie unsere Post bekommen? Es war ein Bluff, Madame Yvette, sie hatten niemals etwas gegen Sie in der Hand, ja, das ist sicher, Ihre Freunde von der amerikanischen Botschaft haben es überprüft. Die Männer, die Sie angeblich verhaften sollten? Das waren Freunde von Khun Yai; er hatte einen Onkel, der eine hohe Stellung bei der Polizei bekleidete; er hat all das manipuliert, um Ihnen angst zu machen und Sie zu zwingen, das Land zu verlassen. Wie auch immer, der Onkel ist in Pension gegangen, und jetzt haben wir Ruhe.» Die Neuigkeiten prasselten weiter auf mich ein: Ha sprach von ihrem Mann und ihren Kindern, Srisouk von ihren Eltern, Pen Chan von der chinesischen Mahlzeit, die uns heute abend erwartete, und Vanida von Sozialarbeit.

«Und INDOSWISS, Kinder?»

Schweigen. Keine Reaktion.

«Seid ihr glücklich?»

Verlegene Gesichter. Ich habe nicht weitergefragt.

Am nächsten Morgen versetzte es mir einen Stich, als ich begriff, daß sie alle gehofft hatten, ich würde die Leitung der Firma wieder übernehmen. «Sie macht sehr gute Geschäfte, aber seit Ihrer Abreise haben die Dinge sich sehr verändert. Man behandelt uns nicht mehr mit dem Respekt, an den Monsieur Kurt und Sie uns gewöhnt hatten; wir sind nur geblieben, um auf Sie zu warten und Ihre Interessen zu wahren. Kommen Sie zu uns zurück. Madame Yvette.»

Bestürzt hörte ich ihnen zu. Sie verlangten Unmögliches von mir. In die Welt der Geschäfte zurückzukehren, wäre gleichbedeutend mit Rückschritt gewesen. Ich wäre mir vorgekommen wie ein Vogel mit gebrochenen Flügeln. Ich konnte es nicht.

Ich erzählte ihnen von dem neuen Leben, das ich führte, von den Kindern der Straße, von meinen Plänen. Ich wollte gern an der Gründung einer großen Bewegung in aller Welt zugunsten dieser Kinder teilnehmen. Sie waren traurig, aber sie verstanden mich.

Wenn das so ist, fragten sie, gestatten Sie uns dann, die Firma zu verlassen? Wie soll ich ihnen jemals für ihre Loyalität danken? Natürlich bejahte ich. Da meine Kompagnons darauf brannten, meine Aktien zu übernehmen, habe ich alles verkauft. Das war ein schlechtes Geschäft, aber ich empfand Erleichterung. Diesmal hatte ich wirklich die Seite umgewendet.

Nach Bangkok führte mein Herz mich nach Kalifornien, wo Bi und Bô leben. Sie waren groß, vierzehn und fünfzehn Jahre alt, und erwarteten mich ganz überwältigt. Ihre Eltern stammelten bei meinem Empfang: «Ihre Ankunft, Madame Yvette, das ist ... das ist wie ein Nationalfeiertag.» Wir begingen ihn vor einer Schale Reis und hörten zu, wie Bi und Bô von ihren Erinnerungen erzählten. Sie kannten noch die französischen Lieder, die sie bei uns gelernt hatten, wußten noch von den Abenden im Restaurant, von der Terrasse über dem Teich, und sie sprachen davon wie von den schönsten Ferien ihres Lebens. Gleichzeitig wollten sie alles über meine Kinder wissen: «Manou, Tänzerin bei einer Truppe in New York? Phantastisch! Ihr würde sie gern wiedersehen. Und Olivier? Kochlehrling? Kein Wunder, er hörte ja nie auf zu essen.»

Sie klatschten in die Hände, als sie erfuhren, daß er eines Tages ein eigenes Restaurant haben würde, und schworen, sie würden zu den ersten Gästen zählen. Als es Zeit zum Schlafengehen war, stritten sie sich wie früher; jeder wollte, daß ich in seinem Bett schlief. Bevor es zu Handgreiflichkeiten kommen konnte, habe ich ihre beiden Betten zusammengeschoben und mich in die Mitte gelegt, Bi auf der einen, Bô auf der anderen Seite, und die ganze Nacht lang haben wir uns bei den Händen gehalten.

Mein dritter Besuch galt dem Dorf Zaculeu in Guatemala, ein Überraschungsbesuch an einem Sonntagmittag. Das Dorf hatte sich entwickelt; es gab einen Lebensmittelladen, eine Apotheke, die Schule war vergrößert, neue Häuser waren gebaut worden. Anna Maria arbeitete noch immer hingebungsvoll im Gesundheitszentrum. Als sie mich erkannten, kamen die Leute nach und nach zu mir gelaufen, sie lachten, nahmen mich in die Arme und zerrten in ihrer Aufregung von allen Seiten gleichzeitig an mir. Die von Kate gegründete Kooperative, sagte Magdalena, habe sich ausgeweitet; sie beliefere die ganze Stadt Tecpan. «Hierher, hierher!» rief Don Mario, Tränen in den Augen, und er führte mich oberhalb des Dorfes zu einem Mast, ja, einem einfachen Mast, aber er und die Dorfbewohner ringsum betrachteten ihn voller Stolz. «Sehen Sie, *Madre*, der Fortschritt ist nicht aufzuhalten.» Es war ein Telegrafenmast . . . endlich würden sie aus ihrer Isolierung herauskommen. Ich wäre gern länger geblieben, um ihn zu betrachten, aber schon zog eine Gruppe von Frauen mich in eine andere Richtung. Sie führten mich in jedes Haus, und in einem nach dem anderen hoben sie den Deckel von einem Topf und zeigten mir Suppen, in denen Stücke von Hühner- oder Schweinefleisch schwammen, und ich mußte von allen probieren.

Nach der dreiunddreißigsten Suppe bin ich wieder abgefahren, mehr als satt, aber mit unvorstellbarer Leichtigkeit im Herzen und einem Gefühl von Reichtum.

In der Hauptstadt hatte La Novena mit Schwierigkeiten zu kämpfen, aber die Probleme waren vielleicht die Vorbereitung auf einen künftigen Sieg. Kate hatte kaum Hoffnung. Sie war nach Antigua zurückgekehrt, wo sie sich während einiger Jahre ihren Kindern widmen wollte. Ich habe mich nur schwer von ihr getrennt. Nicolas hat geweint, und dann hat er sich zu seiner kleinen Schwester umgedreht und ihr einen mächtigen Tritt gegeben.

Ich habe in New York Station gemacht, um Philip und meine kleine Manou ans Herz zu drücken, und dann bin ich nach Uzès zurückgekehrt, erstaunt, wie ich es so lange ohne Frankreich hatte aushalten können. Plötzlich war ich sehr müde und sehr traurig.

«Ich habe die Reisen satt und die Städte, die nicht meine sind; ich will nicht mehr der durchreisende Gast, die freiwillige Emigrantin, die Fremde sein. Ich sehne mich nach einer Pause in einem Land, das meines ist. Ich würde gern einen Hund haben, Bäume pflanzen und mir die Zeit nehmen, sie zu begießen; ich möchte in Ruhe und Gelassenheit die Jahreszeiten erleben. Fremde Sprachen verzaubern mich nicht mehr, ferne Länder faszinieren mich nicht mehr; nichts rührt mich mehr als die französische Sprache, kein Ort bezaubert mich mehr als die Stadt Uzès mit ihren Düften, deren schönste die von Thymian und Rosmarin in meinem Garten sind.»

Mein Haus erwartete mich ganz frisch, und im Maulbeerbaum ertönte das Vogelgezwitscher, von dem ich so oft geträumt hatte. Ich stellte Geranien rund um den Brunnen auf, pflanzte Kletterrosen und Gartenwicken und in voller Südlage einen prachtvollen Orangenbaum. Olivier säuberte die alte Steinmauer und vertrieb die Elstern, die sich im Kamin eingenistet hatten, und beglückt stellten wir fest, daß unsere Freundin im Wipfel des Feigenbaums, die Nachtigall, noch immer da war.

Ich wollte ein Jahr hierbleiben, und inzwischen sind es drei Jahre geworden. Die Niederschrift meiner Memoiren hat mich nicht die ganze Zeit beschäftigt. Ich habe viele Leute kennengelernt, die sich für die Kinder der Straße einsetzen, Männer und Frauen, die überall auf der Welt Großes leisten und ganz schlicht darüber sprechen. Ich habe Lionel wiedergetroffen, der seinen Posten bei der amerikanischen Regierung aufgegeben hat, um besser für die Unterdrückten kämpfen zu können. Im Kontakt mit diesen Menschen habe ich meine Energie wiedergefunden. Ich werde wieder aufbrechen. Ich werde in Länder gehen, wo in den Gefängnissen Kinder sitzen, die von Erwachsenen geschändet wurden. Ich werde in Länder gehen, wo Herzen und Augen armer Kinder verkauft werden, um die Kinder der Reichen zu retten, in Länder, in denen man ihnen zu Tausenden sogar das Recht auf ihre Identität verweigert. Ich werde gehen und an ihrer Seite kämpfen.

Männer wie Lionel haben mir wieder Mut gemacht. Seine Organisation in Washington, Refugees International, macht sich zum Anwalt der Flüchtlinge, und sein Enthusiasmus für seine Sache ist ansteckend. Ich habe ihn mehrmals begleitet oder bin allein zu Missionen in heruntergekommene Länder aufgebrochen. Hier haben wir fünftausend Liberianer entdeckt, die vor Hunger beinahe umkamen, und sie ernähren können; dort waren wir in der Lage, dringend benötigte Hilfe in Gang zu setzen. Heute protestieren wir dagegen, daß Hmongs gegen ihren Willen nach Laos zurückgeschickt werden, morgen wohnen wir der Rückkehr von einigen tausend Kambodschanern bei, die sich an der thailändischen Grenze gesammelt haben. Denn man spricht von Frieden in Kambodscha. Prinz Sihanouk wird zurückkehren, und im Lande der Khmer wiegen sich unsere Freunde schon in Illusionen: «Wenn Sihanouk zurückkehrt, Buddha möge uns schützen, wenn er zurückkehrt, wird alles wie früher sein.»

Nichts wird mehr wie früher sein, denn die Vergangenheit ist tot. Doch von jedem von uns hängt es ab, ob wir eine weniger häßliche Welt schaffen. Die Aufgabe ist überwältigend und unsere Schwäche enorm, aber die Tatsache, daß wir so wenig vermögen, rechtfertigt nicht, gar nichts zu tun. Ich selbst werde meinen eingefleischten Glauben behalten. Wenn unsere Handlungen auf individueller Ebene auch so gewichtlos sind wie eine Wolke, zusammen könnten sie die Farbe des Himmels verändern.

Epilog

Seine Memoiren zu veröffentlichen, wenn man keine bedeutende Persönlichkeit ist, liegt nicht unbedingt auf der Hand, und ich hätte das niemals gewagt, wenn mir nicht so sehr daran läge, etwas anderes mitzuteilen als die Abfolge von Abenteuern, Hoffnungen und Gefühlen, die im Grunde den meisten von uns gemeinsam ist.

Bei den Philosophen und in den Schriften der Weisen habe ich lange nach einem «Glücksrezept» gesucht. Das Leben hat mich gelehrt, daß es nicht nur eines, sondern mehrere gibt und daß sie überall um uns herum zu finden sind, vor allem da, wo man es am wenigsten erwartet: in unserem Unglück, unseren Leiden, unseren Schwächen und unseren Fehlern, also in allem, was aufrüttelt.

Ein «Glücksrezept» besteht darin, seinem Kummer ins Gesicht zu sehen, den Tod zu akzeptieren, den der anderen und den eigenen; in sich hinabsteigen zu können und das Mittel zu finden, seine persönlichen Kümmernisse in eine Quelle der Kreativität umzusetzen, die dem Rest der Menschheit dient. Den Mut zu haben, sich so zu sehen, wie man ist, seine dunklen Seiten und seine Schwächen zu akzeptieren und dabei zu wissen, daß man sie verändern und sich trotzdem selbst lieben kann. Mit anderen Worten, man soll sich nicht mehr vor sich selbst fürchten. Man lernt Toleranz, Harmonie mit den anderen, die man erst dann wirklich sehen kann, wenn man von sich selbst absieht; in diesem Gefühl des Altruismus entdeckt man auch eine unverhoffte Quelle von Freude.

Gewiß, die Rezepte sind zahlreich und vielleicht in einem einzigen goldenen Gefäß enthalten: der Qualität der Sicht auf die Welt, genauer gesagt, dem Maß an Liebe, das man in diesen Blick legt. Diese Liebe ist wie der Eingang zu einem anderen Universum, das in einem anderen Licht erscheint. Zuvor verschlossene Türen öffnen sich, die engen, dornigen Wege münden in breite Alleen, und mit dem Fortschreiten wird man seiner selbst allmählich sicherer. Dann kann man dem Leiden anderer und der Ungerechtigkeit nicht mehr gleichgültig gegenüberstehen. Von diesem Augenblick an hat es den gleichen Wert, ob man sich zur Rettung Tausender von Waisenkindern im tiefsten Afrika aufmacht oder sich der Tränen eines Verlassenen in der Métro annimmt; wer man auch sein mag, man hat einen Platz in der Gesellschaft und eine Aufgabe. Man gehört zur großen Weltfamilie.

Wenn diese Geschichte in Ihnen den Wunsch geweckt hat, sich meinen Anstrengungen zugunsten der Flüchtlinge, der verlorenen Kinder oder der Kinder der Straße anzuschließen, so können Sie Ihre Spenden schicken an:
TOMORROW CCP 1363012 F-34000 Montpellier